Second Edition

창의적 문제해결 전략

Strategies for Creative Problem Solving

H. Scott Fogler / Steven E. LeBlanc 공저

김 정 현 역

PRENTICE HALL

JINSAEM

Strategies for Creative Problem Solving

Second Edition

Printed in Korea

ISBN 89-92887-06-X
978-89-92887-06-9

역자 서문

강의 시간의 과제나 개인 사무실, 조직체의 연구실, 실제 산업현장 등 다양한 상황에서 공학적인 문제를 접하게 된다. 문제를 접하게 되었을 때, 문제를 바로 해결하고자 달려드는 사람이 있을 수도 있고, 문제에 직접 달려들기보다는 한 번 더 신중히 검토하여 나아갈 방향을 설정하고자 하는 사람도 있을 것이다. 경우에 따라서 또는 각자의 배경지식에 따라서 바로 해결이 가능한 문제가 있을 수도 있고 숙고의 시간을 요하는 경우도 있을 것이다. 이 책은 독자들에게 현실적인 문제를 접했을 때 순차적 단계를 통하여 창의적으로 문제를 해결해 나갈 수 있는 기본적인 지침을 제시하고자 한다. 실제 문제에 대한 응용력을 높이기 위하여 이 책은 각 단계에 해당하는 다양한 예제들을 수록하였으며, 잘못된 해결방안으로 인한 여러 가지 손실을 줄이고자 노력하였다.

이 책은 미국의 Michigan 대학교의 H. Scott Fogler 교수와 Toledo 대학교의 Steven E. LeBlanc 교수의 "Strategies for Creative Problem Solving" 2판을 번역한 것이다. 이 책은 미국공학교육협회(American Society for Engineering Education)에서 뛰어난 저자에게 주는 상을 수상하였다. 이 책은 실제 산업현장에서 있었던 다양한 흥미로운 예제들을 통하여 창의적 문제해결 기술들을 단계적이고 체계적으로 소개하고 있다. 탄탄한 기술적 기초를 가진 창의력만이 독창적인 문제해결을 이룰 수 있게 한다는 것을 알 수 있다.

우리나라에서는 최근 전국의 거의 모든 대학교에서 공학교육인증(ABEEK)을 추진하고 있으며, 이미 상당수의 공과대학 프로그램들이 예비인증이나 본인증을 획득하였거나 추진 중에 있다. 공학교육인증에서 가장 중요하게 고려되는 요소가 바로 "창의적 설계"일 것이다. 창의적 설계란 기본적으로 어떠한 과제에 대하여 정해진 정답이 없고, 팀으로 일하고, 팀원 간의 의사소통이 있어야 한다. 이러한 창의적 설계를 운용할 때 이 책은 단계적으로 사고력을 향상시키는 하나의 지침서가 될 수 있을 것이라고 생각된다.

끝으로 이 책의 출판에 도움을 준 진샘미디어 임직원들의 헌신적인 노력에 감사드리며, 이 책을 읽고 다양한 문제를 접할 때마다 독자들이 창의적인 해결책을 찾을 수 있기를 기원한다.

2008년 8월

김 정 현

저자 서문

이 책의 목적은 문제에 접한 사람들이 현명하게 문제를 해결하도록 도와주고자 하는 것이다. 우리는 각자 다양한 창의적 기술을 소유하고 있고 그 기술들은 정기적인 훈련을 통하여 발전한다는 것을 알고 있다. 이 책은 그러한 창의적 문제해결 기술들을 연마하는 기초적인 틀을 제공한다.

*창의적 문제해결 전략*은 학생, 신참공학자, 개업자 또는 문제해결 기술을 향상시키고자 하는 모든 사람을 위한 것이다. 이 책을 학습하고 나면, 잘못 정의된 문제를 만날 수도 있고, 실제 문제를 정의하고, 해법을 도출하거나 실현하고, 직접 성취한 것을 평가하기도 할 것이다. 당신은 문제해결을 위한 요소를 조사하거나 문제풀이 과정에서 자신의 창의성을 확장하고, 강화하고, 도전하고, 친숙해지기 위하여 심화 연습문제들을 공부하여 이러한 목표를 달성하는 데 필요한 기술을 발전시킬 것이다.

문제의 정답에 도달하기 위한 통로를 가로막고 있는 장애물을 제거하기 위하여, 두 개의 특별한 날을 가진 한 쌍의 가위를 사용하는 것과 유사한 기술이 필요하다.

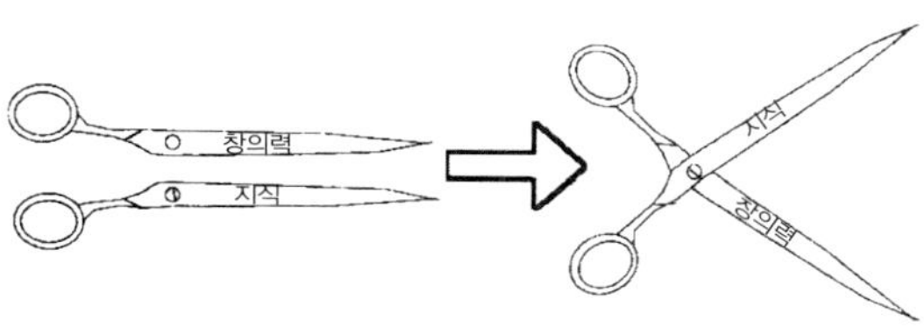

한쪽 날은 문제를 이해하고 기술적으로 가능한 해답 도출에 필수적인 **지식**으로 구성되어 있다. 물론, 한쪽 날만으로는 자를 수도 없고 문제의 해법에 도달할 수도 없다. 다른 한쪽 날은 새롭고 창의적인 아이디어를 도출할 수 있는 **창의력**을 포함한다. 유사하게, 창의력만으로는 기술적으로 가능한 해법을 도출할 수 없고 한쪽 날만으로는 역시 자를 수 없을 것이다. 반면, 탄탄한 기술적 기초를 가진 창의력과의 결합은 원천적인 해법을 얻을 수 있도록 해준다.

국가과학재단의 지원을 바탕으로 산업에서 사용되고 있는 다양한 문제해결 기술들이 연구되었다. 학생들과 교수로 구성된 팀들이 다양한 문재해결 전략을 공부하기 위하여 많은 회사들을 방문하였다. 또한 문제해결 과정에 대한 정보를 얻기 위하여 새로운 고용인, 숙달된 공학자, 산업체 경영자를 대상으로 광범위한 설문조사를 실시하였다. 연구의 결과가 이 책에 수록되어 있으며 당신은 더 나은 문제해결자로 거듭날 것이라고 생각한다.

수많은 공학자와 경영자들이 산업에서 부정확하게 정의된 문제의 예들을 제공하였다. 이렇게 잘못 정의된 문제의 예들은 인지된 문제에 비하여 실제 문제를 정의하는 것의 필요성을 생생하게 보여준다. 문제해결 기법이 우선 이렇게 잘못 정의된 문제들에 적용된다면 실제 문제들은 좀 더 빠르게 풀릴 수 있을 것이다.

문제해결 학습법은 해법 공정으로 이끌거나 대체 해법을 도출하도록 도와주어 문제해결에 체계적으로 접근하도록 하는 것이다. 이 책의 기법은 매우 견고하고 다양한 형태의 문제들에 적용할 수 있다. 이 책에 제시된 문제해결 기법들은 좀 더 창의적인 해법을 도출하기 위한 짜임새 있고 논리적인 접근법을 제공한다.

이 책은 문제해결 공정으로 당신을 단계적으로 안내하도록 고안되었다. 1장에서는 문제해결에 잘 짜여진 방법을 적용하는 것의 필요성을 설명하고 본문에 소개되는 잘 짜여진 기법의 개요를 설명한다. 2장에서는 긍정적인 태도로 문제에 접근할 필요성에 대하여 토론하고 팀워크의 중요성을 강조한다. 3장에서는 문제를 더 잘 알기 위하여 어떻게 더 많은 정보를 얻을 것인가에 대하여 기술한다.

다음 장(4~9)들에서는 문제해결력을 높이기 위하여 다음 그림에 보인 바와 같이 문제해결 기법을 다섯 단계로 점진적으로 이동시킨다. 우선, 문제를 정의하는 단계에서 시작하고, 문제풀이 공정을 통하여 이동하는 것처럼 차례로 쌓아간다. 마지막 단계는 해법 검증으로, 이룩한 모든 것을 분석하는 단계이다.

10장에서는 일상의 문제들과 매우 기술적인 문제들에 대하여 브레인스토밍 기법을 토론하기 위해 문제를 정의했던 4장의 내용을 확장한다. 11장에서는 10장까지의 원칙들을 종합하여 두 가지 경우의 연구를 제시한다. 첫 번째 연구는 Melitic 박사가 제공하고 EWB에서 수행한 과제에 집중되었다. 두 번째 연구는 미시간대학교의 고학년 설계과정에서 팀과제로 수행되었던 것으로 “문제해결, 난상토론,

5단계 문제해결 기법

현장에 적용"으로 명명되었으며 이 책의 초안이 강의 교재로 사용되었다. 이 강의의 수업계획서는 책에 동반된 CD-ROM에서 볼 수 있다.

각 장의 목표

각 장의 목표는 다음과 같으며, 각각은 문제해결 기법을 훈련하고 향상시키도록 돕기 위한 논리적인 통로를 제공한다.

- **1장: 문제해결 전략: 문제인식?** 1장에서는 실제 문제를 정의하고 풀기보다는 이미 인지된 문제를 정의하고 수행한 다양한 예제들을 기술한다. 또한 실제 문제를 정의하는 데 도움을 줄 수 있는 문제해결 기법을 소개한다.
- **2장: 효과적 문제해결에 요구되는 특성, 태도, 환경** 2장은 효과적인 문제해결자들이 사용하는 특징, 습관, 행동을 관찰하고 문제를 해결하기 위하여 함께 일하는, 효과적이며 생산적인 팀 구성원이 되는 데 필요한 기술을 개발하고자 하는 독자를 돕고자 한다.
- **3장: 문제에 대한 정보수집** 3장에서는 실제 문제를 정의하고 해결하기 위해 정보를 수집하는 다양한 방법을 기술한다. 이러한 기술에는 정보를 수집하고

분석하기, 문제와 친숙한 사람들과 토론하기, 문제를 직접적으로 보기와 발견한 모든 것 확인하기 등이 포함된다.

- **4장: 문제정의** 4장에서는 이미 인지되어 있는 문제에 비하여 실제 문제를 정의할 수 있도록 도와주는 4가지 기법을 제공한다. 4가지 기법은 비평적 사고처리, Duncker 도표, 진술-재진술 기법과 Kepner-Tregoe 문제분석이다.
- **5장: 아이디어 도출을 위한 장애물 세분화** 5장에서는 문제에 대한 해법을 도출하고자 할 때 방해가 되는 인지된 관념과 장애물을 제거하도록 도와주는 기법을 제공한다. 또한 위험을 감수하며 시도하는 방법을 제안하는데, 이는 대부분의 혁신적인 해법이 위험요소를 다소 포함하기 때문이다.
- **6장: 해결책 도출** 6장에서는 올바로 정의된 문제에 대한 해법을 도출하도록 도와주는 다양한 기법을 제공하는데, 브레인스토밍, 수직/수평적 사고, 미래조망, 유추, TRIZ 등이다.
- **7장: 행동방침 결정** 7장에서는 어떤 일을 가장 먼저 할지, 어떤 해법을 선택할지, 어떻게 잠재적인 문제를 식별할지, 어떻게 미래에 발생할 문제를 예방할지 등을 결정하도록 도와주는 순서도를 제공한다.
- **8장: 해결책의 실행** 8장에서는 7장에서 기술된 기법을 사용하여 결정된 것을 실현하기 위하여 필요한 단계를 기술한다.
- **9장: 평가** 9장에서는 문제를 완벽히 해결한 것인지, 윤리적인 것인지, 환경과 사람에게 모두 안전한지를 확실히 하며, 실행한 해법을 어떻게 평가하는지를 보여준다.
- **10장: 트러블슈팅** 10장에서는 오작동을 보이는 산업의 장비와 시스템의 문제에 대한 문제해결에 사용되는 순서도와 종합표를 제공한다. 또한 이 순서도를 비전문적인 문제에 적용하고자 한다.
- **11장: 종합** 11장에서는 1장에서 10장에 걸쳐서 제시된 모든 문제해결 기법들이 실제 삶에서 접할 수 있는 두 가지 경우에 적용될 수 있는지 보여준다.

소프트웨어

CD-ROM과 웹사이트(http://www.engin.umich.edu/scps)에서 다양한 배울 거리를 제공한다.

- 요약 노트
- 웹 자료
- 컴퓨터 모듈
- 전문 참고서적

요약 노트는 고학년 문제해결 강좌에서 사용 중인 각 장의 강조점들을 포함하고, 수업계획서는 CD-ROM과 웹에서 참고가 가능하다. 웹 자료는 문제를 풀기 위해 자주 등장하는 질문, 각 장의 목적, 창의적 사고와 같은 것들을 포함한다. 전문 참고서적은 1판에서 사용되었던 자료와 각 장에 새로 추가된 예제와 자료들을 제공한다.

CD-ROM에 있는 소프트웨어는 책에서 발전된 개념을 강화하며 일반 컴퓨터에서 사용이 가능하다. 개개인과 수업시간을 위한 소프트웨어의 추가적인 복사본을 얻기 위해서는 P.O. Box 7939, Austin, TX78713-7379로 편지를 쓰거나, 1-512-471-7060로 팩스를 보내거나, cache@uts.cc.utexas.edu로 이메일을 보내면 된다.

요약 노트에 있는 슬라이드 자료는 수업시간 발표에 사용될 수 있으며 교재의 자료를 보충하기 위해서 CD-ROM에 있는 7가지 호환성 컴퓨터 모듈을 이용할 수 있다.

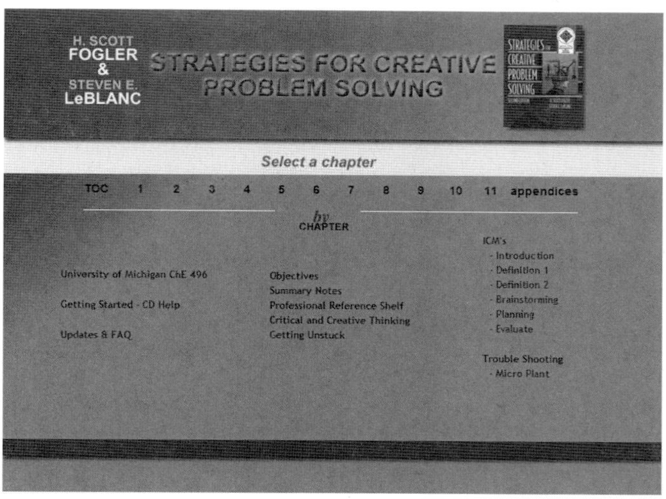

감사

교재 개발에 참여하여 실제 예제들과 예제의 문제해결 방법을 제공해 준 다음의 회사들에게 감사함을 표하고자 한다.

아모코(Amoco), 세브론(Chevron Specialty Chemicals), 다우케미컬(Dow Chemical), 다우코닝(Dow Corning), 듀폰(DuPont), 엘리릴리(Eli Lilly), 제너럴밀(Gemeral Mills), 케이엠에스(KMS Fusion), 크래프트(Kraft General Foods), 모빌(Mobil), 몬산토(Monsanto), 피엔지(Procter & Gamble), 셸(Shell), 쓰리엠(3M), 업존(Upjohn).

2007년 6월에
미시간 대학교의 Fogler 교수와
오하이오 주의 Toledo 대학교의 LeBlanc 교수

창의적 문제해결 전략 웹사이트: www.engin.umich.edu/scps

저자에 대하여

H. Scott Fogler는 Michigan 대학교 화학공학과의 Vennema Professor이다. 그의 연구 관심분야는 다공성 매질에서부터 흐름과 반응, 용융 화학 관계, 젤 동역학, 콜로이드 현상, 촉매 등을 포함한다. Fogler는 ASEE의 화학공학 분과장을 역임했고, 미국화학공학회의 임원진으로 활동했으며, 화학공학 제조업 협회에서 수여하는 국가 촉매 상을 수상하였다. 그는 현재 네 번째 판인 *Elements of Chemical Reaction Engineering*의 저자이다.

Steven E. LeBlanc는 Toledo 대학교의 화학공학과 교수이자 부학장이다. 그는 10년 동안 화공-환경 공학과의 학과장을 역임했다. LeBlanc는 ASEE 화학공학과 교육분과의 장을 역임했고 2007년 ASEE 화학공학 교수를 위한 여름학교의 공동 책임자를 역임했다. 또한 *Chemical Engineering Communications*를 위한 출판 임원을 역임했다.

차 례

역자 서문 / iii

저자 서문 / v

저자에 대하여 / xi

1. 문제해결 전략: 문제인식?

실제 문제는 무엇인가? 1

올바른 문제정의/ 잘못된 해결책 6

성공적인 문제해결을 위한 발견적 학습법 8

발견적 학습법 체계 수립 9

요약 11

CD-ROM 자료 11

참고문헌 13

연습문제 14

심화자료 14

2. 효과적 문제해결에 요구되는 특성, 태도, 환경

올바른 마음가짐 15

효과적 문제해결자의 특성 15

효과적 문제해결을 위한 태도 19

비전 갖기 23

팀으로 일하기 26

분쟁해결책 31

단계 1: 본인의 관심과 원하는 바를 기술하라 32
단계 2: 본인의 느낌을 기술하라 32
단계 3: 직면한 문제에 대한 의견과 위치의 근거를 교환하라 32
단계 4: 문제에 대한 상대방의 시각을 이해하라 32
단계 5: 상호 이득을 위한 선택을 만들어라 33
단계 6: 현명한 결론에 도달하라 33
팀의 결정 33
요약 34
CD-ROM 자료 35
참고문헌 36
연습문제 37
심화자료 39

3. 문제에 대한 정보수집

초기 4단계 41
단계 1: 정보와 자료를 수집하고 분석하라 42
단계 2: 문제와 익숙한 사람과 이야기 하라 44
단계 3: 직접 문제를 관찰하라 47
단계 4: 모든 주요 발견점을 확인하라 48
요약 49
CD-ROM 자료 49
참고문헌 50
연습문제 50

4. 문제정의

실제 문제 정의하기: 4가지 기법 51
기법 1: 문제의 근원 찾아내기 52
비평적 사고 순서도 52
기법 2: 실제 문제 정의를 위한 현재상태/희망상태, Duncker 도표 활용하기 58
Duncker 도표 60
기법 3: 진술-재진술 기법 활용하기 64

기법 4: Kepner-Tregoe 문제분석 68
선택하고자 하는 기술은? 73
문제가 풀려야 하는지를 결정하라 74
잠재적 요인과 대안적 해결책에 대해 브레인스토밍하라 76
요약 77
CD-ROM 자료 77
참고문헌 79
연습문제 79
문제분석 86
심화자료 91
부록: 소크라테스 대화법을 위한 문제들 92
명료하게 하는 질문 92
목적을 조사하는 질문 92
가정을 조사하는 질문 92
정보, 이유, 근거, 원인을 조사하는 질문 93
관점과 조망에 대한 질문 93
함축과 결과를 조사하는 질문 94
문제에 대한 질문 94
개념을 조사하는 질문 94
추리와 해석을 위한 질문 95

5. 아이디어 도출을 위한 장애물 세분화

정신적 장애물의 일반적인 원인 98
정신적 장애물 인식 98
개념적 장애물 98
인지적 장애물 99
감성적 장애물 100
문화적 장애물 102
환경적 장애물 103
지적 장애물 103
표현적 장애물 103
블록버스팅 104
창의력을 향상시키기 105

위험을 감수하기 ······ 108

주의사항 ······ 112

요약 ······ 114

CD-ROM 자료 ······ 114

참고문헌 ······ 115

연습문제 ······ 116

정신적 장애물 ······ 116

창의력 향상 ······ 118

위험 감수 ······ 118

심화자료 ······ 119

6. 해결책 도출

브레인스토밍 ······ 121

아이디어의 자유 연합 ······ 122

브레인스토밍을 악화시키는 의견 ······ 123

수직적 사고 ······ 124

수평적 사고 ······ 127

무작위 자극을 통한 수평적 사고 ······ 127

타인의 관점을 통한 수평적 사고 ······ 129

미래조망 ······ 130

미래조망 공정 ······ 130

브레인스토밍 아이디어의 종합: 생선뼈 도표 ······ 132

채색 ······ 133

차 전체 ······ 133

부속품 ······ 133

주의사항 ······ 134

브레인라이팅 ······ 134

유추와 상호교류 ······ 135

아이디어 배양 ······ 139

TRIZ ······ 140

요약 ······ 147

CD-ROM 자료 ······ 147

참고문헌 ······ 149

연습문제 149
심화자료 153

7. 행동방침 결정

K.T. 상황평가 156
우선순위 결정 156
검증기준 156
행동방침 결정 157
K.T. 문제분석 161
K.T. 결정분석 162
대안적 해결책의 역결과 165
주의사항 173
누락된 정보 174
결정이 윤리적인가? 174
K.T. 잠재적 문제분석 175
요약 180
CD-ROM 자료 182
참고문헌 182
연습문제 182
상황평가 182
결정분석 184
잠재적 문제분석 189
심화자료 192

8. 해결책 실행

승인 193
계획하기 194
자원배분 195
Gantt 도표 195
주요 경로 관리 197
조화와 배치 198

필요 자원 199
수행하기 200
시간에 따라 변하는 문제진술 201
후속조치 202
실험과제 203
실험이 정말 필요한가? 204
실험의 목적을 정의하라 204
측정하고자 하는 응답을 선택하라 204
중요 변수를 확인하라 205
실험을 설계하라 206
결과를 분석하라 207
결과를 보고하라 208
요약 210
CD-ROM 자료 211
참고문헌 212
연습문제 212
심화자료 214

9. 평가

일반적 지침 215
평가하기 점검표 216
윤리적 고려사항 219
네 가지 고전적 덕목 220
윤리적 검토항목 221
다섯 가지 P 221
사례연구 예 223
안전성 고려 226
요약 226
CD-ROM 자료 227
참고문헌 228
연습문제 228
심화자료 238

10. 트러블슈팅

몇 가지 일반적 지침 ······ 239
이른 아침 추위로 몸서리침: 트러블슈팅의 한 예 ······ 243
기술적 트러블슈팅 연습문제 ······ 247
트러블슈팅에 사용되는 컴퓨터 모듈 ······ 254
트러블슈팅에 사용되는 실험실 장치 ······ 256
요약 ······ 256
CD-ROM 자료 ······ 257
참고문헌 ······ 257
연습문제 ······ 257

11. 종합

사례연구 1: 인디아에서 농작물 가공 시설을 유지할 전력 생산 ······ 264
배경 ······ 264
들어가기 ······ 264
문제정의 ······ 265
해결책 도출 ······ 267
행동방침 결정 ······ 267
해결책 실행하기 ······ 270
평가 ······ 272
사례연구 2: 베이커리-카페의 문제 ······ 274
과제 할당 ······ 274
배경 ······ 274
들어가기: 방법론 ······ 275
문제정의 ······ 275
해결책 도출과 행동방침 결정 ······ 280
해결책 실행하기 ······ 287
평가하기 ······ 288
요약 ······ 289
CD-ROM 자료 ······ 289
교육자 지침서 ······ 290
참고문헌 ······ 290

연습문제 291
웹사이트 과제 291
사업 과제 291
기타 과제 292

부록 1. McMaster의 5단계 전략 / 293
부록 2. 그래프 그리기 / 295
찾아보기 / 313

문제해결 전략 : 문제인식? 01

모든 사람은 매일 무엇을 입을 것인지 점심에 무엇을 먹을 것인지와 같은 단순한 결정에서부터 학교나 직장에서 만나는 매우 어려운 문제에 이르기까지 문제를 해결 해야 하는 상황에 처한다. 대부분의 실생활 문제는 다양한 가능성의 해법을 가지고 있다. 문제가 복잡하면 복잡할수록 해법의 종류도 다양하다. 목적은 최고의 해법을 선택하는 것이다. 우리 모두는 문제해결 기술을 훈련함으로써 목적을 성취하는 능력을 향상시킬 수 있다. 이 책에 논의된 기법을 이해하고 연습함으로써 문제해결 기술이 발전되어 여러분은 좀더 효율적인 문제해결자가 될 것이다.

실제 문제는 무엇인가?

국립과학재단으로부터 지원을 받아 이 책의 저자들은 회사에서 문제해결을 위한 광범위한 연구를 수행하였다. 미시간대학교의 학생과 교수로 이루어진 팀들이 어떻게 문제풀이에 접근하는지, 문제해결 기법을 수집하는지, 그리고 실생활 문제를 풀 때 만나는 어려움이 무엇인지 알아보기 위해 미국의 많은 회사들을 방문하였다. 결과를 정리하면서, 우리는 가장 큰 도전은 이미 인지된 문제보다는 실제 문제를 정의하는 것이라는 것을 발견하였다. 이미 **인지된 문제**와 **실제 문제**의 차이는 아래의 재미있는 예를 보면 알 수 있다.

〈실제 문제를 정의하는 연습: 배고픈 회색곰 사례[1]〉

한 학생과 교수가 알래스카에서 짐을 챙기고 있었는데 회색곰이 그들을 쫓아오기 시작했다. 둘은 뛰기 시작했으나 결국은 곰이 그들을 따라잡을 것이 분명했다. 학생은 메고 있던 가방을 내려서 운동화를 꺼내 신고 있었다. 교수가 말했다. "너는 운동화를 신어도 곰보다 빠를 순 없다." 학생은 대답했다. "저는 곰보다 빨리 뛸

필요는 없고 단지 교수님보다 빠르기만 하면 됩니다."

학생은 이미 인지된 문제는 곰을 추월하는 것이나 실제 문제는 곰에게 잡히지 않는 것이라는 것을 재빠르게 깨달은 것이다. 이 예는 **문제정의**라는 매우 중요한 논점을 계몽한다.

문제정의는 일반적이나 실질적인 문제점이 다양한 방법으로 숨겨져 있어서 어려운 일이다. 따라서 매우 많은 정보로부터 실제 문제를 뽑아내고 상황을 분석하는 개개인의 기술이 필요하다. 잘못 정의되거나 잘못 파악된 문제들은 문제를 해결함에 있어서 초보자나 초보자가 아닌 문제해결자들을 불가능하거나 혼돈스러운 해법의 잘못된 길로 안내할 수 있다. 따라서 실제 문제를 정의하는 것은 실행할 수 있는 해법을 발견하기 위해서 매우 중요하다.

때때로 근본적인 문제의 해법 대신에 여러 가지 증상들을 다루어야 하는 상황에 처하기도 한다. 물이 새고 있는 지붕을 조그만 용기로 막는 것은 간단한 상황을 쉽게 만족시키는 것 같지만 물이 새는 원인이 무엇인지와 같이 실제 문제의 원인을 찾고 해결하고자 하는 것은 시간, 돈, 노력을 최소화하기 위해서 더 중요하다. 실제 문제에 대하여 실제 해법을 실현하는 것은 훈련과 때때로 견고함을 요구하고, 시간적인 제약에 따라 바람직하지 않은 빠른 해결책을 수용해야 할 상황을 피해야 한다.

다음 네 페이지에 걸쳐 설명한 실생활의 예제에서 얼마나 쉽게 문제정의에서 실수하거나 잘못된 해결책에 도달하는지를 보여줄 것이다. 이 예제들과 토론에서, 잘못된 문제정의와 해결책의 결과로 얼마나 많은 시간과 돈이 소모되는지의 증거를 제시할 것이다.

성질 급한 손님들

한 고층호텔이 호텔방의 수용인원을 늘리기 위하여 증축을 한 후 얼마 지나지 않아, 손님들은 엘리베이터가 너무 느리다고 불평을 하기 시작했다. 건물 지배인은 직원들을 불러 모았다. 그는 이 문제를 해결하기 위하여 그의 지시 "엘리베이터 속도를 향상시킬 방법을 찾아라!" 라고 지시하였다.

엘리베이터 회사와 전문가들에게 전화한 후 엘리베이터의 속도를 높일 방법이 없다고 결정하였다. 그러자 지배인은 "다른 엘리베이터를 설치할 축을 설계하고 위치를 찾아라!" 라는 새로운 방향을 제시하였다. 건축설계사가 이 제안을 실행하기 위하여 채용되었다.

궁극적으로, 건축설계사가 채용된 이후 새로운 축이나 엘리베이터는 설치되지 않았고 실제 문제가 발견되었다. 실제 문제는 "더 많은 엘리베이터를 설치하기보다는 손님들로부터 자신들이 계속 기다리고 있다는 사실을 인식하지 못하게 하여 불평을 최소화할 방법을 찾아라!" 였다. 각 층의 엘리베이터 앞 거울을 설치한 후로 손님들의 불평은 사라졌다.[2] 극소수의 사람들은 거울에 나타나는 자신들의 외모에 감탄하거나 시간을 소모하는 것을 꺼려할 수 있다.

보다 나은 인쇄 잉크

1990년 미국조폐공사는 미국에서 사용되고 있는 지폐의 질을 향상시키기 위한 프로그램을 추진하였다. 설계가 완성되고 새로운 인쇄기가 설치되었을 때 몇 번의 인쇄가 수행되었다. 불행히도, 새 지폐의 잉크가 접촉 시 번지는 것이었다. 이 문제를 해결하기 위하여 "더 나은 인쇄 잉크를 찾는 프로그램을 개발해라!"는 제시가 주어졌다.

이 문제를 해결하기 위하여 여러 번의 토론회가 개최되었다. 정부 관료와 대학 교수들에 의하여 1년 반의 노력으로 더 나은 인쇄 잉크를 개발하기 위한 연구 프로그램이 여러 개의 대학교에서 선정되었다.

이 프로그램들이 시작되자마자 미국조폐공사는 실제 문제가 잉크가 아니고 인쇄기라고 언급하면서 재정지원을 포기했다. 새로운 인쇄기는 잉크가 새로운 형의 종이로 스며들도록 충분한 압력을 가하지 못하였다. 결과적으로 잉크 연구에 가려던 연구비는 새로운 인쇄기를 구입하는 것으로 바뀌었다.

근본적으로 문제를 잘못 정의함으로써 미국조폐공사는 정부 관료와 대학 교수들의 수많은 노력을 허비했다. 실제 문제는 "왜 잉크가 번지는가를 찾아라!" 였던 것이다.

코카콜라의 새로운 음료

펩시콜라는 경쟁사인 코카콜라보다 시장점유율을 더 높이기 위하여 "펩시 음료를 시음하세요!"라는 홍보를 했다. 이 홍보의 일환으로 펩시는 눈을 가리고 펩시와 코카콜라를 시음하는 장소를 여러 곳에 마련하였다. 시음을 진행하자 펩시를 선호하는 경향이 나타났으며 이를 비디오로 녹화하였고 이를 펩시 방송광고에 내보냈다.

코카콜라 경영진은 펩시의 홍보에 따라서 시장점유율이 떨어지는 것에 대응하기 위하여 "펩시와 같은 맛을 가진 음료를 개발해라!"는 지시를 내렸다. 코카콜라는 "새로운 코크"라고 하는 콜라를 개발했고 기존의 코카콜라를 대체하기 위하여 시장에 내놓았다. 소비자들은 "새로운 코크"를 시도했지만 좋아하지 않았다. 신제품은 77일 만에 퇴출되었고 기존의 콜라로 대체되었다. 실제 문제는 "코카콜라 시장점유율을 높이기 위한 영업홍보를 개발해라!"[3]는 것이었다.

새는 유량계

탱크로 운송되는 유체의 유량을 측정하기 위한 유량계는 산업현장에서는 아주 쉽게 볼 수 있는 것이다. 한 유량계가 부식성 유체의 유량을 측정하기 위해 화학공장 안에 설치되었다. 설치 후 몇 달이 지나서 부식성 유체는 유량계를 부식시켰고 공장 바닥으로 새어나오기 시작했다. 따라서 다음과 같은 지시가 내려졌다. "부식되지 않고 위험한 유체가 새지 않는 유량계를 만들 수 있는 물질을 찾아보시오!"

이러한 물질과 효과적인 유량계를 만들 수 있는 회사를 찾기 위해 많은 시간을 소요했지만 아무런 성과를 얻지 못했다. 실제 문제는 "유량계가 새는 것을 막아라!"였던 것이다. 해결책은 유량계가 부식되기 전에 정기적으로 유량계를 교체하도록 하는 프로그램을 연구하는 것이었다.[4]

원유는 어디에?

물 주입법은 원유를 채취하는 데 흔히 사용되는 기법으로 시추구에 물을 주입하여 원유를 밀어내어 원유가 주위에 있는 다른 시추구로 나오게 하는 방법이다. 대부분의 경우 원유가 밀려나오는 것을 용이하게 하기 위해 값비싼 화학물질이 물과 같이 주입된다.

한 대규모 원유회사는 캐나다에 있는 한 원유 매장지에 관한 문제를 겪고 있었는데 산출량이 예상한 것보다 훨씬 적다는 것이었다. 따라서 인지된 문제에 대하여 다음과 같은 지시가 내려졌다. "원유생산속도를 향상시킬 방법을 찾아라!"

물 주입법을 개선하는 방법을 통해 매장지에서 더 많은 양의 원유를 채취하는 기술을 개발하는 데 수많은 예산이 소요되는 다양한 연구가 20년이 넘게 실시되었다. 그러나 불행히도, 문제는 비효율적인 채취법이 아니라 원유 매장량을 잘못 계산한 데 있었던 것이다. 달리 말하면, 채취할 원유가 많지 않았을 뿐이라는 것이다.[5] 실제 문제는 "원유생산속도를 향상시킬 방법을 찾아라!"가 아니라 "왜 예상한 것만큼 원유가 생산되지 못하는가!" 였던 것이다.

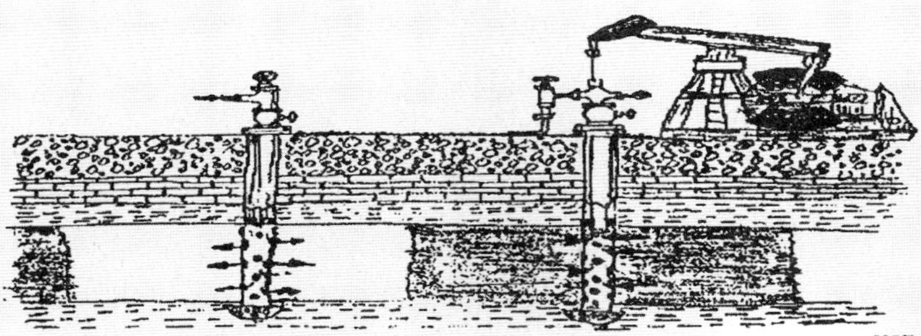

HSF

올바른 문제정의/잘못된 해결책

이 절에서, 실제 문제가 정확하게 정의되었으나 해결책이 매우 불충분하고 부정확하고 불필요한 몇 개의 예에 대하여 논하고자 한다. 이 예에서 묘사된 상황에서 결정을 내린 사람들 모두는 매우 경쟁력 있고 열심히 일하는 전문가들이다. 불행하게도, 그들은 사고나 실수를 방지할 수 있을지도 모르는 몇 개의 핵심적 세부사항을 간과하였다. 만약 조직적인 문제해결책을 적용하였다면 다음의 상황들을 피할 수 있었을지 고려해 보자.

댐을 건설할 것인가, 폭파할 것인가?

호주 정부는 불모지에 작물을 재배하는 방법을 발견하여 농업생산성을 향상시키기를 원했다. 매우 건조한 호주 남동부의 뉴사우스웨일즈 농지를 개간하기로 결정하였다. 종종 몇 종의 야생 식물이 자라는 것을 볼 수 있었지만 작물이 자라기에는 수분이 불충분하였다. 땅에 관수를 통하여 농작물의 재배가 가능하다고 믿었다. 이 지역을 관통하여 산에서 바다로 흐르는 머레이강이 있었는데, 호주 정부는 "이 강물을 관계용수로 전환하도록 설계하고 건설해라! 는 해결책을 선택하였다.

수백만 달러를 들여 댐이 건설되고 물이 공급되었다. 불행하게도, 관수가 이루어졌을 때 새로운 식물이 자라지 않았고 심지어 이전에 자라던 식물도 죽어갔다. 이는 공급되는 물이 토양에 존재하는 비정상적으로 높은 농도의 소금을 녹여 식물의 뿌리로 공급하여 식물이 자랄 수 없도록 하였기 때문이라고 판단되었다. 7장의 잠재 문제분석은 경제성 실험을 통하여 이것을 방지할 것이다.[6] 현재, 이러한 염분에 대한 문제를 해결하기 위하여 염분제거로부터 소금연못의 건설에 이르기까지 다양한 노력이 진행 중에 있다.

무슨 병인가?

다음의 예로 바른 문제/잘못된 해결책에 대한 이야기를 마무리지으려 한다. 수년 전 미국의학협회 회의장의 한 의약회사 전시창구에 상반신 X-ray 사진이 걸려 있었다.

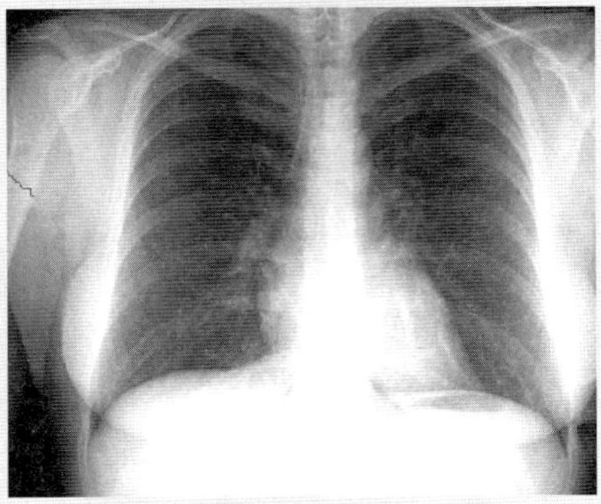

참가한 외과 의사들에게 "이 X-ray 사진으로 병을 진단하고 결론을 가까운 추첨함에 넣으시오!"라는 내용이 전달되었다. 이 상의 수상자는 올바른 진단을 내린 사람들 중에서 결정될 것이다. 상반신에 집착한 나머지 많은 외과 의사들은 잘 알려진 주요 폐질환을 제시하였다. 하지만 오로지 한 사람만이 가장 적절한 처방 "골절된 오른팔을 치료하시오!"을 내렸기 때문에 제출된 답 중에서 추첨할 필요가 없었다.[7]

앞선 예들과 같이 거의 대부분의 프로젝트 설계 실패는 잘못된 계산보다는 잘못된 판단에 기인한다. 당신이 결코 실수를 하지 않는다거나 잘못된 판단을 하지 않을 거라고 확신할 수 없기 때문에, 이 책에 제시된 방법과 기법을 사용한다면 실수와 오판을 크게 줄일 수 있을 것이라고 믿는다.

성공적인 문제해결을 위한 발견적 학습법

앞서 당신은 잘못 정의되고 부정확하게 풀린 문제들의 여러 가지 예를 보았다. 이처럼 인지된 문제들을 정의하는 사람들은 매우 총명하고 세심한 사람들이다. 그런데 어떻게 그들이 실수를 저지를 수 있는가? 그리고 어떻게 우리가 그와 같은 실수를 피할 수 있는가? 이 책의 목표는 매일의 생활에서 당신에게 유용한 방법으로 문제를 정의하고 해결하는 공정을 구축하는 것이다. 우리는 **발견적 학습법**이라 불리는 문제해결 공정에 틀을 제공하여 이 목적을 달성할 것이다. 문제해결 학습법은 해법공정을 통과하고 대안의 해결통로를 만들도록 우리를 안내하는 체계적인 접근법이다. 이 교수법이 사람들이 실수하는 것을 막지는 못하지만 어떤 문제라도 해결할 수 있도록 동일하고 체계적인 접근법을 제공한다.

발견적 학습법은 로드맵과 유사하다. 그것은 당신이 어디에 있고 어디를 가고자 하며 어떻게 가야 하는지를 말해줄 수 있다. 로드맵처럼 발견적 학습법은 목적지에 도달하는 대안을 결정하도록 도와주기도 한다. 길의 선택과 같은 복잡한 문제는 잘못 정의될 수 있고 다양한 해결책을 가질 수도 있고 혹은 가능한 해결책이 없을 수도 있다. 이러한 형태의 문제는 유일하거나 우선되는 방법이 없지만 발견적 학습법의 사용이 하나의 효과적인 기법일 수 있다고 믿는다.

발견적 학습법 체계 수립

우리가 사용하고자 하는 5단계 문제해결 학습법의 근원은 McMaster의 다섯 가지 주요 전략에 기인한다.[8] 다음 그림은 체계수립의 단계를 보여주는데, 문제정의로부터 시작하여 문제를 해결한 후 해법을 검증하는 것처럼 각각의 순서로 체계를 수립한다.

문제해결 학습법의 5단계 체계

문제정의는 문제해결 학습법에서 가장 중요한 첫 번째 단계이다. 실질적으로, 우리가 막다른 곳에 도달하거나 주요 조건이 변화되었을 때 문제해결 공정의 어떠한 시점에서든 재설정할 수 있을 것이다. 첫째, 우리는 정보를 수집하고 올바른 문제정의에 도달하기 위하여 도움이 되는 몇 가지 특별한 기법을 사용한다. 당신이 일단 실제 문제를 정의하였다면 다음 질문들을 던지는 것이 중요하다: 이 문제가 이미 해결된 적이 있는가? 풀 만한 가치가 있는가? 어떠한 자원(시간, 돈 등)이 해법도출에 이용 가능한가?

실제 문제를 정의하고 나면 다음 단계로 문제를 해결하기 위한 해법 **도출**을 진행할 수 있다. 산업체에서 아이디어 도출에 가장 광범위하게 사용되고 있는 기법은 브레인스토밍이다. 이 기법은 무엇이 *가능*하고 *불가능*한지에 대한 생각을 확장할 때 매우 유용하다. 브레인스토밍과 더불어 아이디어 도출에 유용한 방법으로는 미래상, 유추, 블록버스팅 등이 있다.

다음 단계인 **결정하기**는 Kepner-Tregoe 전략에 제시되어 있다.[9] 상황평가는 당신이 어떤 일을 먼저 할 것인지를 결정하도록 도와준다. 문제분석은 당신이 문제의 근원을 파악하는 것을 도와준다. 결정사항분석은 당신이 도출한 다양한 해결책의 상황을 파악하고 어떤 것을 선정할 것인가를 다룬다. 잠재적 문제분석에서, 당신이 잠재적으로 잘못할 수 있거나, 각 잠재문제의 원인, 예방행동, 최후의 단계 등 모든 것을 확인하여 해결책의 성공을 확증하는 계획을 만들도록 해야 한다.

잠재적 문제분석을 통하여 성공을 위한 결정과 계획을 마련하고 나면, 당신은 이제 해결책의 **실행** 단계에 들어선 것이다. 우선, 문제를 해결하기 위해 필요한 행동방침을 정해야 한다. 성공적인 완료까지 해법을 수행하도록 도와주는 시간과 자원을 배분할 다양한 기법을 활용할 수 있다.

평가 단계에서 당신은 문제에 언급된 모든 조건이 만족되었는지, 어떠한 제약조건이 침해되지 않았는지를 돌아보고 확인해야 한다—문제가 실질적으로 해결되었는지, 당신이 선택한 해결책이 최선인지, 해결책이 혁신적이고 새롭고 최초의 것인지? 또는 단순히 기존의 원칙을 적용한 것인지, 해결책이 윤리적 · 환경적 책임을 포함하고 안전한지. 검증이 비록 문제해결법의 마지막 단계에서 사용될지라도 당신은 진행 중 다양한 지점에서 문제의 해결책을 평가해야 한다. 특히 주요 결정이 행해지거나 곁가지로 나누어지는 경우에 평가는 필수적이다.

제시된 문제해결법은 문제해결 공정에서 항상 지침하는 로드맵처럼 활용될 것이다. 물론, 아무리 좋은 로드맵으로 무장되어도 때론 잘못된 정착지에 도달하거나 올바른 목적지에 도달하기 위해 엄청난 시간을 소모할 수 있다. 유사하게, 문제해결자는 잘못된 해결책에 도달하거나 해결책을 얻기 위해서 엄청난 시간을 들일 수도 있다. 여행자들은 항상 긍정적인 자세로 여행에 임해야 하고 이전에 여행을 했던 전문가들의 지식을 활용해야 한다. 마지막으로 서로간의 동의가 필요하며, 서로간의 갈등은 때론 여행을 불쾌하게 하고 망치기도 한다. 유사하게, 문제해결그룹은 팀으로 협동할 때 훨씬 더 효율적일 수 있다. 2장에서, 숙달된 문제해결자의 속성과 특성, 각 문제에 긍정적으로 접근하는 것의 필요성, 팀으로서 문제를 성공적으로 해결하는 개념에 대하여 토론할 것이다. 2장 이후에서, 문제해결 학습법의 첫 번째 단계를 시작할 것이다.

요약 *Summary*

왜 문제해결 전략을 사용해야 하는가? 이 장에서는 실제 문제가 잘못 정의되었거나 문제해결 시 조직적인 접근이 이루어지지 않았을 때 발생할 수 있는 역사상의 다양한 실질적 사건들을 제시하였다. 후속되는 장들에서, 인지된 문제보다는 실질적인 문제를 정의하고 해결하는 가능성을 엄청나게 증가시킬 수 있는 많은 기법들과 발견적 학습법을 제시할 것이며 문제해결 공정에서 잠재적 장애물을 확인할 기회를 제공할 것이다.

CD-ROM 자료 *CD-ROM Material*

- **CD와 웹에 있는 배움 자료**

  요약 노트

  문제해결 학습법

  강의용 파워포인트 자료

  웹 자료

  웹/CD 활용

- **CD와 웹에 있는 전문 참고서적**

  잘못 정의된 문제의 추가 예

할인가격

~~$14.99~~
~~$12.99~~
$9.99

이익감소: "비료가격이 하락하여 공장 문을 닫는다. 더 이상 공장을 운영할 수 없다."

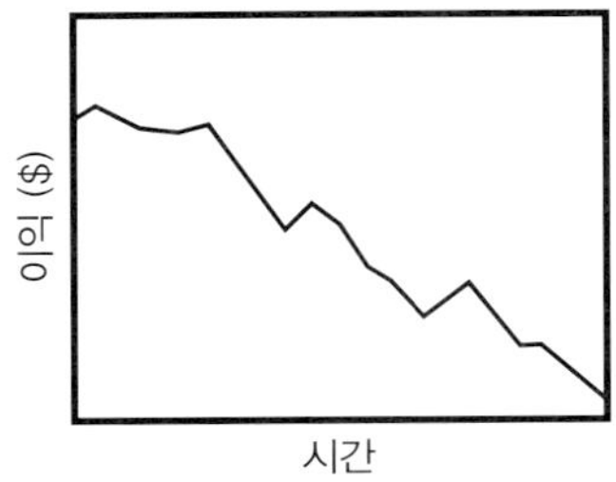

석탄으로부터 가솔린

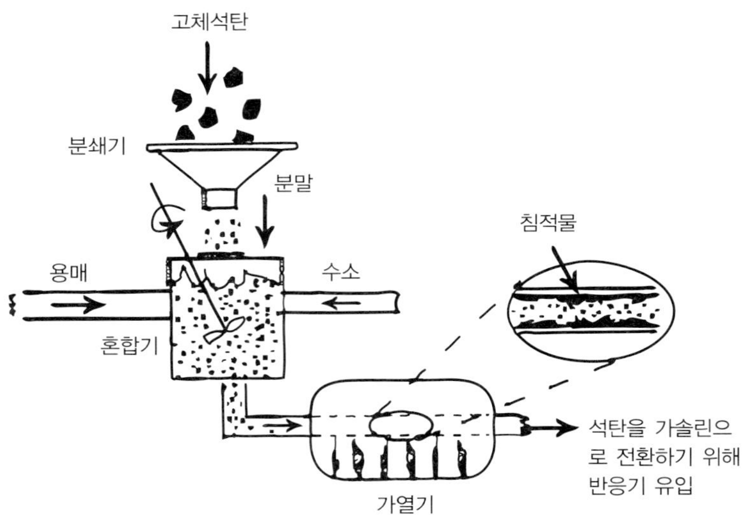

올바른 문제정의/잘못된 해결책의 추가 예

뜻밖의 뒤틀림: 영국의 플릭스보로(Flixborough)에 있는 Nypro 화학공장에서 폭발사고

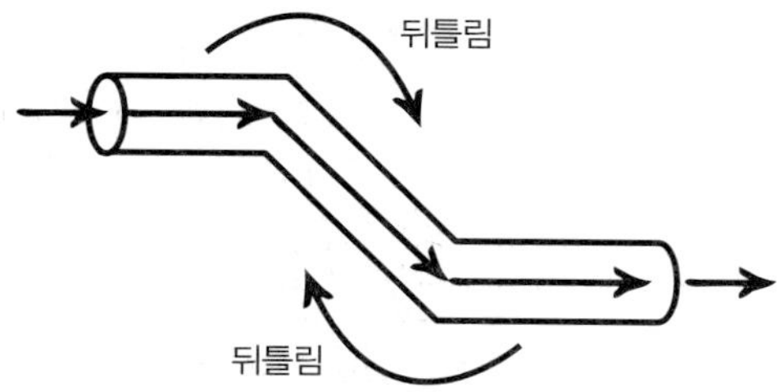

캔사스 시에 있는 하얏트호텔의 재앙

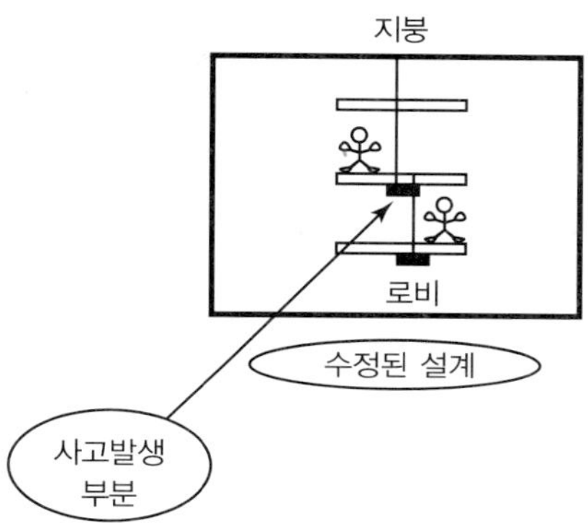

런던의 지하철 사고

참고문헌 References

1. Prof. John Falconer, University of Colorado, Boulder, CO 80302.
2. Adapted from *Chemtech,* 22, 1, p. 24, 1992.
3. Zyman, S., and A. A. Brott, *Renovate Before You Innovate,* Portfolio, a member of the Penguin Group, 2005.
4. Dr. R. G. McNally, Dow Chemical Company, Midland, MI 48667.
5. Dr. Mark Hoefner, Mobil Research and Development Corporation, Dallas, TX 75387.
6. http://www.environment.sa.gov.au/reporting/inland/murray.html
7. Prof. Brymer Williams, University of Michigan, Ann Arbor, MI 48109.
8. Woods, D. R., "The McMaster Five-Point Strategy," notes and personal communication, 1982.
9. Kepner, C. H., and B. B. Tregoe, *The New Rational Manager,* Princeton Research Press, Princeton, NJ, 1981.

연습문제 *Exercises*

1.1. 이 장에서 배운 가장 중요한 것 세 가지는 무엇인가?

1.2. 실생활에서 다시 발생할 수 있거나 좀더 잘 해결하고자 하는 문제에 대하여 생각해 보자. 잘못 정의된 문제로 보도록 시도하고, 이것을 다시 정의하도록 시도해 보아라. 새로운 가능성들이 발견되는가?

1.3. 이 장에서 제시된 잘못 정의된 문제들은 일반적으로 나타날 수 있는 것인가? 그렇다면 그것은 무엇인가?

1.4. 이 책의 문제해결 진행 기록을 유지하도록 해라. 당신의 문제해결을 도울 수 있다고 생각하는 질문사항들과 관심사항들을 기록하라. 당신에게 활용되었던 것과 활용되지 못했던 것을 기록하라. 문제풀이에서 좀더 기술적으로 접근하고자 하는 문제의 형식들을 열거하라.

1.5. 이 장에서 제시된 역사적 예제들과 유사한 잘못 정의된 문제들을 두 개 이상 수집하라.

1.6. CD-ROM과 웹에 수록된 런던의 지하철, Nypro 화학공장, 머레이 댐, 하얏트 호텔 예제들의 유사점과 차이점은 무엇인가?

1.7. 이 장에서 제시된 문제해결 학습법을 사용할 때 당신에게 새로운 단계가 필요했다면 이에 대해서 써 보시오.

심화자료 *Further Reading*

Copulsky, William. "Stories from the Front," *Chemtech,* 22, p. 154, 1992. More anecdotal cases of histories of ill-defined situations and solutions.

02 효과적 문제해결에 요구되는 특성, 태도, 환경

이 장에서는 개인적으로 또는 팀원으로서 당신의 문제해결 기술을 향상시키는 방법을 제시할 것이다. 첫째로 당신의 개인적인 기술을 향상시키는 방법에 대하여 토론할 것인데, 즉 효과적인 문제해결 습관을 연습하고, 긍정적 태도를 적용하고, 창의적 환경에서 얼마나 성공적인가를 회사로부터 조언을 통하여 향상시키는 것이다. 다음으로 당신이 메모를 하고, 거시적인 관점을 가지고, 사고의 전환을 모색하기를 격려하고자 한다. 그리고 이 장은 팀으로서 문제해결과 문제풀이를 위해 효과적으로 함께 일하는 팀원들의 방법탐구에 관한 토론으로 마무리된다.

올바른 마음가짐

효과적 문제해결자의 특성

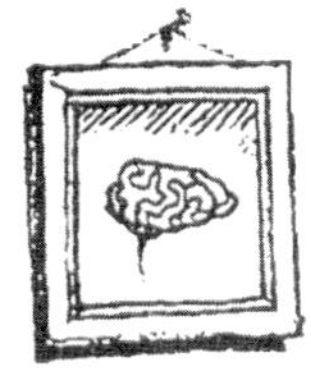

효과적 문제해결자와 그렇지 못한 자의 차이를 결정하기 위한 노력이 매우 광범위한 연구로 수행되었다. 이들 두 종류의 사람을 구분하는 가장 중요한 요소로는 문제에 접근하는 태도, 문제해결 과정에서 나타나는 적극성, 정확성에 대한 관심, 그리고 그들이 이용하는 해결 절차를 들 수 있다. 예를 들어서, 효과적 문제해결자는 발견적 학습법을 이용하고 주의 깊고 끈질긴 분석을 통하여 문제를 해결할 수 있다고 믿는다. 반면, 비효과적 문제해결자는 "이 문제를 안다 또는 모른다"라고 생각한다. 효과적인 문제해결자는 문제를 해결할 때 매우 능동적이다. 비효과적 문제해결자는 문제를 해결하기 위해 요구되는 노력의 수준을 이해하지 못하는 것처럼 보인다. 효과적인 문제해결자는 모든 사실과 관계들을 정확하게 이해하기 위하여 매우 주의를 기한다; 비효과적 문제해결자는 정확성을 검사하지 않고 판단한다.

할 수 있다고 생각하면 할 것이다.

할 수 없다고 생각하면 못 할 것이다.

아래의 표를 보면 효과적인 문제해결자와 비효과적 문제해결자의 차이를 더 쉽게 확인할 수 있다. 여러분이 어떤 상황에 접근할 때, 효과적인 문제해결자의 고유한 태도와 행동양식을 이용한다면 실질적인 문제점을 찾아내고 기발한 해결책을 도출하는 데 익숙해질 것이다.

효과적-비효과적 문제해결자의 특징[1, 2]

<table>
<tr><th>효과적</th><th>비효과적</th></tr>
<tr><td colspan="2">태도</td></tr>
<tr><td>문제가 풀릴 수 있다고 믿는다.

문제를 풀 때 전향적이다.</td><td>쉽게 포기한다.

뒷짐 지고 해법이 떠오르길 바란다.</td></tr>
<tr><td colspan="2">행동양식</td></tr>
<tr><td>스스로에게 그리고 다른 이들에게 반문한다.

문제를 반복하여 여러 번 읽어 본다.
문제를 다시 기술한다.
성급히 결론을 내리지 않는다.
가상의 그림을 그려본다.
그림을 그리고 공식을 적어본다.</td><td>해법을 찾는 데 수동적이다.

문제를 다시 읽지 않는다.
문제를 다시 기술할 수 없다.
성급히 결론에 도달한다.
해결책에 능동적으로 참여하지 않는다.
그림을 그리거나 공식을 쓰지 않는다.</td></tr>
</table>

효과적	비효과적
해결절차	
진척도를 계속 관리한다.  문제를 여러 개의 하위문제로 나눈다. 처음 이해하기 시작한 부분에서 출발한다. 틀을 만들 때처럼 몇 개의 주요 기초 개념을 사용한다. 발견적 학습법을 이용한다. 막히더라도 끝까지 인내한다. 정량적인 공식과 묘사를 이용한다.	어디에서 출발해야 할지 모른다.  문제를 나누어 생각하지 않는다. 주요 개념을 규명하지 못한다. 추측한다. 특별한 형식을 사용하지 않는다. 포기한다. 정량적인 식을 사용하거나 묘사하지 않는다.
정확성	
여러 번 반복해서 확인한다.  가정들을 검증한다.	확인하지 않는다.  가정들을 검증하고자 하지 않는다.

숙제로 주어진 하나의 해답을 가지거나 지정된 문제를 풀 때 학생들에게 특별히 유용한 특성은 (1) 문제를 다시 기술하기 (2) 처음에 봤을 때는 논리적으로 보이지 않더라도 처음에 이해한 것으로부터 출발하기이다. 다음 예는 지정된 문제를 풀 때 이러한 특성을 어떻게 적용할 수 있는지를 보여준다.

지정된 문제 계산법

문제를 진술하라:

10인치 높이와 8인치 직경의 원통형 병에 얼마나 많은 젤리빈을 담을 수 있나?

태도

이것은 미래의 추측시험에서 이기는 데 매우 유용할 것 같은 재미난 문제이다.

행동

문제를 다시 기술하라:

병의 부피는 얼마인가, 젤리빈의 부피는 얼마인가, 채움인자는 얼마인가?
(병에 젤리빈이 차지하는 부피비는? 빈 사이의 공간이 있다는 것을 기억하라)

가정:

젤리빈을 구라고 가정하라.

계를 도식화하라:

해법절차

확인하라:

알려진 것

병 높이(H=10인치)와 직경(D=8인치)

젤리빈 직경(d=0.5인치)

알려지지 않은 것

고체율(병에서 젤리빈이 차지하고 있는 부피율)

사실적 근거:

병의 부피$=\pi(D^2/4)H=3.1416\times((8^2)/4)\times10=502.6\ in^3$

젤리빈의 부피$=\pi(D^3/6)H=3.1416\times(0.5^3/6)=0.0654\ in^3$

채워진 구의 고체율을 조사해보면, 이는 ~0.65이다.

젤리빈의 부피=(병 부피)×고체율 = 502.6×0.65=326.7in^3

젤리빈의 개수=(젤리빈의 부피)/(빈 한 개의 부피)

=(326.7 in^3)/(0.0654 in^3 per bean)

= 4995 젤리빈

정확도

검토하고 재검하라:

구형 젤리빈 외의 원통형 젤리빈의 효과를 알아보아라.

젤리빈의 크기를 검토해 보아라.

만약 젤리빈이 D=0.5인치, H=0.5인치의 원통이라면, 다시 계산을 수행하라.

젤리빈의 부피=$\pi(D^2/4)\times H = 3.1416\times(0.5^2)/4)\times 0.5 = 0.0982$ in^3

채워진 구의 고체율을 조사해보면, 이는 ~0.67이다.

젤리빈의 부피=(병 부피)×(고체율)=502.6×0.67=336.7 in^3

젤리빈의 개수=(젤리빈의 부피)/(빈 한 개의 부피)

=(336.7 in^3)/(0.0982 in^3 per bean)

=3429 젤리빈

병에 있는 젤리빈의 실질적인 수는 젤리빈이 완전 구나 원통형이 아니므로 아마도 이 두 값 사이에 있을 것이다. 그럼에도 불구하고 이 방법은 매우 타당하게 실제 값을 포함하는 범위를 줄 수 있다.

위에서 기술된 것과 다른 지정된 문제해결 계산법은 이책의 CD-ROM/웹에서 활용이 가능하다. 이 장의 끝에 있는 연습문제에서 위에서 제시된 젤리빈 문제를 대안의 계산법으로 적용해 본다.

효과적 문제해결을 위한 태도

효과적 문제해결자들은 어려운 문제를 다룰 때 스스로의 마음가짐과 습관을 계속 발전시킨다. 그들은 긍정적인 태도로 문제에 접근한다. 문제해결에 있어서 매우 효과적인 사람들에 대한 Stephen Covey의 연구는 그들이 매우 유사한 습관들을 가졌다는 것을 나타낸다.[3] 여러분이 다음의 일곱 가지 습관을 훈련하기를 장려한다.

매우 효과적인 사람의 일곱 가지 습관

습관 1: 주도적이 되어라. 	일단 시작하고 사건이 일어나게 하라. 적극적으로 새로운 생각과 혁신점을 찾아라. 부정적 환경이 당신의 행동과 결정에 영향을 주지 못하도록 하라. 문제에 관해 자신이 할 수 있는 일들을 하라. 만약 실수를 하면, 감사해하고, 배우면서, 계속 진행하라.
습관 2: 목표를 가지고 시작하라. 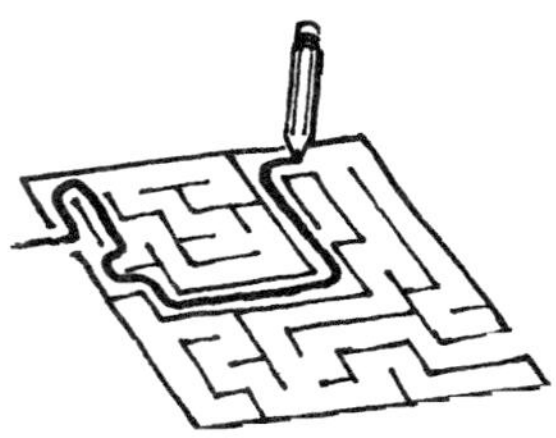	당신이 어디로 향하는지 당신이 취하는 모든 단계들이 올바른 방향으로 가고 있는지 확인하라. 우선 이루고자 하는 것을 올바로 결정하고 그것을 어떻게 가장 잘 이룰지 확인하라. 나아가고자 하는 진행방향, 목적하는 것, 이것들을 어떻게 이룰 것인지에 대한 개인적 임무 일람을 만들어라.
습관 3: 일의 순서를 정하라. 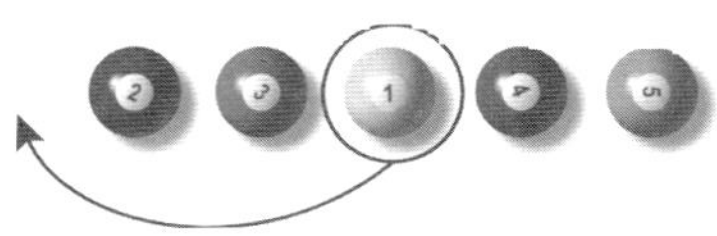	다가올 주를 위해 매일매일 최우선순위를 정하고 그것들을 수행할 시간을 설정하라. 자시의 목표를 지속적으로 검토하고 우선순위를 정하라. 중요하지 않은 일은 하지 않는다. 주의 깊게 사고하고 계획하여 가장 중요하고 영향력 있는 일에 집중하라.
습관 4: 쌍방승리 전략을 생각하라. 	쌍방승리(Win/Win) 전략이란 해결책과 협정에 관계된 모든 사람들의 상호간 이익을 추구하는 마음가짐이다. 모두에게 충분히 만족스러운 해결방안을 위한 중요한 쟁점들과 결론들을 확인하라. 결정과 행동계획에 관계된 사람들 모두 기분이 좋게 하라.

<table>
<tr><td>습관 5: 이해할 것을 먼저 찾고 그 후에 이해시킨다.

</td><td>상황에 대하여 가능한 한 많은 것을 파악하라.
"듣고, 듣고, 또 들어라."
다른 사람의 시각에서 문제를 보도록 하라.
이해시키는 것을 찾는 데 기꺼이 적응하라.
사실을 감정적이 아닌 논리적으로 제시하라.
믿을 만하고, 공감하고, 논리적이 되어라.</td></tr>
<tr><td>습관 6: 상승작용이 있게 하라.
2 + 2 = 5</td><td>각각의 합보다 전체가 커지게 하라.
당신과 같이 일하는 사람들의 다양성에 가치를 두어라.
개방적이고 정직한 의사소통을 촉진하라.
모든 사람이 최선의 결론을 도출하도록 서로 도와라.</td></tr>
<tr><td>습관 7: 끊임없이 새롭게 하라.
</td><td>본성의 다음 네 가지를 새롭게 하라.
육체적: 운동, 영양 공급, 스트레스 조절
지적: 독서, 사고, 시각화, 계획, 기술
정신적: 가치 정화, 헌신, 연구, 명상
사회 · 감정적: 봉사, 감정이입, 자기존중, 협동

지속적인 상승: 배우고, 갱신하고, 실행하고; 배우고, 갱신하고, 실행하고; 배우고, …….</td></tr>
</table>

이 표는 일곱 가지 습관에 대하여 매우 간단히 언급한 것이다. 좀더 완벽한 논의를 위하여 실제 행동에서 이 습관들을 설명하는 다양한 예들을 포함한 Covey의 베스트셀러를 참고할 수 있다.

우리는 회사의 부대표, 경영자, 최근 회사 고용자, 미시간대학교 세미나 연사 등으로부터 수집된 졸업생들에 대한 조언을 제시하여 승리하는 태도의 구성요소에 대한 토론을 계속하고자 한다. 이 조언은 성공적인 이력을 위해 필요한 일곱 가지 행동방침으로 정리된다.

성공적 이력을 위해 필요한 일곱 가지 행동방침

방침 1: 즐겨라.
당신이 하는 것을 즐기고 일이라고 느끼지 못하는 곳에서 일을 찾아라. 당신이 하는 것에 대하여 즐겁게 생각하고, 그렇지 않다면 다른 것을 하라. 건강을 위한 시간을 가져라. 열심히 일하되 재미있게 하라. 인생은 짧으니 자신을 위한 시간을 남겨두라.

방침 2: 배워라.
배우고, 새롭게 하고, 당신의 기술을 확장하는 것을 계속하라. 동료와 조언자의 관계를 구축하라. 질문하는 것을 멈추지 마라. 듣고, 질문하고, 배워라. 당신이 아는 것과 모르는 것을 인식하고 모르는 것을 아는 척하지 마라. 타인의 지식적 장점을 취해라. 어떻게 긍정적, 부정적 반응을 취할 것인지 배우고 또 배워라. 어떻게 의사소통하고 당신과 당신의 결과를 홍보할지 배워라.

방침 3: 의사소통하라.
구두, 필기, 듣기 등의 강력한 의사소통 수단을 개발하라. 당신이 명료하게 소통할 수 없다면 가치를 최소화하는 것이 최선이다. "능동적으로 듣기" 기술을 발전시켜라. 당신이 무언가 말할 가치가 있는 것이 있다면 말하라. 좋은 조언과 지도를 제공할 동료와의 관계를 구축하라. 경험이 쌓일수록 당신의 지식을 타인과 공유하라. 동료는 최고의 조언자이다.

방침 4: 열심히 노력하라.
열심히 일하면 일할수록 더욱더 잘 하게 될 것이다. 가장 효과적인 결과는 개인적인 노력에서보다는 효율적인 팀의 노력에서 도출된다. 당신이 소속되어 있는 조직의 사업, 문화, 정치에 대하여 배워라. 성공하기 위하여 필요한 것을 파악하라. 조직에서 성공하기 위한 조건이 당신의 믿음과 방식과 부합하지 않는다면 그 조직은 당신에게 적합한 곳이 아닐 것이다.

방침 5: 발전시켜라.
경력의 변화를 준비하고 모든 변화는 새로운 기회를 동반한다는 것을 기억하라. 자신에게 도전하라. 노력하기에 유용한 문제를 발견하라. 다른 관점의 문제를 기꺼이 접하라.

방침 6: 계획하라.
당신이 수행하는 모든 것에 특별히 당신의 경력 계획에서 주도적이 되어라. 당신은 자신의 경력을 지배하며, 어느 누구도 자신처럼 당신을 걱정하지 않는다.

당신이 하고자 하는 일을 10년 동안 수행한 사람과 토론하고 당신이 그 곳에 도달하기 위하여 필요한 경험을 배워라. 당신의 목적을 만족시키는 일자리를 선택하라. 당신의 경력, 재무, 개인적 관점에서 보아 20년 후에 당신이 있고자 하는 곳에 있도록 도와줄까?

방침 7: 공유하라.
사회에 무언가를 환원하는 방법을 찾아라.

일곱 가지 습관과 일곱 가지 행동방침의 수용은 발전된 문제해결로 안내할 것이며 또한 전문가로서 당신 개인의 성장을 이끌 것이다.

비전 갖기

당신이 어디로 가는지 모른다면 당신은 아마도 어딘가 미지의 곳에서 끝날 것이다.

차별화되기 위해서 당신은 반드시 비전을 가져야 한다. **비전**(vision)은 미래에 무엇이 될 것인지 또는 되어야 하는지를 볼 수 있는 능력이다. 비전을 실행하려면 주요 계획이 필요하다. 각자는 조직, 공동체, 삶에서 허점을 찾고 허점을 채우기 위하여 노력해야 한다. 우리는 구성원의 생각들을 듣기, 읽기, 말하기, 집중하기를 통하여 현재 조건을 나아지게 하는 일치되고 강력한 비전을 만들어낼 수 있다. 주요 계획을 동반한 비전은 원하는 결론을 도출하기 위한 행동방침을 목표로 하여 매일매일의 결정을 쉽게 한다. 도덕적인 가치는 비전을 확립하도록 도와주고 개인적 믿음과 일관성이 있어야 한다.

비전을 개발하기 위해 당신은 종종 시간(수분에서 수시간)을 마련해야 하며 스스로 성찰하고 "큰 그림"을 보기 위해 한발 뒤로 물러나 있어야 한다. 당신의 삶이나 조직에서 취해야 하는 방향을 정하고, 성취하기 위해 필요한 것을 규명하고, 목적을 달성하기 위한 계획을 고안해야 한다.

Jeol Barker는 그의 책 『패러다임의 경제』에서 패러다임의 변화, 패러다임의 정체, 패러다임의 선구자의 아이디어에 대해서 설명한다.[4] **패러다임**은 경계를 정의하는 일련의 법칙에 기초한 모델 또는 모형이며 그 경계에서 어떻게 성공적이 되는지를 명시한다. 성공은 이러한 규칙을 이용하여 당신이 해결하고자 하는 문제들의 관점에서 측정된다.

패러다임의 변화는 순간적으로 발생할 수 있거나 긴 시간에 걸쳐 진화할 수 있다. 이러한 전이는 한 가지 방법으로 세상을 보는 것으로부터 완전히 다른 방식으로 세상을 보도록 한다. 패러다임이 변화할 때 새로운 규칙들에 기초한 새로운 모델이 기존의 모델을 대체한다. 새로운 규칙은 새로운 경계를 만들고 이전에 정말로 해결할 수 없었던 문제도 해결하게 한다. 기존 패러다임의 모든 수행자들은 "출발선" 으로 돌아오고 기존 규칙들이 더 이상 적용될 수 없기 때문에 다시 같은 위치로 평등하게 된다.

예를 들어, 매우 우수한 계산자를 사용하던 지침은 휴대용 계산기의 발명에 따른 패러다임의 변화로 무용지물이 되었다. 최근 또 다른 패러다임의 변화로, 물품과 서비스를 온라인으로 구매할 수 있는 능력이 있다. 전통적 여행사들은 Travelocity나 Orbitz와 같은 온라인 업체와 경쟁하기 위하여 변화를 강요받고 있다. 또 다른 패러다임 변화로는 VHS 테이프에 대한 DVD의 출현; 점포 영업에 대한 온라인 음반 판매; 플로피디스크에 대한 플래시 드라이브; 필름 사진에 대한 디지털 사진; 다이얼업 모뎀에 대한 케이블과 DSL; 인쇄된 지도에 대한 MapQuest, Google, GPS 지도 안내; 타자기에 대한 워드프로세서; 종이로 발행되던 수표에 대한 온라인 은행 업무; 백과사전 찾기에 대한 온라인 검색; 사전의 사용에 대한 자동 단어 검색; 점포 대여 방식에 대한 온라인 검색을 통한 즉시 영화 관람 등을 들수 있다.

Barker는 **패러다임의 정체**를 누군가(또는 어떤 조직)가 얼어버리는 상황으로 묘사하는데, 즉 과거에 성공적이었던 아이디어들이 미래에도 성공적일 것이라는 생각에 무기력하게 매달리는 것으로 기술한다. **패러다임의 선구자들**은 성공이 보장되지 않을 때 지속돼 오던 규칙들을 깨고 패러다임 정체로부터 벗어나고자 하는 용기가 있는 자들이다. 그들은 미지의 영토를 여행할 때 쉬운 길이 없다는 것을 인식하고, 다른 사람들이 따라오기 쉽고 안전한 길을 만들면서 새로운 길을 개척한다. 패러다임 선구자들은 (1) 커다란 개념을 인식하는 통찰력, (2) 큰 위험에도 앞으로 나아가는 용기, (3) 아이디어를 결실로 이끌어내는 참을성 등의 특징이 있다.

당신은 패러다임의 선구자가 될 필요가 있으며 문제에 대한 대안을 도출할 뿐만 아니라 심지어 겉으로 문제가 없어 보이는 것들을 개선할 방법을 찾고자 노력해야 한다. 패러다임 선구자들은 공정, 생산물, 조직 등을 개선하기 위해 계속해서 패러다임의 변화를 개시할 기회를 찾는다. Barker는 스위스사의 예를 통하여

이 점을 지적하고자 한다.[4]

패러다임의 변화

1968년 정밀시계 제조에 있어서 존경할 만한 역사를 가진 스위스사는 시계판매 세계시장의 약 80%를 확보하고 있었다. 그러나 오늘날 그들은 시장의 10%도 확보하지 못하고 있으며 이는 수정 디지털시계의 갑작스런 등장 때문이었다.

그러나 놀랍게도 수정 디지털시계를 발명한 것은 스위스였다. 손목시계 기술에 있어 패러다임의 변화가 일어난 것이다. 스위스는 패러다임의 정체－과거에 성공했던 것이 미래에도 계속 성공할 것이라는 생각－에 사로잡혀 있었기 때문에 이 새로운 기술을 받아들이지 않았다. 결국 "디지털시계는 태엽도 없고 똑딱이지도 않는데 누가 이런 시계를 사겠는가?"라며 발명가들은 그들의 발명품을 특허로 보호하지 않고 일본의 세이코와 텍사스인스트루먼트(T.I.)가 그 아이디어를 이용하여 제품을 팔도록 내버려 두었다. 이러한 패러다임의 정체로 인해 3년 남짓한 기간 동안 스위스 시계회사의 고용이 약 65,000명에서 15,000명으로 줄었다. 디지털시계의 성공을 실감한 스위스사는 디지털시계를 생산하기로 결정했지만 단지 세이코나 T.I.와 동등한 입장이 될 뿐이었다. 이 모두는 패러다임의 변화에 기인한다. 톱니바퀴와 태엽으로 시계를 만드는 그들의 방대한 경험 모두가 디지털시계를 생산하는 데 있어서는 아무런 도움이 되지 못했다.

여기까지 패러다임의 중요성, 패러다임의 변화, 비전 갖기는 명확해져야 한다. 뉴욕양키의 포수 Yogi Berra는 비전을 가져야 하는 필요성을 "당신이 어디로 가는지 모른다면 어떤 길이든지 당신을 안내할 것이다"라고 표현했다. 일단 미래에 대한 비전을 가진다면 그것이 당신으로 하여금 비전을 가지고 나아가게 한다는 점에서 의의가 있다.

> 실천 없는 비전은 단지 꿈일 뿐이다.
> 비전 없는 실천은 단순히 시간 낭비일 뿐이다.
> 실천과 비전이 세상을 바꿀 수 있다.
>
> — Joel Barker

비전을 만드는 것뿐만 아니라 주기적으로 비전을 재검토하고, 필요하면 수정하고, 그것을 달성하기 위한 실현계획을 개정해야 한다. Barker는 그의 비디오 *비전의 힘*에서 여러 가지 예를 사용하여 비전의 중요성을 심화 토론한다.[4]

팀으로 일하기

문제들이 점점 복잡해지고 여러 분야가 관계됨에 따라, 그것들의 해법들도 서로 다른 영역의 전문가들과 협동을 요하게 된다. 이러한 종류의 문제해결 행동은 다른 사람들과의 접촉, 즉 일대일이나 집단모임 등을 요구할 것이다.

1990년대에는 문제해결을 위하여 회사 내의 팀 활동이 급격히 증가하였다. 이러한 개인적인 문제해결 방식으로부터 벗어난 집단 공정으로의 변화는 세계적인 경쟁 증가에 대한 대응이며 기술과 시장의 변화에 빨리 대응하기 위해서 요구되는 것이었다. 결과적으로, 학교들은 집단으로 일하는 경험을 학생들에게 더 많이 제공하고자 하였다. 다음에 효과적인 집단 문제풀이의 개략적인 모사를 주기 위하여 충분한 시간을 할애할 것이다. 심화학습을 위하여, 『팀워크의 17가지 명백한 법칙』 같은 자료를 참고하기 바란다.[5]

팀원으로서 당신은 총체적인 결정과 협동을 배우고 연습할 것이다. 당신은 의견의 차이와 갈등에 감사하게 될 것이고, 다른 의무를 위해 팀에서 요구되는 시간 조절, 상호간 지지의 중요성에 대한 감사 등에 대하여 배울 것이다.

Tuckman은 팀 개발의 4단계를 명시하였다: Forming, Storming, Norming, and Performing.[6] 어린 아이가 걷기 전에 기어다니고 그러고 나서 뛰듯이, 팀원들은 팀이 효과적으로 작동하기 전에 통과해야 하는 성숙 과정이 있다. 만약 구성원들이 이러한 팀 발전의 단계를 이해한다면, 팀은 덜 갈팡질팡하고 혼돈스러운 초기에도 덜 좌절할 것이다.

- **Forming 단계:** 팀원들은 서로 소개하고 서로 알게 된다. 이 단계에서는 집단의 목표를 이해하고 기본 법칙을 설정한다. 팀원들은 부과된 과제에 대한 초기 토론을 한다. 큰 기대와 흥분이 있다.

- **Storming 단계:** 과제를 계속함에 따라 일반적인 혼돈상태가 발전한다. 팀의 작용은 많은 대화, 적게 듣기, 특이한 비전, 매우 느린 진행으로 특징지어진다. 팀은 이 단계가 팀원들이 겪어야 하는 하나의 과정이며 좌절하지 말아야 한다는 것을 알아야 한다. 의견의 불일치도 당연히 발생할 것이다. 그러나 팀은 발

전적인 반대의견을 격려하고 의견의 차이를 존중하기 위한 전략을 개발할 필요가 있다. 팀은 견고한 대화와 의견의 차이를 지지하는 분위기를 조성하는 데 열심히 노력해야 한다.

- **Norming 단계:** 팀은 공통의 비전을 개발하고 다진다. 이 단계는 업무가 확인되고 계획됨에 따라 팀원들 간의 좋은 의사소통으로 특징지어진다.

- **Performing 단계:** 마지막 단계로, 팀은 목적들을 이루며 진보를 보인다. 창의적 브레인스토밍이 이루어지고 아이디어들이 토론된다. 팀은 그들의 일에서 모여진 긍지를 바탕으로 최종 산물을 만든다.

모임은 팀의 문제해결에 필수적인 것이다. 모임은 주의 깊게 계획되어야 하고 최대효과를 위하여 기술적으로 행해져야 한다. 모든 사람의 시간이 가치 있기 때문에 모임은 효과적이고 효율적이어야 한다. 모임의 지침과 차례는 CD-ROM을 참고할 수 있다.

모임의 중요성과 긍정적 교류는 아무리 강조해도 지나치지 않다. 문제해결 과정이 원활하게 수행되기 위해서 구성원들은 마찰 없이 무난하게 일하는 것을 배워야 한다. 팀의 모든 구성원들은 서로 같을 수는 없지만 여전히 공통적으로 일해야 한다.

당신이 팀원으로 일을 수행한다면, 다른 구성원과 아무리 의견이 일치되지 않더라도 항상 예의를 지켜야 한다. 문제해결 과정에서 실수는 항상 일어나기 마련이므로 그런 실수들을 고치고 다시 발생하지 않도록 방지하는 데 집중하며 나아가야 한다. 많은 경우, 과제의 성공은 얼마나 잘 의사소통이 이루어지고 교류하는가에 달려 있다.

성공적인 팀의 또 다른 열쇠는 창의적으로 일을 함께 수행해야 한다는 것이다. 과거 매우 창의적인 회사 중 하나였던 애플사의 선대 회장인 John Sculley는 제품개발에 있어서 창의적 환경 유지의 철학에 대하여 논하였다.[7] 창의적 환경을 만들기 위하여 팀의 지도자와 경영자들에게 제안한 몇 가지 아이디어들을 다음에 나타내었다.

창의적 팀 환경 확립하기[7]

팀원들에게 목적을 주지 말고 방향을 주어라(즉, 개략적 방향).

반대의 사고를 격려하라.
반대 의견은 토론을 향상시키고 다른 사람의 주의 깊은 관찰을 유도한다.
결국, 더 나은 결론에 영향을 미친다.

단순히 사람들의 열망뿐만이 아니고 감성적인 것들을 확대하기 위한 잘 짜인 환경을 구축하라. 당신은 창의성을 살 수는 없으나 불어넣을 수는 있다. 창의적인 사람은 비표준적 방법의 생각으로 분위기를 유도하는 것이 필요하다. 작업 환경은 비형식적이고 여유로울 필요가 있다.

환경에 감성적 접근이 필요하다.
수동적인 것은 열정으로 채워진 창의적 작업의 독이다. 수동적인 것인 것을 줄이는 하나의 방법은 문제를 찾아내거나 해결하는 것을 격려하는 것이다. 세상은 문제들이 항상 새로 창의되고 있듯이 매우 빨리 변화한다. 그러한 문제를 발견할 수 있는 사람은 창의적 관찰의 위대한 능력을 소유하고 있다.

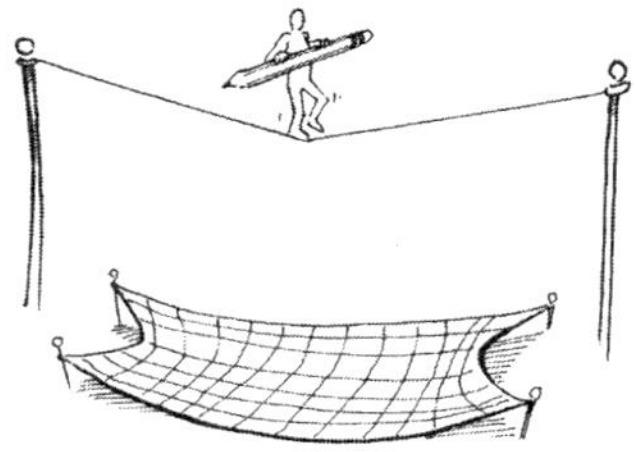

상황을 안전하게 만들면 만들수록 더 높은 도전이 가능하다.
작업 장소는 안전해야 하고, 작업자들은 위험을 감수하거나 실수를 하는 것에 두려워하지 않으며 기준을 높게 정해야 한다.

계속

단순 책임감보다는 책무감을 격려하라.
9시부터 5시까지 일하는 단순 책임감은 창의성을 방해할 수 있다. 대신에, 자기들 일의 결과에 대하여 책무감을 가져야 한다.

보통사람이 자기 자신 이상에 도달하고 특별한 일들을 하는 것은 창의적 환경을 만들어가는 결과일 수 있다.
이런 분위기를 확립하는 것은 인습 타파적 기업가의 태도와 전통적 협력태도의 화해를 요한다. 이런 민감한 경계선이 과거에 회사를 성공으로 이끌었던 특성들을 금하지 않고 통할 수 있다면, 매우 큰 진척이 만들어질 것이다.

당신이 집단 문제해결에 더 깊이 관여할수록 집단에서 개인의 특징이 개인들 사이에 필수불가결하게 나타나는 것을 발견할 것이다. 어떤 특징은 긍정적일 것이고 어떤 것은 집단의 문제해결 공정에 장애가 될 것이다. 다음 표는 이러한 도전이 발생할 때 집단이 이러한 점들을 헤쳐 나가도록 도와줄 것이고 문제의 해결책을 향하여 손쉽게 지속적으로 일하도록 이끌 것이다.

제안: 집단 문제 10가지를 어떻게 다룰까?[8]

문제	문제를 최소화하기 위한 전략
갈팡질팡 	임무를 명확히 하고 모든 사람이 앞으로 나아가기 위해 요구되는 것을 이해하라.
위압적 전문가 	팀 구성원들 간 동의를 구하고 모든 구성원은 모든 영역의 문제를 탐구할 권리가 있다. 구성원이 어떻게 행동하든 서로에게 겸손하라.

계속

제안: 집단 문제 10가지를 어떻게 다룰까?[8]

문제	문제를 최소화하기 위한 전략
우월적 참가자 	목적으로서 "참가의 균형"을 잡고 규칙적으로 이점을 고찰하라. 우월적 참가자를 제한하기 위해 "통제하는 것"을 연습하라.
마지못해 하는 참가자 	모든 사람이 참여하도록 격려하라. 조용한 구성원들의 의견을 묻고 그들의 유효성을 격려하라. 개인에게 할당된 숙제와 보고서를 요구하라.
의견을 의문 없이 받아들임  	악마의 역할을 하라; 보조 자료와 이유를 물어라. 대립되는 개념을 받아들이고 격려하라. 비평에 주의하라; 사람이 아닌 아이디어를 비판하라.
성과를 서두름 	서두름에 직면하고 최선의 해결책에 동의하지 못한다. 심지어는 모든 팀원들의 동의를 얻는 것조차 불가능하지만, 일반적인 합의에 도달한다. 모든 사람이 팀의 결정으로부터 그들이 원하는 것을 얻을 수 없지만 팀 방침에 내부적으로 심각한 반대가 없어야 한다.
다른 사람에게 동기를 전가함 	진술을 지지할 자료를 요청하라. 전가하는 것이 정확한지를 증명하라-예, "존은 영업부와 마찰 때문이라고 이렇게 말한다."

계속

문제	문제를 최소화하기 위한 전략
구성원의 의견을 무시함 	효과적 청취는 모두가 반드시 해야 한다. 효과적 청취를 위한 훈련을 하라. 반대편 사람을 지지하라. 다른 팀원의 의견과 공헌을 계속해서 무시하는 사람과 별도로 이야기 하라.
방랑자: 탈선과 접선 	시간 계획을 포함한 절차를 따라라. 팀 전원이 모인 자리에서 주제들을 공유하고 대화를 주제 속으로 이끌어라.
구성원과의 불화 	개성이 아닌 아이디어에 집중하라. 사건을 별도로 토론할 상대편을 찾거나 모임에서 그들이 행동의 표준에 동의하도록 하라.

10가지 문제들을 좀더 최소화하기 위한 방법의 완벽한 토론을 위하여 Scholtes의 자료를 참고하기 바란다.[8]

분쟁해결책

논쟁은 창의적 과정에 긍정적 기여자가 될 수 있다; 그러나, 개인적인 갈등으로 번지지 않도록 논쟁을 적절히 유지하는 것이 팀을 위한 하나의 도전이다. 개인적인 마찰은 팀의 목적을 이루기 위해 사용되어야 할 에너지를 소모한다. 다음 자료는 콜로라도대학교의 웹사이트 *Introductory Engineering Design: A Project Based Approach*(http://itll.colorado.edu/GEEN1400/index.cfm?fuseaction=Textbook)로부터 인용되었다.[9]

Johnson-Johnson은 팀 구성원 간의 마찰로부터 발생하는 문제를 해결하기 위해 다음의 협상 단계를 제안한다.

단계 1: 본인의 관심과 원하는 바를 기술하라

문제에 대한 이해와 원하는 결과를 재치 있게 기술하라. 분쟁을 일반적이고 광범위하지 않고 작으면서 구체적으로 정의하라.

- 가능한 한 당신의 관점을 간단명료하게 정의하라.
- 추구되어야 하는 도전의 일부로서 다른 사람의 정당한 목적에 감사하라.
- "우리들이 서로의 논점을 토론하는 것이 팀의 최고 관심이어야 한다"라는 말처럼 장기간 상호 협력의 관계에 집중하라.
- 훌륭한 청취자가 되라; 다른 사람을 바라보고 다른 사람이 이야기 할 땐 조용히 하라.
- 다른 사람이 말한 것을 부연하여 당신이 이해한다는 것을 보여라.

단계 2: 본인의 느낌을 기술하라

느낌은 해결되어야 하는 안건을 위해 개방적으로 표현되어야 한다. 모든 이의 느낌이 유효함을 인정하는 것은 추후 협상을 위해 필수적이다.

단계 3: 직면한 문제에 대한 의견과 위치의 근거를 교환하라

서로가 서로의 위치를 취하기 위해 가졌던 근거들을 이해하기에 적당한 시점이다.

- 당신의 이유를 제시하고 다른 사람이 제시하는 이유를 들어보라. 당신이 원하는 것과 다른 사람의 근거를 이해하고자 하는 주요 이유를 기술하라. 이처럼 확고한 이해를 통하여 당신은 창의적 상호 승리의 해법을 찾을 수 있다.
- 유연하게 다른 사람에게 권한을 주고 선택 권한을 제공하라.

단계 4: 문제에 대한 상대방의 시각을 이해하라

동료의 의도를 명백히 하는 것은 동료의 의도가 당신의 두려움과 같지 않다는 것을 인식할 수 있게 한다. 서로의 시각을 이해하고 반대편의 이해에 대해 개방적으로 토론하라.

효과적 청취를 위한 비법

- 시선을 마주쳐라.
- 부정적 행동을 피하라(예, 지속적으로 시계를 응시한다).
- 더 많은 정보를 이끌어내기 위하여 언어적 신호를 격려하는 "능동적 청취"를 연습하라(예, 그것에 대해 좀더 말해줄 수 있나요?).
- 종종 다른 사람이 말한 것을 듣고 재언급하여 이해하였음을 확인해 주어라.
- Covey의 매우 효과적인 사람의 다섯 번째 습관을 이용하라: 이해할 것을 먼저 찾고 그 후에 이해시켜라!

단계 5: 상호 이득을 위한 선택을 만들어라

새롭고 창의적 해결책을 만들기 위하여 다른 사람의 시각을 사용하라. 함께 사용할 하나의 해결책을 취하기 전에 적어도 세 개의 활용 가능한 대안을 위해 브레인스토밍하라. 5, 6장에서 토론될 기법을 사용하여 선택권을 도출하라.

단계 6: 현명한 결론에 도달하라

- 모든 사람이 동등하게 이익을 가질 수 있는가?
- 합의점은 팀에서 모든 사람(또는 적어도 마찰에 의하여 직접적으로 영향을 받는 사람들)의 합법적 요구를 만족시키는가?
- 모든 당사자의 득과 실이 대략적으로 균등한가?

팀의 결정

팀으로 함께 일할 때 결정에 도달하기 위한 몇 가지 방법들이 있다. 7장에서, 우리는 Kepner-Tregoe(K.T.) 결정 분석 전략에 대하여 논할 것인데, 이는 K.T. 결정 분석표를 작성하여 여러 가지 가능한 해결책으로부터 선택해가는 것이다. 각 팀 구성원이 K.T. 표를 완성한 후 팀 구성원들은 결과를 비교하고 토론해야 한다. 팀의 모든 구성원들이 하나의 방안을 도출하지 못하면 하나의 합일점에 도달할 때까지 토론을 더 진행한다. 모든 구성원이 완전하게 만족하지는 않을지라도 하나의 합일점을 가지고 모든 구성원들이 지지하는 방안을 선정할 수 있다. 합일점에 도달하기 위해서 가장 중요한 것은 모든 사람의 참여가 열려 있고 쌍방향의 토론을 해야 한다는 것이다.

두 가지 기법을 여러 가지 대안을 줄여 나가는 데 사용할 수 있다: Multivoting과 Nominal Group Techniques(NGT).[10] **Multivoting**은 선택해야 하는 방안이 다수일 경우 유용하다. 이 기법에서 각 구성원은 전체 방안의 3분의 1만큼의 투표권을 준다(예, 투표권 10번: 방안 30가지). 하나의 투표권을 행사하여 15위 이내의 방안들이 다음 단계로 넘어간다. 다음 단계의 투표는 남아있는 15개 종목 중 분배를 위해 팀 구성원들이 다섯 개의 투표권을 가지고 시작한다. 이러한 과정이 하나의 선택으로 나타날 때까지 계속된다. 분명한 선택이 없다면 더 많은 토론이 지속되어야 하며 최종 투표가 행해져야 한다.

NGT는 팀 구성원 서로가 새롭거나, 쟁점이 매우 상반되거나, 팀이 곤경에 빠졌을 때 특히 유용하다. 이 기법에서, 팀의 각 구성원은 종잇조각이나, 4~8개의 백지카드를 받는다. Scholtes는 사항이 20개보다 적다면 4개, 20~35개면 6개, 35~50개면 8개의 카드를 나누어줄 것을 제안하였다. 각 팀 구성원이 우선 6개를 받았다면 첫 번째 선택을 6이라고 쓰고 시작하고; 두 번째는 5, 세 번째는 4 등으로 쓴다. 구성원들은 하나의 방안을 위하여 단 한 번만 투표할 수 있다. 점수가 기록되고 최고점을 받은 방안이 선정된다.

요약 *Summary*

이 장은 긍정적인 태도로 문제에 접근하는 것의 중요성을 강조하고, 전문적인 문제해결자의 특성을 발전시키고자 노력하고, 고도로 효과적인 사람의 일곱 가지 습관을 훈련하면서 시작되었다. 우리는 비전을 가질 필요성, 패러다임 변화, 그의 이용에 대한 토론을 계속하였다. 마지막으로 우리는 문제해결을 위하여 팀으로서 효과적으로 일하는 여러 가지 아이디어를 제시하였다.

- **훈련**
  - 전문적 문제해결자의 특징을 인식하고 배양하라.
  - 고도로 효과적인 사람의 일곱 가지 습관을 훈련하라.
  - 성공적 이력을 위한 일곱 가지 행동방침을 훈련하라.

- **패러다임**
  - 새롭게 나아가기 위한 여러 가지 기회로 변화와 패러다임 변화를 환영하라.
  - 패러다임은 경계를 정의하는 일련의 규칙들에 기초한 모형이고 이러한 경계 내에서 어떻게 성공적인가를 규정한다.
  - 패러다임 변화는 새로운 규칙들에 기초한 새로운 모형이 기존의 규칙을 대체할 때 일어나고, 우리는 새로운 경계를 확립하고, 해결되어야 하는 더 많은 문제를 알게 한다.
  - 패러다임 정체는 사람이나 조직이 과거에 성공적이었던 것이 미래에도 성공적일 것이라는 아이디어에 사로잡혀 있을 때 발생한다.
  - 패러다임 선구자는 성공이 보장되지 않을 때 기존의 규칙을 깨고 앞으로 나아가고자 하는 용기를 가진 개인들이다.
- **비전**
  - 당신의 조직에서 공백을 찾고 채워라. 그러한 공백을 채우기 위한 비전을 제공하기 위해 노력하고 조직을 전진시켜라.
  - 협력자들의 창의력을 키우고 격려하는 분위기를 발전시켜라
  - 고객에게 경청하고 창의적 해결책을 개발하기 위해 그들과 한 단위로 일하라.
- **팀워크**
  - 팀워크의 네 단계인 forming, storming, norming, performing을 이해하라.
  - 창의적 팀 환경을 확립하기 위한 방법을 찾아라.
  - 열 가지 조직문제를 다루는 법의 제안을 따라라.
  - 팀이 효과적으로 일할 수 있도록 갈등 해결책을 찾아라.

CD-ROM 자료 *CD-ROM Material*

- **배움 자료**

요약 노트

웹/CD-ROM 자료

- 컴퓨터 모듈 “소개”
- Closed-Ended 문제 연산법(웹/CD-ROM에서 볼 수 있음)

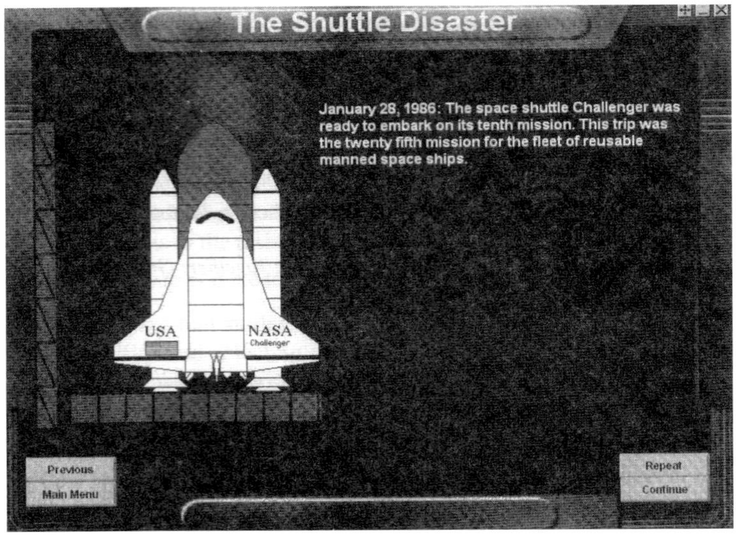

● 전문 참고서적

중요한 것은 당신의 소비자에게 귀 기울이는 것이다.

효과적인 모임을 진행하기 위한 지침, 모임을 위한 전형적인 순서 포함

경영진의 10가지 실수

현장에서 사용되는 10가지 변명

실패의 10계명

참고문헌 *References*

1. Whimbey, A., and J. Lochhead, *Problem Solving and Comprehension: A Short Course in Analytical Reasoning*, Franklin Institute Press, Philadelphia, 1980.
2. Wankat, P. C., and F. S. Oreovicz, *Teaching Engineering*, McGraw-Hill, New York, 1992.
3. Covey, Stephen R., *The Seven Habits of Highly Effective People.* © 1989. Reprinted with permission of Simon & Schuster, New York, 1989.
4. Barker, J. A., *Discovering the Future: The Business of Paradigms*, ILI Press, St. Paul, MN, 1985; *The New Business of Paradigms, 21st Century Editions,* distributed by Star Thrower (800-242-3220); *Paradigm Pioneers and the Power of Vision, 21st Century Editions,* distributed by Star Thrower (800-242-3220).
5. Maxwell, John C., *The 17 Indisputable Laws of Teamwork*, Thomas Nelson, Nashville, TN, 2001.
6. Tuckman, Bruce W., "Developmental Sequence in Small Groups," *Psychological Bulletin*, 63, pp. 384–399, 1965. The article was reprinted in *Group Facilitation: A Research and Applications Journal,* 3, Spring 2001, http://dennislearningcenter.osu.edu/references/GROUP%20DEV%20ARTICLE.doc; accessed January 14, 2005. Also see Hanwit, Jessie, *Four Stages of Teambuilding,* http://www.ttacev.org/articles/team.html.

7. Sculley, John, and John A. Byrne, *Odyssey: Pepsi to Apple . . . A Journey of Advertising Ideas and the Future.* © 1987 by John Sculley. Reprinted by permission of HarperCollins Publishers, Inc.
8. Scholtes, Peter R. *The Team Handbook.* Oriel, Inc. (formerly Joiner Associates, Inc.), Madison, WI, 1988.
9. Bedard, A., D. Carlson, L. Carlson, J. Hertzberg, B. Louie, J. Milford, R. Reitsma, T. Schwartz, J. Sullivan, and J. Abarca, *Introductory Engineering Design: A Project-Based Approach.* http://itll.colorado.edu/GEEN1400/index.cfm?fuseaction=Textbook. Copyright © 2000 Regents of the University of Colorado.
10. Johnson, David W., and Frank P. Johnson, *Joining Together: Group Theory and Group Skills,* 9th ed., Allyn and Bacon, Boston, MA, 2005.

연습문제 *Exercises*

2.1. CD-ROM에서 "ICM Introduction"을 실행하라. 맨 마지막 단계에서 화면에 실행수가 나타날 것이다. 그것을 기록하여 강의교수에게 제출하라. 이 수는 당신이 이 문제를 얼마나 잘 수행했는지 알려줄 것이다. 실행수 ________

2.2. 표로 나타낸, 효과적-비효과적 문제해결자의 특징 중에서 당신이 갖고 있는 특징은 어느 것인가? 그 중에서 당신이 개선하고자 하는 것은 어느 것인가?

2.3. 고도로 효과적인 사람들의 일곱 가지 습관 중 세 가지를 고르고 다가올 주에 그것들을 어떻게 훈련할지 설명하라.

2.4. 표로 나타낸, 성공적인 이력을 위해 필요한 일곱 가지 행동방침 중 가장 중요하다고 믿는 것이 무엇인지 토론하고, 당신에게 그것이 왜 중요한지 설명하라. 당신은 가장 중요한 방침을 어떻게 훈련할지 설명하라.

2.5. 당신이 알고 있는 최근의 패러다임 변화의 예에는 무엇이 있는가?

2.6. 당신이 개선될 수 있었던 사건의 구성원이었던 조직을 조사해 보아라. 그 조직을 더 효과적으로 만들기 위하여 채워야 했던 공백을 나열하라. 이러한 변화들 중 어떤 것이 조직의 기능을 향상시켰는가? 패러다임 변화를 만들기 위해 이룩되어야 하는 것은 무엇인가? 당신은 어떻게 패러다임 선구자가 될 것인가?

2.7. 당신이 종종 교류하는 사람들의 조직을 확인해 보라. 더 나은 팀원이 되기 위하여, 창의적 환경을 확립하기 위하여 당신이 할 수 있는 일을 나열해 보라.

2.8. 당신은 하나의 문제를 정의하고 해결하는 팀으로서 다음과 같이 4가지 작업 집단에 속해 있다. 당신이 어떻게 다음의 각 상황을 해결할지 기술하라.

A. 누군가가 집단 토론과 방향을 지배하려고 한다.
B. 집단 구성원 중 두 명이 친한 친구이고 파벌을 형성하려 한다.
C. 집단에서 한 명이 자신의 업무를 하지 않는다.
D. 집단에서 한 명이 지속적으로 과제의 업무처리를 실수한다.

2.9. 집단에서 창의적 환경을 확립하기 위한 구체적인 아이디어들을 준비하라.

2.10. CD-ROM의 전문 참고서적에 있는 "Guidelines for Running Effective Meetings"를 검토한 후, 다음의 집단에 포함되어 첫 번째 회의의 차례를 마련하라.

A. 동료들과 학부생 실험 강좌를 위한 보고서 작성
B. 숙소에서 신입생에게 규칙, 전통, 거주지 행동을 통지함
C. 당신이 이끌어야 하는 지역 관심 조직

2.11. 강사는 교실에서 학생들에게 여섯 명으로 된 팀을 만들 것을 요청했고 다양성을 최대화하고 새로운 사람들이 함께할 수 있도록 하라고 주문했다. 한 팀이 두 명의 백인 남자, 두 명의 백인 여자, 한 명의 흑인 남자, 한 명의 동양 남자로 구성되었다. 그 팀은 대표로 백인 남자 중 하나를 뽑았다. 첫 번째, 두 번째 모임 동안, 수업시간에 회의를 통하여 강사는 흑인 남자와 대표가 아닌 백인 남자가 참여하지 않는 것을 주목했다. 더군다나, 대표 백인 남자와 백인 여자 중 한 명이 모든 토론과 어떻게 진행할지를 결정하는 것으로 보였다. 다른 네 명의 구성원들은 적어도 강사의 눈에는 참여하지 않는 것처럼 보였다.

A. 이 팀에서 무엇이 진행되고 있는가?
B. 강사가 개입해야 하는가? 왜? 어떻게? 당신은 무엇을 할 것인가?
C. 당신의 인종/민족성과 성별이 당신의 선택과 끼어들기에 영향을 주는가?
D. 팀워크를 위한 어떤 준비, 훈련, 지도가 이 팀을 도울 수 있는가? 무슨 훈련이나 지도가 지금 이 팀을 도울 수 있는가?
E. 팀워크 활동, 감독, 개입하기에서 어떤 준비와 지도가 이것과 비슷한 상황에서 당신에게 도움이 될 것인가?

2.12. 1갤런의 원통 안에 든 원통형 젤리빈에 대하여 본문에 보여 주었던 젤리빈 예제를 다시 수행하라.

심화자료 *Further Reading*

Gunneson, Alvin. "Communicating Up and Down the Parks." *Chemical Engineering*, 98, p. 135, June 1991. Useful tips on how to improve your interactions with those employees above, at the same level, and below you in your organization.

Lumsdaine, E., and M. Lumsdaine. *Creative Problem Solving: An Introductory Course for Engineering Students*. McGraw-Hill, New York, 1990.

Mathes, J., and D. Stevenson. *Designing Technical Reports*, 2nd ed., New York, Simon and Schuster, 1991.

Phillips, Denise A., and A. E. Ladin Moore. "12 Commandments." *Chemtech*, 21, p. 138, March 1991. Rules to help improve your communication skills.

Raudsepp, Eugene. "Profits of the Effective Manager." *Chemical Engineering*, 85, p. 141, March 27, 1978. Although this article was written 15 years ago, these traits still apply to effective leadership.

Strunk, W., and E. B. White. *The Elements of Style*, 4th ed. Macmillan, New York, 2000. A concise treatise on grammar rules and writing style with many examples.

VanGundy, Arthur B., Jr. *Techniques of Structured Problem Solving*, 2nd ed. Van Nostrand Reinhold, New York, 1988.

Whimbey, A., and J. Lockhead. *Problem Solving and Comprehension: A Short Course in Analytical Reasoning*, 2nd ed. Franklin Institute Press, Philadelphia, 1980.

03 문제에 대한 정보수집

문제를 단순하게 공식화하는 것은 해법보다 훨씬 더 원천적이며, 이것은 단순히 수학적 또는 실험적 기술일 뿐이다. 새로운 각도에서 이전의 문제에 대하여 새로운 질문과 가능성을 던지는 것은 창의적 상상을 요구하고 과학에서 진정한 진보를 나타낸다.

— Albert Einstein

초기 4단계

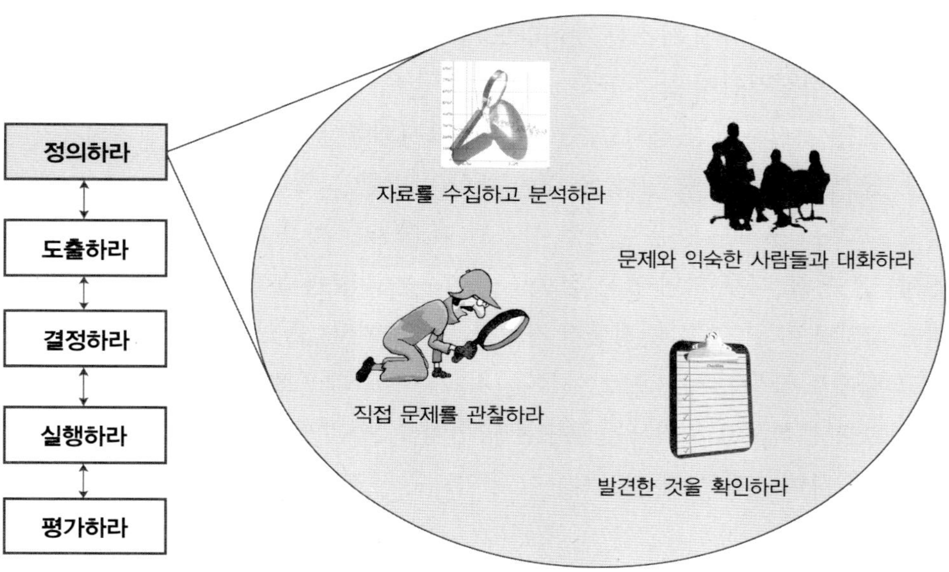

초기 4단계

종종, 문제해결의 가장 어려운 점 중의 하나는 실제 문제(때때로 근원적이거나 숨겨져 있는)의 이해와 정의이다. 1장에서, 우리는 잘못 정의된 실제 문제 때문에 잘못된 방향의 해법을 찾으면서 소모하는 시간과 돈에 대한 여러 가지 예를 제시하였고, 심지어 유능하고 세심한 사람조차 문제를 잘못 정의할 수 있는 것을 보여주었다. 실제 문제를 정의할 때 첫째 임무는 문제에 대한 정보를 알맞게 수집하는 것이다.

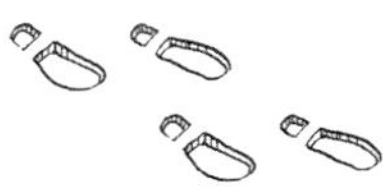

실제 문제를 이해하고 정의하기 위한 초기 4단계는 정보수집에 집중하는 것이다.

1. 정보와 자료를 수집하고 분석하라.
2. 문제와 익숙한 사람과 이야기 하라.
3. 가능하다면, 직접 문제를 관찰하라.
4. 모든 발견점을 확인하고 계속해서 정보를 수집하라.

"열린 마음으로 시작하라."

"결론에 도달하려고 서두르지 마라."

"큰그림을 보아라."

"확실한 것을 재검토하라."

단계 1: 정보와 자료를 수집하고 분석하라

문제에 대하여 가능한 한 많이 배워라. 문제를 기술하기 위하여 당신이 생각할 수 있는 모든 것을 적고 열거하라. 문제의 모든 면에 대하여 인터넷으로 찾아라. 문제가 잘 정의되기까지 사소한 것이라도 중요할 수 있다. 어떤 정보가 부족한지 어떤 정보가 이질적인지 결정하라.

정보는 적절하게 조직되고, 분석되고, 제시되어야만 후속되는 결정의 순간에 기초 근거로 사용할 수 있다. 상황에 대한 간단한 그림을 그려라. 그림, 개략도, 자료 그래프, 모사도 등은 올바로 사용될 때 훌륭한 의사소통 기구가 될 수 있다. 경향, 실수, 또 다른 의미 있는 정보를 보여주는 자료를 분석하라. 표로 된 형식보다는 그래프로 된 수치적, 정량적 자료를 보여주어라. 표는 해석하기가 어려울 수 있고 때때로 잘못된 해석으로 이끈다. 비교하여 그래프로 그리는 것은 방대한 양의 자료를 분석하고 조직하는 우수한 방법이다. 죽은 물고기의 사례는 문제를 해결하기 위하여 그래프 자료를 사용한 흥미로운 사례이다.

죽은 물고기의 사례

연구와 정보수집은 문제해결에서 매우 좋은 수단이다. 여기서 우리는 폐기물을 하천에 버리고 결국에는 더 넓은 강으로 흘려보내는 화학공장의 경우를 고려하고자 한다. 생물학자들은 하나의 생태계로 강을 주목하였고 강에서 죽은 물고기의 수와 강물 수위에 대한 다음의 자료를 보고하였다.

매일 죽은 물고기 수

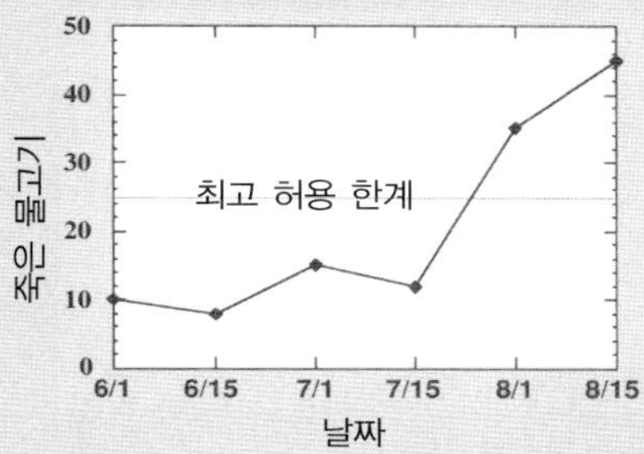

매일 측정한 강물 수위

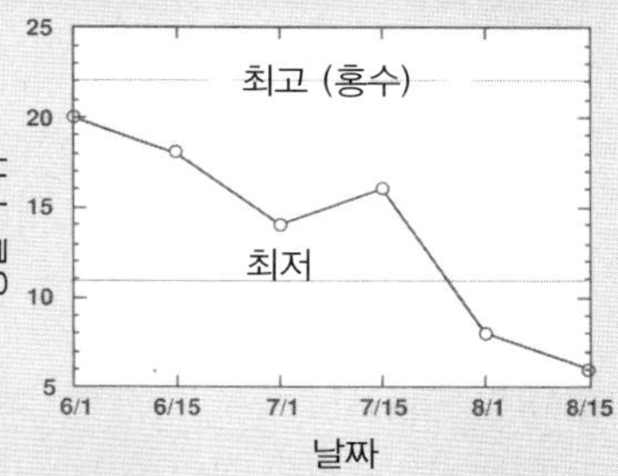

위에 보여준 그래프 형식은 시간그래프와 조절그래프에 관한 것이다. **시간그래프**는 장시간에 걸친 경향을 보여준다(예, 여러 날 또는 여러 주에 걸친 강물의 수위 변화). **조절그래프**는 시간그래프로서 추가로 수량의 허용한계를 보여준다. 예를 들어, 강물 수위 조절그래프에서 최고와 최저의 허용범위를 보여준다. 어느 하나의 허용범위가 벗어나면 문제 발생 시간과 가능한 원인들에 대한 약간의 정보가 주어질 것이다. 그러면 우리는 관계된 다른 것들의 시간그래프를 조사하고 문제에 대한 추가 원인을 찾는다.

우리는 그래프로부터 죽은 물고기의 허용수준이 7월 15일과 8월 1일 사이에 초과한 것을 볼 수 있다. 이 문제의 원인을 조사하기 위하여 이 기간에 발생한 어떠한 것도 조사할 수 있다. 우리는 7월 29일에 엄청난 양의 화학폐수가 강물로 버려진 것을 발견한다. 그러나 이 정도의 방류는 과거에 어떤 문제도 유발하지 않았다. 그러나 다른 요인을 조사하여, 우리는 방류 전에 비가 거의 오지 않았고 8월 1일의 강물 수위가 매우 낮았으며, 이로 인하여 화학폐수를 희석시키지 못한 것을 알게 되었다. 결과적으로, 낮은 물의 수위와 높은 폐수량이 결합되어 죽은 물고기의 수가 특별히 증가한 것의 타당한 원인으로 제시될 수 있었다.

우리의 생각을 증명하기 위하여 좀더 분석을 진행해야 한다. 특별히, 우리는 4장에서 제시되는 문제정의 기법 중 한두 개를 사용하였다.

통찰력 있는 질문을 하라.

단계 2: 문제와 익숙한 사람과 이야기 하라

문제를 알고 있는 사람들을 찾고 그들을 면담하라. 다음 항목을 수행하여 통찰력 있는 질문들을 던져라.

- 과거에 확실했던 것을 조사하라.
- 당신이 무엇인가를 이해하지 못할 때 명확하게 하기 위한 질문을 하라.
- 문제가 처음에 발생했을 때 물어라.
- 문제가 어떻게 발생했는지 물어라.
- 문제의 원인으로 설명되었던 기초 전제를 주목하라.
- 문제가 생기는 곳과 생기지 않는 곳을 물어라 .
- 무엇이 관찰되었고 이전에 무엇이 관찰되어 왔는지 물어라.
- 문제에 대하여 아는 다른 사람을 찾아라.
- 질문들에 대하여 얻은 대답을 철저히 조사하라.

당신이 얻은 특별한 응답에 따라서, 추가적인 조사는 특별히 유용하게 증명될 것이다. 우리는 경험에서, 바보 같은 질문들이 이미 고정된 사고방식에 도전하여 심오한 결과를 생산하는 것을 보았다. 이러한 도전은 현재에도 진행되어야 하는 과정이다.

당신은 다른 사람에게 문제를 기술해야 한다. 다른 누군가에게 문제를 말하는 것은 당신이 시도하고자 하는 것을 단지 명확하게 하도록 도와주기도 한다. 누가 그 분야에서 전문가인지 찾기 위해 노력하고 그 사람과 대화하라.

자료와 정보를 얻기 위하여 사람들과 면담할 때, 당신이 할 수 있는 많은 결정적 사고의 문제 형식(4장에 설명)들을 사용하도록 노력하라. 면담한 개인들이 상황에 대하여 다른 설명을 할 때, 각 개인의 편견이 실제 사실을 가로막을 수 있다는 것을 반드시 인식해야 한다. 대답을 사실, 의견이 가미된 사실, 의견으로 분리하라.

사실	
사실은 측정, 보고서, 표, 숫자, 직접 관찰, 그리고 다른 자료들로부터 온다.	"8월 16일, 45마리의 물고기가 강에서 죽은 채로 발견되었다."
의견이 가미된 사실	
의견이 가미된 사실은 편견을 더하거나 사실자료를 우회하기 위하여 어구를 사용하고, 특별한 관점을 타인에게 설득시키기 위하여 노력한다.	의견이 가미된 어구는 사실의 중요성을 표시할 수 있고(단지 45마리 죽음), 사실에 가치를 붙이고(놀랍게도 45마리), 일반화를 제안하거나(45마리 모두는 죽여졌으며...), 사실의 인정을 변호한다(확실히, 45마리의 죽은 물고기는 심각한 문제이다).
의견	
의견은 수년의 경험에 근거하고 문제분석 시 매우 유용할 수 있다. 개인적인 관심을 다룰 때 사용할 수 있다.	"나는 당신이 45마리의 죽은 물고기를 설명하기 위하여 독성 폐수 외에 다른 이유를 찾아볼 필요가 있다고 생각한다."

어떤 전문가들도, 다음 예에서 볼 수 있는 것처럼, 창의적 해결책의 충분한 자료를 가지고 있지 않다.

조언 구하기

"제트기 조종사는 백미러를 사용하지 않는다."라는 그의 테이프에서 Joel Weldon은 수년 전 어떤 고급 호텔에서 직면한 문제를 설명했다. 그 호텔은 매우 인기 있는 곳이었기 때문에 엘리베이터는 항상 모든 층과 로비의 사람들로 가득 찼다. 지배인과 부지배인은 이 문제에 대해 한탄하던 어느 날, 어떻게 엘리베이터의 용량을 늘릴 수 있을까에 대해 여러 가지 생각을 하게 되었다. 추가 엘리베이터를 설치하는 것은 객실수를 많이 줄여야 하고 수입의 큰 손실을 요하는 일이었다. 그들의 대화를 우연히 들은 경비원은 내부의 시설을 부수지 않으려면 건물 밖에 엘리베이터를 설치해야 하는데 그렇게 하지 못하니 안타깝다고 지나가는 말을 하였다. 훌륭한 생각이다! 그것은 경비원이 생각해낸 것이었는데 그는 많은 시간을 건물 밖에서 지내기 때문이었다. 그러나 경비원의 창의력만으로는 문제를 해결하기에 충분하지 않음을 알아야 한다. 그의 아이디어를 실현시키기 위해서는 설계기술에 대한 정보가 필요했다. 새로운 외부 엘리베이터는 이렇게 해서 생겨났고 이것이 그 유래다. 이후 외부 엘리베이터는 이 고급 호텔에서 매우 인기 있는 것이 되었다. 정보, 좋은 아이디어, 문제를 바라보는 다른 관점들은 조직체의 각계각층의 사람들로부터 생겨날 수 있다. (*Chemtech*, 13, 9, p. 517, 1983.)

〈George에게 말하라〉

장비가 고장 났을 때 반드시 운영자들에게 말해야 하는데 이는 그들이 어느 누구보다 장비에 대해서 잘 알기 때문이다. 모든 조직들은 오랜 기간 동안 일 해온 고용자들이 있고 그들은 다음 예에서 제시되는 것처럼 경험이 풍부하다.

1장에서 언급된 새는 유량계를 기억하는가? 회사에서 적용했던 해법은 정기적으로 유량계를 교체하는 것이었다. 이번에는 유량계를 교체하자마자 새기 시작하는 비슷한 상황을 고려해보자. 당신이 하고자 하는 네 명의 사람을 순서대로 나열하라.

- 유량계를 설치했던 사람
- 유량계를 감독했던 기술자
- 당신에게 유량계를 판매했던 제조사 대표
- George

George는 누구인가? 모든 조직에는 한 명의 George가 있다. George는 다년의 경험과 물정에 밝은 사람을 말한다. George는 항상 문제에 어느 누구도 생각지 않는 다른 관점으로 접근하는 것처럼 보이는 훌륭한 문제해결자이다. 당신이 문제에 직면하면 풍부한 지식의 원천인 그와 친구가 될 것을 명심하라. George와 같은 사람들은 종종 상황에 대해 특별한 시각을 제공할 수 있다. 조직에서 George가 되도록 노력하라.

유용한 정보와 타당한 아이디어를 소유할 만한 동료들을 찾아라. 그들이 당신과 "만약 무엇~?"의 게임을 하도록 하라: "만약 유량계가 하루에 다섯 방울만 샌다면; 그것을 교체해야 하나?" 또는 "만약 유량계를 제거한다면 어떨까?" 또한 그들에게 악마의 변호사 역할을 시키고 당신의 아이디어에 고의로 도전하도록 시켜라. 이 기법은 창의적 상호관계를 자극한다.

단계 3: 직접 문제를 관찰하라

문제를 이해하기 위한 하나의 방법으로 사람들과 이야기 하는 것이 중요하지만 상황과 문제의 해석을 그들에게 전적으로 의존하지는 마라. 가능하다면 문제에 대해 스스로 조사하라.

단지 관찰에 의하여 많은 것을 볼 수 있다

— Yogi Berra

직접 문제를 관찰하라: 충격적 설치

어느 전기 하청업체의 기술 판매사원인 Dan은 금요일 아침에 "이전에 설치했던 전기함을 작동시키려 할 때 폭발하였다."는 전화를 받았다. 그는 전기함에 전기를 넣고 10초 후에 폭발하였다고 들었다. Dan은 이 특정 부품이 고객의 공장 운전에 매우 중요기에 이 문제를 빨리 해결해야 하고 긴급하다는 것을 알았다. 그는 회사의 공학자들과 앉아서 도면을 그리면서 고민하였고 주말 동안 쉬지 않고 일했지만 어떤 성과도 얻을 수 없었다. 이와 같은 전기함이 다른 공장에는 문제없이 설치되었고 그가 알고 있는 한 설계와 운전에 문제가 없었다. Dan은 문제를 직접 조사하기 위하여 6시간을 운전하여 공장에 갔다. 공장에 도착하자마자 그는 전기함의 깨진 조각들로 안내되었다. 그는 즉시 전기함이 회사의 규정대로 설치되었다는 것을 확인했고 점심을 먹기로 했다. 그는 전기함으로부터 걸어가면서 전기함의 문이 벽에 기대어 있는 것을 보았다. 그는 문에 설치된 손잡이가 이런 형태의 전기함에서 전에 볼 수 없었던 형태로 설치된 것을 목격했다. 그는 단순한 호기심으로 전기함의 문을 열었다. 놀랍게도, Dan은 2인치의 막대가 손잡이 뒤에 붙어 있으며 일부가 녹아 있는 것을 보았다. 그는 손잡이에 대하여 장치 관리자에게 물어본 후에 그것은 회사의 정비원이 운전하기 전에 설치했고 장치의 주요열쇠로서 전기함에 접근할 때 사용한다는 것을 알았다.

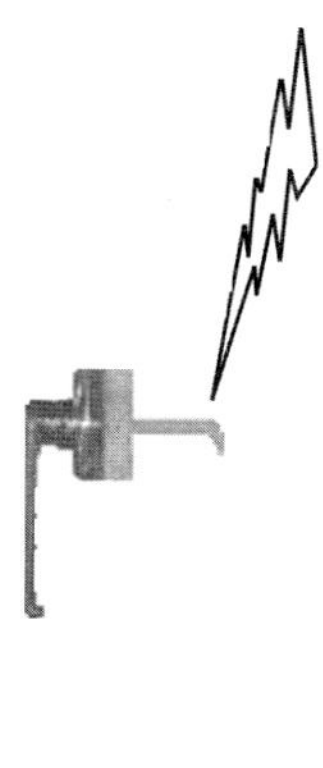

Dan은 굽어져 있는 손잡이가 달린 전기함의 문을 회사로 가져 왔다. 도착하자마자 그는 동일한 다른 전기함과 비교했다. 그의 조치는 소비자가 설치했던 전기함 손잡이 뒤로 뻗은 막대가 너무 길어서 전기함 부품의 양극에 닿았던 것이다.

Dan은 이것이 배터리와 같이 작용하여 전기에너지를 저장하였다는 것을 알게 되었다. 손잡이가 부품에 닿을 경우 전기적 문제가 발생했다. Dan은 이러한 문제를 알아내고 회사를 잠재적 소송으로부터 구할 수 있다.[1]

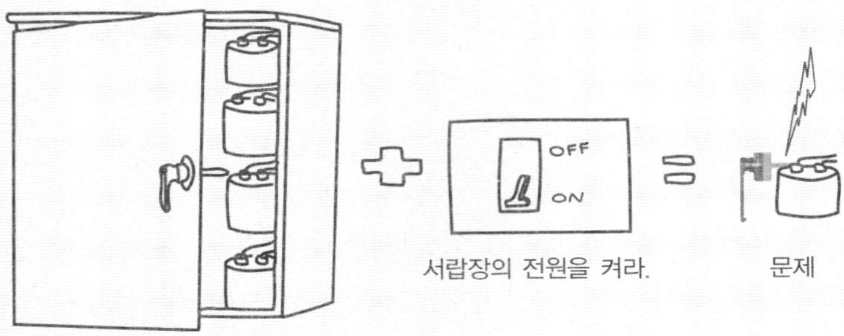

단계 4: 모든 주요 발견점을 확인하라

수집한 정보를 검증하라. 참고자료, 사실, 그림들을 서로 검토하라. 편견 또는 사실에 잘못 표시된 것을 찾아라. 중요한 모든 정보를 확인하고 중요하지 않은 것을 무작위로 추출 검사하라. 사실과 의견을 구별하라. 가정과 주장에 도전하라.

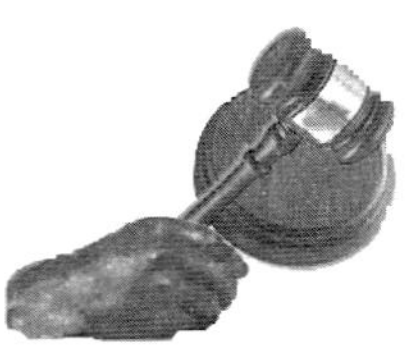

모든 진술을 확인하라

이 책의 저자들은 Boxright라는 펄프와 종이 회사를 위한 컨설팅 과제에 참여하고 있었다. 수년 전, Boxright는 종이를 만드는 공정에 사용되는 화학약품을 원상태로 재생하여 재활용하는 새로운 공정을 설치했었다. 설치 후 2년이 지나서도 공정은 여전히 제대로 작동되지 않았다. 화가 난 두 회사(Boxright와 Courtland 건설)는 서로 소송을 제기하였다. Boxright는 장치가 잘못 설계되었다고 주장한 반면, Courtland는 Boxright가 제대로 공정을 작동하는 법을 모르는 것이 문제였다고 주장하였다. Boxright는 결국 Courtland를 상대로 장비성능이 불량하다는 이유로 소송을 제기했다. 주장을 뒷받침하는 많은 자료와 정보가 양측에서 제시되었다. Courtland는 공학문헌의 연구논문으로부터 Boxright가 제대로 공정을 작동시키지 않았다는 주장을 입증시킬 만한 자료와 정보를 제출했다. Courtland가 이런 자료를 제출했을 때 Boxright를 완전히 제압하는 듯했다. 그러나 이 사건에서 패배를 인정하지 않고 Boxright는 이런 주장을 확인하기로 했다. Boxright는 중요한 정보를 분석했고, 논문의 마지막 몇 페이지에서 장비와 공정이 공업용 크기에 적합하지 않다는 자료를 찾아낼 수 있었다. 이런 정보를 제출함으로써 펄프와 종이 회사인 Boxright는 소송에서 이길 수 있었다.

문제해결 과정을 통하여 당신은 기초적 원칙들과 간접적 개념들을 터득하기 위하여 문제와 관련된 자료들을 읽어서 가능한 한 많은 정보를 지속적으로 모아야 한다. 문헌조사는 이런 관점에서 특히 유용하다. 아마도 매우 유사한 문제가 이미 풀려졌을 것이다. 다우케미컬의 George Quarderer는 바퀴를 다시 발명하는 아이디어를 적절히 기술하였는데 "연구실에서의 4~6주는 도서관에서의 한 시간을 줄여줄 수 있다."고 하였다. 이 글의 메시지는 분명하다: 문제의 기초에 대한 약간의 조사는 당신의 시간과 노력을 절약할 수 있다.

초기 4단계에서 당신이 모은 정보는 다음 장의 주제인 "실제 문제를 정의하라"를 수행하는 데 매우 큰 도움이 될 것이다.

요약 *Summary*

이 장에서 우리는 문제를 정의하기 위하여 요구되는 정보를 얻는 방법들을 토론하였다. 경험 많은 문제해결자들은 문제를 공략하기 위하여 4단계를 사용한다.

1. 정보와 자료를 수집하고 분석하라.
2. 문제와 익숙한 사람과 이야기 하라.
3. 가능하다면 문제를 직접 관찰하라.
4. 모든 발견점을 확인하고 계속해서 정보를 수집하라.

CD-ROM 자료 *CD-ROM Material*

배움 자료

요약 노트

전문 참고서적

문제를 직접 관찰하기: 비규격 플라스틱

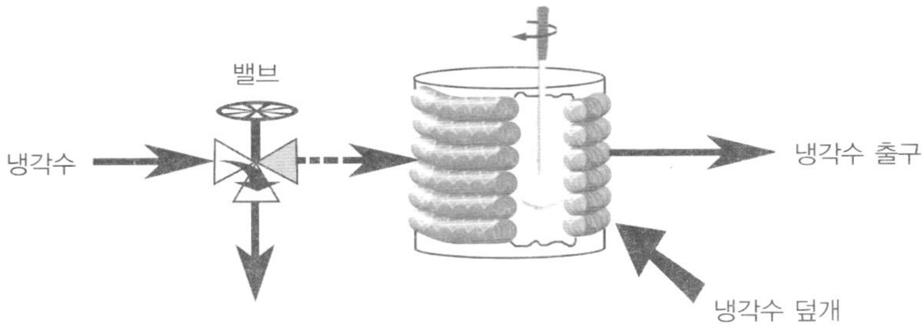

참고문헌 *References*

1. Zaleski, Seth, private communication, Toledo, OH, 2006.

연습문제 *Exercises*

3.1. 이 장에서 배운 가장 중요한 것 세 가지를 열거하라. 또한 가장 흥미로운 것 세 가지를 열거하라.

3.2. "George"와 같은 특징을 가진 과거 기억 속의 한 사람에 대해 기술하라.

3.3. 당신이 과거에 접했던 문제나 상황과 정보를 수집할 필요가 있었던 상황을 기술하라. 4가지 단계 중 어떤 것을 사용했는가?

3.4. 1장의 전문 참고자료에서 토론되었던 "캔사스 시 하얏트호텔의 재앙"에 대하여 인터넷을 사용하여 조사하라.

3.5. 과제나 문제에 대한 정보를 수집하기 위하여 사용하는 일반적 순서를 써라.

문제정의 04

1장에서는 사람들이 실제 문제보다는 인식된 문제를 정의할 때 수많은 경제적 손실이 발생하는 상황을 기술하였다. 이 장에서는 문제해결 학습법의 첫 번째 단계인 문제정의에 대하여 논할 것이다. 실제 문제를 정의하는 능력을 향상시킬 4가지 기법들이 제시된다.

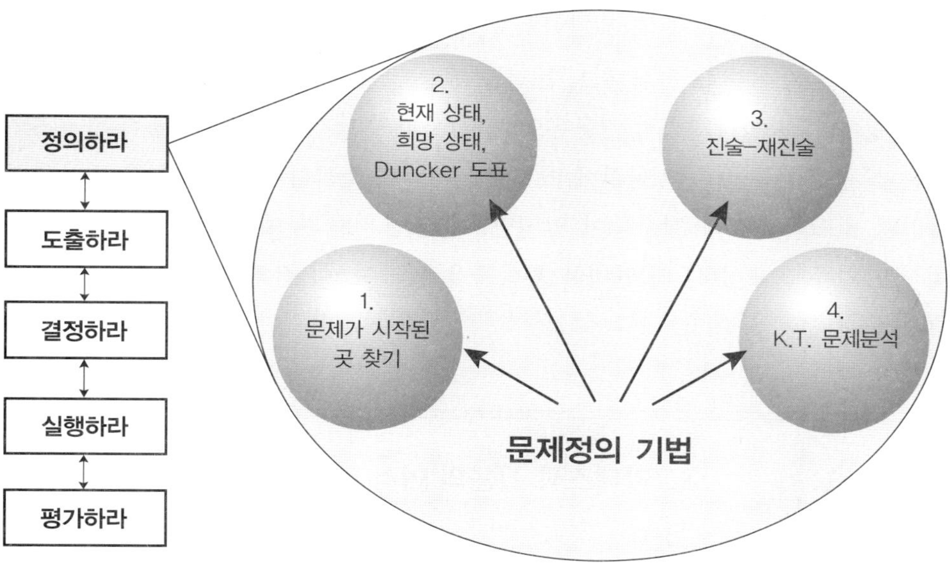

실제 문제 정의하기: 4가지 기법

3장에서 논의된 4단계는 모두 문제에 대한 정보를 수집하는 것과 관계된 것이다. 이 정보는 실제 문제를 정의하기 위하여 논의될 문제정의 기술 4가지를 사용하도록 도와주는 기초를 제공할 것이다.

기법 1: 문제의 근원 찾아내기

문제가 어디로부터 비롯되었는가?

이 기법은 실제 문제를 확인하기 위하여 주요 사고 순서도를 사용하고 문제에 대하여 다른 사람에게 질문할 수 있을 때 가장 효과적이다. 기업에서 문제해결 기법들에 대한 연구는, 숙달된 문제해결자와 초보 문제해결자의 주요 차이점의 하나로 문제의 주요점을 통찰하고, 질문하는 문제에 대한 유용한 정보를 소지하고 있을 많을 사람을 면담하는 능력과 연관이 있다는 것을 보였다. 많은 경우에, 당신은 스스로 문제를 찾기보다는 누군가에 의하여 주어질 것이다. 이런 상황하에서 당신에게 주어진 문제의 실제 상황을 반영하고 있다는 것을 확인하는 것이 중요하다. 실제 문제에 대하여 당신이 조사할 수 있는 많은 질문을 하라.

비평적 사고 순서도

비평적 사고의 사용은 문제를 정의하고 해결하는 데 필수적이다. **비평적 사고**는 내제하고 있는 가정을 인식하고, 논점을 면밀히 조사하고, 개념과 진술을 평가하는 과정이다. 소크라테스적 질문은 비평적 사고의 핵심에 있다. 비평적 사고 순서도는 실제 문제를 배우는 상황에 Paul과 Elder[1]의 소크라테스적 질문을 적용한다. 다양한 소크라테스적 질문들이 있지만, 우리는 다음의 예들에 적용하기 위하여 여섯 가지를 선택했다. 더 완벽한 항목들을 위하여, 이 장의 끝에 있는 부록을 참고하라.

소크라테스적 질문의 여러 가지 형태

명백하게 하기 위한 질문:
- 당신은 왜 그것을 말하는가?
- 이것이 어떻게 우리들의 토론과 관계되는가?

가정을 검증하기 위한 질문:
- 대신하여 어떤 가정을 할 수 있을까?
- 그 가정을 어떻게 검증하고 오류를 증명할 수 있는가?

이유와 증거를 검증하기 위한 질문:
- 예로는 무엇이 있는가?

당신의 대답을 수 있는 지지할 수 있는 증거는 무엇인가?

관점과 시각을 조사하기 위한 질문:

대안은 무엇인가?

다른 조사 방법은 무엇인가?

암시와 결과를 검증하기 위한 질문:

가정이 유효하지 않다면 결론은 무엇일까?

우리가 배웠던 것과 어떻게 일치하는가?

원래 문제를 다시 볼 질문:

이 문제의 안건이 무엇이었는가?

당신은 내가 왜 이 문제를 물었다고 생각하는가?

다음 예에서, 우리는 소크라테스적 질문 여섯 가지를 이용하여 비평적 사고 순서도를 실제 문제에 적용한다.

비평적 사고 순서도의 적용

죽은 물고기 사례는 3장에서 토론된 바 있다.

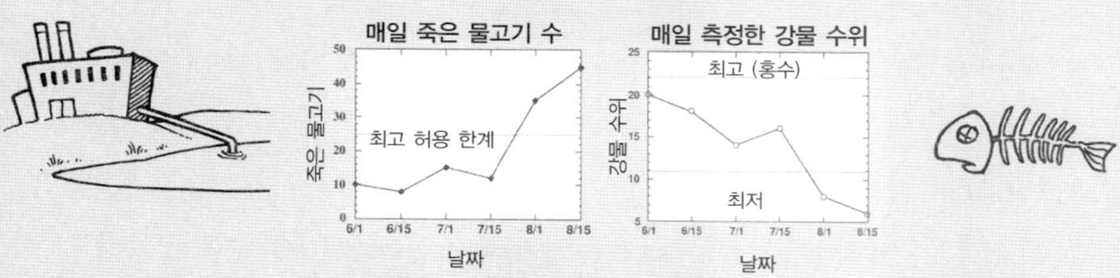

Stan Wilson은 회사에서 6년 동안 일해 온 공학도이다. 어느 날 상사가 Stan의 사무실로 와서 내린 지시는 다음과 같다: "강물로 흘러 들어가는 유독성 폐수를 열 배 줄이는 새로운 폐수처리 시설을 설계하라." 간단한 계산에 의하여 이러한 시설은 수십억 달러의 비용이 들 수 있다는 것을 보였다. Stan은 유독성 화학물의 농도가 정부와 회사에서 규정해 놓은 최대 수치보다 항상 매우 낮았기 때문에 매우 의아해졌다. Stan에게 주어진 문제는 해결하기 위한 실제 문제인가 아니면 인식된 문제인가?

이 상황에 비평적 사고 순서도를 적용해 보자.

문제에 대한 질문

Q. Stan은 문제가 어디에서 비롯되었는지 상사에게 물었다.

A. 상사가 말했다. "신문의 나쁜 대중성으로부터"

명백함을 위한 질문

Q. Stan은 누가 처음으로 문제를 제기했는지 물었다.

A. 상사가 말했다. "위 경영진"

가정을 검증하기 위한 질문

Q. Stan은 어떻게 경영진이 이러한 문제의 진술에 도달했는지 이유를 설명해 달라고 상사에게 요청했다.

A. 상사는 현재 가뭄으로 수위가 낮아져 물고기가 죽고 있다고 설명했다. 유독성 화학물질이 더 농축되었고 더 유독해졌다—방출량은 같지만 수위가 낮다.

이유를 검증하기 위한 질문

Q. Stan은 강물의 화학물질 농도가 LD50 수준(고기의 50%가 죽는 수준)에 도달하는지 물었다.

A. 상사는 강물의 농도는 측정하지 않았다고 알려주었다.

관점과 시각에 대한 질문

Q. Stan은 고기가 왜 죽었는지에 대해 다른 설명이 있는지 궁금했다; 그는 알고 있는 생물학 교수에게 전화했다.

A. 생물학 교수는 낮은 강물 수위와 높은 수온이 물고기를 병에 더 민감하게 만든다고 설명했다—아마도 이 경우엔 세균.

실행과 결과를 검증하기 위한 질문

Q. Stan은 이 지역의 공장 위쪽, 유독성 화학물질이 없는 주위의 호수와 강 다른 곳에서도 죽거나 병든 물고기들이 있는지 궁금했다. 그는 천연자원부(DNR)에 전화했다.

A. 정부 관료는 죽은 물고기는 공장 위쪽과 근처의 호수에서도 발견되었다고 말했다. Stan은 유독성 화학물질이 강의 위쪽으로 또는 주변의 호수로 퍼져 나갈 방법이 없다는 것을 알았다.

이유와 증거를 검증하기 위한 질문

Q. Stan은 DNR에 물고기의 세균 시험을 의뢰했다.

A. 물고기는 강이나 호수 모두에서 감염되었다.

문제에 대한 질문

Q. 질문에 대답되었는가? Stan은 죽은 물고기에 대한 시험결과가 나왔는지 DNR에게 전화하여 물어보았다.

A. DNR의 직원은 강과 호수의 죽은 물고기는 죽게 만든 세균을 함유하고 있다고 분석 결과를 답했다.

후기

Stan은 실제 문제를 찾았고 수백만 달러의 시설을 설계하여 인식된 문제를 풀지 않아도 되어서 기뻤다.

인지된 문제를 풀기 위한 지침을 만들 동기(왜, 누가)를 배우도록 꾸준히 노력하라.

Scheffer와 Rubenfeld[2, 3]는 Paul과 Elder에 논의된 비평적 사고의 훈련을 확장하여 아래에 보여준 활동성, 진술, 질문들을 사용하였다. 표에 포함된 것은 죽은 물고기의 사례에 적용된 것이다.

비평적 사고 행동

예측: 계획과 그것의 결과를 상상하기

"나는 결과가 ~일 거라고 예상했다."

"나는 ~를 위하여 준비되어 있다."

Stan은 제안된 설비에 수십억 달러가 들 것이라고 예상했고, 그러한 지출이 인식된 문제를 해결할 수 있을 것인지를 확인하고자 했다.

분석: 전체를 쪼개어 각 부분의 요소, 역할, 관계를 찾기 위해 세분화하기

"나는 조각조각으로 그것을 연구했다."

"나는 물체를 분류했다."

Stan은 상관에 의하여 제시된 자료를 검토했고 이해에 근거하여 관련된 정보와 사실을 분류했다.

정보 찾기: 관련된 원인을 확인하여 증거, 사실, 지식을 찾고 그러한 원인으로부터 객관적, 주관적, 역사적, 현재의 자료를 수집하기

"나는 ~을 조사할 필요가 있는 것을 알았다."

"나는 자료를 찾기를 계속했다."

Stan은 죽은 물고기 문제의 가능한 원인을 결정하기 위하여 생물학 교수를 만났다.

표준 적용: 확립된 개인적, 전문적, 또는 사회적 규칙이나 기준에 따라 판단하기

"나는 그것을 ~에 따라 판단했다."

Stan은 강물의 유독성 화학물질 농도가 LD50보다 높았는지를 알아 보고자 노력하였다.

판별: 물체 또는 상황의 차이점과 유사점을 인식하고 범주 또는 순위를 주의 깊게 분류하기

"나는 다양한 ~의 순서를 정하였다."

"나는 물체를 함께 집단화하였다."

Stan은 죽은 물고기 자료를 분석하였고 지역에 따라 집단화하였다. 그는 물고기가 죽은 다른 지역에는 공장 방류에 의한 영향이 미치지 못할 것이라고 판정했다. 그는 모든 지역의 물고기가 같은 원인에 의해 죽었는지 의문을 가졌다.

지식전환: 정황상 발상의 조건, 성질, 형식, 또는 역할 바꾸기

"나는 ~에 근거하여 향상시켰다."

"나는 그것이 ~의 상황에 타당할지 궁금했다."

Stan은 물고기와 다른 수중생물들이 자연적 원인에 의하여 해를 입었던 과거의 뉴스기사를 상기했다. 그는 현재의 상황에도 그것이 적용될지 궁금했다. Stan은 다시 정부의 생물학자를 만났다. 생물학자는 그에게 곰팡이균이 물고기 폐사율이 높았던 여러 곳의 물에서 발견되었다고 알려주었고, 최근의 기후 조건과 결합된 이 요소는 물고기를 죽일 수 있다고 했다.

논리적 추리: 증거에 의하여 뒷받침되는 유추 또는 결론 도출하기

"나는 ~라는 정보로부터 추론했다."

"결론을 위한 나의 이론적 근거는 ~였다."

Stan은 고농도의 유독성 화학물질 때문이 아니고 곰팡이에 감염된 강물에서 물고기가 죽었을 것이라고 결론을 내렸다.

문제가 어디로부터 왔는지 알아보는 또 다른 예가 다음에 주어지는데, 이는 치과에서 발생한 것이다(학생으로부터 보고된 실생활 문제).[4]

심한 치통

여덟 가지로 세분화된 큰 치과 병원이 있었다: 업무로는 세 개의 일반 치과, 두 개의 치열 교정과, 하나의 치 외과 그리고 두 개의 근 치과가 있었다. 그곳에는 간호사, 경리사, 접수원, 유지관리자를 포함하여 30명의 직원이 일하고 있었다. 지난해, 병원은 종업원 이동의 심각한 문제를 겪었다. 이전 해에는, 일년 전에 고용된 사무실 경영자인 Cindy에 의하여 15명의 고용인이 그만두거나 해고되었다. 치과 의사들로부터 Cindy에게 주어진 지침은 "안정적인 일자리를 유지하기 위하여 필요한 것이 무엇인지 결정하라." 였다.

Cindy가 이 문제에 대해 일한 지 한 달 반 후에, 17년 동안 일해 온 간호사 Penny를 포함하여 고용인 다섯 명이 더 그만두었다. 의사들은 인사 이동 건에 대하여 Cindy의 경과를 검토하기 위하여 그녀와 만났다. 그녀는 인사 이동의 문제로 다음의 안건들을 제안하였다.

1. 사무실 직원의 평균나이는 45세였고 이들 대부분은 최근 도입된 컴퓨터 장치를 배우려 하지 않았다. 이런 이유로, 그들 대부분은 나가야만 했다. 새로운 고용인들은 컴퓨터에 더 박식할 필요가 있다.
2. 젊고 새로운 고용인과 다수의 고용인들을 그만두도록 자극한 오래 있었던 노동자들 사이에 개인적 갈등이 있다.

의사들에게 이런 정보를 보고한 후에, Cindy는 더 유능하고 품위 있는 고용인들을 고용하여 이 문제를 해결하고자 한다고 의사들에게 확실하게 말했다.

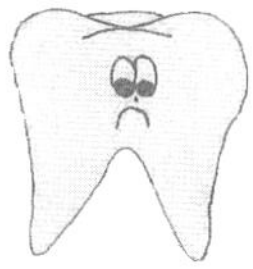

비평적 사고 순서도 적용

명백하게 하기 위한 질문

Q. 왜 Cindy는 이 안건들이 문제의 두 가지 원인이라고 믿었는가?

A. Cindy는 경우에 따른 원인을 결정하는 것을 검토했다고 말했다. 그녀는 근무 환경에 대하여 정기적으로 여러 근로자들과 이야기 했고 이런 대화로부터 얻어진 정보를 바탕으로 보고서를 작성했다.

가정과 유추에 도전하라.

Q. Cindy에게 정보를 주었던 근로자들은 어떻게 특성화될 수 있는가?

A. Cindy는 두세 명의 젊은 고용인들에게 의존했다.

관계와 결과를 검증하기 위한 질문

Q. 문제가 해결될 수 없다면 어떤 일이 발생할까?

A. 치과 의사들은 회의를 했고 문제가 해결되지 않으면 환자 치료의 질이 영향을 받을 것이라는 데 모두 동의하였다.

이유와 증거를 검증하기 위한 질문

Q. 최근 간호사 Penny를 그만두게 한 원인이 무엇이었는가?

A. 한 명의 치과 의사가 Penny를 불러, 그녀가 그만둔 이유가 Cindy의 설명과 일치하는지 결정하라고 했다. Penny는 Cindy가 그만두게 된 동기였다고 말했다: Cindy가 경영진에게 자극받은 후, 그녀는 직원들을 괴롭히기 시작했고, 예고 없이 작업교대를 배열하고, 정당한 이유 없이 휴가를 거절하고, 이치에 맞지 않게 성과보고를 주었다.

Q. 최근 설치된 컴퓨터 장비는 배우기에 너무 어려웠는가?

A. Penny는 새로운 소프트웨어 사용법에 대한 공식적인 훈련이 거의 없었고, 대부분 고용 인들에게 지침서를 집에 가져가서 기초를 배우라고 강요했다.

관점과 시각을 탐구하기 위한 질문

Q. 이전의 다른 고용인들도 Penny처럼 느꼈을까?

A. 무엇을 얻었는지 토론하기 위한 회의가 계획되었다. 치과 의사들은 다른 고용인들이 고용이동에 대하여 Penny의 감정에 공감하는지 물었다.

문제에 대한 질문

Q. 고용 이동 문제의 진정한 원인이 발견되었는가?

A. 다음 두 주에 걸쳐서, 치과 의사들은 병원으로부터 흩어졌거나 여전히 일하고 있는 다수의 고용인들과 대화를 하였다. 의사들은 곧 Cindy의 경영 형식이 고용 이동의 진정한 원인이라는 것을 발견했다. 결과적으로 Cindy는 해고되었고 높은 고용 이동 문제를 해결할 수 있었다.

기법 2: 실제 문제 정의를 위한 현재상태/희망상태, Duncker 도표 활용하기

현재상태/희망상태 기법은 당신이 어디에 위치하는지 현재상태를 기술하고 어떤 방향으로 나아가고 싶은지 희망상태를 기술하여 실제 문제를 파악하는 하나의 수단이다. 이러한 상태의 묘사는 현재상태에서 관심과 필요가 희망상태에서 충족될 때까지 지속적으로 개선된다. 그러나 희망상태는 현재상태에 존재하지 않는 문제에 대한 해법을 포함해서는 안 된다. 때때로 진술은 만족하는 것처럼 보이나 문제의 핵심에 도달하지 못하거나 여러 가지의 대체 가능한 해법을 허락한다. 당신은 이런 상황이 발생하는 것을 인식해야 하며 현재상태/희망상태 진술의 개선을 지속해야 한다. 이런 과정을 문제진술의 청소라고 한다.

희망상태 진술을 쓸 때, "최고" "최소" "최저가" "합리적인 시간" "가장 효과적인"과 같은 모호한 단어를 쓰지 않도록 하라. 왜냐하면 이러한 단어들은 다른 사람에게는 다른 의미가 될 수 있기 때문이다. 가능한 한 정량적이 되어라. 예를 들어, "아이들을 위한 운동장이 최소의 비용으로 합리적인 시간 안에 완성되어야 한다." 보다는 "아이들을 위한 운동장은 50,00달러보다 적은 비용으로 2007년 7월 1일까지 완성되어야 한다."가 좋다.

이런 기법은 처음에는 다소 혼동스러울 수 있다. 어떻게 활용하는지 알아보기 위하여, 현재상태/희망상태 기법에 대한 다음 예를 살펴보자.

잘못된 표시

2차 세계대전 중, 다수의 항공기가 독일에서 폭파 공격을 수행하던 중 격추되었다. 안전하게 돌아온 다수의 비행기들조차 총탄과 발사포로 벌집처럼 되었다. 손상된 부분이 각 비행기마다 비슷하였다.

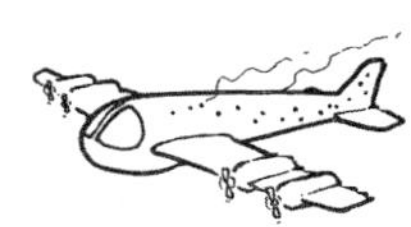

다음의 지시사항이 이 인식된 문제를 해결하기 위하여 하달되었다: "좀더 두꺼운 무장 코팅으로 손상된 부분을 강화하라."

1라운드

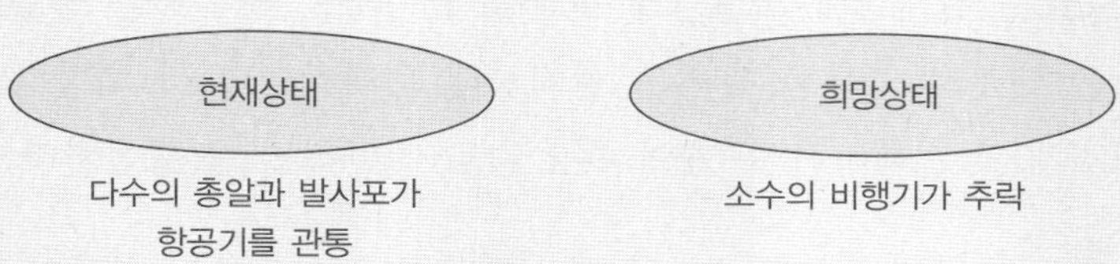

다수의 생존 비행기들 역시 총알 흔적을 가지고 있기 때문에 하나의 결과로 판단할 수 없었다. 해결되어야 할 현재상태와 희망상태의 일대일 일치가 없다.

2라운드

현재상태	희망상태
다수의 총알과 발사포가 항공기를 관통	소수의 총알 흔적

이러한 상태는 서로 통일점이 있지만 현재상태와 희망상태의 구별이 충분히 명확하지는 않다. 단지 하나의 총알이 중요 부분을 공격하여 비행기가 추락하도록 했을 것이다.

3라운드

현재상태	희망상태
다수의 총알과 발사포가 항공기의 중요한 부분과 중요하지 않은 부분을 관통	소수의 총알이 중요한 부분을 관통

이제 두 진술에 서로 통일점이 있고 그들의 차이가 명확하며 중요 부분을 강화하고, 중요 부품을 더 보호되는 부분으로 옮기고, 추가적인 중요 부품을 제공하는 것과 같은 다양한 해결책이 등장한다.

인식된 문제를 풀기 위해 최초의 지시사항은 실패했다. 돌아온 비행기의 총격을 당한 부분을 강화하는 것은 효과 없는 것이었다. 분명히, 중요하지 않은 영역이었다. 그렇지 않으면, 돌아온 비행기들도 희생자가 되었을 것이다.

좀더 바람직한 문제진술은 다음과 같이 쓰일 수 있다: "발사포의 손상으로부터 항공기의 중요부분을 보호할 방법을 찾아라."

Duncker 도표

Duncker 도표는 현재상태/희망상태 진술을 만족하는 해결책을 얻도록 도와준다.[5] Duncker 도표의 고유한 특징은 현재상태(문제진술)에서 희망상태(수용할 만한 문제해결책)로 진행하는 두 개의 주요 경로(일반해법)를 포함한다.

1. 표의 왼쪽 일반 해결책은 현재상태에서 희망상태를 이루기 위하여 어떻게 이동할 것인지를 보여준다.
2. 표의 오른쪽 일반 해결책은 어떻게 희망상태를 이루지 않아도 괜찮은지를 보여준다. (이 개념은 반대되는 것처럼 보이지만 잠시 후 명확하게 될 것이다.)

각 경로에 두 개의 단계가 포함된다. 가능한 각 경로를 위해, 처음에 기능적 해결책을 정하고 나서 특정 해결책을 정한다. **기능적 해결책**은 현재상태로부터 희망상태를 달성할 수 있을지 없을지의 방향으로 진행하기 위하여 할 수 있는 것을 말해준다. 여러 가지의 기능적 해결책을 도출한 후, 각각의 기능적 해결책을 위한 특정 해결책을 도출한다. **특정 해결책**은 기능적 해결책을 어떻게 실행할 것인가를 말해준다.

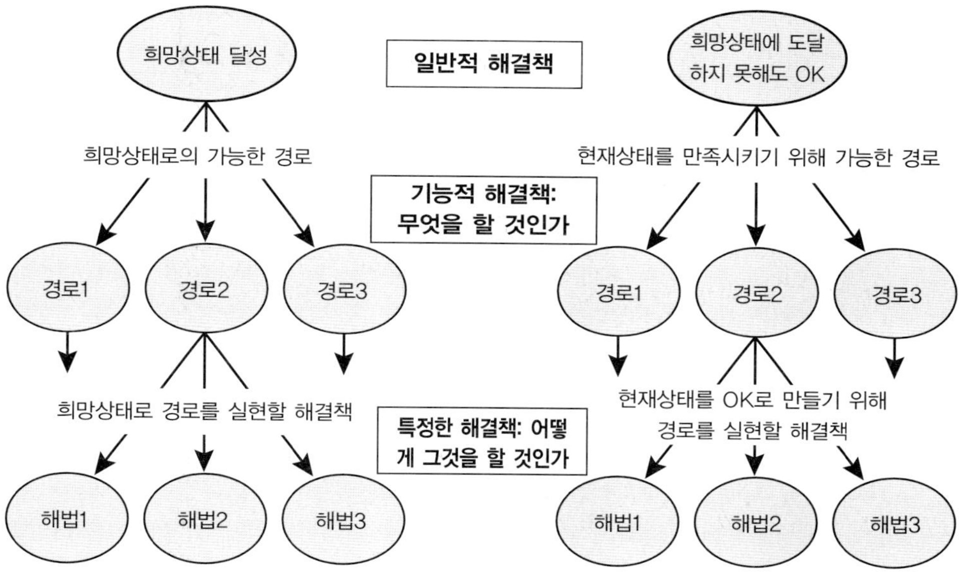

Duncker 도표

Duncker 도표를 명확히 하는 데 도움을 주기 위하여, 다음 상황을 고려해 보자. 당신이 현재의 회사에서 현재의 일자리가 만족스럽지 않다(현재상태-해결되어야 할 문제)고 가정하고 새로운 일자리(희망상태)를 위하여 회사를 떠나고자 한다. 도표의 왼쪽은 다른 회사의 일자리를 찾기 위한 경로이다. 도표의 왼쪽에서 가능한 기능적 해결책은 다른 형태의 일자리를 위한 재훈련과 다른 회사에서 같은 형태의 일자리를 포함할 것이다. 다른 회사에서 같은 형태의 일자리를 얻기 위한 특정 해결책에는 어떤 회사에 일자리가 있는지 알아보기, 웹 찾기, 그리고 이력서 갱신하기 등이 있을 것이다.

도표의 오른쪽은 당신의 현재 일자리에 머무는 것을 OK로 만들기 위한 대안을 다룬다(즉, 현재의 일자리를 떠나지 않고 희망상태를 이루지 못해도 괜찮음). Duncker 도표 오른쪽에서 하나의 가능한 기능적 해결책은 높은 일자리 만족도를 이룩하는 것과 관련이 있을 것이다. 특정 해결책(즉, 높은 일자리 만족도를 가짐)은 의사결정, 칭찬, 또는 임금인상 등에서 높은 참여도를 포함할 수 있다.

Duncker 도표로 문제를 표현하는 것은 그것을 실현하기 위한 올바른 방법 또는 완전히 잘못된 방법이 없는 것처럼 하나의 창의적 행동이다. Duncker 도표를 완성한 후, 새로운 문제진술을 작성하도록 해야 한다. 마지막으로, 받아들일 만한 해결책을 달성하기 위하여 현재상태와 희망상태를 수정하여 절충된 해법을 제시할 수도 있다. 다음에는 "유치원 경찰" 이라는 사례를 가지고 Duncker 도표 이용에 대하여 설명한다.

유치원 경찰(실제 역사에 바탕을 둔 이야기)

25년 동안 초등학교 교단에서 일해온 Linda Chen은 6개월간의 휴가를 마치고 2월달에 다시 교직으로 돌아가기로 되어 있다. 그러나 그녀는 지난 수년간 몹시 힘들고 심한 스트레스가 있었고 유치원생을 가르칠 정열을 다 써버린 느낌이어서 다시 가르치러 돌아가기가 두려웠다. 학생들은 점점 더 통제가 힘들어보였고, 이러한 점이 그녀를 선생님이라기보다는 경찰관처럼 느끼게 만들었다.

Linda는 수업에 필요한 자료를 좋아하지 않았고 학부모들은 자녀의 교육에 많은 관심을 가지지 않는 것처럼 보였다. 그녀는 6개월간의 휴가 동안 그녀만의 시간을 즐기길 원했고 은퇴가 가까워질수록 좀더 자기만의 시간을 가지길 원했다. Linda는 연금을 받고 은퇴하기 위하여 5년을 더 기다려야 한다. 그리하여 Linda의 현재상태는 학교로 돌아가는 것이고, 희망상태는 학교로 돌아가지 않는 것이다. 이 상황을 분석하기 위하여 Duncker 도표를 준비하라.

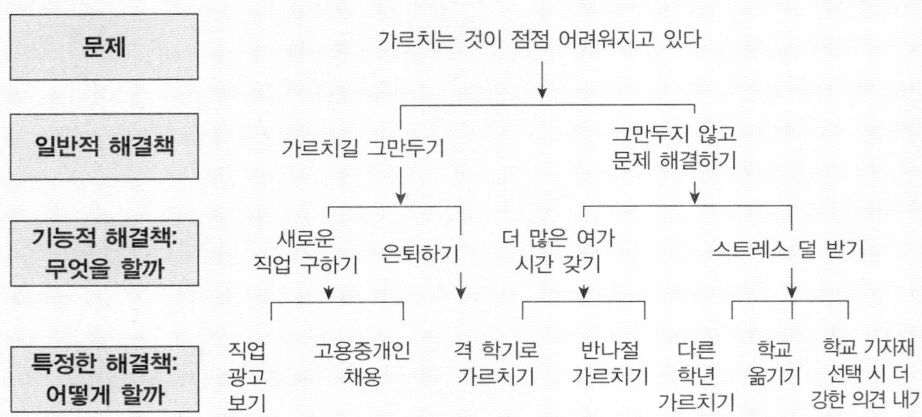

Duncker 도표를 사용하여 Linda의 상황을 분석해 보았을 때 실제 문제는 6개월간의 휴가를 갖기 전에 골칫덩어리 반을 맡으면서 심한 스트레스를 받은 것이라는 것을 알게 되었다. 결론적으로 Duncker 도표의 도움으로 그녀는 실제 문제가

다른 학년을 가르쳐서 직장에서 받는 스트레스를 낮추는 방법을 찾는 것이라는 결론에 도달하게 되었다.

Linda의 새로운 문제진술은 "가능하면 직장에서 스트레스를 낮출 다른 학년을 찾아라." 이다.

다음 예에서 Duncker 도표를 다시 한 번 적용해 보자.

시장으로, 시장으로

Toasty O' s는 처음 시장에 출시되었을 때 첨가물이 없는 최초의 유기농 시리얼이었다. 그러나 몇 달 후 판매가 감소하였다. 소비자조사 부서에서는 신선하지 않은 맛이 소비자의 불만을 사고 있음을 확인할 수 있었다. 인지된 문제를 해결하기 위하여 다음과 같은 지시가 내려졌다: "상품 진열대에 좀더 빨리 시리얼이 도착하도록 생산 공정을 간소화하여 더 신선한 제품을 보장하라." 불행하게도, 공정에는 목표를 달성하기 위해 제거할 수 있는 불필요한 시간이 많지 않았다. 선반에 제품이 진열되기까지의 과정(제조, 포장, 저장, 선적)에서 제조 단계가 가장 빠른 단계 중 하나였다. 그래서 주요시장에 더 근접한 곳에 공장시설을 건설하자는 계획안과 더불어 시리얼을 좀더 빠르게 시장에 도달하게 하기 위해 더 많은 트럭을 추가하자는 계획이 함께 고려되었다. 새로운 시설과 트럭의 추가에는 큰 규모의 자금 투자가 요구될 것이다. 이 문제를 위한 Duncker 도표를 개발해 보자.

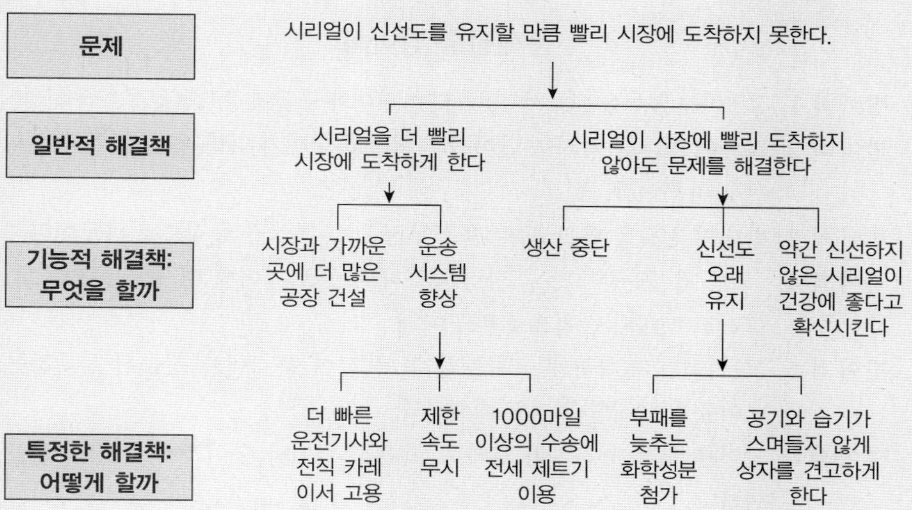

물론, 실제 문제는 시리얼이 시장에 충분히 빠르게 도착하지 않은 것이 아니라 시리얼이 충분한 시간 동안 신선도를 유지하지 못하는 것이었다. 개선된 포장과 부패 속도를 늦추는 첨가물의 사용으로 시리얼의 신선도를 오랫동안 유지하는 데 성공하게 되었다.

새로운 문제진술은 이것이다: "시리얼을 오랫동안 신선하게 유지하기 위한 포장기술을 어떻게 향상시킬 것인지 찾아라."

기법 3: 진술-재진술 기법 활용하기

잘 진술된 문제는 반은 해결된 것이다.
—Charles F. Kettering

Parnes[6]에 의하여 개발된 **진술-재진술 기법**은 문제를 가장 정확하게 묘사해주는 문제진술을 발전시키는 하나의 방법이다. 이 기법은 현재상태/희망상태 기법과 유사한데 문제진술을 다시 표현할 것을 요구한다. 이 기법으로, 우리는 불명확한 문제의 상황을 보고 해결할 문제에 관한 하나의 진술을 작성한다. 그러면 이 문제는 여러 번 다른 형태로 재진술된다.

문제를 다시 진술할 때, 재진술된 문장에서 단순히 단어의 순서를 바꾸는 것보다는 새로운 개념을 넣는 것이 중요하다. 다음에 나타난 문제 재진술 기법 중 하나 또는 여러 개를 사용하는 것은 결정정인 문제진술에 도달하는 데 도움이 된다는 것을 보여준다.

문제진술 방아쇠

방아쇠 1. 강조하는 형식을 변화시켜라—다른 단어와 구절에 강조점을 두도록 하라.

방아쇠 2. 명확한 정의를 가지는 단어를 선택하고 단어가 나타나는 각 위치의 표현을 바꾸어라.

방아쇠 3. 반대의 진술을 만들고, 긍정을 부정으로, 부정을 긍정으로 바꾸어라.

방아쇠 4. "모든"을 "약간"으로, "항상"을 "때때로"로, "어떨 때"를 "절대로"로, 그리고 반대의 방법으로 바꾸어라.

방아쇠 5. "분명히" "명확하게" "확실하게"와 같이 문제에서 진술된 설득하는 단어들을 대신할 논거를 대체하라.

방아쇠 6. 단어를 수식이나 그림 형태로, 혹은 그림이나 수식을 말의 형태로 표현하라.

문제를 재진술할 때마다 우리는 문제진술이 폭넓은 형태에 도달하도록 일반화해야 한다.

이러한 기법들의 하나의 사용 예로서, 기법 3을 고려하라. "어떻게 우리 회사가 가장 큰 이익을 남길 수 있을까?" 라고 자문하기보다는 "어떻게 우리 회사가 대부분의 돈을 잃어버리는가?" 로 물어라. 주요 활동이나 장비들이 비율적으로 작동되면 가장 큰 손실을 줄 것이고, 주의 깊게 관찰하고 조절해야 하는 것들을 파악할 수 있을 것이다. 이러한 기법은 우리가 시스템의 민감성을 발견하도록 도와주고 문제를 지배하는 변수에 집중할 수 있게 한다.

종종 문장을 재 진술할 때(기법 4) 문제에 존재하는 어떤 제약사항을 줄이고, 기준을 수정하고, 문제를 이상적으로 묘사하게 도와준다. 또한 다른 시간 기준을 사용하면 문제진술이 바뀔 수 있는가(즉, 장기간 사용은 단기간 사용 시와 다를 수 있는가)? 재진술을 계속하고 이전의 재진술을 결합함에 따라, 문제진술을 강화하고, 모호한 단어를 제거하고, 혼돈스럽고, 느슨하고, 잘못 정의된 진술로부터 벗어나도록 집중해야 한다.

문제진술 방아쇠 사용하기

최초 문제진술: Toasty O' s 시리얼은 신선도를 유지할 만큼 충분히 빠르게 시장에 도착하지 못하는 것이 자명하다.

방아쇠 1.
- **시리얼**이 신선도를 유지하기에 충분히 빨리 시장에 도착하지 못한다. (다른 상품이 시장에 더 빨리 도착하는가?)
- 시리얼이 신선도를 유지하기에 충분히 빨리 시장에 **도착**하지 못한다. (거리/시간을 단축할 수 있는가?)
- 시리얼이 신선도를 유지하기에 충분히 빨리 **시장**에 도착하지 못한다. (중앙 집합소로부터 배분할 수 있는가?)
- 시리얼이 **신선도**를 유지하기에 충분히 빨리 시장에 도착하지 못한다. (어떻게 시리얼의 신선도를 오래 유지할 수 있을까?)

방아쇠 2.
- **상자에 포장된 아침식사**는 **부패**를 방지할 만큼 충분히 빨리 팔리는 장소에 도착하지 못한다.
(이 재진술은 상자와 부패에 대하여 생각하도록 한다. 부패를 방지하기 위하여 상자를 어떻게 바꿀 것인가?)

방아쇠 3.
- 시리얼이 시장에 늦게 도착하고 결코 **신선하지 않게** 되는 원인을

어떻게 찾을 수 있을까?
(이 진술은 얼마나 오래 신선도를 유지해야 하는지와 무엇을 조절해야 하는지를 생각하게 한다.)

방아쇠 4. ● 시리얼이 **항상** 신선도를 유지할 만큼 충분히 빨리 시장에 도착하지 못한다.
(이런 변화는 새로운 사고방법을 제시한다. 왜 우리 시리얼은 한상 신선하지 않을까?)

방아쇠 5. ● 문제진술에서 "**자명하다**"는 뜻은 우리가 배달 속도를 향상시키면 신선도를 유지할 수 있다는 것을 암시한다. 그렇지 않을 수도 있다 ! 아마도 가게에서 너무 오랫동안 시리얼을 보관할 수도 있고 시리얼이 가게에 도착하기 전에 상할 수도 있다.
(이 기법은 문제진술에서 사용된 함축적 가정을 조사하도록 돕는다.)

방아쇠 6. ● 신선도는 시리얼이 만들어진 후 시간에 반비례한다.

$$(\text{신선도}) = \frac{k}{\text{빵이 구워진 후 경과한 시간}}$$

이 재진술은 신선도 문제에 접근하기 위하여 여러 가지 방법을 생각하게 한다. 예로, 비례상수 k는 무엇에 의존하는가?

저장조건, 포장, 시리얼 형태, 다른 인자들이 조사할 논리적 변수이다. 어떻게 k값을 변화시킬 수 있는가?

전체 시간은 공장에서의 시간, 배달시간, 시리얼 판매시간(진열시간)을 줄이면 짧아질 수 있다. 다시 말하면 이 기법은 문제를 해결하기 위한 여러 가지 대안 접근법을 제공한다: 시간을 줄이거나 k 값을 증가시켜라.

아스피린 코팅: 반대 진술 만들기

많은 사람에게 아스피린 정제 약을 삼키는 것은 역겨운 맛의 경험이다. 몇 년 전, 한 아스피린 제조회사는 이것에 대하여 무엇인가를 하기로 결정했다. 경영자는 직원들에게 이런 인식된 문제를 해결할 지시사항을 전달했다: "아스피린 정제에 좋은 맛의 코팅법을 찾아라." 과거에 정제에 분사하는 코팅법이 사용되었었으나 별로 성공적이지 못했다. 코팅이 불균일했고 만족스럽지 않은 제품이 되었다.

이 문제에 기법을 적용해 보자.

방아쇠 1. 진술의 다른 부분을 강조하라.

1. 정제 약 **위에** 코팅을 **입혀라**.

방아쇠 3. 반대 진술을 만들어라.

2. 정제로부터 코팅을 **제거하라**.

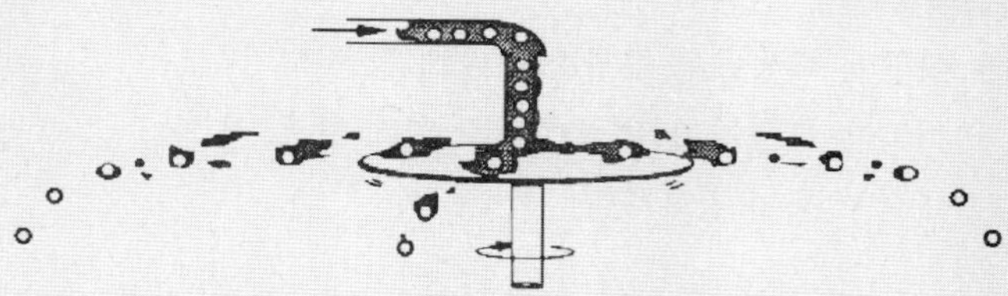

이 아이디어는 정제 약 코팅에 대한 새로운 기술을 이끌어냈다. 정제 약을 회전판 위에서 흐르는 액체 속에 담근다. 유체와 정제 약에 작용하는 원심력은 서로를 분리시키고 정제 약 주위에 코팅을 한 층 더 정교하게 해 주었다.

일어나 커피 향 맡기: 반대 진술 만들기

고등학생과 대학생은 종종 이른 수업시간을 위하여 아침 일찍 일어나는 데 어려움을 가지고 있다. 아마도 비현실적(일찍 잠자리 들기)이지만 삶의 방식에 주목하지 않으면 이 상황에 대한 하나의 문제진술은 다음처럼 될 수 있다: "학생들은 알람시계가 울린 후 깨어날 때 어려운 시간을 가진다." 이 진술은 학생들이 더 확실하게 일어나게 하기 위해 알람시계의 효율성을 향상시키는 것에 집중하도록 한다.

이 문제에 기법을 적용해 보자.

방아쇠 1. 진술의 다른 부분을 강조하라.

1. **학생들**은 알람시계가 울린 후 깨어날 때 힘든 시간을 가진다.
   개인적인 문제? 그들이 너무 피곤한가? 그들이 게으른가?
   학생들을 침대로부터 나오게 하기 위한 고유한 특징을 더하라.
2. 학생들은 알람시계가 울린 후 깨어날 때 **힘든 시간**을 가진다.
   무엇이 알람시계를 쉽게 사용할 수 있게 하는가?
   시끄러운 것 외에 추가적인 특징을 결합하라.
3. 학생들은 알람시계가 울린 후 **깨어날 때** 힘든 시간을 가진다.
   그들을 깨울 때 어떤 방법이 사용되는가? 다른 방법이 사용되어야 하는가?

시끄러운 것 외에 추가적인 특징을 결합하라.

4. 학생들은 **알람시계**가 울린 후 깨어날 때 힘든 시간을 가진다.

알람 형식, 소리 크기, 특징, 다른 인자?

특징을 더하고, 수정하라.

방아쇠 3. 반대 진술을 만들어라.

5. 어떻게 학생들을 즉시 일어나게 할 것인가?

어떻게 학생들이 잠든 상태로 있게 할 것인가?

선잠 이용이 필요하다.

기법의 활용은 대학생들을 위한 효과적인 알람시계 설계의 새로운 가능성을 제시한다.

기법 4: Kepner-Tregoe 문제분석

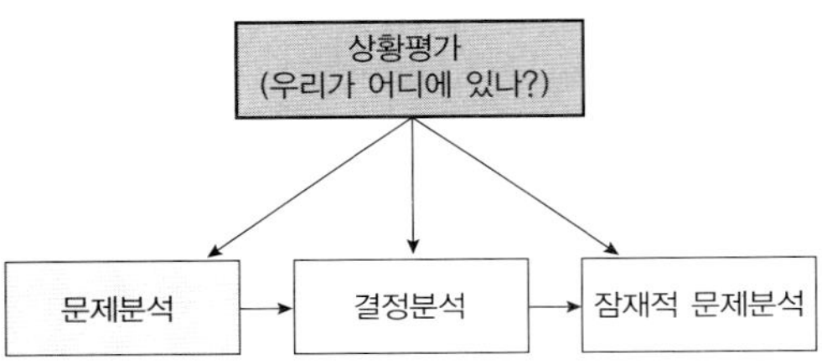

Kepner-Tregoe(K.T.) 문제분석 기법은 상황평가, 문제분석, 결정분석, 잠재적 문제분석을 포함하는 K.T. 전략의 네 가지 요소 중 하나이다. 이 장에서 문제분석에 대하여 논할 것이고, 7장에서 나머지 세 가지 K.T. 요소들에 대하여 다룰 것이다.

K.T. 문제분석 기법은 "문제의 4차원"이라고 불리는 고유한 방법에서 비평적 사고의 질문을 통해 얻어지는 정보를 보여준다. 이 기법에서 다음의 구별이 만들어진다.

- 무엇이 문제인가에 대하여 무엇이 문제가 아닌가?
- 어디서 문제가 발생했는지에 대하여 어디서 모든 것이 문제없는가?
- 언제 문제가 처음 발생했는지에 대하여 언제 모든 것이 순조로웠는가?
- 문제의 정도가 어느 정도인가?

이런 분석은 문제의 원인이 어디에 있는지 또는 실수가 알려지지 않을 때 문제해결공정에서 가장 유용하다. K.T. 문제분석에서 그들의 문제는 기준 실행수준에 비하여 바람직하지 않은 수준의 실행이 관찰될 수 있다는 것이다.

예로, 주문하였던 회사의 로고가 인쇄된 새로운 편지지가 도착한 경우를 고려하자. 몇 일 후, 노동자들은 로고가 쉽게 번지는 것을 주목했다. 이런 번지는 현상은 이전에도 관찰되었었다. K.T. 분석에서, 이 경우의 편차는 인쇄 수준이 받아들일 수 없다는 것이고 따라서 문제가 정교하게 확인되고, 묘사되고, 위치가 알려져야 한다는 것이다.

K.T. 문제분석의 기본적 전제는 무엇이 문제이고 아닌지를 구별할 "어떤" 것이 항상 존재한다는 것이다. 문제의 원인은 보통 바람직하지 않은 효과를 만들기 위하여 일어난 변화에 있다. 과거에는 문제가 없었지만 지금은 그렇지 않다. 무엇인가 변했다(인쇄 잉크를 다룬 1장의 예를 상기하라: 인쇄 회사는 더 매끄러운 종이로 바꾸었다). 문제 편차의 가능한 원인으로 문제에서 발견된 차이점들을 조사하여 유추한다(현재의 인쇄 공정으로 매끄러운 종이에 스며들게 하는 것이 어렵다). 문제의 가장 가능한 원인은 문제진술에서 관찰과 사실 모두를 가장 잘 설명하는 것이다(새로운 노트를 위한 인쇄 잉크는 종이에 잘 스며들지 않아서 사용 시 씻겨 나간다).

좋은 문제진술은 종종 다음을 포함한다:

(a) 알려진 것
(b) 알려지지 않은 것
(c) 찾아질 것

문제에서 K.T. 4차원

		있다	없다	차이점	원인
무엇	확인하라	문제가 무엇인가?	문제가 아닌 것은?	**문제와 문제가 아닌 것의** 차이는?	가능한 원인이 무엇인가?
어디서	찾아내라	문제가 어디서 발견되었나?	문제가 어디에 없는가?	위치적 차이가 얼마나 구별되는가?	가능한 원인이 무엇인가?
언제	시기	문제가 언제 발생되었나?	문제가 언제 발생되지 않는가?	시간적 차이가 얼마나 구별되는가?	가능한 원인이 무엇인가?
		문제가 언제 처음 관찰되었나?	문제가 언제 마지막으로 관찰되었나?	이런 관찰이 얼마나 구별되는가?	가능한 원인이 무엇인가?

		있다	없다	차이점	원인
정도	규모	문제가 얼마나 멀리 진행되었나?	문제가 얼마나 국한되었나?	얼마나 구별되는가?	가능한 원인이 무엇인가?
		얼마나 많은 단위들이 영향을 받았나?	얼마나 많은 단위가 영향을 안 받았나?	무엇이 구별되는가?	가능한 원인이 무엇인가?
		하나의 단위가 얼마나 영향을 받았나?	하나의 단위에서 얼마나 영향을 받지 않았나?	무엇이 구별되는가?	가능한 원인이 무엇인가?

있느냐 없느냐, 이것이 문제로다. Watson !!!

실제로 어려운 점은 "있다"와 "없다"의 구별을 규명하는 것이다. "구별"이라는 행을 채울 때 특별한 주의가 요구된다. 때때로 구별에 대한 진술은 구별을 정확하게 명시하기에 충분하도록 한 번 이상은 다시 쓰여야 한다. 예를 들어, K.T. 방법에 의하여 분석된 하나의 문제에서, "필라멘트 중 두 개는 투명하고 두 개는 검다"라는 문장이 "두 개의 필라멘트는 투명하고 두 개는 카본으로 덮여 있다."로 명료해졌다. 이처럼 구별의 **명료화**는 검은 필라멘트의 이유를 결정할 때 도움이 된다. 같지 않음의 관점에서 생각하라. 무엇이 *이 사실*과 *저 사실*을 구별할 것인가? 하나의 구별을 만드는 것은 *있다*와 *없다* 사이의 차이점을 찾아내기 위하여 주의 깊은 분석, 통찰력, 연습을 요한다.

가능한 원인으로부터, 가장 그럴듯한 원인을 확인하도록 노력한다. 가장 가능한 원인은 문제 조건에서 각 차원을 설명하는 것이어야 한다. 마지막 단계는 가장 그럴듯한 원인이 진짜 원인이라는 것을 증명하는 것이다. 이 단계는 문제가 사라지는지를 보고 적절한 변화를 가하여 이룰 수 있다.

말발굽 소리를 듣고, 얼룩말이라고 생각하지 마라!

문제해결자는 무엇이 잘못되었는지를 해석하는 것과 사람이 관찰한 것을 구별하여야 한다. 하나의 일반적인 실수는 가장 확실한 결론이나 가장 일반적이라는 것이 항상 옳다고 가정하는 것이다(이 점은 시작하기에 좋은 점이지만 멈추기에 필요한 점은 아니다). 병의 진단과 관련된 유명한 의대 속어 중 "말발굽 소리를 듣고, 얼룩말이라고 생각하지 마라."가 있다. 다른 말로 하면, 처음엔 간단한 설명부터 찾으라는 것이다. 마지막으로, 문제해결자는 지속적으로 가정을 재검토해야 하고 필요하면 제거해야 한다.

비행의 두려움

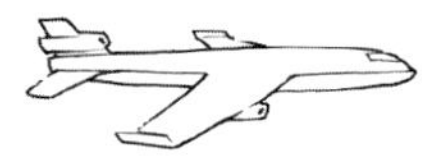

한 새로운 비행기 모델이 1980년 Eastern Airlines에 배달되었다. 이 비행기가 항공에 투입된 직후, 다수의 비행기 승무원들의 팔, 손, 얼굴 등에 붉은 발진이 나타났다. 발진은 몸의 다른 부위에는 나타나지 않았고 물 위를 지나가는 비행기에서만 나타났다. 다행히도, 발진은 보통 24시간 내에 사라졌고 그 후에는 별다른 문제가 발생하진 않았다. 승무원들이 기존의 비행기를 타고 같은 항로를 날아갈 땐, 어떤 병의 증상도 나타나지 않았다. 발진은 어느 한 비행기의 모든 승무원들에게는 발생하지 않았으나 다른 비행기의 승무원들에게는 발생하였다. 더하여, 발진에 걸린 승무원들은 다른 병의 증상을 느끼지 못했다.

비행기 승무원 조합은 승무원들이 화나고 걱정되었고 발진 뒤에는 어떤 이상한 것이 있다고 믿었기 때문에 행동을 결의했다. 많은 의사들을 방문했지만 어찌할 바를 몰랐다. 산업 위생사들은 어떤 특별한 것도 측정하지 못했다(*Chemtech*, 13, 11 p. 655, 1983).

문제의 원인을 알 수 있는지 알아보기 위하여 이 상황에 K.T. 문제분석을 적용해 보자.

무엇

문제는 단지 발진이고, 두통이나 멀미와 같은 다른 증상은 나타나지 않았다. 발진은 옷과 같은 알레르기 물질과 외부 접촉에 의하여 발생할 수 있다. 결과적으로 다음과 같이 K.T. 표의 첫 줄을 완성할 수 있다.

	있다	없다	차이점
무엇	발진	다른 병	외부 접촉

언제

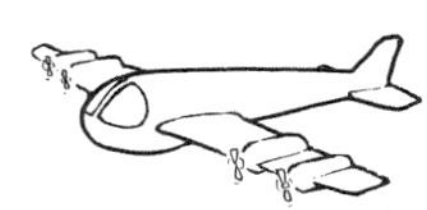

문제는 새로운 비행기가 사용될 때만 발생하고 기존 비행기를 사용할 땐 발생하지 않는다. 새로운 비행기는 가벼운 복합소재, 새로운 섬유 등 다른 물질들을 포함하고 있다.

	있다	없다	차이점
언제	새 비행기 사용 시	기존 비행기 사용 시	새로운 재료

어디서

병의 증상은 물 위를 비행할 때만 발생한다; 육상을 비행하는 승무원에게는 발진이 나타나지 않는다. 물 위를 비행하는 승무원들에게 육상을 비행하는 승무원과는 다른 비행행로가 주어졌다.

	있다	없다	차이점
어디서	물 위로 비행 시	육상으로 비행 시	다른 비행행로

정도

이 경우에 "정도"의 두 가지 범주가 있다: (1) 얼마나 많은 단위가 영향을 받는지 (2) 하나의 단위 중 얼마나 영향을 받는지. 얼마나 많은 단위(승무원)가 영향을 받는지의 관점에서, 단지 약간의 승무원만 영향을 받는다; 모두가 영향을 받지 않는다. 다른 승무원들의 경우는, 한 단위(승무원)의 얼마가 영향을 받는지는 발진이 단지 얼굴, 손, 팔에만 나타나는 것처럼 정의된다. 원인은 무엇인가 얼굴, 손, 팔에 접촉된 것이어야 한다.

	있다	없다	차이점
정도	단지 승무원 몇 명	모든 승무원	다른 승무원 의무
정도	얼굴, 손, 팔	몸의 다른 부위	얼굴, 손, 팔에 접촉한 무엇

지금까지 우리가 얻은 것을 요약해 보자.

	있다	없다	차이점
무엇	발진	다른 병	외부 접촉
언제	새 비행기 사용 시	기존 비행기 사용 시	새로운 재료
어디서	물 위로 비행 시	육상으로 비행 시	다른 비행절차
정도	얼굴, 손, 팔	다른 부위	얼굴, 손, 팔에 접촉한 무엇
	몇 명의 승무원뿐	모든 승무원	다른 승무원 의무

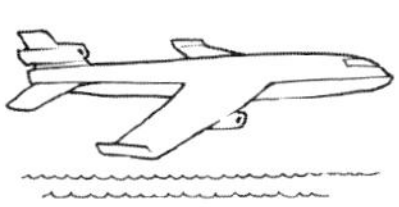

모든 구별 점들을 보면, 우리는 (1) 팔과 얼굴에 접촉한 무엇이 발진을 야기할 수 있고; (2) 발진은 물 위를 비행하고 물 위의 비행기에서 구명 조끼 사용법을 설명한 경우에 발생할 수 있고; (3) 새로운 비행기의 구명 조끼는 새로운 물질 또는

다른 상표의 소재로 제작되었고 세 명의 승무원들이 이 구명 조끼의 사용을 설명한 것을 알 수 있다. 이 새로운 구명 조끼는 발진을 야기하는 약간의 물질을 포함하고 있다.

선택하고자 하는 기술은?

우리는 당신이 모든 문제정의 기법을 모든 상황에 적용하기를 기대하진 않는다. 사실, 400명의 문제해결자에게 이 장에 제시된 두 가지 기법 중 그들에게 가장 유용한 것이 무엇인지 설문조사를 하였는데 그들의 선택은 사실상 비슷하게 나누어졌다. 다른 말로 하면, 다른 기법이 다른 사람들과 다른 상황에서 더 잘 적용될 수 있다는 것이고, 문제정의 기법에 대한 당신의 선택도 개인적인 선택의 문제라는 것이다. 중요한 점은 문제정의에 접근할 때 창의적이고 조직적이어야 한다는 것이다.

자발적인 자동차 시동

Molly는 오래된 차를 특별한 열쇠장치가 있는 1년 된 고급 중고차로 교체했다. 차의 모든 부분이 완벽하게 작동했으나 예외가 하나 있었다: Molly가 차를 주차할 때, 그녀는 종종 차의 시동이 꺼졌는지 확인해야 했다. 매번, 그녀는 시동을 꺼야 했고 차를 떠나기 전에 열쇠를 뽑아야 했다. 이 문제는 대부분 번화가인 Washtenaw가에 있는 Starbucks에서 발생했고, 외딴 곳의 Liberty가의 Starbucks에서는 발생하지 않았다. 또한 몇 번은 Stadium에 있는 Dunkin Donuts에서도 발생했다. 문제가 주로 Washtenaw에서 발생했지만, Molly는 주로 그곳에 들르는 경찰관과 이야기하는 것을 좋아했기 때문에 그곳에 가는 것을 그만둘 수 없었다. Liberty가에 있는 Starbucks에는 한 경찰관만 가끔 오는 것처럼 보였다. 문제는 점심과 저녁을 넘기지 않은 아침시간에 발생했다.

	있다	없다	차이점
무엇	자발적 시동	일반적 시동	차를 시동하는 신호

	있다	없다	차이점
어디서	Washtenaw가의 Starbucks와 Stadium의 Dunkin Donuts	Liberty가의 Starbucks	Washtenaw가의 Starbucks와 Stadium의 Dunkin Donuts에 경찰관

	있다	없다	차이점
언제	아점시간	점심	아침 휴식을 취하는 경찰관
	새로운 차	오래된 차를 사용	새로운 차는 특별 열쇠 장치 사용

	있다	없다	차이점
정도	경찰관이 자주 들르는 장소	경찰관이 오지 않는 장소	경찰관이 전화를 받거나 걸고 있음

새로운 모델의 열쇠장치는 신호가 열쇠로부터 보내졌을 때 리모트 시동 능력을 가지고 있었다. 경찰관 라디오로부터 진동수가 엔진의 시동을 켜는 열쇠의 진동수와 일치했다.

문제가 정의된 후, 더 수행될 일이 있다. 그럼에도 불구하고, 잘 정의된 문제를 만드는 것은 우리가 해법을 찾는 올바른 길로 가도록 한다.

문제가 풀려야 하는지를 결정하라

해결책을 판단하기 위한 기준을 설정하라.

실제 문제를 정의한 후, 실제 문제에 대한 해결책을 심판할 기준을 개발할 필요가 있다. 숙련된 공학자들의 첫 번째 질문 중 하나는 "문제가 풀려야 하는가?" 이다. 다음 그림은 이런 질문에 답할 때 어떻게 진행해야 하는지를 보여준다. 그림에서 볼 수 있는 것처럼, 첫 번째 단계는 같거나 비슷한 문제에 대한 해결책이 이미 있는지를 아는 것이다. 문헌조사를 통해 해결책이 존재하는지를 알 수 있다.

숙련된 공학자들은 문제를 풀 가치가 있는지 결정하는 것에 대하여 어떻게 진행하는가? 아마도 문제는 단지 약간 짜증나는 수준이라면 결과적으로 모두 무시될 것이다. 예를 들어, 창고로 가는 길이 너무 좁아서 배달원들의 운송수단이 쉽게 접근하지 못한다. 운송수단이 지나갈 수는 있으나 겨우 지나갈 정도이다. 이것은 하나의 짜증나는 문제이나, 수리비용이 과하다면 당신은 아마도 "그냥 살자"로 결론 내릴 것이다.

여기에 이 과정에서 초기에 질문해야 하는 몇 가지 사항들이 있다.

- 이 문제를 해결하기 위하여 사용할 수 있는 자원이 무엇이 있는가?
- 얼마나 많은 사람을 얼마나 오랫동안 이 문제에 투입할 수 있는가?
- 얼마나 빨리 해결책이 필요한가? 오늘? 내일? 내년?

이것들이 문제의 해결책을 찾아가는 길에서 첫 번째 단계로 당신이 취해야 하는 주요 질문이라는 것을 명심해야 한다. 해결책의 수준은 종종—항상은 아님—당신이 만들어야 하고 수행해야 하는 시간, 돈과 연관되어 있다. 어떤 경우는 우수한 해결책을 얻기 위하여 마감시간을 연장할 필요가 있다.

우리가 해결공정을 더 진행할 때까지 비용 쟁점을 완벽하게 해결하는 것은 불가능할 것이다. 비용은 해결책이 영구적인 것, 일시적인 것, 임시적인 것이냐에 따라 달라질 것이다. 때때로 두 개의 해결책이 필요하다: 공정의 가동을 유지하기 위하여 짧은 기간의 징후를 다루는 것, 긴 시간을 위한 실제 문제를 다루는 것. 문제해결 공정에서 이 같은 두 개의 사고방식을 인식해야 한다. 어떤 경우는 다음 그림처럼 추가적인 자원을 얻거나 기한을 연장하기 위하여 과제를 경영진에게 알림으로써 "No"를 "Yes"로 바꿀 수 있다. 이러한 변화는 문제가 중요한 것이고 회사의 운영과 관련되었다는 것을 보여주어 이룰 수 있다.

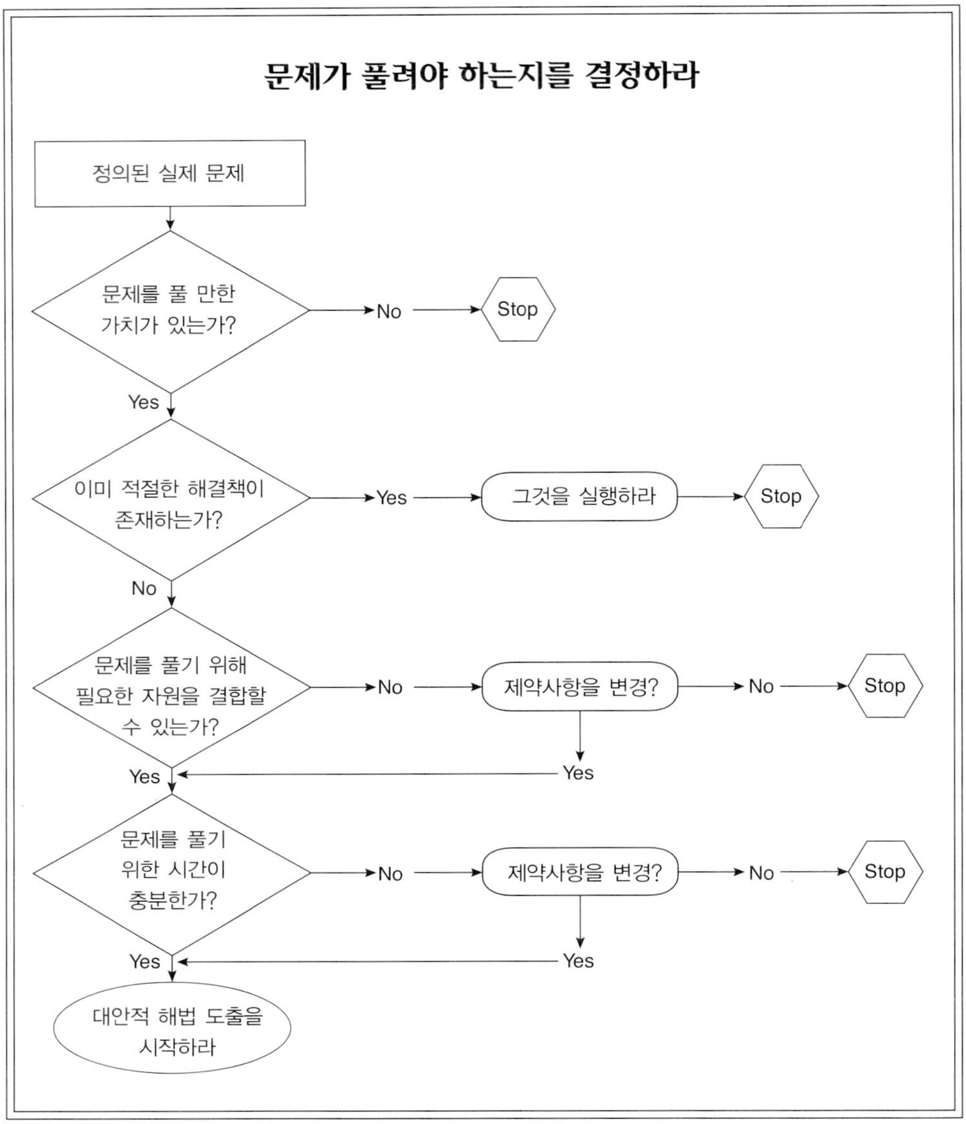

잠재적 요인과 대안적 해결책에 대해 브레인스토밍하라

이것은 창의적 문제해결 공정의 1단계의 마지막이고 2단계 공정의 시작으로 우리를 이끈다: 문제의 해결책 도출하기. 해결책을 도출하기 위한 기법은 5장과 6장에서 논의될 것이다.

요약 *Summary*

이 장에서 우리는 실제 문제를 정의하기 위해 필요한 것을 논하였다. 네 가지의 문제정의 기법들이 실제 문제 정의에서 당신을 돕기 위해 제시되었다.

- **문제가 어디로부터 왔는지 찾아라.**
  - 정보를 수집하기 위해 초기 4단계를 이용하라.
  - 최초로 누가 문제를 정의했는지 알아둬라.
  - 당신에게 주어진 문제진술에 도달하기 위해 가해진 논리와 가정에 도전하라.
- **현재상태/희망상태**
  - 당신이 어디에 있는지와 당신이 이루고자 하는 것이 무엇인지 진술하고 두 진술이 일치함을 확인하라.
- **Duncker 도표**
  - 두 개의 경로를 분석하라: (1) 희망상태로의 경로, (2) 희망상태를 이루지 못해도 상관없는 경로
- **진술-재진술**
  - 다양한 방법으로 문제를 재진술하기 위하여 여섯 개의 방아쇠를 이용하라.
- **문제분석**
  - 무엇이 있는가? 무엇이 없는가?
  - 어디에 있는가? 어디에 없는가?
  - 언제 있는가? 언제 없는가?
  - 어느 정도 있는가? 어느 정도 없는가?

CD-ROM 자료 *CD-ROM Material*

- **배움 자료**

  요약 노트

- **웹 자료**

  http://www.engin.umich.edu/scps/

● **컴퓨터 모듈**

문제정의 1

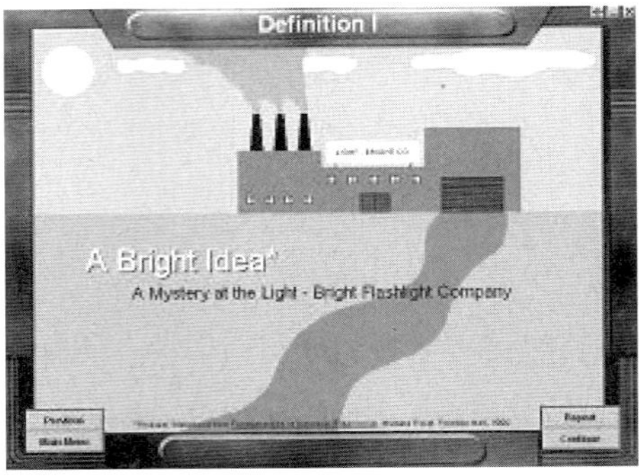

문제정의 2

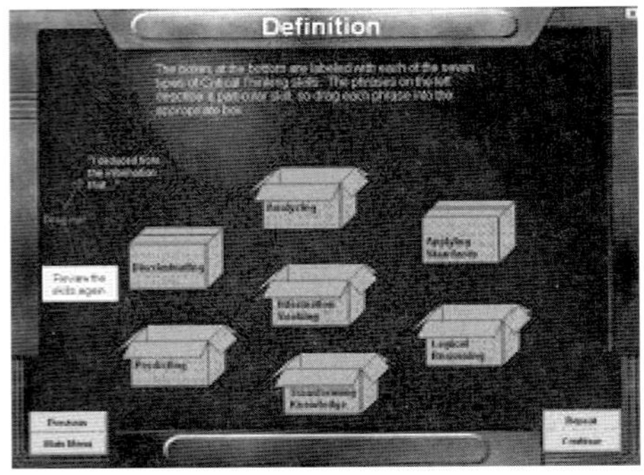

● **전문 참고서적**

죽은 물고기 예제 심화

물 공급 예제에서 쥐

문제정의 기술 5: 문제를 탐구하라

공정의 병목현상 해결: 기술적 예제

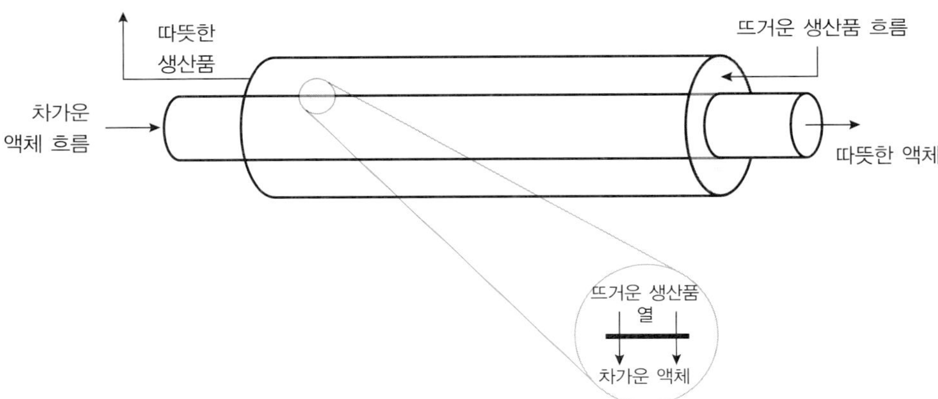

냉장고 (열교환기)

참고문헌 *References*

1. Paul, R., and L. Elder, *The Thinker's Guide to the Art of Socratic Questioning,* Foundation for Critical Thinking, www.criticalthinking.org, 2006. This is a companion text to *The Thinker's Guide to Analytic Thinking* and *The Art of Asking Essential Questions.*
2. Scheffer, B. K., and M. G. Rubenfeld, "A Consensus Statement on Critical Thinking in Nursing," *Journal of Nursing Education,* 39, pp. 352–359, 2000.
3. Rubenfeld, M., and B. Scheffer, "Critical Thinking: What Is It and How Do We Teach It?" In: J. Dochterman and H. Y. Grace (eds.), *Current Issues in Nursing,* Mosby, St. Louis, MO, 2001, pp. 125–132.
4. Zaleski, Seth, private communication, Toledo, OH, 2006.
5. Higgins, J. S., et al., "Identifying and Solving Problems in Engineering Design," *Studies in Higher Education*, 14, 2, p. 169, 1989.
6. Parnes, S. J., *Creative Behavior Workbook*, Scribner, New York, 1967.
7. Kepner, C. H., and B. B. Tregoe, *The New Rational Manager,* Princeton Research Press, Princeton, NJ, 1981.

연습문제 *Exercises*

4.1. "ICM 정의 1."을 실행하라. 당신의 실행수를 기록하라: ______________.

4.2. "ICM 정의 2."을 실행하라. 당신의 실행수를 기록하라: ______________.

4.3. 이 장에서 배운 사항 중에서 가장 중요한 것의 목록을 써라. 문제를 정의하고 해결할 때 당신이 생각하는 방식을 변화시킬 수 있다고 믿는 적어도 세 가지 기법을 명시하라. 문제정의 기법 중에서 어느 것이 가장 유용하다고 알게 되었는가? 이 장에 논의된 문제정의 기법 모두를 매트릭스 표로 준비하라. 어떤 기법들이 공통적이며 어떤 기법들이 고유하게 기여하는지를 명시하라.

	기여 1	기여 2	기여 3
기법 A	X		X
기법 B		X	X
기법 C	X	X	

4.4. 당신이 가지고 있는 문제를 기술하는 문장을 쓰시오. 진술-재진술 기법의 방아쇠들을 당신의 문제에 적용하라.

인식된 문제진술: ______________________________

____

재진술 1: ______________________________

____

재진술 2: ______________________________

____

최종 문제진술: ______________________________

____

다음으로, Duncker 도표를 같은 문제에 적용하라.

4.5. 현재상태/희망상태 분석을 실시하고 다음 문제를 위한 Duncker 도표를 준비하라: "나는 여름 인턴십을 원하나 누구도 고용하지 않으려 한다."

4.6. 당신은 매우 바쁜 아침이어서, 근처의 공항으로 오는 당신의 상관을 만나기 전에 약간 쉬기 위하여 좀 일찍 일하러 갔다. 당신은 지금 약 일 년 동안 본사에서 상관을 본 적이 없다. 상관은 지난번 과제를 논하기 위하여 당신을 개인적으로 만나고 싶다고 연락했다. 당신의 실수가 없지만 모든 것이 잘못되었다: 유류 통상정지는 모든 주요 부분의 선적을 지연시켰다; 당신의 과제 매니저는 스키 사고가 있었다; 당신의 비서는 실수로 주요 파일을 담은 소포를 배편으로 일본에 보냈다. 상관은 당신이 이 과제에 대하여 매우 부주의하며 당신 차에 키를 두고 잠그는 것처럼 생각한다.

당신이 차가운 늦가을 오후에 상쾌한 시외지역으로 운전하면서 한 시간 정도 빨리가고 있다고 생각한다. 당신은 약 200미터 떨어진 외딴 길의 공원을 발견한다. 조용한 개울이 공원을 따라 흐르고, 가을의 단풍으로 물든 나무들이 있다—단지 나와서 쉬기에 안성맞춤인 장소. 당신은 공원으로 차를 몰고, 얼빠진 듯이 나와서 차를 세우고, 개울을 한가로이 거닌다. 당신이 돌아왔을 때, 당신은 열쇠를 차에 두고 내린 것을 발견한다. 공항으로 가는 길은 보통 길이 아니다; 차들은 매 10분에서 15분 동안 지나간다. 공항은 9킬로미터 떨어져 있다; 전화가 있는 가장 가까운 집은 1킬로미터 떨어져 있다. 비행기는 20분 후에 도착할 예정이다. 접이식이 아닌 당신 차는 후드나 트렁크를 통해 안으로 들어갈 수 없다. 모든 창문은 완벽히 닫혀 있다.

무엇을 할지 결정하는 데 도움을 주기 위하여 Duncker 도표와 다른 하나의 문제해결 기법을 적용하라. (출처: D.R. Woods, McMaster University.)

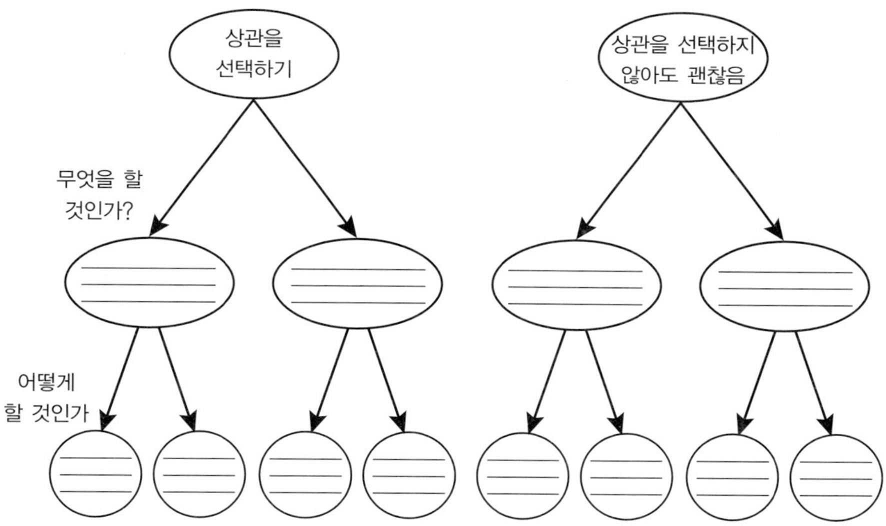

4.7. 당신은 Cambridge로부터 London으로 M11 고속도로에서 운전하고 있다. 당신은 오후 1시에 매우 중요한 발표를 하도록 계획되어 있다. 운전은 보통 1시간 30분 걸리지만, 오늘 아침 충분한 시간을 위해 오전 10시 30분에 출발했다. 갑자기 차가 Cambridge와 London 중간쯤에서 밀리고 있다. 당신은 무엇을 할 것인가? 이 문제에 답하는 것을 돕기 위해 두 가지 또는 그 이

상의 문제정의 기법을 적용하라. (출처: J. Higgins and S. Richardson, Imperial College, London.)

4.8. Sodium azide는 에어백의 추진제로 사용된다. 이 화합물은 산화제와 혼합되어 펠렛으로 만들어지고 쇠나 알루미늄 캔으로 밀폐된다. 충격이 가해지면, 펠렛형의 sodium azide의 발화로 질소가스가 생성되어 에어백을 부풀리게 된다. 불행하게도, sodium azide가 중금속(납, 구리, 수은, 또는 이들의 합금)을 만나면 매우 유독한 폭발물을 만든다. 결과적으로, 자동차가 폐기되기 전 에어백이 사용되지 않은 자동차가 폐차장에 보내지면 심각한 문제에 직면한다. 왜냐하면 폐차공정에서 중금속과 접촉할 수 있기 때문이다. 공정 중에서 폭발의 잠재성은 폐차장 인부들의 심각한 위험을 의미한다. 이 상황에 대하여 두 가지 또는 그 이상의 문제정의 기법을 적용하라. (출처: *Chemtech*, 23, p. 54, 1993.)

4.9. 고급의 굽는 빵 제품 제조의 선두업체인 Pillsbury는 제빵산업을 위해 초기부터 밀가루 제조회사를 가지고 있었다. Charles Pillsbury가 미네아폴리스에서 처음으로 방앗간을 샀을 때, 미네소타의 밀은 세인트루이스 방앗간에서 사용되고 있는 밀에 비하여 낮은 등급으로 고려되었고, 후에 세인트루이스는 제분공업의 중심지가 되었다. 문제의 일부는 고급 밀가루에 주로 사용되는 겨울 밀은 미네소타의 겨울이 너무 길고 추워서 재배가 불가능했다는 것이다. 결과적으로 미네소타의 방앗간은 딱딱한 껍질을 가진 봄밀을 사용할 수밖에 없었다. 그 당시, 대부분의 방아 기계는 밀을 왕겨로부터 분리하기 위하여 "소량 분쇄" 공정을 사용하였다. 하나의 돌 바퀴가 바닥에 있는 바퀴에 직접 놓여지고, 갈려야 할 밀은 두 바퀴 사이에 위치하게 된다. 딱딱한 밀은 방아공정에서 많은 열을 발생시키며 그 열이 생산품의 색깔을 저하시키고 품질을 떨어뜨린다. 그리하여 미네소타 방앗간에서 생산된 밀가루는 변색되고 품질과 영양가가 떨어지며 제품 저장 수명도 낮았다. 그래서 다음과 같은 지시가 내려졌다: 세인트루이스에서 미시시피 강을 따라 미네소타로 겨울 밀을 나르기 위해 더 많은 바지선을 주문해라. 이 상황에서 두 가지 혹은 그 이상의 문제정의 기법을 적용하라. (출처: Jane Ammeson의 "When in Rome" 에서 인용됨, *Northwestern Airline World Traveler*, 25, No. 3, p. 20, 1993.)

4.10. 휴스턴 공항에 있는 한 항공사는 승객들이 비행기 도착 후 공항 입구에 도착하는 데 1~2분 정도 걸리는 반면 수화물이 도착하는 데는 8-10분 정도의 시간이 소요되는 문제를 개선하기 위하여 노력했다. 불행히도, 그 항공사는 승객들로부터 짐을 찾아가는 데 시간이 너무 오래 걸린다는 불평을 많이 받았다. 상황을 조사해본 결과, 수화물을 운반 트럭에 옮기고 짐을 내리는 곳으로 운반하고 다시 짐을 내리는 과정을 빠르게 할 수 있는 방법이 사실상 없다는 것을 알게 되었다. 하지만 그 항공사는 수화물을 내리는 과정을 바꾸지 않고 도착 과정의 다른 요소를 변화시켜 수화물에 대한 불만을 없앴다. 그 항공사는 전에 언급한 문제(느린 엘리베이터의 경우)에서처럼 문제를 해결하는 데 거울을 사용하지 않았다.

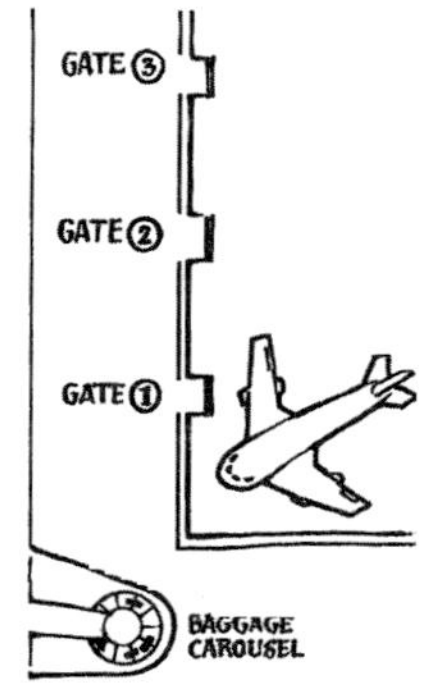

A. 실제 문제는 무엇인가?

B. 당신이 생각하기에, 항공사가 불만을 없애기 위해 했을 듯한 여러 가지 사항들을 제시하라. 두 개 혹은 그 이상의 문제해결 기법을 적용해 보라.

(출처: *The Washington Post*, p. A3, December 14, 1992.)

4.11. 1991년, 전국의 상업 라디오 방송국 중 64%가 적자를 보았다. 방송국을 유지하기 위하여 광고주로부터 주요 수입을 올려야만 했다. 반면, 광고주는 그들이 매력적(즉, 수입, 지출, 관심사적인 면에서)이라 여기는 시장을 대상으로 삼았고, 지난 수년간 25세에서 54세 사이의 연령층이 그 대상이 되었다. 지난 3년간 소득이 감소함에 따라 상위 40곡(즉, 해당 주에서 가장 인기 있는 40곡)을 들려주던 라디오 방송국 수가 반으로 줄었다. 많은 방송국들은 요즘에 인기 있는 곡과 10년, 20년 전에 유행했던 곡들을 같이 방송했다. 그러나 이것은 젊은 청취자들을 화나게 하고 또한 재정문제를 해결하는 데 도움이 되지 못했다. 두 개 혹은 그 이상의 문제정의 기법을 이 상황에 적용해 보라. (출처: *The International Herald Tribune* 인용, p. 7, March 24, 1993.)

4.12. Sara는 집에서 멀리 떨어진 대학에 다니고 있는 신입생으로 첫 번째 기말고사를 준비하고 있다. 그녀는 심한 스트레스와 향수병으로 이번 주말은 집에서 부모님과 같이 보내고 싶은 마음이 들었으나 차가 고장 났다.

현재상태 / 희망상태

Sara의 차가 고장 났다. / 집에 가서 부모님과 같이 있고 싶다.

이 두 진술은 서로 일치하지 않고 문제를 더 복잡하게 한다. Sara는 어떤 문제를 해결해야 하는가? 고장 난 차? 집에 가기?

현재상태 / 희망상태

두 진술이 서로 일치할 때까지 이 방법을 계속한다.

4.13. FireKing사는 비싸 보이는 불연성 서류 보관함을 제조하는 소규모 업체이다. 이 회사는 시장점유율을 3% 더 확대하길 원한다. 이 회사의 보관함은 디자인이 우아한 반면 시장에서 가장 무거운 것 중의 하나이기도 하다—그리고 소비자의 마음에는 무거운 것은 높은 품질을 의미한다. 그러나 무거운 무게는 선적과 운반비용이 높아짐을 의미하며 이것이 서류 보관함의 가격을 매우 비싸게 하는 요인이었다. FireKing사의 경영진은 다음 질문을 던졌다: "경쟁력 있는 가격을 갖기 위해 어떻게 하면 제품의 무게를 줄일 수 있겠는가?" 하지만 몇몇 임원들은 가벼워진 제품이 제품의 질적인 이미지를 손상시킬 수도 있다고 믿었다. 하나 혹은 그 이상의 문제정의 기법을 이 상황에 적용하라.

4.14. Bug-B-Gone사는 다른 어느 선두 업체의 제품보다 더 효과적으로 바퀴벌레를 죽이는 새로운 방법을 개발했다. 사실, 바닥이나 구석에 놓여진 용기 안에는 특수 성분이 들어있기 때문에 뿌릴 필요가 없다; 용기가 활성화되면 바퀴벌레 문제는 사라질 것이다. 이 방법은 제품이 모든 일을 하는 장점을 가지고 있다—사용자는 살아있는 바퀴벌레를 일일이 찾아다니며 살충제를 뿌릴 필요가 없다. 남부의 몇몇 주에 거주하는 주부들을 대상으로 제품이 시험 판매되었다. 시험 사용결과 효과적이라는 것을 본 모든 이들은 이 신제품이 바퀴벌레를 잡는 데 탁월하다는 데 동의했다. 그러나 대대적인 광고 행사에도 불구하고, 여전히 판매에서 기존 제품이 신제품을 압도하고 있었다. 이 상황에 하나 또는 그 이상의 문제정의 기법을 적용하라.

4.15. 공압식 컨베이어는 공기를 이용하여 분쇄된 고체를 이송하는 장치의 일종이다. 아래의 그림에서 고체는 저장고에서 빨아들여지고 다음 유출고로 공기에 의하여 보내진다. 당신에게 인식된 문제를 해결하기 위하여 다음 지시사항이 전달되었다: "이송관이 막혀 가동이 중단될 때 공압식 컨베이어 시스템을 쉽게 청소할 수 있는 방법을 찾아라."

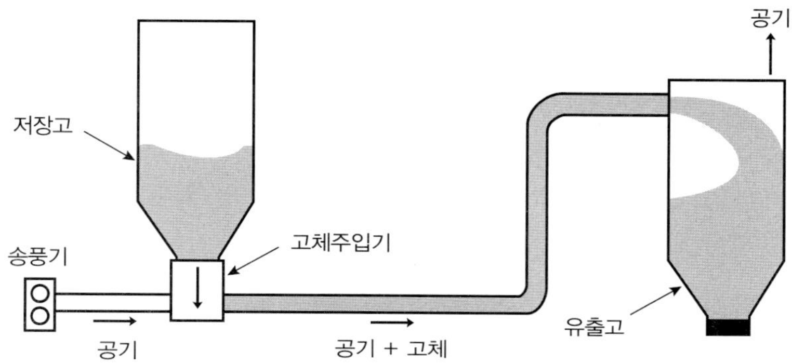

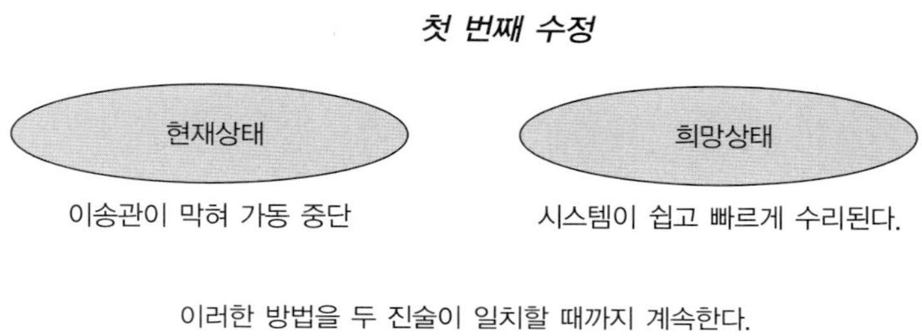

4.16. 미국의 한 거대 비누회사가 폴란드에서 그들의 시장을 확장하기 위해 대대적인 광고행사를 실시했다. TV 광고로 아침에 그 회사의 비누로 샤워하는 예쁜 여인의 모습을 내보냈고 전국에 걸쳐 수십만 개의 비누 샘플을 집집마다 돌렸다. 이렇게 엄청난 광고에도 불구하고 이 행사는 성공하지 못했다. 폴란드에서 TV는 우선적으로 공산당 정책을 위해 사용되었고 상업광고 방송은 상대적으로 적었다. 주로 방송되는 것은 정치노선에 대한 것이었다. 이 상황에 하나 혹은 그 이상의 문제정의 기법을 적용하라.

4.17. 한 가게의 종업원들은 백화점의 물품을 허락하에 가져갈 수 있도록 하였다. 종업원들은 가져갈 물건을 승인 전표에 먼저 적어야 했다. 하지만 몇몇 종업원들은 옷을 가져가고 그 전표를 파기하는 방법으로 이 제도를 악용하고

있었고 물건은 가져갔으면서도 기록은 남지 않았다. 이 상황에 하나 또는 그 이상의 문제정의 기법을 적용하라.

문제분석

4.18. Crest 치약이 시장에 출시된 후, 제조회사인 Procter & Gamble은 초기의 윈터그린 향의 제품에 더하여 민트 향의 제품을 선보이기로 결정했다. 새로운 민트 향을 개발하던 중, 민트 향의 시제품이 윈터그린 향의 제품을 생산할 때 사용되었던 설비에서 생산되었다. 그 설비는 탱크와 임펠러를 사용하여 민트 향 요소와 점성이 높은 마지막 용액의 제품을 만들기 위하여 나머지 첨가물과 혼합하였다. 시생산 제품의 일부는 심화 시험을 위하여 접을 수 있는 튜브로 포장되었다. 민트 향을 시험하기 위해 사용된 튜브들은 윈터그린 향의 제품에 사용된 것과 같았다. 포장공정에서, 치약은 한쪽 끝이 열려있는 새로운 튜브로 관을 통하여 보내졌다. 튜브에 채우고 나서 튜브의 열린 쪽은 열처리되어 마감된다. 포장공정은 다음에 그림으로 나타내었다.

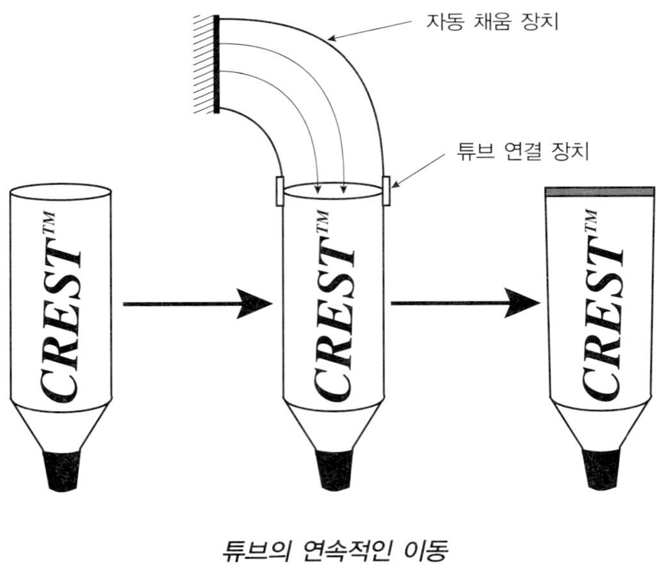

튜브의 연속적인 이동

저장 안정성을 평가하기 위하여, 채워진 튜브의 몇 개가 무작위로 여러 개의 집단으로 분리되었고 각 집단은 일정 온도의 방에 보관되었다. 보관소의 온도는 40°F에서 120°F까지 변하였다.

민트 향의 제품의 초기 샘플은 특이한 점이 없었다. 그러나 몇 달간 시험을 통하여, 저장된 튜브 중 하나의 제품을 시험하려는 기술자가 칫솔에 짜인 치약의 처음 0.25인치 부분이 변색되어 있는 것을 주목했다. 튜브의 나머지 부분은 모두 색깔 규정을 만족했다. 이런 현상은 초기의 윈터그린 향의 제품에는 없었다. 좀더 많은 시험은 색깔에 대한 규정을 만족시키기 위해서 더 높은 온도에서 또는 더 오랫동안 보관된 치약의 경우 튜브로부터 더 많은 치약을 짜 내어야 한다는 것을 보였다. 40°F에서 일정기간 보관된 치약에는 변색된 제품이 없었으나 더 높은 온도에서 동일 기간 보관되었던 치약은 변색되었다.

이 결과에 대한 유일한 예외로 40°F 이상에서 보관된 튜브가 하나 있었다. 이 튜브의 제품은 뚜껑 주변에 새어나온 치약이 변색을 보였지만, 튜브 안의 치약은 색깔 규정을 만족시켰다.

물론 다른 시험들은 변색 제품이 안전하고 양치에는 효과적이라는 것을 보였지만, 소비자들은 치약이 처음 개봉하여 사용하였을 때와 사용하는 동안 모두 같은 색일 거라고 기대했다. 더군다나, 그런 변화는 향후 더 심각한 문제가 발생할 수 있는 것에 대한 초기 경고였을 수도 있었던 것이다. 이 현상은 이해되어야 하고 새로운 향의 제품이 시장에 출시되기 전에 해소되어야 한다. 따라서 다양한 가능성들이 시도되었다: 다른 물질로 만들어진 뚜껑과 튜브, 다른 혼합 방법 등. 이러한 어떤 변화도 변색에 영향을 주지 못했다. 새로운 민트 향 요소를 포함하여 모든 원재료들은 검사되었고 모든 규정을 만족하는 것으로 나타났다. 다음에 윈터그린 향의 제품이 만들어졌고 저장 안정성에 대하여 같은 방법으로 시험이 이루어졌으나, 변색 문제는 발생하지 않았다.

변색 치약의 원인을 파악하기 위하여 K.T. 문제분석을 수행하라.

4.19. 초콜릿 버터 반죽은 여러 가지의 패스트리를 만드는 주요 빵집에서 많이 사용하는 주 성분이다. 그 반죽은 중서부의 큰 도시에 있는 Cocomaker사에서 제조하는 매우 걸쭉한 액체이다. Cocomaker사는 가깝게는 Dolton에서 멀게는 Chicago까지 소비자들에게 공급한다. 그 반죽은 생산라인으로부터 바로 5갤런의 드럼통으로 이송되고, 드럼통은 곧바로 고객에게 보내기 위하여 냉장트럭으로 보내진다. 2월까지, 모든 트럭들은 모두 같은 크기였고,

드럼통은 가로 세 줄, 높이 네 줄, 깊이 여덟 줄로 쌌다. 현재 약간 소규모인 Bell 빵집과 Clissold 빵집이 매일 20드럼씩을 사용하며 Chicago 지역에 추가되었다. 이 새로운 고객들과 더불어 Chicago 지역의 Hoyne 빵집의 늘어난 주문을 공급하기 위하여 더 큰 트럭을 사야 했다. 새로운 트럭은 드럼통을 가로 다섯 줄, 높이 네 줄, 깊이 여덟 줄로 쌓을 수 있었다. 트럭은 Bell에 정차하고, Clissold, Hoyne 순으로 정차하였다. Chicago 지역의 늘어난 시장으로 Cocomaker의 시설은 거의 최대 용량으로 가동되고 있었다. 반죽의 주성분들은 고정된 혼합기에서 섞이기 때문에, 펌프는 현재 최대 용량으로 운전되고 설비는 하루에 20시간 가동된다.

11월에, Cocomaker는 경쟁사로부터 Damon과 Oakley 두 개의 빵집을 끌어들이는 데 성공하였다. 공장 가동을 24시간으로 늘려서 모든 주문을 만족시켰다. 그러나 크리스마스 철이 다가오면서, 일반적인 초콜릿 버터 반죽의 수요는 Cocomaker에게 문제가 되었다: 이전에 경험하지 못했던 수요를 맞추어야 했다. 회사는 온도를 20도 정도 올리면 점도가 떨어져서 현재 펌프의 제약을 해소하고 생산요구를 만족시킬 수 있을 것이라고 결정했다. 그러나 불행하게도, 늘어난 생산량은 크리스마스에 다가갈수록 문제점들을 야기했다. 펌프는 가동에 문제가 생겼고; 컨테이너 공급업체의 파업으로 Cocomaker사는 10% 비싼 가격의 견고한 컨테이너만 공급하는 새로운 공급업체로부터 컨테이너를 사야 했고; 안전 요원은 응급 맹장수술을 했고; 그리고—심각한 문제로—Hoyne은 지난 5일 동안의 배송품에서 받아들일 수 없는 박테리아 수에 대하여 전화했다. 박테리아의 결과로 Hoyne의 빵을 산 사람들은 병에 걸리게 되었다.

박테리아 수에 대한 즉각적인 검사는 Cocomaker 공장 출고 시 측정되는 것과 같은 수준의 허용할 만한 것이라는 것을 보였다. 당신은 Hoyne에 전화해서 공장에서 반죽의 박테리아 수준은 규정 이내라고 설명했다. 이틀 후 당신은 Hoyne으로부터 전화를 받았는데, Hoyne이 박테리아 검사를 위해 독립법인을 고용했고, 그들이 초콜릿 버터의 박테리아가 허용치보다 월등히 높다고 보고했다는 것이다. 당신은 Damon, Bell, Clissord, Oakley 빵집에 전화했고 그들의 박테리아 수를 물었다; 그들은 대부분 보고되는 규정 내에 있다고 다시 연락했다. 다른 고객들에 대한 표본조사는 문제가 없는 것으로 보였다. 지금 당신은 Hoyne으로부터 당신의 공장을 폐쇄시키기 위한 합법적인 대응을 시작할 것이라는 전화를 받았다.

문제의 원인을 파악하기 위하여 K.T. 문제분석을 실시하라.

4.20. Sparkling 생수는 Bubbles사의 주요 생산품이다. 프랑스에 본사를 두고 있는 이 회사는 유럽, 북미, 호주, 세 곳에 큰 시장을 가지고 있다. 그들은 물을 천연 수원지로부터 얻는다; 물은 삼 단계 정수로 걸러지는데 두 개 정수층은 목탄 필터로 구성되어 있다. 정수 공정은 천연 오염물을 소량 제거한다. 정수된 물은 분리된 탱크 저장소에 보관되고, 저장되었던 물은 탱크 트럭에 의하여 시장에 출시되기 위해 병을 제작하는 세 개의 공장으로 보내진다. 물이 병으로 제작하는 공장에 도착하면, 잠시 $3500m^3$의 탱크에 저장되었다가 거품을 포함하도록 탄산가스화시키게 된다. 약간의 물은 레몬, 체리, 라즈베리 첨가물로 향을 내게 된다.

다음, Sparkling 생수는 다양한 크기의 병과 10온스의 유리병, 1리터의 플라스틱 병 등으로 다양하게 포장된다. 유럽 시장에는 보통 트럭으로 3일 내에 배달된다. 북미나 호주로는 처음엔 트럭을 이용하여 바닷가로 운반한 후 화물선으로 운송한다.

지난 몇 달 동안 경제가 매우 좋았고 생산되는 모든 물을 북미와 유럽에서 소모하였다. 이런 상황에서 늘어나는 수요를 맞추기 위하여 Bubbles사는 추가적으로 플라스틱 병 공급업체를 알아볼 필요가 있었다. 또한 북미와 호주의 탱크 저장소의 정기적으로 예정된 유지보수를 미루고 다시 일정을 잡도록 하였다. 물론, 더 큰 천연수원지가 요구되었다.

불행하게도, 뉴스들이 Bubbles사에 좋지만은 않았다. 호주 시장을 위한 병 생산 시설은 바다에서 길을 잃은 배로 인하여 몇 주가 늦어지고 있었다. 이런 재앙은 병 공장으로부터 수마일 떨어진 곳에 위치한 회사의 보관 천연수로 일반적인 천연수 공급을 증가시키도록 하여 병 공장의 높은 생산 수준으로 가동하도록 요구했다. 보관 천연수의 이용 가능량은 원거리 위치에 의하여 방해받았으나 정제공정을 요하지 않았다. 추가로, 계약협의는 나빴고 병 공장은 결국 파업할 것이다. 최근의 날씨 전망은 이미 세 달이나 지속된 가뭄으로부터 벗어나지 못할 것을 지적한다. 설상가상으로, 북미와 호주의 소비자들은 지난 6주 동안 운송된 물에서 허용치보다 월등히 높은 벤젠이 함유되어 있다고 불평하고 있다. 당신은 벤젠이 공업용 용제로 자주 사용된다는 것을 알고 또한 자연적으로 존재한다는 것도 안다.

병 공장 경영자의 간단한 설문조사는, 현재 포장되고 선적을 기다리는 북미로 향할 생산품은 허용치보다 높은 벤젠이 함유하고 있다. 그러나 호주나 유럽 시장으로 보낼 병 공장 경영자는 현재 보관중인 병에서 심각한 수준의 벤젠이 나타나지 않았다고 보고했다. 북미와 호주시장 당국은 이미 제품회수를 시작했고 유럽시장 당국은 Bubbles 사에게 신속한 해결책을 요구했고 예방조사로서 제품을 회수하도록 압박했다.

문제의 원인을 파악하기 위하여 K.T. 문제분석을 실시하라. (출처: *Chemtech*, "When the Bubble Burst," p. 74, February 1992.)

4.21. 현재, 멕시코 걸프만에 다수의 시추선들이 다수의 원유정으로부터 기름을 생산하고 펌프를 이용하여 하나의 송유관을 통해 시추선으로부터 해변으로 이송한다. 대부분의 이런 원유정들은 항상 매우 생산적이었다. 결과적으로, 원유는 해면에 설치된 송유관을 통하여 합당한 속도로 흐른다.

원유가 원유정으로부터 채취되면 온도가 약 145°F이다; 원유가 해변에 도착할 때, 대부분의 송유관의 온도는 약 90°F이다. 해변으로부터 2마일 이내의 대부분의 시추선이 있는 해면의 물의 온도는 약 45°F이다. 그러나 해변으로부터 멀어질수록 송유관의 깊이는 증가하고 해수면의 온도는 39°F로 줄어든다.

최근, 두 개의 새로운 시추선(A와 B)이 이전의 다른 시추선보다 해변에서부터 먼 거리의 걸프만에 세워졌다. 두 개의 시추선이 출현한 지 일 년 반이 지난 후, 시추선 A는 원유를 펌프 송유관을 통하여 해변까지 운반할 수 없는 재앙이 발생했다. 시추선 B는 아무 문제 없이 운전을 계속했다. 시추선에서 원유의 조성을 분석했을 때, 다른 모든 시추선에서의 조성과 정확하게 같은 화학 조성을 가지고 있음이 확인되었다. 시추선 A와 B의 유일한 차이는 시추선 A의 생산속도가 시추선 B의 생산속도보다 훨씬 느리다는 것이었다. 그럼에도 불구하고, 시추선 A의 생산속도는 해변의 다른 다수의 시추선들보다는 여전히 높았다.

송유관 A의 막힘 문제의 원인을 파악하기 위하여 K.T. 문제분석을 실시하라.

4.22. 하나의 인식된 문제에 대하여 하나의 진술을 연구하거나 창의하고, 그 문제진술에 대하여 다음의 문제정의 기법을 하나 혹은 그 이상 적용하라.

A. 문제가 어디로부터 왔는지를 찾아라.

B. 현재상태/희망상태와 Duncker 도표

C. 진술-재진술 기법

D. 문제분석

(힌트: 11장의 문제 참고)

심화자료 *Further Reading*

Copulsky, William. "Vision Innovation." *Chemtech,* 19, p. 279, May 1989. Interesting anecdotes on problem definition and vision related to a number of popular products.

De Bono, Edward. *Serious Creativity.* Harper Business (a division of Harper Collins), New York, 1993. Summary of 20 years of creativity researched by de Bono. Many useful additional problem definition techniques are presented.

The following books are all published by the Foundation for Critical Thinking (P.O. Box 220, Dillon Beach, CA 94929, www.critical thinking.org):

Richard Paul and Linda Elder, *The Miniature Guide to Critical Thinking Concepts and Tools,* 4th ed. (2004).

Linda Elder and Richard Paul, *The Miniature Guide to Analytic Thinking* (2003).

Richard Paul, Robert Niewoehner, and Linda Elder, *The Miniature Guide to Engineering Reasoning* (2006).

Linda Elder and Richard Paul, *The Miniature Guide to Asking Essential Questions* (2002).

Richard Paul and Linda Elder, *The Thinker's Guide to the Art of Socratic Questioning* (2006).

Richard Paul and Linda Elder, *The Thinker's Guide to Critical and Creative Thinking* (2004).

부록: 소크라테스 대화법을 위한 질문

최근, R.W. Paul의 소크라테스적 질문의 여섯 가지 형식은 아홉 가지 형식으로 확장되었다. 이러한 질문들은 비평적 사고를 위하여 재단의 허락하에 다시 만들어졌다. 소크라테스적 질문의 더 완벽한 기술을 위해서, Richard Paul과 Linda Elder의 *The Thinker's Guide to the Art °F Socratic Questioning*(2006)을 참고하라. 자세한 것은 www.criticalthinking.org에서 찾을 수 있다.

명료하게 하는 질문

- What do you mean by ________ ?
- What is your main point ________ ?
- How does ________ relate to ________ ?
- Could you put that another way?
- What do you think is the main issue here?
- Is your basic point ________ or ________ ?
- Could you give me an example?
- Would this be an example: ________ ?
- Could you explain that further?
- Would you say more about that?
- Why do you say that?
- Let me see if I understand you; do you mean ________ or ________ ?
- How does this relate to our discussion/problem/issue?
- What do you think John meant by his remark? What did you take John to mean?
- Jane, would you summarize in your own words what Richard has said? Richard, is that what you meant?

목적을 조사하는 질문

- What is the purpose of ________ ?
- What was your purpose when you said ________ ?
- How do the purposes of these two people vary?
- How do the purposes of these two groups vary?
- What is the purpose of the main character in this story?
- How did the purpose of this character change during the story?
- Was this purpose justifiable?
- What is the purpose of addressing this question at this time?

가정을 조사하는 질문

- What are you assuming?
- What is Karen assuming?
- What could we assume instead?
- You seem to be assuming ________. Do I understand you correctly?
- All of your reasoning depends on the idea that ________. Why have you based your reasoning on ________ rather than ________ ?
- You seem to be assuming ________. How would you justify taking this for granted?
- Is it always the case? Why do you think the assumption holds here?

정보, 이유, 근거, 원인을 조사하는 질문

- What would be an example?
- How do you know?
- What are your reasons for saying that?
- Why did you say that?
- What other information do we need to know before we can address this question?
- Why do you think that is true?
- Could you explain your reasons to us?
- What led you to that belief?
- Is this good evidence for believing that?
- Do you have any evidence to support your assertion?
- Are those reasons adequate?
- How does that information apply to this case?
- Is there reason to doubt that evidence?
- What difference does that make?
- Who is in a position to know if that is the case?
- What would convince you otherwise?
- What would you say to someone who said ________ ?
- What accounts for ________ ?
- What do you think is the cause?
- How did this come about?
- By what reasoning did you come to that conclusion?
- How could we go about finding out whether that is true?
- Can someone else give evidence to support that response?

관점이나 조망에 대한 질문

- You seem to be approaching this issue from ________ perspective. Why have you chosen this perspective rather than that perspective?
- How would other groups or types of people respond? Why? What would influence them?

- How could you answer the objection that ________ would make?
- Can/did anyone see this another way?
- What would someone who disagrees say?
- What is an alternative?
- How are Ken's and Roxanne's ideas alike? Different?

함축과 결과를 조사하는 질문

- What are you implying by that?
- When you say ________ , are you implying ________ ?
- But if that happened, what else would also happen as a result? Why?
- What effect would that have?
- Would that necessarily happen or only probably happen?
- What is an alternative?
- If this and this are the case, then what else must be true?

문제에 대한 질문

- How can we find out?
- Is this the same issue as ________ ?
- How could someone settle this question?
- Can we break this question down at all?
- Is the question clear? Do we understand it?
- How would ________ put the issue?
- Is this question easy or difficult to answer? Why?
- What does this question assume?
- Would ________ put the question differently?
- Why is this question important?
- Does this question ask us to evaluate something?
- Do we need facts to answer this?
- Do we all agree that this is the question?
- To answer this question, what other questions would we have to answer first?
- I'm not sure I understand how you are interpreting the main question at issue. Could you explain your interpretation?

개념을 조사하는 질문

- What is the main idea we are dealing with?
- Why/how is this idea important?
- Do these two ideas conflict? If so, how?
- What was the main idea guiding the thinking of the character in this story?
- How is this idea guiding our thinking as we try to reason through this issue? Is this idea causing us problems?

- What main theories do we need to consider in figuring out ________ ?
- Are you using this term " ________ " in keeping with educated usage?
- Which main distinctions should we draw in reasoning through this problem?
- Which idea is this author using in her or his thinking? Is there a problem with it?

추리와 해석을 위한 질문

- Which conclusions are we coming to about ________ ?
- On what information are we basing this conclusion?
- Is there a more logical inference we might make in this situation?
- How are you interpreting her behavior? Is there another possible interpretation?
- What do you think of ________ ?
- How did you reach that conclusion?
- Given all the facts, what is the best possible conclusion?
- How shall we interpret these data?

05 아이디어 도출을 위한 장애물 세분화

모든 실패에는 행동의 대안이 존재한다. 당신이 그것을 찾아야 한다. 장애물을 만나면 우회하도록 하라.

— Mary Kay Ash(Mary Kay 화장품 설립자)

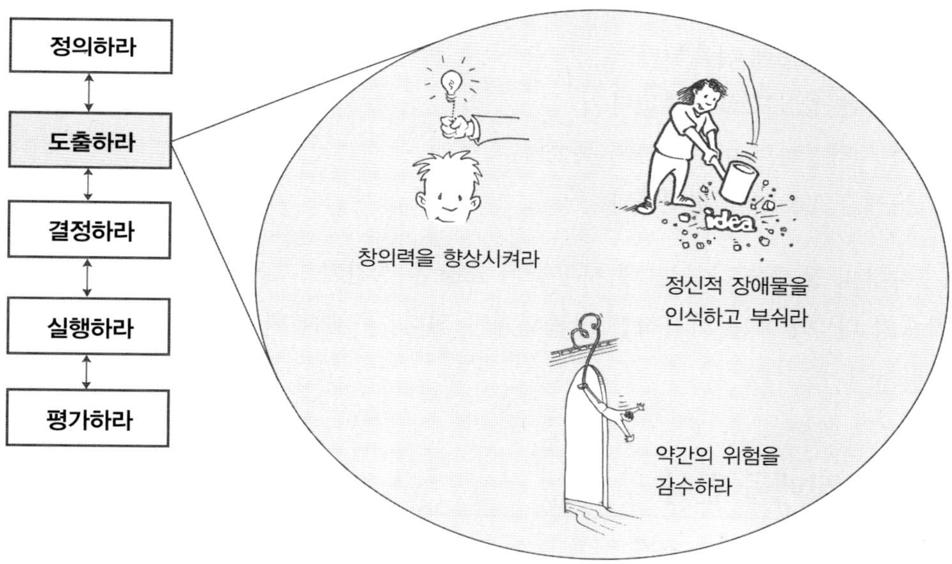

일단 문제를 정의했으면, 당신은 최선의 해결책을 도출하도록 확신하고자 한다. 때때로 문제들은 해결되지 않을 것처럼 보인다; 또 다른 때, 이상적인 해결책에 못 미치는 오직 하나의 해결책을 가지는 것처럼 보일 수 있다. 이런 상황에서, 이 장에서 기술된 아이디어 도출 기법을 사용하여 당신을 최선의 해결책으로 안내한다. 인내력은 아마도 성공적인 문제해결자의 가장 주목할 만한 특성이며, 해결책이 바로 보이지 않을 때 좌절하지 않는 것이다. 매번 정신적 장애물이 하나의 해결책으로 향하는 당신의 진도를 방해할 수 있다. 이러한 장애물을 극복하는 첫 번째 단계는 그것을 인식하는 것이다. 그러고 나서 당신은 최선의 해결책을 향하여 전진하는 블록버스팅 기법을 사용할 수 있다.

이러한 정신적 장애의 특성은 무엇이고 무엇이 그러한 것을 만드는가? 장애의 몇 가지 일반적인 원인은 Higgins 등에 의하여 요약되어 왔다.[1]

정신적 장애물의 일반적인 원인

- 문제를 너무 협의적으로 정의한다.
- 실제 문제보다는 징조에 도전한다.
- 오직 하나의 해답만 있다고 가정한다.
- 처음으로 마음에 떠오르는 해결책에 사로잡힌다.
- 실질적으로는 아니더라도 가능한 하나의 해결책에 사로잡힌다.
- 엉뚱한 정보에 현혹된다.
- 미흡한 성공으로 좌절된다.
- 너무 걱정하여 마무리하지 못한다.
- 문제를 모호하게 정의한다.

하나의 문제를 다루는 데 사람들이 소모한 시간과 그들이 도출할 수 있는 해결책의 다양성에는 직접적인 상관관계가 있다. 문제를 다루는 것을 두려워하지 말라.

정신적 장애물 인식

개념적 장애물

하나의 문제에 대하여 개념적 장애물을 가지는 것이 얼마나 쉬운지 한번 살펴보자. 다음 페이지에 있는 해법을 읽기 전에 이 연습문제[2]를 풀어보라.

페이지를 넘기기 전에 종이에서 연필을 떼지 말고 네 개 혹은 그보다 적은 선을 이용하여 아홉 개의 점을 모두 연결해 보아라. 그 다음, 그 모든 점을 통하도록 세 개의 선을 그려라.

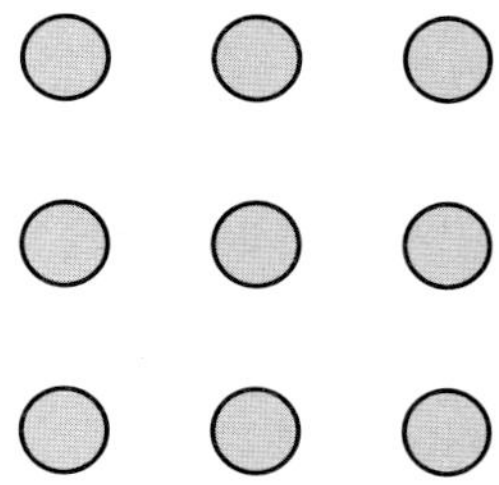

아홉 개 점에 대한 문제

이 수수께끼는 여덟 개의 바깥쪽 점에 의하여 만들어진 상상의 경계를 넘지 않는다면 해결하기가 매우 어렵다. 문제진술에 들어있지 않은 다른 일반적인 가정은 모든 선들은 점의 중심점을 통과해야만 한다는 것이다. 가능한 해결방안들이 다음 페이지에 제공된다.

개념적 블록버스팅[2]은 아이디어 도출과 문제해결 능력의 배양에 집중한다. 더 나은 문제해결자가 되기 위한 첫 번째 단계는 개념적 장애물이 무엇이고 어떻게 그것들이 문제해결을 방해하는지를 이해하는 것이다. **개념적 장애물**은 하나의 문제를 정확하게 인식하거나 그것의 해결책을 생각해 내는 것을 못하게 하는 하나의 정신적 벽이다. 가장 자주 발생하는 정신적 장애물은 지각적 장애물, 인지적 장애물, 감성적 장애물, 문화적 장애물, 환경적 장애물, 지적 장애물, 표현적 장애물이다.

인지적 장애물

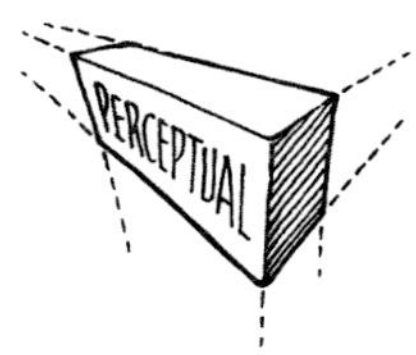

인지적 장애물은 문제해결자가 문제 자체나 그것을 해결하기 위해 필요한 정보를 명확하게 인지하는 것을 방해하는 장애물이다. 인지적 장애물의 몇 가지 형태를 다음에 기술하였다.

- **고정관념.** 서바이벌 게임은 사람들이 인생을 위협하는 상황에 처했을 때 그들이 활용할 수 있는 모든 것을 사용하도록 가르친다. 예를 들어, 당신이 소형 비행기로 사막에 추락한 후 오도가도 못 한다면, 생존하고 구조받기 위해 당신이 활용 가능한 모든 자원을 창의적으로 이용하여야 한다. 당신의 기구함에 있는 손전등을 생각하라. 그것의 용도에 대한 고정관념은 신호 보내기, 어두운 곳에서 물건 찾기 등일 것이다. 하지만 배터리에 불을 지피거나, 사막의 선인

장으로부터 물을 보관하는 통으로 사용하거나, 낮에 신호를 보내는 거울의 반사판으로 사용하는 것은 어떠한가?

- **문제를 불필요하게 제한함.** 아홉 개의 점에 관한 문제는 문제를 불필요하게 제한하는 하나의 예제이다. 당신은 최선의 해결책을 찾길 원한다면 문제의 경계에 대하여 탐험하고 도전해야 한다.
- **포화 또는 정보의 과부하.** 너무 많은 정보는 충분하지 않은 정보를 가지고 있는 것처럼 큰 문제일 수 있다. 당신은 너무 많은 자세한 사항들로 인해 과부하에 걸릴 수 있고 문제의 중요한 관점을 정리하지 못할 수 있다. 항공교통 관제관은 이러한 인지적 장애물을 극복하는 것을 배웠다. 그들은 일에서 정기적으로 이러한 정보의 홍수에 접하는데, 특히 악천후 동안에 그렇다. 그들은 매일 수천 개 항공기의 안전한 착륙과 이륙을 확실히 하기 위하여 필수적인 정보를 솎아내는 데 숙련되어 있다.

감성적 장애물

감성적 장애물은 다양한 방법으로 문제를 해결하는 능력을 방해한다. 그것은 아이디어들을 조사하고 처리하는 자유도를 줄이고, 융통성 있고 유연하게 아이디어화하는 능력을 방해한다. 또한 감성적 장애물은 당신이 다른 사람들과 아이디어들을 소통하는 것을 방해한다. 감성적 장애물의 몇 가지 형태가 다음에 기술되었다.

실패는 실패가 아니고 좀더 지적으로 다시 시작할 기회이다.

- **위험 감수의 두려움.** 이 장애물은 보통 어린 시절에 기인한다. 대부분의 사람은 문제를 바르게 풀면 칭찬 받고 잘못 풀면 벌 받으면서 자랐다. 하나의 창의적 아이디어를 실현하는 것은 하나의 위험을 취하는 것과 같다. 당신은 실수할 것 같은 위험을 취하고, 바보처럼 보이며, 당신의 일자리를 잃거나 (학생이라면) 용납할 수 없는 학점을 받는다. 위험을 감수하는 두려움을 극복하기 위한 아이디어들은 이 장의 뒤쪽에 기술될 것이다.
- **혼란스러움에 대한 의욕 부족.** 문제해결자들은 혼란스러움과 살아가는 것을 배워야 한다. 예를 들어, 최고의 해결책을 위한 조건은 반대로 보일 수도 있다. 개인을 위한 최고의 해결책은 조직을 위해서는 최고의 해결책이 아닐 수도 있다.

개념적 블록버스팅: 아홉 개 점 문제에 관한 두 가지 해결책

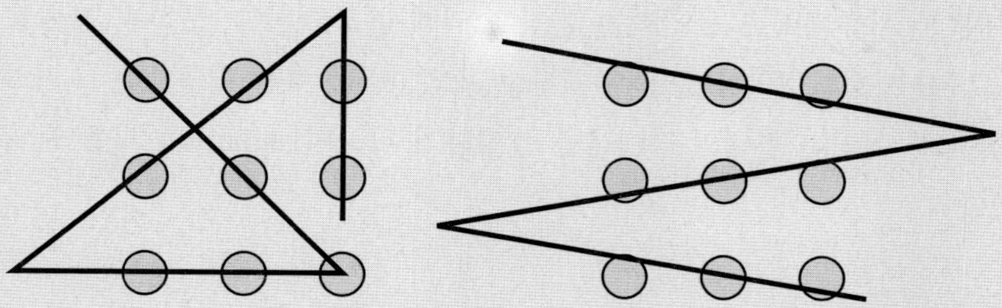

아홉 개 점 문제에 대한 여러 가지의 창의적 해결책이 존재한다. 종이를 원통형으로 말아 하나의 선이 아홉 개의 점을 모두 지나가도록 하거나, 그림을 축소하여 점들을 한 선으로 이을 수 있는 두꺼운 펜을 사용하는 것 등이다. 또 다른 제안으로는 종이를 구겨서 펜으로 찌르는 것이다(이것은 모든 점을 찍기 위해 한 번 이상의 시도가 필요하다는 통계적 접근에 의한 것이다).

이 예제의 목적은 너무 많은 제약사항은 의식적이든 무의식적이든 문제의 가능한 해결책의 범위를 좁게 한다는 것을 보여주는 것이다. 일반적으로, 미숙한 문제해결자들은 무의식적으로 인식된 제한사항의 한계를, 비록 문제의 진술에 나타나있지 않지만, 벗어나지 못한다. 당신이 문제에 직면할 때마다 제한사항에 도전하는 당신 자신을 일깨워주는 아홉 개 점 문제를 기억하도록 하라.

- **개념의 도출보다는 심판.** 이 장애물은 문제에 대하여 부정적인 태도로 접근할 때 생길 수 있다. 매우 성급한 아이디어의 심판은 심지어 가장 창의적인 문제해결자들을 좌절시킬 수 있다. 서투른 아이디어들은 때때로 혁신적 해결책으로 이끄는 유용한 아이디어의 시발점이 되기도 한다. 이 장애물은 문제에 긍정적 태도로 접근하면 피할 수 있다.
- **도전 부족.** 때때로 문제해결자들은 문제가 너무 시시하고 쉽게 풀릴 수 있다고 인지하기 때문에 시작하고자 하지 않는다. 그들은 그들의 노력이 가치 없다고 믿는다.
- **숙고하지 못함.** 방금 당신의 마음에 도달한 문제를 해결하기를 서두르는 것은 장애물을 만들 수 있다.

문화적 장애물

문화적 장애물은 주어진 일련의 문화적 형태에 노출되어 얻어지며, 반면에 환경적 장애물은 사회적이고 물리적인 환경에 의해서 강요된다. 문화적 장애물의 한 형태는 어떤 사회의 구성원들을 불쾌하고 구역질나게 하는 행동들을 고려하지 못하는 것이다. 이러한 형태의 장애물을 설명하기 위하여, Adams는 다음 문제를 인용하였다.[2]

탁구공 꺼내기[2]

배구 네트를 지지하는 봉을 꽂을 수 있는 파이프 두 개가 체육관 마룻바닥에 있다. 탁구경기가 진행되는 동안 갑자기 탁구공이 뚜껑이 덮여있지 않은 파이프로 들어갔다. 파이프의 직경은 탁구공의 직경(1.5인치)보다 0.06인치가 더 크다. 당신은 체육관 안의 여섯 명 중 한 명이고 다음과 같은 물건들이 있다.

180인치 길이의 전원 연결선	감자 칩 한 봉지
서류철	끌
철선 옷걸이	목수 망치
몽키렌치	손전등

체육관을 떠나지 않고, 공, 파이프, 마루를 손상시키지 않고, 공을 꺼낼 수 있는, 가능한 한 많은 방법을 5분 안에 생각하여 기록하라.

문제의 일반적인 해결책은 몽키렌치로 망치 손잡이를 부수어서 쪼개진 틈 사이로 공을 꺼내는 것이다. 조금 덜 일반적인 해결책은 파이프에 오줌을 누는 것이다. 많은 사람들이 이 답을 생각해내지 못한 이유는 문화적 장애물, 즉 오줌을 누는 것은 많은 문화권에서 사적인 행위로 간주되기 때문이다.

잠재적인 개념적 장애물을 인식하는 것은 그것을 극복하기 위한 첫 단계이다.

환경적 장애물

환경적 장애물은 깊고 심오한 집중을 방해하는 전화나 끼어들기와 같은 주의 산만한 것들이다. 상쾌하고 격려하는 분위기에서 일하는 것은 종종 문제해결자의 생산성을 증가시킨다. 역으로, 개념을 도출하기 위한 감정적, 물리적, 경제적, 또는 조직적인 지지가 부족한 조건하에서 작업하는 것은 문제해결자에게 부정적인 효과가 있고 생산성의 수준을 저하시킨다. 창의력을 향상시키는 작업환경을 확립하기 위한 아이디어들은 2장에 기술되었다.

지적 장애물

지적 장애물은 문제해결 전략을 경직되거나 불충분하게 사용한 결과로 발생할 수 있다. 문제를 해결하기 위한 지적 기술력의 부족은 문제를 해결하기에 필요한 정보의 부족처럼 확실히 하나의 장애일 수 있다. 예를 들어, 충분한 기초지식 없이 복잡한 위성통신 문제를 해결하고자 하는 노력은 곧 막혀진 진행으로 나타날 것이다. 부가적인 기초지식, 훈련 또는 자원이 하나의 문제에 필요할 수 있다. 도움 청하는 것을 두려워하지 마라.

표현적 장애물

표현적 장애물, 즉 말이나 글로 당신의 아이디어들을 다른 사람과 의사소통하는 능력의 부족은 또한 당신의 진행을 방해할 수 있다. 속임수 게임을 했던 사람은 확실히 이러한 형태의 장애물이 유발할 수 있는 어려움과 연관지을 수 있다. 개략적으로 그리거나 그림을 만들어서, 당신의 문제를 다른 사람에게 설명하는 시간을 만드는 것을 두려워하지 마라.

우리가 방금 봤던 것처럼, 정신적 장애물에는 다양한 형태와 원인이 존재한다. 만약 당신이 그러한 장애물의 하나에 의하여 문제해결 노력이 영향받는 것을 발견한다면 당신은 무엇을 할 수 있나? 다음에 제시할 블록버스팅 기법 중 하나를 시도해 보라.

블록버스팅

다양한 구조적 기법들이 정신적 장애물을 헤쳐 나가기 위하여 활용 가능하며, 이 기법들은 총괄하여 블록버스팅 기법으로 언급된다.[3] Goman은 창의성의 여러 가지 장애물들을 식별하였고 이러한 장애물들을 어떻게 극복하여야 하는지 몇 가지를 제안하였다.[4] 다음 표에 이러한 장애물과 블록버스터를 요약하였다.

블록버스터

장애물	블록버스터
1. 부정적 태도 문제의 부정적인 면과 불만족스러운 결과에 집중하는 것은 창의성을 저하시킨다.	**1. 태도 적응** 문제의 긍정적인 결과와 관점을 기록하라. 모든 문제는 실패할 위험도 성공할 기회도 있음을 기억하라.
2. 실패에 대한 두려움 창의력을 가로막는 가장 큰 이유 중 하나는 실패에 대한 두려움과 위험을 모면하려는 것이다.	**2. 위험 감수** 위험이 무엇인지, 왜 중요한지, 최악의 결과는 무엇인지, 그것에 대한 선택은 무엇인지, 실패에 어떻게 대면할지에 대한 윤곽을 그려라.
3. 규칙 따르기 빨간불에 멈춰 서는 것과 같은 규칙이 필요하다. 가장 효과적이거나 첩경이라 여기며 친숙한 경로를 따라가는 것은 혁신을 방해한다.	**3. 규칙 깨기** 해법의 요구사항들로 인한 불필요한 제약사항들을 제거하라.
4. 논리에 관한 의존 한 단계씩 나아가는 방법은 배경에 대한 상상을 저하시킬 수 있다.	**4. 창의적 내면 분위기** 상황을 상상력, 감정, 유머로 풀어라. 통찰력과 가능성을 가지고 참가하라.
5. 당신이 비창의적이라는 믿음 창의적이지 않다고 믿는 것은 창의적인 답을 생각해 내는 데 큰 방해가 된다. 어떤 것들을 할 수 없다고 믿는 것은 혼자 하는 예언과 같다.	**5. 창의적이라는 믿음** 은유와 유추를 만들고 몽상을 하며 "이러면 어떨까?"라는 질문에 의하여 당신의 창의성을 격려하라. 창의성을 표현할 다른 방법을 시도하라.

Goman의 다섯 번째 블록버스터에서 새로운 태도, 가치, 문제에 접근하는 방법, 문제를 해결하려는 방법을 배움으로써 창의력을 증가시킬 수 있는 명확한 방법들이 있다.

창의력을 향상시키기

국제적으로 창의력 분야 권위자인 Edward de Bono 박사는 창의적 사고의 필요성이 매우 중요하다고 한다.[5] 수평적 사고의 아버지 Bono는 저서「심각한 창의성(Serous Creativity)」에서 25년간의 연구를 창의적 사고 기법으로 요약하였다.

비록 숙련된 여러 공학자들이 추천하는 문제해결 공정의 첫 번째 단계 중 하나가 정보수집일지라도, Bono는 이 관점에서 문제해결자들에게 주의를 준다. 예를 들어, 당신이 새로운 문제나 연구 주제를 시작할 때, 문제에 활용 가능한 모든 정보를 읽는 것은 정상적인 것이다. 그렇게 하지 못하는 것은 "바퀴를 새로 발명하는 것"을 의미하고 시간을 소비하게 된다. 그러나 이처럼 정보를 수집하는 과정 동안, 당신이 주의 깊지 못하다면 독창적이고 창의적인 해결책을 찾을 수 있는 기회를 망칠 수도 있다. 조사를 진행하면서 당신은 이전의 연구자들에 의하여 이미 개발되고 존재하는 가정이나 편견에 노출될 수 있다. Bono는 당신 자신이 충분히 문제에 익숙해지도록 그것을 읽고 직접 느낄 것을 추천한다. 이 시점에서 당신은 많은 문헌 조사를 바탕으로 더 전진하기 전에 멈춰서 자신의 아이디어들을 정리하여야 한다. 이러한 전략은 당신이 창의성과 혁신성을 위한 기회를 가질 수 있게 한다.

"그것이 부서지지 않았으면, 고치지 마라"는 속담을 들어본 적이 있는가? Bono는 이 진술에 반영된 자세가 지난 수십 년간 미국의 산업이 하락하는 것의 책임이라고 주장한다. 미국의 경영자들은 매우 엄격한 반응으로 운영했고, 그것은 단순히 발생하는 문제들에 대한 대응이었다. 반면, 경쟁자인 일본 사람들은 문제점이 없는 것들을 수정하고 향상시켰다. 곧, 미국의 "문제 수정자들"은 뒤떨어졌다. 요즘의 사업문화에서 살아남기 위해서는 진취적 사고—반응적 사고의 반대—가 요구된다. 이러한 사고방식의 변화는 창의성을 요한다.

Raudelsepp[6]는 창의성을 향상시키기 위하여 사용할 수 있는 다양한 기법들을 제안했으며, 그것들을 다음 표에 정리하였다.

창의력 향상시키기[6]

<table>
<tr><th colspan="2">항상 아이디어를 기록하라</th></tr>
<tr><td></td><td>아이디어들은 예상치 못한 시기에 떠오른다. 24시간 안에 하나의 아이디어가 기록되지 않으면 보통 잊혀진다.</td></tr>
<tr><th colspan="2">매일 새로운 질문을 가져라</th></tr>
<tr><td></td><td>지식을 탐구하는 마음은 깨달음의 영역을 확장하는 창의적 행동의 하나이다. 당신이 숙제를 하고 있다면, 어떻게 문제를 좀더 어렵고 재미있게 만드는지 스스로에게 물어라.</td></tr>
<tr><th colspan="2">전문영역 이외의 것을 배워라</th></tr>
<tr><td></td><td>한 분야 또는 전공의 아이디어와 개념을 다른 분야의 것과 서로 교류하라.</td></tr>
<tr><th colspan="2">경직되고 정해진 유형으로 일하는 것을 피하라</th></tr>
<tr><td>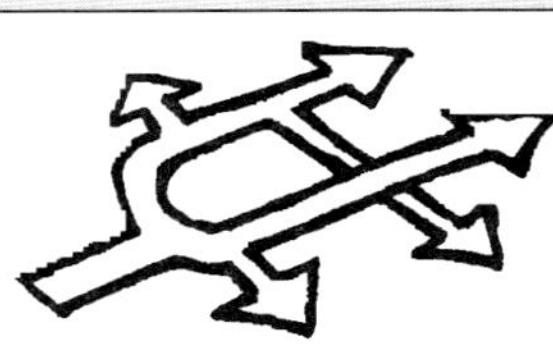</td><td>편견과 선입견을 극복하기 위해서 새로운 관점으로 문제를 바라보며 항상 문제에 대한 대안책을 최소한 두 가지 이상 개발하라.</td></tr>
<tr><th colspan="2">자신과 다른 사람의 아이디어에 수용적 태도를 가져라</th></tr>
<tr><td></td><td>새로운 해결책이나 아이디어가 실행할 수 있도록 모든 부분이 갖추어진 채로 나오기는 드물다. 새로운 아이디어는 미비하다; 임시적이고 덜 형성된 가설과 가능성을 지속시키고 아이디어를 개발하라.</td></tr>
</table>

항상 관찰하라

이 원칙은 7장에서 토론될 Kepner-Tregoe 전략을 성공적으로 적용하기 위한 열쇠이다. 문제와 상황에서 독특하고 구별되는 특징뿐만 아니라 유사점과 차이점을 찾아보도록 하라. 관련성을 더 많이 밝힐수록 독창적인 결합과 창의적 해결책을 이룰 수 있는 기회가 더 많아질 것이다.

스스로를 알고 이해하는 것을 배워라

자신의 강점, 기술, 약점, 싫어함, 편견, 기대, 두려움, 선입견을 배움으로써 자신에 대해 깊이 이해하라.

당신의 분야에 뒤떨어지지 않도록 하라

오늘날의 문제를 해결하기 위하여 어제의 기술을 사용하지 않도록 잡지, 저널, 그 밖의 다른 문헌들을 읽어라.

유머감각을 가져라

여유로울 때 더욱 창의적일 수 있다. 유머는 문제와 자신을 올바르게 평가할 수 있도록 도와주며 매우 자주 긴장을 풀어주며 편안해지도록 도와준다.

창의적 취미에 종사하라

취미는 당신이 여유를 갖는 데 도움이 될 수 있다. 수수께끼를 풀거나 게임을 하는 것 모두 당신의 마음을 능동적이게 한다. 능동적인 마음은 창의적 성장을 위하여 필수적이다.

용기와 자신감을 가져라	
	패러다임의 선구자가 되어라. 문제를 해결할 수 있다고 가정하라. 해결책의 통로를 가로막고 있는 장애물을 극복하기 위한 끈기를 가져라.
위험을 감수할 자세를 취하라	
	실패에 대한 두려움은 성공률이 낮고 위험한 해결책 도출에 장애가 되지만 성공적 해결책을 도출하는 데 큰 영향을 끼칠 것이다. 실패할 가능성이 있는 방식과 이러한 실패에 어떻게 대처할 것인가를 대략적으로 생각해 두는 것은 창의성을 방해하는 장애물을 줄일 수 있다.

위험을 감수하기

우리는 방금 위험 감수가 당신의 창의성을 향상시키기 위해 중요하다는 것을 보았다. 위험이란 무엇인가? **위험**은 성공의 확신 없이 많은 노력, 자원, 시간을 요구한다. 하지만, 행동이 성공할 경우, 그 영향력은 매우 크다. 실질적으로, 위험을 감수하지 않고는 인생, 조직, 또는 공동체의 중요한 변화를 가져오는 혁신적인 해결책을 거의 찾을 수 없다. 물론, 당신에게 몰두하라고 하는 위험 감수는 단지 위험을 위한 위험 감수가 아니다. 오히려, 그것은 측정된 위험 감수이다. 당신의 위험이 실패할 경우 결과를 알아두라. 긍정적이고 부정적인 결과를 저울질하고 사정해 보아야 한다. 그리고 당신이 위험을 취하고자 할 때 누군가는 그것을 비평하리라는 것을 알아야 한다. 비평에 대하여 너무 민감해하지는 마라.

경영진이 위험을 감수하다

1959년, Xerox는 첫 번째 복사기 시제품을 완성하였고 이 새로운 기기를 대량생산할 계획을 세웠다. 회사는 곧 대량생산에 따라 고급기계를 위한 주요 재정투자가 필요하다는 것을 깨달았다. 결과적으로, 자문기관의 Arthur D. Little을 고용하여 제안된 과제의 재정과 시장 분석을 수행하도록 하였다.

분석 결과, 복사기가 5000대 이상은 팔리지 않을 것이며 따라서 큰 재정적 투자를 정당화할 수 없다고 결론지었다. 과제는 시작하기도 전에 끝나는 것처럼 보였다. 다행히도, Xerox의 경영진은 위험을 감수했고 과제를 진행했다.

후기: 10년 후 Xerox는 획기적인 사무용 복사기의 결과로 복사기 판매 10억 달러 기록을 세웠다.

출처: Smith and Alexander, *Fumbling the future*, William Morrow, New York, 1988.

경영진이 위험 감수에 실패하다

1973년, Xerox는 최초의 PC, 최초의 소형 마우스, 최초의 워드프로세스 시스템인 Alto 시스템을 개발하였다. 그러나 설문조사 결과 PC 시장이 없는 것으로 보였고, 이에 회사는 위험을 감수하지 않기로 결정하고 Alto를 판매하지 않았다.

후기: Xerox는 PC를 개발한 첫 번째 회사였지만 많은 사람들에게 복사기 회사로 남아있다. 이와 반대로 Apple과 IBM의 PC 세입회계는 1981년에 10억 달러로 기록되었다.

출처: Smith and Alexander, *Fumbling the future*, William Morrow, New York, 1988.

인도네시아에서 코카콜라의 실패

인도네시아에 코카콜라를 소개하기 위하여 수백만 달러를 들여 주요 판매홍보를 시작하였다. 인도네시아 사람들은 코카콜라를 마셔보기는 하였으나 좋아하지 않아서, 판매는 급격히 감소하였다.

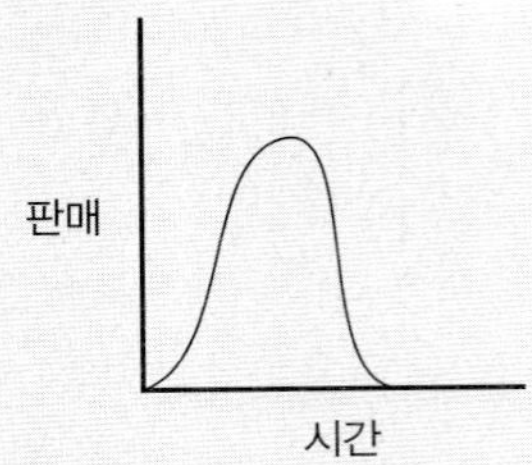

코카콜라는 실패했다! 그러나 회사가 포기했는가? 아니다! 그들은 왜 판매가 줄어들었나를 조사했다. 이 조사기간 동안, 회사는 인도네시아 사람들은 차, 커피, 열대성 음료에 익숙하며 탄산음료에 익숙하지 않다는 것을 발견했다. 결과적으로, 코카콜라는 탄산을 딸기, 파인애플, 바나나 향 음료 등에 추가하기로 하였다.

후기: 인도네시아에서 코카콜라의 매출은 현재 그 지역의 열대음료 판매를 능가하고 있다.

출처: Mattimore, *99% Inspiration*, Amacom, USA, 1994, p. 29.

지금까지 세 가지의 역사적 사례를 통하여 회사들이 위험을 감수하여 직면한 가능성의 경우를 살펴보았다. 경영진이 위험을 감수하지 않기 위해 선택한 한 경우는 결과적으로 잠재적인 예산 수입에서 수십 억 달러의 손실로 나타났다. 그러면 왜 더 많은 회사나 개인이 위험을 감수하지 않는가? 이유는 일반적으로 실패에 대한 두려움 때문이다.

많은 사람과 회사가 이상적인 학습 곡선이 다음 그림의 왼쪽에 해당하며 매끄러운 상승으로 성공에 도달한다고 믿는다. 그러나 실상으로는 오른쪽 그림처럼 성공에 이르는 것은 후퇴와 부정적 사건들로 점철되어 있다. 이것은 실패가 아니다; **그것들은 학습 곡선의 사건들이다.** 당신은 이러한 사건들로부터 얻은 지식을 건설적으로 사용해야 하며, 그렇게 할 때 성공 확률은 다음번 시도에서 더 높아질 것이다. 유일한 실패는 부정적 사건이 있고 당신이 아무것도 배우지 못했을 때 발생한다. 뚫고 지나가기 위해서 기꺼이 실수를 받아들여야 한다.

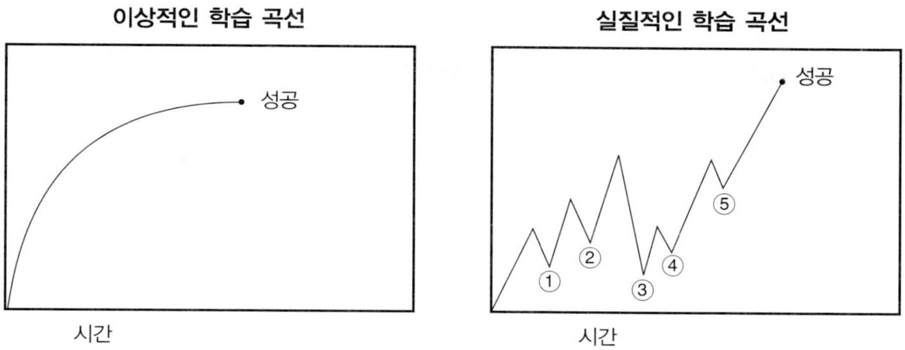

시간에 따른 진행

1958년, Tom Monaghan은 미시간의 Ypsilanti에 피자가게를 열었으나 일년 반이 지난 후 문을 닫았다. 이것은 실패인가? 만약 Tom이 가게가 파산한 이유를 배우려고 노력하지 않았다면 이것은 실패다. 그러나 Tom은 문을 닫은 이유를 연구했고, 약간의 조심스런 계획 후 1960년에 다른 가게를 열었다. 이 가게는 세계적으로 최초의 피자 체인점이 된 Domino였다. Monaghan에게 첫 번째 피자가게의 파산은 실패가 아니었고, 오히려 학습 곡선에서 하나의 사건이었다.

과거에, 미시간대학교의 경영대학은 'Failure 101' 이라는 강의를 개설했다. 이 강의의 기본 전제는 학생들이 도출한 아이디어를 가지고 실패하는 것을 두려워하지 말고 위험을 감수하라고 격려하는 것이다. 이 강의에서는 Monaghan의 피자가게처럼 첫 번째 실패가 결국엔 큰 성공을 거둔 모험적 사업의 다양한 예제들을 다룬다. 첫 번째 렌트 회사를 열었던 Warren Avis는 성공하지 못했다. 3M에서 개발된 접착제는 잘 붙지 않았고 누군가가 그것을 Post-it으로 사용하기 전엔 거의 금지되는 상품이었다. Bill Waterston에 의하여 만들어진 최초의 연재만화 두 가지는 'Calvin' 과 'Hobbes' 가 모방하기 전까지는 실패였다. 1917년 러시아로부터 날아온 Petrossian 형제가 캐비어를 파리의 Ritz 호텔에 소개했을 때 거의 무시당했다. 형제는 매우 좌절했고 쉽게 그 아이디어를 포기할 수도 있었다. 다행히도, 그들은 끝까지 신념을 굽하지 않았고 첫 번째 좌절을 극복하여, 오늘날 Petrossian Caviar는 프랑스 전국에서 파운드당 1000달러의 높은 가격에 팔리고 있다.

'Failure 101' 강의의 강사는 처음에 거의 불가능한 것처럼 보이는 과제들을 학생들에게 줬다. 다음 과제들을 고려하라.

- 가역적(reversible)인 기저귀를 위한 판촉활동을 설계하고 준비하라.
- 은퇴자 회관에서 출산용품 가게를 열기 위한 판촉활동을 계획하라.

학생들은 이러한 기회들은 실패할 것이라고 열정적으로 논쟁했다. 예를 들어, 그들은 한쪽은 파란색이고 다른 한쪽은 분홍색인 기저귀 제조를 제안했다.

큰 돌파구를 만들려면 위험을 감수해야 한다. 이러한 위험요소들로부터 실패는 발생할 수 있지만, 미래의 어떠한 위험을 감수하는 것을 막지는 말아야 한다. 이러한 실패들로부터 얻어진 지식은 건설적으로 사용되어야 하고 따라서 성공의 기회는 다음 기회에 훨씬 증가할 것이다. 다음 표는 실패의 두려움을 극복하는 것을 돕기 위하여 어떻게 해야 하는지를 보여준다.

실패의 두려움 극복하기

1. 위험이 무엇인지 윤곽을 그리고 위험을 택하는 것이 왜 중요한지 설명하라.
2. 위험을 감수하고 실패한다면 최악의 결과가 무엇인지 기술하라.
3. 최악의 가능한 결과물을 기술하라.
4. 최악의 가능한 결과물로부터 당신이 배울 수 있는 것을 기술하라.

위에서 살펴본 것처럼, 위험 감수는 큰 돌파구가 만들어지기 위해서 필수적이다. 스스로에게 물어보라: "당신이 위험을 감수하도록 허락할 사고방식을 가지거나 개발할 수 있겠는가, 또는 당신이 Alto를 시장에 내놓지 않았던 Xerox의 경영자처럼 될 것인가?" 위험 감수의 사고방식을 개발하도록 돕기 위해서, 학회나 모임에서 자발적으로 발표하기, 조직에서 사업을 수행하는 기존의 형태에 도전하기, 새로운 운동을 시도하기 등, 가능할 때마다 조그만 위험을 감수하는 연습을 하라.

주의사항

당신이 위험 감수자라고 말하기 위해서 단지 위험을 취하지는 마라! 당신이 희망하는 것이 실현되지 않아도 결과들을 가지고 살 수밖에 없다.

위험 감수의 위험성

대학을 갓 졸업한 젊은이가 처음 2년 동안 15,000달러를 저축하였고 투자의 기회를 찾고 있었다. 그는 자신을 좀 보수적으로 보았으나 변화하고 싶었고 위험 감수자가 되었다. 그는 한 광고를 보았는데, 플로리다에 기반을 둔 커피회사가 여가시간을 이용하여 수천 달러의 돈을 벌수 있다고 투자자를 모집하는 프랜차이즈 광고였다. 회사는 개별포장에 바로 볶아낸 커피 향을 제공하는 개별 컵을 분배하고 커피의 몇 가지 향은 다른 어느 곳에서도 찾을 수 없을 것이라고 주장했다.

그 젊은이는 회사에 연락하여 그 지역을 위한 프랜차이즈를 10,000달러에 살 수 있다는 것을 알았다. 그 초기 비용을 가지고, 그는 4,000달러어치의 커피와 20개의 커피 전시대를 받을 수 있었다. 다음 단계는 투자자들이 커피를 진열하기 위하여 지역의 가게에 연락하는 것이었고 이익의 20%를 각 가게 주인에게 주는 것이었다. 다음의 3,000달러는 플로리다에서 회사의 소유주가 그의 지역에 방문하여 3일 동안 적어도 12개 가게에서 커피를 진열하도록 그를 도와주겠다는 약속이었다. 전시대를 주문한 후, 새로운 프랜차이즈 소유주가 할 일은 규칙적으로 모든 가게를 확인하는 것, 팔린 커피 묶음을 다시 장식하는 것, 그리고 그의 이익을 수집하는 것이었다. 4,000달러에 해당하는 커피의 공급분이 다 팔렸을 때, 회사 소유주는 다른 일괄의 커피를 그에게 판다고 했다. 회사에 따르면, 프랜차이즈는 일년 내에 투자금의 두 배를 확실히 벌 수 있었다.

젊은이는 착수하여 프랜차이즈를 사기로 결정했다. 그는 13,000달러를 회사 소유주에게 지불했고 다음달 내에, 커피와 함께 전시대가 그 지역의 12개 가게에 설치되었다. 일주일 후, 새로운 프랜차이즈 소유주는 커피 점을 확인하고 각 가게에 구입된 커피를 채우기 위하여 갔다. 놀랍게도, 믿었던 것처럼 첫 주 동안 거의 비슷하게 커피를 구입하였다. 일주일 후에 다시 갔을 때 둘째 주는 첫째 주보다도 덜 팔린 것을 발견했다. 그는 한 달 후에 다시 갔으나 초기에 팔릴 거라고 생각했던 것의 반도 팔리지 않은 것을 발견했다. 프랜차이즈 소유주는 여전히 회사소유주로부터 공급된 초기의 양을 서랍장 가득 채우고 있었다.

이런 경향은 몇 달 동안 계속되었고 프랜차이즈 소유주는 투자금의 80% 이상을 회수하기가 어려워 보였다. 그로부터 몇 일 후, 젊은이는 가게를 확인하고 커피를 다시 진열하는 것을 그만두었다. 그는 벽장에 남아 있는 커피를 모두 버렸다. 그는 위험을 감수했고 투자금 12,000달러를 잃었다.

이 경우, 젊은이는 커피 프랜차이즈 회사가 이익의 가능성을 부풀렸고 그의 노력을 지지할 준비를 하지 않았다고 예상하지 못했다. 그는 투자가 주어진 시간과 에너지로 그가 하고자 하는 것과 일치하지 않을 것이라고 깨닫지 못했다. 선행 투자에 대한 연구와 사려 깊은 고려가 이러한 손실을 방지할 수 있었을 것이다.

위험 감수의 신중한 사용은 성공적인 문제해결을 위하여 강력한 기구가 될 수 있다. 7장에서 우리는 잠재적 문제분석이라 불리는 기법을 토론할 것인데, 이것은 위험을 내포하는 문제의 해결방안에서 있을 수 있는 부정적인 면을 인식하도록 사용될 수 있다.

요약 *Summary*

이 장에서 정신적 장애물을 극복하는 데 도움을 주고, 창의력을 향상시키고, 위험을 감수하고자 하는 태도를 적용하기 위한 기법들을 제시하였다. 여기에 창의적인 해결방안을 발전시키는 데 도움이 되는 몇 가지 방법을 추가로 제안하였다.

- 정신적 장애물이 나타났을 때 구별하라(즉, 인지적, 감성적, 문화적, 환경적, 지적, 표현적 장애물).
- Goman의 블록버스터 기법을 사용하라.
- 창의력을 향상시키는 12가지 방법을 훈련하라.
- 위험 감수를 위하여 긍정적 태도를 개발하라. 그러나 위험을 취하기 전에, 모든 잠재적인 부정적 결과를 인식하고 그러한 결과들을 기꺼이 감내하라.
- "실패"를 단순히 학습 곡선에 있는 하나의 사건으로 인식하라. 그렇지 않으면 그 사건으로부터 배우지 못하고 그러면 그것이 곧 실패이다.

CD-ROM 자료 *CD-ROM Material*

- **배움 자료**

  요약 노트

- **전문 참고서적**

  위험 감수

Jolly Green Giant
(©General Mills, Inc. Reprinted by permission)

찰스, 왜 샴페인이 건조하지?

참고문헌 *References*

1. Higgins, J. S., et al., "Identifying and Solving Problems in Engineering Design," *Studies in Higher Education,* 14, 2, p. 169, 1989.
2. Adams, James L., *Conceptual Blockbusting: A Guide to Better Ideas,* 3rd ed. © 1986. Reprinted by permission of Da Capo Press, a member of Perseus Books Group.
3. Van Gundy, A. B., *Techniques of Structured Problem Solving,* 2nd ed., Van Nostrand Reinhold, New York, 1988.
4. Goman, Carol K., *Creativity in Business: A Practical Guide for Creative Thinking,* Crisp Publications, 1200 Hamilton Ct., Menlo Park, CA, 94025, 800-442-7477. 1989.
5. De Bono, Edward, *Serious Creativity,* Harper Business, a division of HarperCollins Publishers, New York, 1993.
6. Raudelsepp, E., "Taking This Test to Measure Your Creativity," *Chemical Engineering,* 85, p. 95, July 2, 1979.
7. Matsen, J., "How to Fail Successfully," Dynamo Publishing, Houston, TX, 1990.

연습문제 Exercises

5.1. 이 장에서 배운 가장 중요한 것 다섯 가지를 나열하라. 또한 가장 흥미로운 것 다섯 가지도 나열하라.

정신적 장애물

5.2. A. 생각할 수 있는 최악의 사업 아이디어의 목록을 작성하라(예, 은퇴자 마을에서 출산용품 가게, 밤에 태양에너지 불빛, 가역적 기저귀).

B. 문제 A에서 나열된 목록을 이용하여 사업화가 가능한 아이디어로 고쳐 보아라(예, 가역적 기저귀－한쪽은 파랑색 그리고 다른 쪽은 분홍색).

5.3. A. 4개의 연필을 재배치하여 크기가 같은 삼각형 6개를 만들어라.

B. 6개의 연필을 제거하여 떨어져 있는 연필 없이 정사각형 2개를 만들어라.

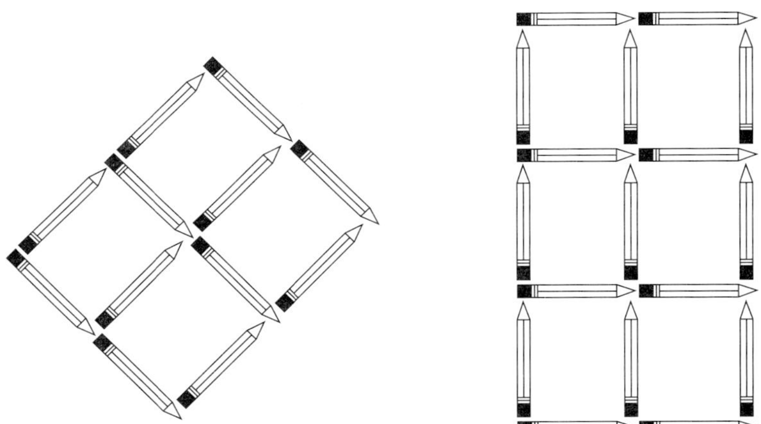

(a) (b)

5.4. A. 세 개의 공을 재배치하여 아래로 향하는 화살표를 위로 향하게 하라.

B. 하나의 검은 점을 움직여서 네 개로 된 두 줄을 만들어라.

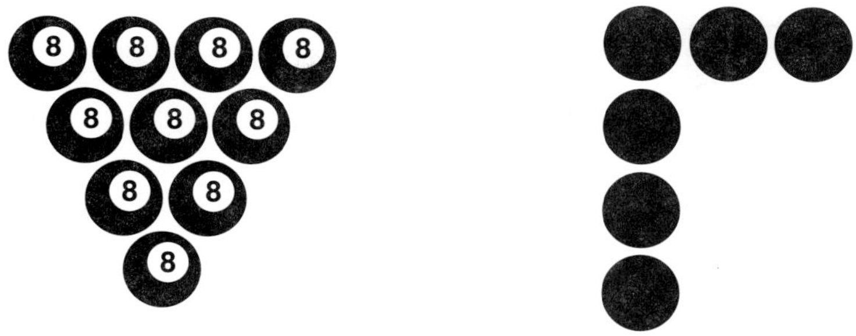

(a) (b)

5.5. 막대기 57개로 식을 만들었다. 8개를 이동하여 답이 올바르게 되도록 만들어라. 8개 외의 막대기는 그대로 두어라. 우선, 이 문제를 해결하는 데 장애물로 생각되는 인식된 제약사항을 나열하라. (출처: *Brain Busters* by Phillip J. Carter and Ken A. Russel, Sterling Publishing, New York, 1992.)

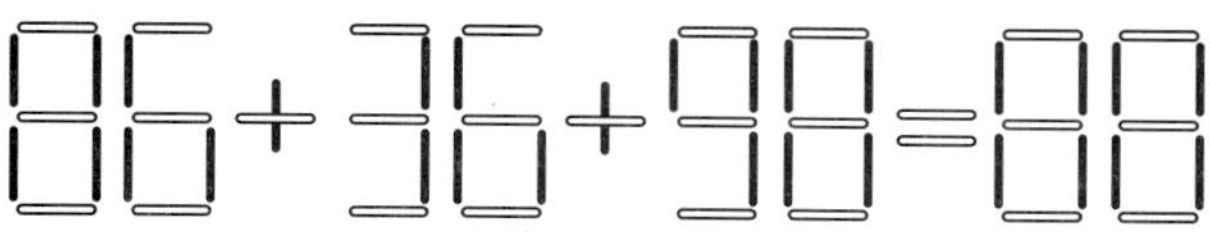

5.6. 메달 한 개가 천정에 120인치 길이의 줄로 매달려 있다. 당신은 메달로부터 72인치 떨어져 고정된 의자에 앉아 있다. 당신은 종이 10장, 가위 하나, 테이프 한 줄, 종이 클립, 성냥갑, 실타래를 가지고 있다. 자리에 앉아서 메달을 얻을 방법을 제안하라.

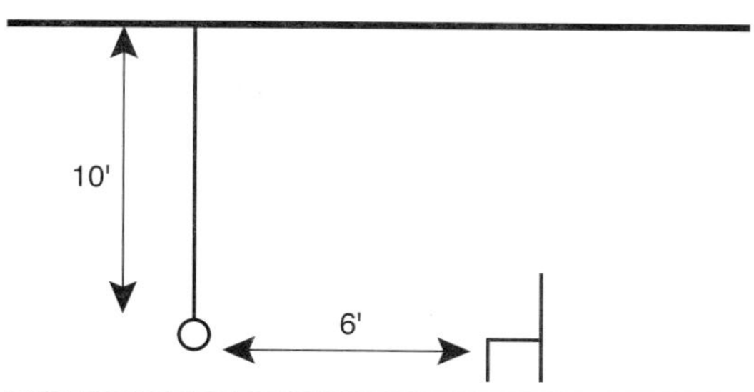

5.7. 연습문제 5.3 ~ 5.6에서 당신이 만난 정신적 장애물을 명시하라.

5.8. 다음의 각 항에 대한 특정 예를 제시하라.

A. Adams의 인지적 장애물
B. Adams의 감성적 장애물
C. 대안책 도출을 위한 Higgins의 장애물
D. Goman의 다섯 가지 장애물

5.9. 다섯 가지의 장애물에 직면했을 때 당신이 할 수 있는 특별 항목을 만들기 위해 Goman의 블록버스터를 자신에게 적용하라.

창의력 향상

5.10. 다음달에 작업할, 표에 나열된 창의력을 향상시키는 12가지 기법 중 세 개를 선택하라. 당신이 이 기법을 어떻게 실행할 것인지 첫 번째 단계의 윤곽을 제시하라.

5.11. 창의력을 향상시키는 12가지 기법 중 어떤 것이 당신의 강점이 무엇이라고 믿는가? 당신의 현재 약점은 무엇인가?

5.12. 코카콜라 또는 Xerox가 어떻게 그들의 생산품을 개발하기 위하여 창의력을 향상시킬 수 있는지 표를 참고하여 사용할 기법들의 초안을 만들어라.

위험 감수

5.13. 가까운 미래에 당신이 취할 작은, 중간, 큰 위험을 명시하라. 각각의 위험에 대한 실패의 두려움을 기술하라. 실패의 두려움을 극복하기 위하여 표에 있는 각각의 항목을 적용하라.

5.14. 회사가 생산품의 미래를 결정할 때 실패의 두려움을 극복하기 위하여 표에 있는 항목들을 이용하기를 결정한다면, Xerox의 Alto 시스템이 어떻게 되었을지 초안을 개발하라.

5.15. 커피사업에 투자한 젊은이의 예로부터 당신이 배운 것은 무엇인가?

5.16. 새로운 직업을 찾을 때 당신이 취하고자 하는 창의적 위험요소들을 기술

하라.

5.17. 당신이 심사숙고하는 위험이 적절한지 결정할 때 고려하고자 하는 점들을 토론하라.

5.18. 당신이 취한 위험 상황을 생각하라. 위험을 감수하기 위하여 당신이 가지게 될 두려움을 기술하라. 당신이 진행하고자 하는 결정의 결과로 발생할 수 있는 부정적인 결과들은 무엇인가? 위험이 성공적이지 못하면 그러한 결과들을 어떻게 다룰 것인가?

심화자료 *Further Reading*

Adams, James L. *Conceptual Blockbusting: A Guide to Better Ideas*, 3rd ed. Addison-Wesley, Stanford, CA, 1986.

Von Oech, Roger. *A Whack on the Side of the Head: How You Can Be More Creative*, revised edition. Warner Books, New York, 1990.

06 해결책 도출

당신이 가지고 있는 아이디어가 오직 하나일 때 가장 위험하다.

— Emile Chartier

이 장은 다양한 아이디어 도출 기법들에 집중되며, 이 기법들을 도식화하면 다음과 같다.

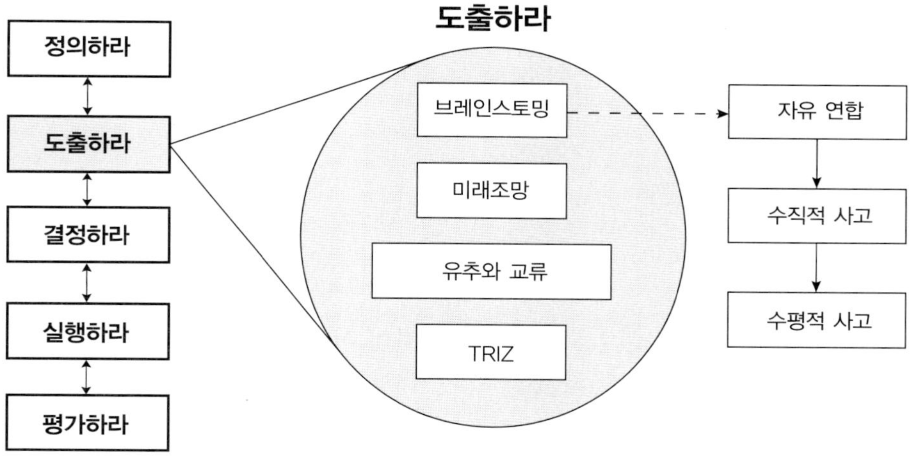

브레인스토밍

창의력을 자극하는 가장 오래된 기법 중 하나인 브레인스토밍은 해결책을 도출하기 위한 효과적이고 친숙한 기법이다. 그것은 창의적 기운의 흐름을 가져오는 우수한 수단이다. 산업에 종사하는 사람들의 최근 설문조사는 브레인스토밍이 한두 사람이 비공식적으로 토론하는 경우뿐만 아니라 많은 사람이 공식적인 석상에서 토론하는 가장 효과적인 방법으로 일반적으로 사용되는 것을 보여준다.

우리는 자유로운 연합으로 과정을 시작한다—실현 가능성의 판단 없이 가능한 한 많은 제안을 기록하는 과정. 처음에 제안사항들의 흐름 속도는 매우 높을 것이다; 그러나 잠시 후 당신은 새로운 아이디어나 제안사항들을 생산하는 속도가 매우 느리다는 것을 관찰할 수 있을 것이다. 이 시점에서 우리는 제안의 속도를 회복시키기 위하여 방아쇠들을 사용할 필요가 있다. 가장 일반적으로 사용되는 방아쇠의 몇 가지는 수직적 사고, 수평적 사고, TRIZ, 상호교류, 미래조망이다.

다음 그림은 브레인스토밍 공정의 전체적인 개략을 보여준다. 자유로운 연합으로 출발한다. 이어 아이디어의 초기목록을 검토하고, 건설하고, 확장하는 Osborn의 일람표를 사용하여 수직적 사고가 뒤따라온다. 그러고 나서 임의의 자극과 타인의 관점을 사용하는 수평적 사고로 이동한다. 마지막으로, 미래조망, 유추, 상호교류, 그리고 TRIZ에 몰두하게 된다.

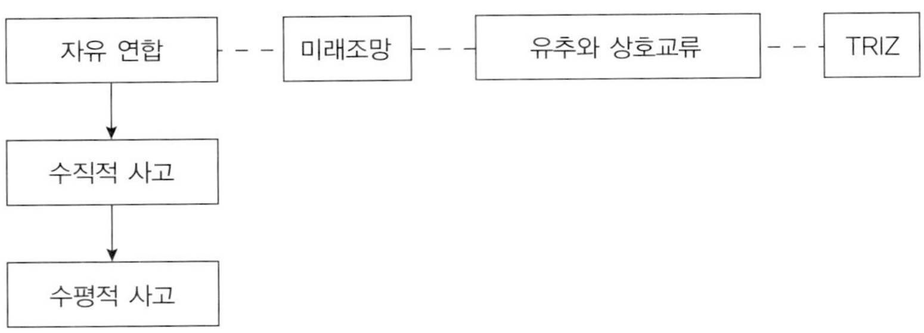

가능한 한 많은 아이디어를 도출하기 위하여 이러한 방아쇠들을 사용한 후 아이디어를 생선뼈 도표로 편성한다.

아이디어의 자유 연합

"한 사람이 생각해 낼 수 있는 것을 다른 사람은 이룰 수 있을 것이다.

—Jules Verne

전형적으로, 아이디어 도출의 초기 상태는 문제를 해결하기 위한 아이디어의 조직화되지 않은 **자유 연합**으로 시작한다. 이 행동의 시기 동안, 집단은 모든 가능한 해결책의 목록을 만든다. 이러한 목록은 해결책의 실현 가능성과 상관없이, 터무니없거나 비정상적인 해결책을 포함해야 한다. 집단에서 브레인스토밍할 때, 사람들은 타인의 아이디어나 제안을 바탕으로 해결책을 세울 수 있다. 이처럼 타인의 아이디어로부터의 시발점은 성공적인 집단의 브레인스토밍을 위한 주요 사항이다.

당신은 기술적인 영역에서 창의성을 향상시키기 위하여 모든 방법으로 브레인스토밍을 이용할 수 있다. 당신이 하나의 숙제문제를 마쳤을 때, 문제를 부정확하게, 더 어렵게, 더 쉽게, 또는 더 재미있게 작업할 수 있었던 모든 방법으로 브레인스토밍을 해보아라. 문제로부터 배운 것이나 문제를 확장할 수 있었던 방법의 모든 항목을 브레인스토밍해 보아라. "만약 무엇이(What if?)" 의 질문을 던져라. 예를 들어, 누군가가 "장치의 크기를 두 배로 하면 어떨까?" 라고 제안했다. 그러한 변화에 따른 모든 장점과 단점을 브레인스토밍하라.

또 다른 집단 브레인스토밍의 주요 요소는 긍정적 집단의 태도를 유지하는 것이다. 어떠한 부정적 의견이나 판단도 해결 공정의 이 과정에서는 허락되지 않는다: 나중 시점까지 당신의 판단과 평가를 미루어라. 더 많은 아이디어가 도출될수록, 집단은 혁신적이고 손수 수행할 만한 문제의 해결책을 고안할 기회가 더 많아진다. 부정적 의견보다 더 브레인스토밍 단계를 사멸시키는 것은 없다. 이러한 의견들은 집단의 인도자에 의하여 지속적으로 검토되어야 하며, 그렇지 않을 경우 회의기간은 보통 "악화된 회의" 의 하나로 줄어들 것이다.

브레인스토밍을 악화시키는 의견

- 그것은 가능하지 않다.
- 그것은 우리의 정책에 상반된다.
- 그것은 우리의 일이 아니다.
- 우리는 그런 방법으로 이전에 그것을 한 적이 없다.
- 우리는 충분한 시간이 없다.
- 그것은 너무 비싸다.
- 그것은 너무 골치 아프다.
- 그것은 실용적이지 못하다.
- 그것은 너무 극단적이다.
- 우리는 이 문제를 풀 수 없다.

우리는 많은 학생 집단들과 다양한 브레인스토밍 연습을 수행하였다. 잘 짜여지지 않은 회기의 예가 다음에 제시된다.

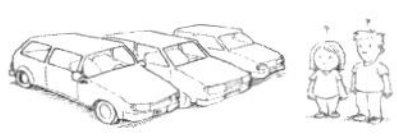

브레인스토밍 활동

문제진술

어린이 운동장에서 낡은 자동차를 활용하는 방안을 제시하라.

자유 연합에 의하여 도출된 아이디어

- 자동차 바퀴를 떼네어 운동장에서 굴린다.
- 자동차 지붕에서 미끄럼을 탄다.
- 의자를 꺼내서 휴식을 위한 침대로 이용한다.
- 소년소녀들이 엔진을 분리하고 다시 결합한다.
- 자동차를 잘라서 3차원 수수께끼에 이용한다.
- 자동차 내부에 꽃을 심어서 정원을 만든다.
- 바퀴를 기어서 통과하는 장애물 경기에 이용한다.
- 자동차를 조각품으로 만든다.
- 문짝을 떼어내서 하키의 골대로 이용한다.

이미 언급한 것처럼, 전형적으로 아이디어는 초기에 빠른 속도로 나오지만 몇 분 후에는 갑자기 느려진다. 즉, 공정이 장애물을 만나는 것이다. 이러한 장애물은 해결책을 향해 가는 것을 방해한다. 다행히도, 우리는 이러한 정신적 장애물을 극복할 여러 가지의 블록버스팅 기법들을 이용할 수 있고 추가적인 대안들을 도출할 수 있다.

수직적 사고

수직적 사고는 이미 도출된 아이디어 위에 건설할 수 있거나 새로운 아이디어를 도출하기 위한 노력으로 문제의 다른 부분을 볼 수 있다. 수직적 사고 기법들 중 하나는 Osborn의 일람표이다. 이 일람표는 다음 표에 축약된 형태로 나타내었다.

새로운 아이디어를 추가하기 위한 Osborn의 일람표[1]

적응했는가?	이것(생산품, 아이디어, 계획 등)은 어떻게 사용되는가?
	이것의 다른 사용법은 무엇인가?
수정했는가?	의미, 재료, 색깔, 모양, 냄새를 바꾸었는가?
확대했는가?	새로운 성분을 첨가했는가?
	더 길게, 강하게, 두껍게, 높게 만들었는가?
축소했는가?	나누었는가?
	무엇인가를 제외시켰는가?
	더 가볍게, 낮게, 짧게 만들었는가?
대체했는가?	누구로, 어디로, 또는 무엇으로?
	다른 성분, 재료 또는 접근법으로 시도했는가?
재배열했는가?	부품을 바꾸었는가?
	다른 형태나 구조로 바꾸었는가?
	원인과 결과를 바꾸어 보았는가?
	긍정적인 것을 부정적으로 바꾸어 보았는가?
	역할을 바꾸어 보았는가?
	앞뒤로 또는 위아래로 바꾸어 보았는가?
	분류하여 보았는가?
결합했는가?	부품, 단위, 아이디어를 결합했는가?
	혼합했는가?, 절충했는가?, 범주를 결합해 보았는가?

Minify

Rearrange

Com⟶⟵bine

수직적 사고의 예

어린이 운동장의 예를 계속하기

적응하라: 자동차의 보닛을 떼어내어 겨울에 썰매로 사용하라.

수정하라: 엔진과 옆문을 제거하고 보행기를 만들어라.

확대하라: 바퀴에 공기를 넣어서 아이들이 뛰어 노는 곳으로 사용하라.

축소하라: 차를 눌러서 입방체로 만들어 아이들이 오르내리도록 하라.

대체하라: 자동차 좌석을 그네로 이용하라.

재배열하라: 차를 뒤집어 시소로 이용하라.

결합하라: 차의 옆문이나 지붕을 이용하여 큰 요새를 만들어라.

수평적 사고

Edward de Bono는 브레인스토밍 동안 아이디어를 도출하기 위해 다른 사람의 관점을 사용하는, 무작위 자극의 **수평적 사고** 기법을 개발하였다. 수평적 사고는 문제의 방향에 도달하는 것과 망쳐지는 것의 다른 두 가지 방법을 제공한다. 수평적 사고는 자유 연합이나 수직적 사고에 의하여 결코 도출될 수 없는 아이디어가 도출되는 것을 보증한다.

갇힘(폐쇄)

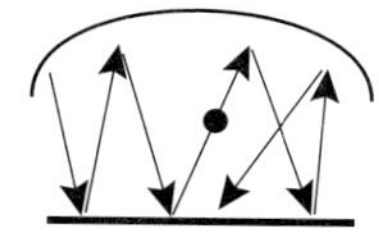

열림(개방)

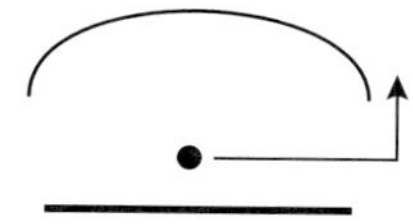

무작위 자극을 통한 수평적 사고

무작위 자극은 우리가 어딘가에 갇혀 있을 때 특히 유용한 기법이다.[2, 3] 이것은 이전에 고려되었던 것과는 전혀 다른 아이디어를 도출하는 방법이다. 결과적으로, 아이디어 도출 공정을 시작하도록 하고 현재 갇혀 있는 곳으로부터 자유롭게 한다.

브레인스토밍 동안에 이상하거나 기묘한 아이디어를 소개하는 것을 피하지 말고 격려해야 한다. 무작위 자극은 정보의 무작위조각들이나 무작위로 선정된 표본 항목 안에 있는 단어들 중 하나를 사용하도록 한다. 이 단어는 정신적 장애물이 발생했을 때 사고의 형태를 변화시키는 방아쇠나 스위치 역할을 한다. 무작위 단어는 아이디어의 흐름을 자극할 수 있는 다른 단어들을 도출하기 위하여 사용할 수 있다.

무작위 자극 단어의 목록 일부

모두, 걱정거리, 비행기, 공기, 동물, 포장지, 농구, 콩, 꿀벌, 곰, 충돌, 침대, 자동차, 대포, 모자, 조절, 망토, 저속한 희극, 여명, 사슴, 방어, 파다, 뛰어들다, 버리다, 쓰레기통, 귀, 도청, 진화, 저녁, 어린염소, 고치다, 찾다, 곰팡이, 음식, 염소, 포도, 꿀꺽꿀꺽 마시다, 고무, 뜨거운, 후광, 희망, 망치, 속임수, 머리, 높은, 얼음, 초상, 아픈, 질투하는, 뛰다, 기울이다, 허풍, 징크스, 열쇠, 칼, 부엌, 덩어리, 거짓말, 대출, 살다, 사람, 찌푸린 얼굴, 시장, 만들다, 불구로 만들다, 긴 머리털, 주의, 침, 새로운, 다음, 좋은, 열린, 영화, 오페라, 사무실, 펜, 가루, 펌프, 플라톤, 비둘기, 주머니, 빠른, 꽥꽥 울다, 조용한, 분노, 서두르다, 달리다, 굳은, 레이다, 스쿠

루지, 멈추다, 난로, 구하다, 객실, 샌드위치, 스키, 간단한, 안전한, 양념, 모래, 구, 차, 시간, 표, 밟아 돌리는 바퀴, 위로, 불균일, 아래로 향하게, 악, 승리자, 명예를 회복하다, 부피, 바이올린, 목소리, 원수를 갚다, 마녀, 넓은, 쐐기, X-레이, 하품하다, 해(연), 지역, 동물원, 지퍼로 잠그다, 때리다

무작위 자극 기법을 사용할 때, 이 목록에 있는 단어 중 하나에 손가락을 무작위로 올려 놓아야 한다. 만약 "문서"라는 단어에 오려졌다면, 이 단어는 우리에게 "종이"를 생각하게 하고, 이는 또한 "예술"을 생각하게 한다. 이와 같은 진행을 아래에 보였다.

무작위 자극의 예

문제
어린이 운동장의 예를 계속하기

무작위 자극의 결과
문서 → 종이 → 예술 → 색깔 → 차 색칠 → 아이들이 차에 낙서하는 것을 허락하라.

이런 형식의 변화는 우리가 문제를 이전에 고려하지 못했던 새로운 관점에서 보도록 해준다.

타인의 관점을 통한 수평적 사고

타인의 사고와 감정을 포함하여 문제에 접근할 때 유용한 사고법의 도구는 **타인의 관점**이다. 다양한 관점에서 문제를 볼 수 없다면 매우 제한적일 수 있다. 대조적으로, 타인의 입장에서 자신을 생각하면 자신이 이전에 고려하지 않았던 문제의 복잡성을 볼 수 있다. 예를 들어, 자동차 공학자들이 성공적인 자동차를 설계하길 원한다면 다양한 전망을 인식해야 한다. 특히, 고객, 회사의 영업사원, 경영자, 안전부서 사람, 회계사, 봉사자들의 관점을 고려해야 한다. 이들의 관점을 고려하는 것에 실패한다면 제품의 실패로 귀결된다.

새로 고용된 상점 경영자와 고용인 사이의 분쟁을 고려하자. 닥친 문제는 고용인이 상점에서 가장 바쁜 기간인 크리스마스 시즌에 2주간의 휴가를 가고자 하는 것이다. 경영자의 주 관심은 판매를 충분히 다룰 수 있는가이다. 그러나 고용인은 이전에 경영자의 허락하에 남극대륙 항해를 예약했고 만약 취소 시는 큰 금액의 손실이 예상된다. 이 문제에 대한 해결책은 아직 나오지 않았지만, 타인의 관점을 이용하면 각자는 여행으로부터 잃거나 얻을 수 있는 것을 알 수 있고, 다른 사람이 만들고자 하는 타협의 형태를 더 잘 이해할 수 있을 것이다. 이러한 기법을 이용한 예제를 다음에 제시하였다.

타인의 관점에 대한 예

문제

어린이 운동장의 예를 계속하기

어린이의 관점에서 차를 보라. 무릎으로 걷는 것에 대하여 생각하라. 이것이 당신의 전망을 어떻게 바꿀까? 즉, 운동장을 어린이의 키에서 상상하라. 당신이 가장 좋아하는 장난감은 무엇인가? 어떻게 이것을 중고차 부품으로 만들 수 있을까?

예제

어린이 관점에서, 완벽한 차는 어른처럼 행동하기에 환상적인 기회가 될 것이다. 단지, 문을 떼어내고, 위험한 장치를 제거하고, 어린이들이 운전하는 것처럼 해주어라. 차를 그대로 남겨두기만 하면 된다.

미래조망

미래조망(futuring)은 일반적으로 현재는 불가능하지만 미래에 실행 가능한 해결책에 초점을 두는 블록버스팅 기법이다. 마래조망에서는 다음과 같은 질문을 한다: "이상적인 해결책의 특징은 무엇인가?" "해결 시 일을 더 쉽게 해주고, 많은 차후의 문제들을 해결하게 해주고, 사업하는 방법의 중대한 차이점을 만드는 기존의 문제는 무엇인가?" 미래학자 Joel Barker의 중요한 생각 중 하나는 성공 가능성은 적지만 큰 진보를 약속하는 대안을 제시할 만큼 대담해져야 한다는 것이다.

미래조망의 규칙은 비교적 간단하다. 기술적 실행의 여부와는 상관없는 이상적 해결책을 생각하도록 노력하라. 이러한 문장을 만드는 것으로써 시작한다. "만약 ~이 일어난다면, 지금의 업무방법이 완전히 변화될 것이다." 예를 들어, 미시간 공과대학 학부 교육위원회는 1990년대에서 21세기까지 기술 교육 방향과 목표를 세우는 것을 돕기 위해 미래조망을 사용했다. 위원회 임원에게 "2009년에 학생들이 할 것은 무엇이라고 생각합니까?" 그들의 대답은 다음과 같았다.

- 나는 학생들이 모든 수업에서 대화식 컴퓨터를 사용할 것이라고 본다. 학생들은 동영상을 이용하여 작동 변수를 변화시킬 수 있으며 그 효과를 즉시 시각적으로 볼 수 있다.
- 나는 특정한 주제에서 세계적으로 가장 권위 있고 역동적인 교수가 입체 영상 기법으로 강의를 할 것으로 본다.

미래조망에서, 당신은 갖길 원하는 이상적인 해결책을 마음에 떠올릴 것이며 이때 그것을 획득하기 위해 고안된 방법으로 일할 것이다. 여기에 간결한 미래조망 공정이 있다.

미래조망 공정

1. 정의된 실제 문제를 확인하기 위하여 문제를 신중하게 검토하라.
2. 문제가 해결된 후 미래 어떤 시점에서의 자신을 상상하라. 해결책을 얻은 것의 이익은 무엇인가?
3. 미래를 바라보라. 기술적 실행성과는 상관없이 문제의 이상적 해결책을 상상하도록 노력하라. 미래에는 무엇이든지 가능하다는 것을 기억하라.

4. 이러한 문장을 만들어라. "만약 단지 ~이 일어난다면, 나는 ~을 해결할 수 있을 텐데."
5. 규칙을 과감히 변화시켜라! 어떤 문제들의 최상의 해결책은 상식적인 지혜와는 반대이다.

행동에서 미래조망: 치즈 폐기물로부터 유용한 제품 생산

치즈나 요구르트 공장에서 나오는 폐기물은 강한 산성이므로 강이나 호수로 직접 배출할 수 없다. 이 폐기물은 공장에서 안전하게 배출될 수 있도록 다루어져야 한다. 한 가지 제안으로는 폐기물의 박테리아를 죽이고 산을 중화시킬 수 있는 폐기물 처리 설비를 설치하는 것이다. 요구르트와 치즈 제조의 이익에 많은 영향이 없도록 하기 위해 시설 설치비뿐만 아니라 처리물질의 경비를 최소화하는 것이 중요하다. 미래조망의 예제로 이 문제해결을 시도해 보자.

요구르트와 치즈 제조 사업이 호황기인 미래에 있는 자신을 상상해 보자. 왜 운영하는 공장이 잘 되는가? 공정에서 폐기물이 없기 때문에 공장은 매우 성공적이다. 모든 쓰레기는 유용하게 사용된다. 쓰레기들은 무엇으로 사용되는가? 쓰레기의 주된 구성물은 설탕과 단백질이다. 이것들은 무엇으로 사용될 수 있는가? 단백질은 음식의 필수성분이다. 단백질은 분리할 수 있고 사람을 위한 식품 첨가제나 동물 사료의 첨가물로 사용될 수 있다. 설탕은 무엇으로 사용될 수 있는가? 설탕은 다른 공정에 낮은 원가의 물질로 또는 다른 사람에게 팔 수 있는가? 그렇다면 어떤 공정인가? 설탕은 발효될 수 있다. 아마도 설탕은 에탄올을 만들어 이익을 볼 수 있을 것이다. 단백질과 설탕을 제거한 후에는 무엇이 남는가? 이 물질은 매립될 수 있는가? 폐기물 매립은 땅 속에 물질을 묻는 것이다. 땅 속에 묻어 두는 것은 이윤을 얻을 수 있는가? 땅 표면에 두는 것은 어떠한가? 비료로 사용할 수는 없는가? 또는 도로에 생물 분해성이 있는 방빙제로 사용할 수 없는가? 방빙제로 사용하는 아이디어는 이미 여러 도시에서 사용되었다.

요약

실제 문제를 정의하라: 문제는 폐기물을 처리하는 방법이 아니라 일반적으로 폐기물을 이용해 무엇을 할 수 있는가이다.

미래를 상상하라: 공장은 이익을 내며 환경에 부정적 영향을 주어서는 안 된다.

해결책을 도출하라: 최상의 해결책은 폐기물이 나오지 않는 것이며 모든 부산물은 재활용되거나 팔려야 한다.

브레인스토밍 아이디어의 종합: 생선뼈 도표

생선뼈 도표는 브레인스토밍한 아이디어들을 정리하고 기록해서 도식화하는 방법이다. 이 도표는 물고기 뼈대와 비슷해서 생선뼈 도표라고 한다. 생선뼈 도표를 만들기 위하여 다음 과정을 따라하자.

1. 도표의 오른쪽에 있는 상자 혹은 원 안에 실제 문제를 적는다. 다음으로, 실제 문제가 있는 곳부터 시작해서 왼쪽으로 수평선(척추)을 그린다.

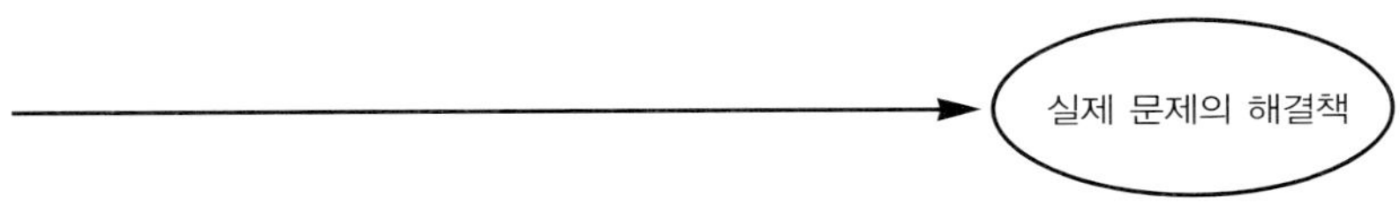

2. 잠재적 해결책들을 몇 개의 범주로 분류하고 그것들을 표의 아래나 위에 정렬한다. 주요 범주에서 대각선으로 척추까지 선을 연결한다. 이러한 선들이 생선뼈 도표의 주요 골격을 형성한다.
3. 도표에서 뼈를 따라서 주요 범주와 관련된 잠재적 해결책들을 배열한다.

어린이 운동장 예에서 자동차를 위한 아이디어를 정리하는 생선뼈 도표가 아래에 보인다. 이 도표를 만들 때 가장 어려운 일은 선택권을 정리하기 위해 사용하는 주요 범주를 결정하는 것이다. 이 예제에서, 우리는 "채색" "차 전체" "부속품"을 선택했다. 도출된 아이디어는 이 범주로 나눠진다. 생선뼈 도표에서 종종 사용되는 다른 범주들로는 인력, 장비, 방법, 재료, 환경이 있다. 정보를 고르거나 정리하는 이 활동은 해결 공정에서 매우 가치 있는 요소이다.

우리는 생선뼈 도표를 검토하여 도출된 해결책을 검사할 수 있다. 우리는 해결책에 구조를 넣고, 그것을 정리하고 우리들이 선택한 다양한 곳으로부터 문제를 공략하도록 한다. 분명하게, 생선뼈 도표는 당신이 도출했던 모든 아이디어를 가시화하는 데 매우 큰 도움이 될 수 있다.

채색

- 어린이들이 차에 낙서하는 것을 허용하라.
- 목표물을 색칠하고 어린이들이 공을 던지는 것을 허용하라.
- 덮인 웨곤으로 차를 색칠하고 어린이들이 카우보이 놀이를 하도록 허용하라.

차 전체

- 차를 뒤집어서 시소로 만들어라.
- 차를 보행기로 바꾸어라.
- 차를 찌그러뜨려서 네모난 박스로 만들어라.
- 어린이들이 차를 있는 그대로 운전하게 하라.
- 차 문을 열어 놓고 하키 경기의 골대로 이용하라.

부속품

- 좌석을 그네로 이용하라.
- 지붕과 문짝을 요새로 사용하라.
- 바퀴 튜브를 뛰어놀기 장애물 경기에 사용하라.
- 차의 보닛을 썰매로 이용하라.
- 차의 용수철을 스카이콩콩으로 이용하라.

이제 생선의 주요 뼈에서 최선의 아이디어를 선택한다.

채색 → 낙서
부속품 → 타이어 안의 튜브
차 전체 → 있는 그대로

조금 더 나아가서 주요 가지 중에서 최선을 선택한다.

차 전체 → 있는 그대로

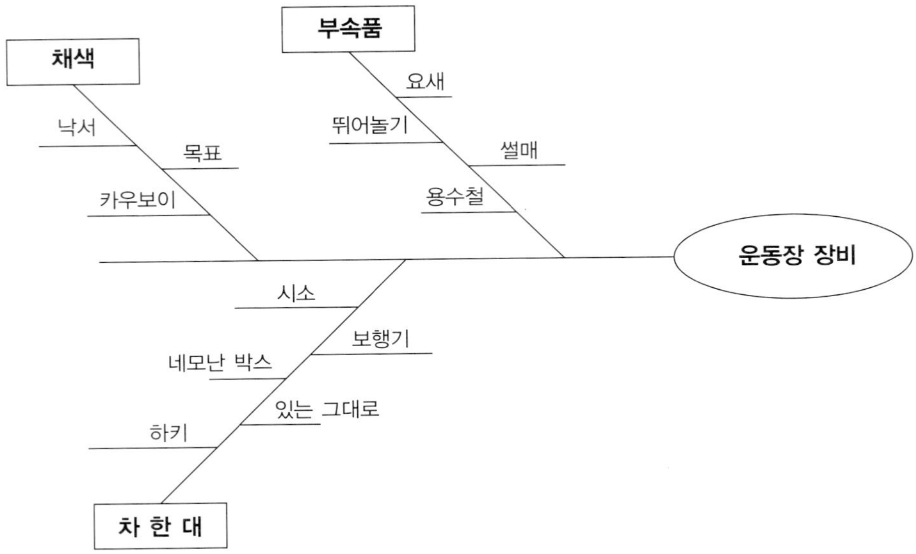

생선뼈 도표

주의사항

이 예제에서 생략된 또 다른 단계는 실질적으로 생선뼈 도표에 넣을 해결책을 선정하기 전에 필요하다. 그 단계는 도출된 제안사항들을 검사하는 것이다. 앞선 예제에서, 우리는 중요한 안건, 즉 어린이 안전을 도출된 각 아이디어에 대하여 다루어야 한다. 우리는 잠재적 문제분석의 Kepner-Tregoe 접근을 이용하여 이 안전에 대한 안건을 다룰 수 있다.

브레인라이팅

대화식 브레인스토밍을 위해서는 두 명 이상이 필요하다. 그러나 대화에 필요한 인원이 없을 때, 많은 회사에서 **브레인라이팅(brainwriting)**이라는 기법을 사용한다. 브레인라이팅은 브레인스토밍과 같은 순서를 따른다(즉, 자유 연합, Osborn의 일람표, 무작위 자극, 미래조망): 아이디어를 도출할 수 있는 한 가능하면 빠르게 아이디어를 기록하라. 아이디어를 점검하기 위하여 중단하거나 멈춰서지 말라. 또한 언제든지 아이디어를 기록할 수 있는 간단한 메모장을 가지고 다녀라. 종종 아이디어가 갑자기 떠오를 수 있다. 목록을 완성한 다음에는 아이디어를 생선뼈 도표에 구성하라.

마인드매핑(mind mapping)[4]은 중요한 하나의 단어나 아이디어를 위주로 하여 정리되거나 연결된 개념들을 나타내기 위하여 사용되는 기법이다. 이 기법은 아이디어 간의 비선형적 도식 관계를 만드는 데 도움이 된다. 전형적으로 마인드맵에서는 종이의 한 쪽 면 중앙에 중요 아이디어가 위치한다. 이 중요 아이디어에 관계된 다른 아이디어나 요소들은 중요 아이디어를 중심으로 위치한다. 중요 아이디어로의 연결은 다른 형태의 선이나 색깔을 이용한다. 아이디어의 이러한 도식적 표현은 공통점이 없는 것처럼 보이는 요소나 아이디어 사이의 관계를 확립하거나 가시화하는 데 탁월하다. 마인드맵을 쉽게 만들 수 있도록 도와주는 상업용 컴퓨터 소프트웨어를 이용할 수 있다.

유추와 상호교류

과학, 공학, 예술, 그리고 경제 분야에서 다수의 가장 중요한 진보는 서로 다른 영역 간의 상호교류와 유추로부터 얻어졌다고 잘 알려져 있다. 이 과정에서, 한 분야에서 나온 아이디어, 규칙, 법칙, 사실, 그리고 규정 등은 또 다른 분야로 옮겨 간다.

유추에 의한 아이디어의 도출은 많은 사람들에게 잘 적용될 수 있는 접근법이다. 이러한 전략으로, 우리는 유사한 상황과 문제를 관련 분야나 그렇지 않은 분야에 대해서도 찾아보게 된다. 물론, 이 기법을 효과적으로 사용하기 위하여 전문 영역 이외의 것들을 배우고 읽는 것이 중요하다. 미국의 신발회사에서 개발한 충격흡수 신발에 대한 최근 자료를 보자(*Washington Post*, p. A47, December 18, 1992). 이 회사는 걸을 때 충격흡수를 할 수 있는 신발을 개발하려고 했다. 그래서 회사는 외부의 접촉으로부터 신체를 보호하는 데 사용되는 다른 장치가 무엇인지 알기 위해 주변을 관찰했다. 결국 그들은 미식축구에 사용하는 헬멧 안에 있는 물질을 연구했고 그들이 개발하고 있던 충격흡수 신발의 새 모델에 헬멧에 사용되는 물질과 같은 충격 흡수 거품을 사용했다.

이 기법을 사용한 다른 예는 1960년 우주선이 지구 대기권으로 재진입 시에 겪은 고온에 사용할 수 있는 소재에 관한 것이다. 결과적으로, 정부 관계자는 다음과 같이 공표했다. "재진입 시 겪는 고온에 견딜 수 있는 소재를 찾아라." 1970년대 초까지 관계자를 만족시킬 만한 소재를 누구도 만들지 못했지만 우리는 달로 우주비행사를 보냈고 그들은 무사히 귀환했다. 어떻게 이러한 것이 가능했을까?

실제 문제는 "재진입 시 어떻게 우주비행사를 보호할 수 있을까?" 였고, "그렇게 높은 온도에 견디는 소재를 찾아라."가 아니었다. 일단 실제 문제가 결정되면, 곧 해결책이 따라온다. 과제를 진행하던 과학자 중 하나는 이와 관계된 질문을 했다. "어떻게 유성이 완전히 타버리지 않고 지구 표면에 도착할 수 있는가?" 이 문제에 대한 조사에서 그는 비록 유성의 표면이 대기권을 통과하면서 증발하지만 유성의 내부는 손상되지 않는다는 것을 발견했다. 이러한 유추는 재진입 시 고온에 노출되었을 경우 외부의 증발하는 소재를 사용하는 아이디어로 이끌었다. 결과적으로, 재진입 시 지구 대기권의 마찰에 의한 열은 우주선 외부에 코팅된 재료의 증발에 의하여 소모될 수 있었다. 이 재료의 희생으로 우주선 구조 내부의 온도는 우주비행사를 보호하기에 견딜 만한 수준으로 유지되었다. 실제 문제가 파악되면, 과학자들은 유추를 이용하고 한 상황에서 다른 상황으로 이동하여 문제를 해결한다.

유추에 의하여 문제를 해결하기 위하여 다음의 네 단계를 따라야 한다.

1. 문제를 진술하라.
2. 유추를 도출하라 (이 문제는 ________________ 같다).
3. 유추를 풀어라.
4. 해결책을 문제로 옮겨라.

유추를 도출할 때, 브레인스토밍에서 사용한 규칙들을 적용하라. 예를 들어, 4장의 신선하지 않은 시리얼의 경우, 우리는 "시리얼을 신선하게 유지하는 것은 열대지방에서 냉장고 없이 회를 신선하게 보관하라는 것과 같다."고 말할 수 있다. 어떻게 생선을 그런 상황에서 보관할 수 있을까? 우리는 절인 생선을 만들기 위해 레몬/라임 주스를 첨가할 수 있다. 그러면 시리얼을 신선하게 유지시키기 위하여 무엇을 첨가할 수 있는가?

어느 추운 겨울날

어떤 도시의 큰 사무실 건물은 건물주의 생각만큼 에너지가 효율적으로 사용되지 않았다. 난방비를 줄이기 위해, 건물은 직원들이 선호하는 온도보다 낮게 유지되었고 많은 불평이 접수되었다.

단계 1. 문제를 진술하라. (어떤 상황인가?)

건물의 직원들은 너무 춥다. 난방비 청구비가 너무 높다. 너무 많은 불평이 접수되었다.

단계 2. 유추를 도출하라. (이 상황과 비슷한 것이 무엇이 있는가?)

할 수 있는 한 많은 가능성을 도출하고, 실행 가능한 한 가지를 선택하라: 사무실에서 추운 것은 ~과 같다.

미식축구경기에서 추운 것
캠핑 여행에서 추운 것
겨울에 차가 따뜻해지지 않았을 때 추운 것
밤에 침대에서 추운 것

단계 3. 유추를 풀어라.

캠핑에서 너무 추울 때, 당신은 불빛과 열을 이용하려고 캠프파이어를 만든다.

단계 4. 해결책을 문제로 옮겨라.

사무실에서 캠프파이어를 만드는 대신에, 휴대용 전기 난방기를 대여하거나 구입하라. 건물의 에너지 문제를 해결하기 위해 쉽게 이용 가능한 빛과 열의 원천을 이용하라. 사무실을 따뜻하게 하며 에너지 효율을 향상시킬 수 있도록 형광등에서 나오는 소모열을 재생할 수 있는 열 재생 시스템을 설치하라.(이것은 현대식 에너지 효율이 높은 건물에 사용된다.)

상호교류에 의한 아이디어 도출을 훈련하기 위하여, 아래에 나열한 각 쌍의 사람들이 점심 또는 저녁 식사에 함께 가서 자신과 자신들의 직업 수행력 향상을 위해 상대방으로부터 무엇을 배울 것인지를 알아보라.

- 미용사와 대학 교수
- 경찰관과 소프트웨어 프로그래머
- 자동차 정비사와 보험 설계사

- 은행원과 정원사
- 안무가와 항공교통 관제사
- 호텔 지배인과 목사

어느 식당에서의 저녁식사

미용사와 대학 교수의 저녁식사를 생각해 보자. 미용사는 교수에게 훌륭한 외적인 아름다움을 가꾸고 유지하기 위한 중요사항들을 제공할 수 있을 것이다. 전형적인 훌륭한 화술가이며 청취자인 미용사는 교수에게 학생들과 더 효과적인 관계를 확립할 수 있는 기술을 나눌 수 있을 것이다. 교수는 학생들의 관심사와 문제에 대해 더 수월하게 이해하고 답할 수 있게 될 것이다. 또한 교수는 조사 그룹을 구성하고 운영하는 데 도움이 되는 소규모의 작업 수행에 대한 조언을 얻어낼 수 있다.

반면에, 대학 교수는 일반적으로 연구에 관여되어 있고 전공 분야에 있어서 최근의 진척된 상황에 정통하다. 미용사는 교수와 나누는 주제들을 통해 유익한 정보를 얻을 수 있고, 최근의 미용정보와 새로운 아이디어 실험을 통하여 용기를 가질 것이다. 예를 들어, 모발샘플을 사용하여 새로운 화학적/색깔 처리법을 배우고 탐구할 수 있다. 미용사는 머릿결의 다른 형태에 따라 최적의 처리방법을 결정하기 위해 시간을 변화시켜 가며 새로운 컬링제품으로 모발샘플을 처리하는 실험을 수행하는 법을 배울 수 있다.

다수의 다른 직업군의 결합은 양쪽 참가자들을 위하여 성장의 경험을 제공할 것이다. 한 집단으로부터 다른 집단으로의 아이디어의 상호교류는 한 영역이나 직업에서 다른 분야의 문제를 해결하기 위한 아이디어에 적응하는 매우 효과적인 방법이다. 경영자들은 서로 영향을 미치고 문제와 해결책을 다양한 입장에서 바라볼 수 있도록 하기 위해 인종적으로나 문화적으로 다양한 배경지식을 가진 소그룹의 사람들을 자주 데려올 것이다.

아이디어 배양

배양 시기는 문제를 해결할 때 매우 중요하다. 최종기한을 맞추어야 하는 문제를 해결하는 것은 떠오르는 첫 번째 해결책을 잡을 수 있고, 결국 선택할 수 있는 대안을 생각하기 위해 잠시 멈추는 대신 처음 선택한 해결책을 가지고 재빠르게 움직이는 것이다. 많은 경우 문제를 수행할 때 잠재의식하에 작업하는 동안 당신의 아이디어를 배양하기 위하여 휴식을 취하는 것이 유리하다. 물론, 당신은 "글쎄, 나의 잠재의식은 아직 문제를 해결하지 못했다."고 말하여 당신의 잠재의식에 책임을 넘기지는 말아야 한다.

일단 아이디어 도출이 정지되면 배양 시기는 순서대로 거쳐야 할 것이다. 대부분의 사람들이 정말로 정신적 배양 시기를 알지 못하나, 기본과정은 문제에 대한 활동적인 해결 작업을 멈추고 무의식 안에서 해결작업을 계속할 수 있도록 하는 것이다. 누구나 한두 번은 아마도 아침에 해결책이 분명해질 것이라고 문제를 생각하며 잠이 드는 것에 대해 들어본 적이 있을 것이다. 이러한 배양 시기—즉, 무의식의 작업—는 가능한 해결책을 이끌기 위해 새롭고 혁신적인 관계 모색에 있어 뇌에 있는 수많은 신경의 정신적인 작업으로 묘사된다.

많은 공학 아카데미 회원들이 "문제에 막혔을 때 어떻게 하는가?"라는 질문에 다음과 같이 답하였다.

- "다른 사람과 의논한다. 문헌을 읽는다. *이해의 시간 후에* 새로운 기법들을 시도한다. 그것이 유망해 보이면 그것을 따른다. 지속적으로 수행한다."
- "모든 상황에 대하여 질문한다. *집에 가서 생각한다.* 과거의 경험을 떠올려 본다. 문제와 연관된 요소들을 확인한다. 읽고 쓰고 아이디어를 교환한다."
- "해결책을 만들기 위해 알아야 하는 모든 것과 문제에 대하여 현재까지 내가 알고 있는 모든 것을 기록한다. 그리고 종종 *밤새도록 앉아서* 수시로 생각한다. 앉아 있는 동안, 유사한 문제에 대한 최근 문헌을 찾아보고 진행 방향에 대한 아이디어를 얻는다."
- "그렇게 할 수 있는 자유가 있을 때, 나는 *문제를 내려 놓고 잠시 동안 다른 것을 할 것이다.* 내 생각은 계속 문제를 해결하려고 할 것이고 문제해결 외의 시간에도 종종 무언가를 생각할 것이다."

이와 같은 답변을 통해 흐르는 공통적인 맥락은 배양 시기에 대한 개념이다.

문제에 대한 해결이 긴급하지 않다면, 배양 시기는 고려해야 하는 매우 유용한 활동이다.

TRIZ

"Teoriya Resheniya Izobreatatelskikh Zadatch"의 약어인 TRIZ는 러시아어로 "창의적 문제해결의 이론"이며, 이는 러시아 공학자이자 과학자였던 Genrich Altshuller가 만들었다.[7~11] Altshuller는 수천 개의 특허들을 연구했고, 특허들에서 유사점과 혁신점을 찾았다. TRIZ 공정은 기술적 시스템이 최소한의 자원을 가지고 난관을 극복하여 이상성을 향상시키며 진화한다는 것을 인식했다. 따라서 창의적 문제해결을 위하여 TRIZ는 사고의 문답식 방법을 제공한다. 즉, 그것은 문제를 시스템으로 이해하고자 하고, 우선 이상적인 해결책을 생각하고, 그리고 반대적인 사항들을 해결한다.

당신은 TRIZ를 수평적 사고의 또 다른 방법으로 생각할 수 있다. 그것은 Domb에 의하여 기술되었던 것처럼 두 개의 원칙에 기초한다.[8]

- 누군가 어떤 장소에서 당신의 문제나 비슷한 문제를 이미 풀었다. 창조성은 그 해결책을 찾고 현재의 문제에 적용하는 것을 의미한다.
- 반대 사항들을 받아들이지 마라. 그들을 해결하라.

처음의 원칙은 본질적으로 "똑같은 것을 복사하지 마라."이다. 두 번째 원칙은 모순에 관한 것이다. 모순은 하나의 대상이나 시스템이 반대의 요구사항이 있어서 시스템의 한 특성이 향상될 때, 다른 면은 악화되는 상황을 말한다. 일상생활에서 많은 예를 찾을 수 있다.

- 무선 인터넷 접속은 교정에서 학생들이 즉석에서 사용할 수 있어야 하나(good) 증가되는 활용은 개인정보 보호를 어렵게 한다(bad).
- MP3 플레이어는 음악과 동영상을 위하여 큰 저장용량을 가져야 하나(good) 증가되는 저장용량은 크기와 전력소모를 증가시킬 것이다(bad).
- 제품이 강해질수록(good) 무게가 증가한다(bad). 예를 들어, 방탄용 조끼는 강해야 하나(good) 크고 불편할 수 있다(bad).
- 하드디스크의 용량이 증가하면(good) 디스크가 너무 넓어져서(bad) 파일의 정확한 위치를 찾는 것이 어렵다.

- 자동차 에어백이 승객을 보호하기 위해 빨리 동작하나(good) 빨리 동작하면 할수록 사람들에게 상처를 주거나 사망시킬 수 있다(bad).
- 휴대폰 네트워크가 많아서 사용자들이 높은 수신도를 가져야 하나(good) 송신탑은 미관상 좋지 않다(bad).
- 전자메일의 스팸 거르개가 모든 정크 전자메일을 제거하기 위해서 효과적이어야 하나(good) 내가 실질적으로 받아야 하는 전자메일들을 거를 수 있다(bad).

TRIZ에서 첫 번째 단계는 당신이 해결하고자 하는 문제와 모순점을 정의하는 것이다. 모순점을 해결하기 위하여 우리는 어떠한 특성들이 해결책을 향상시키고(good) 어떠한 특성들이 해결책을 감소시키는지(bad)를 파악해야 한다. Altshuller는 분석한 수천 개 특허들의 공통점인 39가지 특성 목록을 작성했다. 각 특성에 대한 자세한 내용은 TRIZ 웹사이트(http://www.triz-journal.com/archives/1998/11/d/default.asp)에서 찾을 수 있다.

39 TRIZ 특성[9]

1. 이동 물체의 무게
2. 정지 물체의 무게
3. 이동 물체의 길이
4. 정지 물체의 길이
5. 이동 물체의 면적
6. 정지 물체의 면적
7. 이동 물체의 부피
8. 정지 물체의 부피
9. 물체의 속도
10. 힘(세기)
11. 압력
12. 모양
13. 물체의 안정성
14. 강도
15. 이동 물체의 내구성
16. 이동하지 않는 물체의 내구성
17. 온도
18. 빛의 세기
19. 이동 물체의 에너지 사용
20. 정지 물체의 에너지 사용
21. 동력
22. 에너지 손실
23. 재료 손실
24. 정보 손실
25. 시간 손실
26. 재료의 양
27. 신뢰성
28. 측정 정확도
29. 제조 정밀도
30. 물체가 영향을 받는 위험성
31. 물체가 영향을 주는 위험성
32. 제조의 용이성

33. 작동의 용이성
34. 수선의 용이성
35. 적응력이나 융통성
36. 소자의 복잡성
37. 검출의 어려움
38. 자동화 정도
39. 생산성

이 목록은 각각의 특성을 가로와 세로의 39×39 모순 조합표로 공식화하여 사용할 수 있다. 가로축에는 상황을 악화시키는 것에 대한 것이며(bad); 세로축은 상황을 향상시키는 것에 대한 것이다(good).

TRIZ에서, 우선 모순점들을 파악해야 한다. 다음으로 39×39 모순 조합표를 사용하여 문제와 모순점 해결에 사용되는 Altshuller의 40가지 원칙(다음에 나올) 중 어떤 것이 유용한지 알아낼 것이다. 어떤 특성들이 향상되고 악화되는지를 파악하여 모순을 공식화한다. 예를 들어, 비행기에 사용될 새로운 구조재료를 개발하고자 한다면 무게의 증가(bad) 없이 더 강한 것(good)을 말할 것이다. 이런 경우, 강도(특성 14)는 향상되나 이동 물체의 무게(특성 1)는 악화된다. 그러고 나서 향상되는 특성을 표의 세로줄 첫째 행에, 악화되는 특성을 가로줄 첫째 줄에 위치시킨다. 이 예에서, 교차점은 14줄과 1행에 나타나고 이를 14×6 모순 조합표라고 간략화한다. 전체의 39×39 TRIZ 모순 조합표의 형식은 http://www.triz40.com에서 활용이 가능하다.

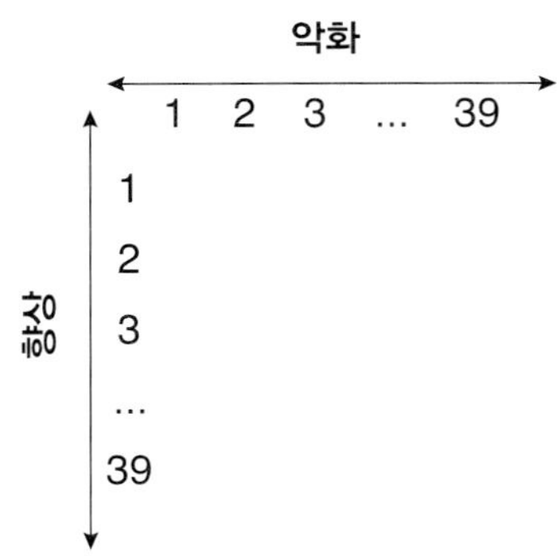

TRIZ 모순 조합표[9]

향상되는 특성 \ 악화되는 특성	1. 이동 물체의 무게	2. 정지 물체의 무게	3. 이동 물체의 길이	4. 정지 물체의 길이	5. 이동 물체의 면적	6. 정지 물체의 면적
1. 이동 물체의 무게	*	—	15, 8 29, 34	—	29, 17 38, 34	—
2. 정지 물체의 무게	—	*	—	10, 1 29, 35	—	35, 30 13, 2
3. 이동 물체의 길이	8, 15 29, 34	—	*	—	15, 17 4	—
4. 정지 물체의 길이	—	35, 28 40, 29	—	*	—	17, 7 10, 40
5. 이동 물체의 면적	2, 17 29, 4	—	14, 15 18, 4	—	*	—
6. 정지 물체의 면적	—	30, 2 14, 18	—	26, 7 9, 39	—	*
7. 이동 물체의 부피	2, 26 29, 40	—	1, 7 4, 35	—	1, 7 4, 17	—
8. 정지 물체의 부피	—	35, 10 19, 14	19, 14	35, 8 2, 14	—	—
9. 물체의 속도	2, 28 13, 38	—	13, 14 8	—	29, 30 34	—
10. 힘 (세기)	8, 1 37, 18	18, 13 1, 28	17, 19 9, 36	28, 10	19, 10 15	1, 18 36, 37
11. 압력	10, 36 37, 40	13, 29 10, 18	35, 10 36	35, 1 14, 16	10, 15 36, 28	10, 15 36, 37
12. 모양	8, 10 29, 40	15, 10 26, 3	29, 34 5, 4	13, 14 10, 7	5, 34 4, 10	—
13. 물체의 안정성	21, 35 2, 39	26, 39 1, 40	13, 15 1, 28	37	2, 11 13	39
14. 강도	1, 8 40, 15	40, 26 27, 1	1, 15 8, 35	15, 14 28, 26	3, 34 40, 29	9, 40 28

이 교차 표에서 네 개의 숫자는 1, 8, 15, 40이다. 이 숫자들은 문제를 해결하도록 도와줄 수 있는 Altshuller의 40가지 원칙 중 네 개를 참고한다. 무개와 강도의 모순에서, 우리는 1(분할), 8(반-무게), 15(역학), 40(복합재 막)의 모순점을 해소하고 문제(더 나은 비행기 소재의 개발)의 해결책을 브레인스토밍하기 위하여 사용할 수 있다. Altshuller는 다른 문제들(즉, 누군가, 어디서, 이미 해결된 비슷한 문제)에서 이미 확인되었던 해결 기법들을 요약하여 이러한 40가지 원칙들을 발전시켰다. 이 40가지 원칙들의 설명은 TRIZ40 웹사이트에서 사용이 가능하다.[9]

Altshuller의 TRIZ 원칙 40

1. 분할
2. 분리
3. 국소적 성질
4. 비대칭
5. 통합
6. 보편성
7. 포개진 인형
8. 반-무게
9. 선행 반대 조치
10. 선행 조치
11. 사전 보상
12. 높이 맞추기
13. 다른 길로 돌아가기
14. 곡률성
15. 역학
16. 과부족 조치
17. 다른 차원
18. 기계적 진동
19. 주기적 행동
20. 유용한 행동의 연속성
21. 건너뛰기
22. 전화위복
23. 피드백
24. 매개체
25. 자급
26. 복제
27. 저가 일회용품
28. 기계적 대체
29. 공기압과 수압
30. 유연성 외피와 박막
31. 다공성 재료
32. 색 변화
33. 동질성
34. 폐기와 재생
35. 변수 변화
36. 상 전이
37. 열 팽창
38. 강산화제
39. 불활성 환경
40. 복합재 막

TRIZ 적용 예: 방탄복용 새로운 구조 재료

문제진술

방탄조끼는 강하나 가벼워야 한다.

단계 1. ***모순점을 확인하라.***

강도(향상) 대 무게(저하)

단계 2. ***특징 목록을 보고 모순에 대한 특징들의 중요성을 확인하라.***

강도: 특징 14

무게: 특징 2

단계 3. ***어떤 특징들이 향상될 것이고 악화될 것인지 확인하라.***

강도(특징 14) 향상시켜라; 무게(특징 2) 줄여라

단계 4. ***Altshuller의 어떤 원칙들이 문제에 유용하게 사용될지를 배우기 위하여 TRIZ 모순 조합표를 참고하라.***

모순 조합표에서 줄 14(강도)와 행 2(무게)는 다음의 원칙들이 유용할 것이라고 말한다: 40, 26, 27, 1(TRIZ 모순 조합표에서 음영부분). 이제 우리는 이 숫자들에 해당하는 것을 배우기 위하여 원칙 목록을 보자.

40. 복합재
26. 복제
27. 저가 일회용품
1. 분할

다음, 문제를 해결하기 위하여 이 네 가지 원칙들을 어떻게 사용할 것인가에 대하여 브레인스토밍을 하자.

40. 복합재

TRIZ 웹사이트에서 이 원칙의 설명은

- 단일재료로부터 강화 고분자와 같은 복합재료로의 변화

가볍고 강한 조끼를 위한 복합재 사용은 활발한 연구 영역이다. 카본 나노섬유를 강화한 고분자는 현재 구조재료에서 철을 대체할 고강도 경량화 소재로 연구 중이다.

26. 복제

TRIZ 웹사이트에서 이 원칙의 설명은

- 구할수 없고, 비싸고, 쉽게 깨지는 물체를 대신하여, 간단하고 저렴한 복제품을 사용하라.
- 광학적 복제품으로 물체 또는 공정을 대체하라.
- 볼 수 있는 광학적 복제품이 이미 사용되고 있다면, 적외선이나 자외선 복제품으로 사용하라.

우리는 간략화한 SCUBA 다이빙복의 설계를 방탄복용으로 복제할 수 있다.

27. **저가 일회용품**

TRIZ 웹사이트에서 이 원칙의 설명은

- 하나의 저가 물품을 다양한 저가 물품들, 즉 사용기간 등과 같은 어떤 특성들을 보상할 수 있는 것들로 대체하라.

이 원칙은 문제에 당장 적용할 것으로 보이지 않는다. 이것은 특별히 필요한 것은 아닌데, 왜냐하면 Altshuller의 원칙들은 단순히 이전의 문제들에서 효과적인 것이 검증된 영역에 우리의 사고를 집중하도록 도와주기 위한 일반적인 제안이기 때문이다.

1. **분할**

TRIZ 웹사이트에서 이 원칙의 설명은

- 물품을 독립된 부품으로 나누어라.
- 물품 분리가 쉽도록 만들어라(손상된 부분을 고쳐라).
- 분할과 조각화의 정도를 증가시켜라.

아마도 우리는 한 벌의 옷보다는 각각 다른 부분으로 나누어진 여러 개의 부분을 고려할 수 있다. 아마도 각각의 특정 부분, 즉 가슴과 머리 등과 같은 곳을 방어할 다른 소재를 사용할 수 있다.

따라서, 문제의 모순점들을 파악하여 해결책에 도달하는 데 도움이 되는 TRIZ 공정을 사용할 수 있다. 이 경우, 우리는 TRIZ 방법을 사용하여 두 개의 추가적인 아이디어를 도출할 수 있다.

TRIZ의 도구가 효과적으로 사용된다면, 오늘의 주요 도전들은 내일의 성공을 위하여 더 빠르게 해결될 것이다.[10]

요약 Summary

이 장에서는 창의적 해결책의 도출을 도와주는 기법들을 제시하였다. 대부분의 경우 문제에 몰두하고 있을 때 휴식을 갖는 것이 좋은데 이는 잠재의식하에서 아이디어를 배양할 시간을 허용하기 때문이다. 대신, 다음 기법들은 창의성을 자극하는 데 도움을 준다.

- 문제의 해결책을 도출하기 위하여 브레인스토밍을 이용하라.
  - 초기의 아이디어를 도출하기 위하여 자유 연합을 이용하라.
  - 기존의 아이디어 위에 만들고 새로운 아이디어를 도출하기 위하여 수직적 사고(Osborn의 일람표)를 이용하라: 적응하라, 수정하라, 확대하라, 축소하라, 재배치하라, 종합하라.
  - 당신이 고립되었을 때 새로운 아이디어를 도출하기 위하여 수평적 사고—무작위 자극과 다른사람의 관점—를 사용하라.
- 미래의 해결책을 위한 기술적 장애물을 모두 제거하기 위해 미래조망을 사용하라.
- 도출한 해결책과 아이디어를 편성하기 위하여 생선뼈 도표를 사용하라.
- 문제에 내재된 다른 분야의 지식, 아이디어, 현상들과 상호교류, 유추를 사용하라.
- 모순점들을 해결하기 위해 TRIZ를 사용하라.

CD-ROM 자료 CD-ROM Material

- **배움 자료**

  요약 노트

  웹 자료

  창의적 사고(웹/CD-ROM 홈페이지를 통한 접속)

컴퓨터 모듈

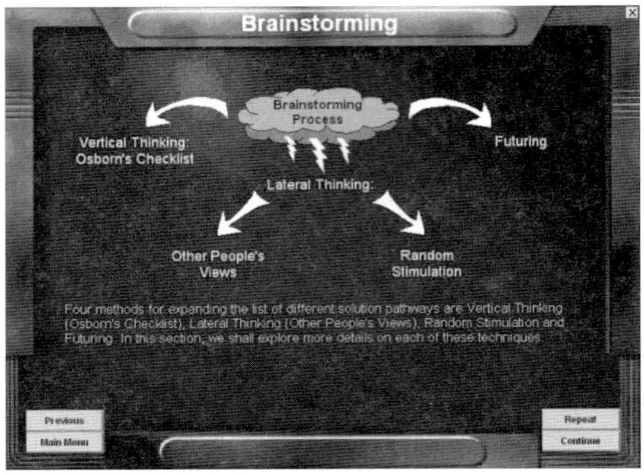

브레인스토밍

전문 참고서적

브레인스토밍 연습(자유 연합, Osborn, de Bono): 신장이 175cm가 안 되는 농구 선수들이 경쟁력 있도록 경기의 규칙을 어떻게 바꿀 수 있는가?

타인의 관점: 재진입 우주선과 관련된 필요성

참고문헌 References

1. Felder, R. M., "Creativity in Engineering Education," *Chemical Engineering Education*, 22, p. 3, 1988.
2. De Bono, E., *Lateral Thinking*, Harper & Row, New York, 1970.
3. De Bono, Edward, *Serious Creativity*, Harper Business, a division of HarperCollins Publishers, New York, 1993.
4. Buzan, T., *The Mind Map Book*. Penguin, New York, 1991.
5. Van Gundy, A. B., *Techniques of Structured Problem Solving*, 2nd ed., Van Nostrand Reinhold, New York, 1988.
6. Reid, R. C., "Creativity?", *Chemtech*, 17, p. 14, January 1987.
7. Altshuller, G. S., and R. V. Shapiro, "About a Technology of Creativity," *Questions of Psychology*, 6, pp. 37–49, 1956.
8. Domb, Ellen, "Think TRIZ for Creative Problem Solving," *Quality Digest*, 2003, http://www.qualitydigest.com/aug05/articles/03_article.shtml.
9. http://triz.org, Technical Innovation Center, *40 Principles Extended Edition*. ISBN: 08640740-5-2.
10. Mazur, Glenn H., Executive Director of QFD Institute, Ann Arbor, MI, www.mazur.net.
11. http://www.triz-journal.com/archives/1998/11/d/default.asp

연습문제 Exercises

6.1. 이 장에서 배운 가장 중요한 것 다섯 가지를 기록하라. 또한 다섯 가지 가장 흥미로운 것 다섯 가지를 기록하라.

6.2. ICM 브레인스토밍 모듈을 실행해 보고 실행수를 기록하라.

6.3. 당신이 도출한 모든 우수한 아이디어 목록을 기록하라.

6.4. A. 당신이 생각할 수 있는 최악의 사업 아이디어를 만들어라(예, 은퇴자 마을의 출산용품 가게, 밤에 사용하는 태양전지, 가역적 기저귀).
B. 문제 A에서 도출한 목록을 가지고 벤처기업을 위한 실행 가능한 개념으로 바꾸어라(즉, 가역적 기저귀 – 한쪽은 파란색, 다른 쪽은 분홍색).

6.5. 당면한 하나의 문제를 위하여 유추를 통한 해결책 도출 시 Goman의 네 단계(5장)를 적용하라. ____________________

A. 문제를 진술하라: ____________________

B. 유추를 만들어라: 이 상황은 ____________________ 와 같다.

C. 유추를 풀어라: ____________________

D. 해결책을 전하라: ____________________

6.6. 비디오를 빌려라. 친구와 영화의 반을 보고 영화를 정지시켜라. 끝마무리를 상상하라. 영화의 나머지를 보고 결과를 토론하라. 누구의 마무리가 더 나은가? 이유가 무엇인가?

6.7. 아이디어를 도출하기 위한 당신의 능력을 어떻게 향상시킬 수 있는지 토론하는 문단을 써라. 다양한 아이디어 도출 기법들을 비교하고 대조하라. 모든 기법들을 관통하는 공통점이 있는가? 각각의 기법이 가장 잘 적용되는 해결책을 확인하라.

6.8. 프로농구 경기(a)에서 관람객의 참여를 증가시키는 방법 50가지를 제안하라. [예: 자리에 앉아 있는 사람들을 무작위로 뽑아서 2분 동안 경기하게 하라. 슛한 공을 막을 수 있는 화살을 팬들에게 주어라.] 축구(b), 야구(c), 그리고 하키(d)에서 관람객의 참여를 증가시키는 방법 25가지를 제안하라.

6.9. 당신은 속도계가 없는 자동차에 탄 승객이다. 자동차의 속도를 결정하는 방법 25가지를 기술하라.

6.10. 닭 농장에서 전염병은 수천 톤의 닭을 폐사시켰다. 지역 매립지는 죽은 닭의 폐기를 허락하지 않는다. 죽은 닭을 묻는 것은 불법이다. 지방 관리들은 그것은 빨리 처리되어야 한다고 주장한다. 농부들의 문제를 해결할 방안을 제시하라. (*Chemtech*, 22, 3, p. 192, 1992.)

6.11. 캐나다의 식림 노력은 특정 지역에서 난관에 봉착했다. 한 온상에서, 수 천만 개의 묘목을 들쥐들이 먹어 치웠다. 들쥐들은 심지어 여러 가지의 불쾌하고 맛없는 2차 대사물질도 먹어 치웠다. 들쥐들은 가지를 자르고, 껍질을 벗기고, 먹기 전에 며칠 동안 가지를 놔두어 불쾌한 맛을 극복했다. 이런 과정은 불쾌한 요소를 받아들일 수준으로 감소시켰다. 이 온상에서 식림 문제를 해결하는 방법 15가지를 제안하라. (*Chemtech*, 21, p. 324, 1991.)

6.12. 연날리기는 세계적으로 늘어나는 취미이다. (연은 매우 흥미롭다. 약 600미터 이상의 높이에서 날고 있는 연을 보는 것은 더 이상 특별하지 않다.) 연이 놀이가 아닌 다른 목적으로 사용될 수 있는 방법 25가지를 제안하라.

6.13. 증기기관의 사용은 산업용과 가정용 전기 생산의 유용한 수단이다. 불행히도, 증기기관의 현존 이론적 최대 효율은 40%이고 이러한 기관으로부터의 배출물이 환경에 미치는 영향의 문제가 심각해지고 있다. 당신은 미래에 에

너지를 어떤 방법으로 생산하고 소비할 것인가?

6.14. 다른 직업군(수리공, 꽃장수, 치과 의사, 회계사, 경찰관, 하키코치, 자동차 설계사, 수위, 벨보이, 항해관제사, 보이스카웃 지도자)으로부터 두 명을 선택하고 아래에 제시된 것처럼 각자 상호의 삶을 풍부하게 하기 위하여 배울 수 있는 것의 목록을 작성하라.

목사가 호텔 종업원에게

A. 사람들의 요구에 빠르게 접근할 아이디어

B. 개인적으로 들은 모든 문제를 취하지 않는 방법에 대한 제안

C. 잘 치장한 외모의 중요성

D. 관점과 아이디어에서 사람들을 얼마나 밀어부칠 수 있는지 제안

E. 제안과 충고를 전하는 아이디어

F. 어떻게 자신을 신뢰하는지의 아이디어

호텔 종업원이 목사에게

A. 화난 사람을 달래거나 대중을 조절하는 지식

B. 사람들을 이해하고 다루는 것; 쉽게 사귀기

C. 단골 손님을 기억하는 기억 기법

D. 상관과 당신을 관찰하는 누군가에 대한 감사

E. 당신의 직업과 자신에 대하여 어떻게 행복해지는지에 대한 아이디어

6.15. *Chemical Engineering Education*(Winter 1985, p. 22)에 게재된 글로, J. M. Prausnitz(U.C. Berkeley의 교수)가 쓴 "학생의 창의성을 북돋아 주기 위하여"를 읽어라.

A. 문제 인식에 제시된 아이디어에 대하여 토론하라.

B. 창의성과 합성이 어떻게 정의되었는가?

C. "두 개의 분리된 아이디어를 묶어라"에서 사용된 두 개의 예제에 대하여 토론하라.

D. 글에서 서로 다른 영역 간 아이디어의 창의성과 상호교류에 대하여 무엇을 제시하는가?

E. 저자가 문제해결에 대하여 가장 중요한 사항은 무엇이라고 하는가?

6.16. 당신의 창의력을 향상시킬 수 있는 여러 가지 방법 목록을 만들어라. 5장의

창의력 향상시키기 표로부터 이 기법들을 어떻게 실행할지 기술하라.

6.17. 다음 항목을 가시화하기 위한 미래조망 연습을 수행하라.

A. 2020년의 전화
B. 2050년에 당신 가족의 식사하기
C. 2025년의 숙제
D. 2125년의 숙제

6.18. 당신이 봤던 것 중 가장 창의적인 TV 광고를 기술하라(Super Bowl 광고는 좋은 자료이다). 그리고 그것이 왜 창의적인지 설명하라.

6.19. 다음 문제에 대해 가능한 해결책을 도출하기 위하여 TRIZ법을 사용하라:

A. 무선 인터넷 접속은 학교 교정 어디에서나 접속이 가능해야 하나 개인 정보를 보호하기 위해 안전해야 한다.
B. 전자메일 거르기는 모든 불량 전자메일을 제거하기에 충분히 효과적이어야 하나(good) 실제로 필요한 전자메일을 거를 수 있다(bad).
C. US 우체국 서비스에 의하여 제공되는 서비스 수준을 가격의 향상 없이 증가시켜라.
D. 배고픔을 호소하지 않고 4.5kg을 감량할 방법을 찾아보아라.

6.20. 다음 문제에 대하여 TRIZ 분석을 실행하라.

A. 자동차는 충돌에 따른 보호를 위해 강하고 완고해야 하지만 좋은 연비를 위하여 가벼워야 한다.
B. 방탄조끼는 강해야 하지만(good) 입기 위하여 너무 크거나 불편하지 않아야 한다(bad).
C. 향상된 하드디스크 공간은 더 많은 파일을 저장할 수 있게 하지만(good) 너무 넓은 공간으로 인하여 파일을 찾는 데 어려움이 있다(bad).
D. 자동차 에어백이 승객보호를 위해 빨리 터져야 하지만(good) 빨리 터지면 터질수록 다치거나 부상의 가능성이 커진다(bad).
E. 휴대폰 기지국은 사용자들의 우수한 신호를 위해 많아야 하지만(good) 기지국이 많은 것은 미관상 좋지 않다(bad).

심화자료 Further Reading

Adams, James L. *Conceptual Blockbusting: A Guide to Better Ideas*, 3rd ed. Addison-Wesley, Stanford, CA, 1986.

Mihalko, Michael. *Cracking Creativity: The Secrets of Creative Genius.* Ten Speed Press, Berkeley, CA, 2001.

———. *Thinkertoys*, 2nd ed. Ten Speed Press, Berkeley, CA, 2006.

Von Oech, Roger. *A Whack on the Side of the Head: How You Can Be More Creative*, revised edition. Warner Books, New York, 1990.

07 행동방침 결정

결정의 순간에, 당신이 할 수 있는 최선은 가장 바른 일을 하는 것이다. 당신이 할 수 있는 최악은 아무것도 하지 않는 것이다.

— Theodore Roosevelt

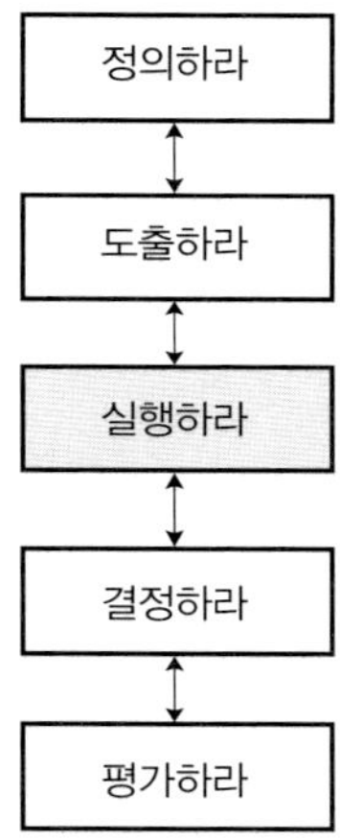

실제 문제가 일단 정의되고 약간의 잠재적 해결책이 도출되면, 교수법에서 세 번째 단계를 적용할 때이다. 구체적으로, 우리는 다음 사항을 이행해야 한다.

- 어떤 문제를 처음으로 수행할 것인지 그리고 문제를 수행하기 위하여 필요한 행동방침을 결정하라.
- 가능한 대안들 중에서 최선의 해결책을 선정하라.
- 선정된 해결책을 실행함에 따라 추가적인 문제들을 어떻게 피할지 결정하라.

이러한 필연적인 결정을 위해 조직된 하나의 공정은 Kepner Tregoe(K.T.) 접근법이고 이를 도식화하여 나타내면 다음과 같다.

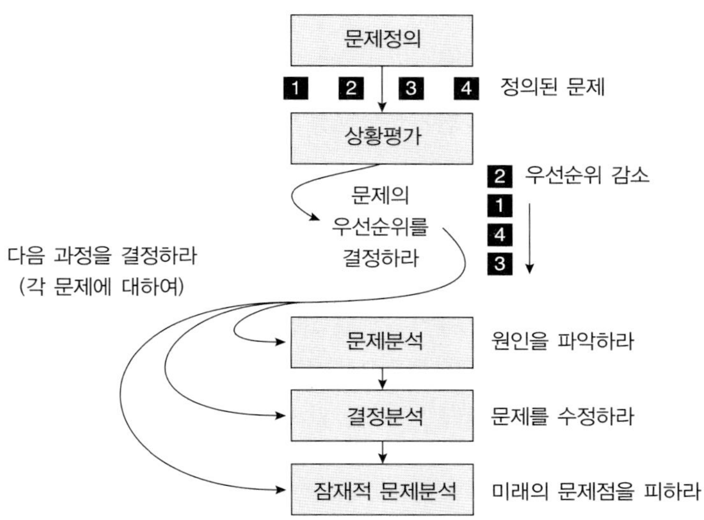

Kepner-Tregoe 접근법의 구성요소

K.T. 상황평가

문제를 정의한 후, 동시에 여러 가지 문제에 직면했을 때 도움이 되는 K.T. 상황평가를 시작으로 K.T. 접근으로 이동한다. 상황평가 동안, 우리는 두 가지 일을 한다.

- 중요성과 우선순위(기술할 여러 가지 기준에 근거하여)를 결정할 직면한 문제를 분석한다.
- 해결책을 위하여 요구되는 방침의 형태에 기초하여 각 문제를 분류한다.

우선순위 결정

다양한 상황에서, 다수의 문제들이 동시에 발생할 수 있다. 어떤 경우는 이러한 문제들이 서로 연관되어 있고 다른 경우는 서로 완전히 무관하다. 이런 상황이 발생했을 때, **K.T. 상황평가**는 어떤 문제가 최고의 우선순위를 받아야 하는지 결정하는 데 매우 유용할 수 있다.

이 기법으로, 첫째로 모든 문제의 목록을 만들고 집단에서 어떤 문제가 초기에 관심을 받아야 하는지 결정하도록 하라. 각 문제는 다음 기준에 대하여 측정된다: 타이밍, 경향, 영향. 이러한 기준들은 최고의 관심(H), 보통의 관심(M), 낮은 관심(L)의 보증으로 구분된다.

검증기준

타이밍. 문제가 얼마나 시급한가? 시간적 제한과 관계되어 있는가? 당분간 아무런 조치도 취하지 않는다면 어떤 일이 일어날 것인가? 예를 들어, 제과점에 있는 다섯 개의 오븐 중 하나가 고장 나서 다른 네 개가 초과 용량을 다룰 수 있다면 이 문제에 관해서는 조금 기다리면서 더 시급한 문제에 착수하면 되는 것이다. 그러므로 이 문제는 타이밍에 있어서 L로 분류된다. 그러나 다른 네 개의 오븐들을 최대로 작동시켜서 주요 주문량이 그날 저녁까지 꼭 완료되어야 한다면 타이밍에 관한 평가급수는 H가 된다. 왜냐하면 이 문제는 지금 당장 해결되어야 하기 때문이다.

경향. 성장을 위한 문제의 잠재성에는 무엇이 있을까? 위의 제과점 예에서, 고

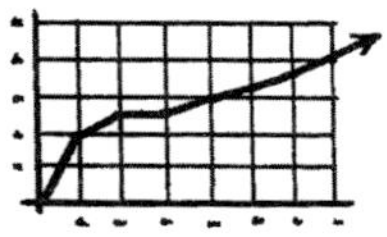

장 난 오븐이 과열되어 점점 더 뜨거워지고 있으며 도저히 끌 수 없는 상황이라고 가정해 보자. 결과적으로, 상황은 더 악화되고 있으며 불이 날 확률에 관한 관심도는 H가 된다. 또한 고객의 주문량을 채우는 것이 어렵게 될수록 상황은 점점 더 악화된다. 만약 그 오븐을 끄고 나서 나머지 네 개로 주문량을 채울 수 있다면 경향에 관심도는 L로 평가되는 것이다.

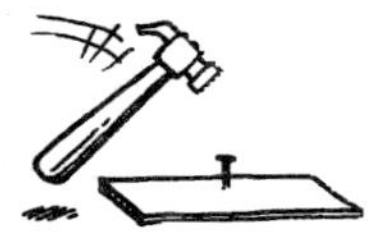

영향. 문제가 얼마나 심각한가? 사람, 제품, 조직, 정책에 대한 영향은 무엇일까? 위의 제과점 예에서, 주요 고객의 주문량을 채우는 데 필요한 시간 내에 오븐을 고칠 수 없다고 가정해 보자. 그 결과 주요 고객을 잃게 된다면 이에 따른 영향은 H가 된다. 주문량을 향후 며칠 이내에 채울 수 있는 방법을 찾을 수 있다면 고장 난 오븐에 의한 영향은 M으로 조정될 수 있다.

행동방침 결정

K.T. 상황평가의 두 번째 부분에서, 우리가 취해야 하는 행동을 결정하기 위하여 다음 질문들을 던진다.

- 우리는 문제의 원인을 알 필요가 있는가? 이 문제는 우리가 문제분석(PA)을 하도록 한다. PA 기법에서, 문제 또는 실수의 원인이 알려지지 않았지만 우리는 그것을 찾아내야 한다. *현재* 문제를 야기하는 것이 *과거*에는 어땠는가? 근본적 원인을 찾기 위한 순서도는 4장에서 논의되었다.

문제가 일단 파악되면 문제에 대하여 무엇을 할 것인지 결정해야 하며, 따라서 결정분석으로 이동한다.

- 가능한 대안들 중에서 결정할 필요가 있는가? 이 질문을 위해서, 우리는 결정분석(DA)을 사용한다. DA 기법에서, 문제의 원인이 발견되고 이젠 그것에 대하여 무엇을 할 것인가를 결정해야 한다. 현 상태에서 결정은 문제를 어떻게 올바로 할 것인가이다.

결정이 일단 이루어지면, 잠재적 문제분석으로 이동하고, 여기서 결정이 성공하도록 확실한 단계들을 취해야 한다.

- 해결책의 대안들로부터 발생할 수 있는 잠재적 문제를 분석할 필요가 있는가?

우리의 해결책의 성공을 보증하기 위하여 불의의 사고에 대한 계획을 만들 필요가 있는가? 이 문제에 대응하기 위하여 잠재적 문제분석(PPA)을 이용할 것이다. PPA 기법에서, 우리는 결정의 성공을 확신하길 원하고 미래에 발생할 문제점들을 예측하고 방지하고자 한다.

이제 우리는 문제의 우선순위를 정할 때 사용하는 K.T. 접근법을 설명하는 데 도움을 줄 두 개의 다른 예와 해결책을 고려하고자 한다.

K.T. 상황평가: 이런, 정말로 재수 없는 날이군...

우선, 아래 그림에 있는 남자에 관한 문제를 고려하자. 여기서 한 남자는 매우 중요한 서류를 담은 가방을 가지고 있으며 개는 그의 바지를 물고 있고, 집은 불타고 있다. 차는 고장 나 있고 먼 곳에서부터 토네이도가 오고 있다.

상황평가표를 작성할 때 다섯 가지 문제가 있음을 알 수 있다.

문제	타이밍 (H, M, L)	경향 (H, M, L)	영향 (H, M, L)	다음 과정 (PA, DA, PPA)
1. 개를 떼어내기				
2. 차 고치기				
3. 불 끄기				
4. 가방의 서류 보호하기				
5. 토네이도 대비하기				

각 문제에 대해 토론하고 각각의 기준을 검증하라.

1. 개를 당장 다리에서 떼어놓는 것이 필요하다(H). 개가 문 상처가 심각해지기 때문에 경향이 악화된다(H); 영향은 개가 다리를 놓을 때까지(H) 당신은 아무것도 할 수 없다는 것이다. 과정은 다리에서 개를 어떻게 떼어놓을지를 결정하는 것이다(DA).
2. 차를 수리하는 것은 미룰 수 있으며(L) 이 문제는 악화되지 않는다(L). 그러나 차를 조만간 고치지 않으면, 고객을 만나는 일(M)에 영향이 있을 것이다. 문제는 차가 무엇이 잘못되었는지 찾아내는 것이다(PA).
3. 불을 끄는 것은 위의 세 가지 상황에서 모두 높은 우선순위를 가졌다. 문제는 그것을 어떻게 할지 결정하는 것(DA)이다: 호스나 소화기를 가져올 것인가; 소방서에 연락할 것인가; 집에 사람이 있는지 확인할 것인가.
4. 만약 당신이 위 목록에 있는 다른 일들을 마치고 나면 가방 안에 있는 서류를 포함해서 수개월 동안 해온 일이 안전한지를 확인할 필요가 있다. 이 PPA 공정은 서명한 서류가 안전한 장소에 보관되어 있는지를 확인하는 단계이다.
5. 토네이도가 그림에서는 가까이 있는 것처럼 보이지만, 그것은 토네이도가 그 지역 내에 있다는 것을 표현하기 위한 것이고, 단지 토네이도에 대한 경고일 뿐이다. 다음과 같은 DA/PPA 과정을 사용할 가치가 있다.

문제	타이밍 (H, M, L)	경향 (H, M, L)	영향 (H, M, L)	다음 과정 (PA, DA, PPA)
1. 개를 떼어내기	H	H	H	DA
2. 차 고치기	L	L	M	PA
3. 불끄기	H	H	H	DA
4. 가방의 서류 보호하기	M	M	H	PPA
5. 토네이도 대비하기	M	H	H	DA/PPA

모든 범주에서 H로 분류된 두 개의 문제가 있다; 이제 우리는 어떤 것부터 먼저 다룰지를 결정해야 한다. 그렇게 하기 위하여, 우리는 각 범주에서 두 문제를 쌍으로 비교한다. 타이밍 범주에서, 사람은 개로 인하여 실질적으로 불을 끄거나 소방서에 전화할 수 없다; 따라서 개를 제거하는 것이 타이밍 범주에서 우선권을 가진다. 영향의 관점에서, 개의 이빨이 점점 더 깊이 들어가고 고통은 다른 어떤 것을 생각할 수 없을 만큼 크다; 그러므로 이 범주에서도 역시 개는 최고의 중요도를 가진다. 또한 개는 영향 범주에서 사람이 어떤 것을 하기 위해 움직일 수 없게 하기 때문에 최고의 중요도를 가진다. 명확하게, 첫 번째 임무는 다리로부터 어떻게 개를 떼어놓느냐로 결정하였다.

K.T. 상황평가: 출근 첫 날

Sara Brown은 이제 막 Brennan사의 사무용품 가게의 지배인이 되었다. Brennan사는 중서부 지역에 10여 개의 지점을 가지고 있다. 시내의 번화가에 위치한 Sara의 가게는 100만 달러 이상의 제품과 20,000ft^2 이상의 공간을 소유하고 있다.

Sara는 출근 첫 날부터 수많은 문제에 봉착하게 된다. 한 구매자가 주문해서 지난주에 배달된 비싼 책상에 포장을 뜯어내는 과정에서 많은 흠집이 났으며 이에 대해 창고 책임자는 어떻게 해야 할지 몰랐다. Sara는 지난달 말이 만기인 전기 요금이 아직 지불되지 않았다는 것을 알았으며 이 고지서는 상습적으로 지불이 지연되어 왔음을 알게 되었다. 지불담당 경리부장은 그녀에게 지난 수개월 동안 이 상점 대부분의 경리가 근무태만이었다는 사실을 보고했으며 어떻게 조치해야 할지를 알고 싶어했다. 창고에는 지난주부터 상자가 산더미처럼 쌓였는데 이것들은 아직 뜯어보지도 않았거나 목록에 기입되어 있지도 않았다. 거의 매일 아침 그녀가 30명의 직원들에게 받은 인상이라고는 그저 그들은 불행하고 그 상점에서 일하기를 싫어한다는 것이었다.

설상가상으로 점심시간이 얼마 지나지 않아, 수많은 배달 차량이 상점 앞에 늘어서고 이중으로 주차하여 결국은 교통운행 지장을 초래하였다. 차량 운전사들은 사무실로 들어와서 고급 책상 20개를 새로 들여왔다고 보고했다. Sara는 도대체 이 물량을 어디에 두어야 할지 몰라 했고 직원들은 Sara에게 말하길, 이 물량은 다음주까지 받아들일 수 없고 당장은 둘 자리가 전혀 없다고 보고했다. 가게 밖에서, Sara는 교통체증으로 인한 경적소리를 들을 수 있었다.

Sara는 어떻게 해야 하는가?

주 문제	부수적 문제	타이밍 (H, M, L)	경향 (H, M, L)	영향 (H, M, L)	다음 과정 (PA, DA, PPA)
1. 공간	뜯지 않은 상자	L	L	L	DA
2. 20개의 새 책상	교통체중	H	H	H	DA
3. 직원	근무태만	M	M	H	PA
4. 자금	빚	M	M	M	DA
	만기 빚	M	M	M	PA
5. 품질	긁힌 책상	L	L	M	DA/PPA

1. 상자들을 바닥에 두는 것은 보기에도 좋지 않고 다니는 데도 불편하지만 이것을 지금 당장 해결할 필요는 없다(타이밍=L). 상자가 있다고 해서 상황이 더 나빠지는 것도 아니고(경향=L) 상자를 개봉하지 않거나 내용물을 선반에 보관하지 않는 것에 대한 영향도 작다. 이 부수적 문제를 해결하는 과정은 결정분석(DA)이다: Sara는 누가 언제 상자를 열 것인지를 결정해야 한다.
2. 20개의 새 상자에 대하여 무엇을 할 것인가를 즉시 결정(DA)해야 한다(타이밍=H). 그렇게 많은 물량을 받아들일지 여부와 이를 보관하는 것에 대한 파급효과는 중요도 면에서 매우 높다(영향=H). 마지막으로, Sara가 무엇을 할 것인지(경향=H) 결정하는 동안 교통체증이 발생하여 점점 더 나빠지고 있다.
3. 직원의 근무태만에 관한 문제는 즉시는 아니더라도(타이밍=M) 가까운 시일 내에 해결할 필요가 있다. 조심성이 부족해서 제품을 떨어뜨리는 것이 고객이 주문한 책상에 손상을 입히게 된 원인이었다(영향=M). 낮은 수준이지만 근무태만은 더 나빠질 수 있다; 그러므로 경향은 중요도가 중급이다(M). Sara는 왜 근무태만이 생기는지를 모르기 때문에 문제에 대해 알아보기 위하여 문제분석(PA)을 실행할 필요가 있다.
4. Sara는 전기 요금을 빨리 지불해야 한다(타이밍=H). 그렇지 않으면 전력공급이 중단될지도 모르는데 이로 인한 영향이 매우 클 것이다(영향=H). Sara는 왜 고지서 지불이 미루어져 왔는지 알아낼 필요가 있다(PA).
5. 손상된 책상에 대하여 당장 신경 쓸 필요는 없지만 Sara는 멀지 않은 미래에 무엇을 할 것인가를 결정할 필요가 있다 (DA). 그녀는 책상과 다른 제품을 좀더 조심스럽게 개봉할 수 있는 방법을 연구할 필요가 있다 (PPA).

분류된 것을 비교해 보면, Sara가 가장 먼저 해야 할 일을 알 수 있다: 가게에 책상들을 놓을 공간을 찾거나 그것들을 공급사에 보내기로 결정하라.

K.T. 문제분석

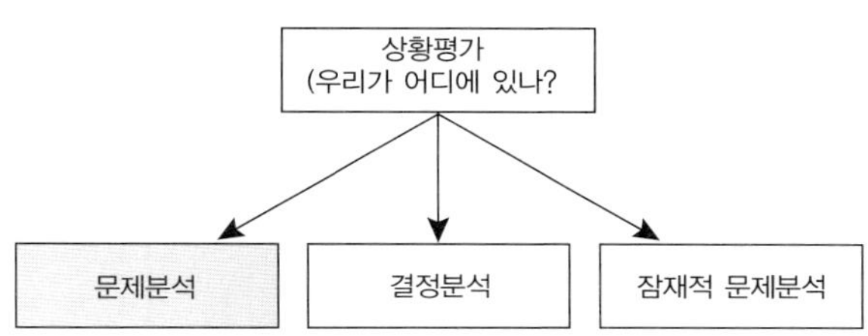

상황평가를 완성한 후, 우리는 해결할 문제를 시작하거나(PA), 결정하거나(DA), 또는 우리가 선정한 대안의 성공을 어떻게 보증할 것인가(PPA)를 결정할 것이다. 우리는 4장에서 **K.T. 문제분석** 전략을 논하였다. 문제분석 시, 우리는 문제의 4가지를 조사한다: *무엇*, *어디*, *언제*, *어느 정도*. 우리는 또한 *문제에 무엇이 있고 없는지*를 기록하고 두 가지 사이를 구분할 필요라 있다.

K.T. 결정분석

이 절에서는 문제를 해결하기 위한 여러 가지 대안적 해결책들 중에서 최선의 해결책을 어떻게 결정하는지 논할 것이다. **K.T. 결정분석**은 모든 목적들을 만족시키는 최선의 해결책을 발견하기 위하여 여러 가지 다른 대안들로부터 선택하기 위한 논리적 순서도이다.

1. 당신이 결정하길 원하는 것에 대하여 간결한 **결정진술**을 쓰고 정보를 수집하기 위하여 3장에서 논의된 초기 4단계를 활용하라. 당신이 이루고자 하는 것과 어떤 자원을 이용할 수 있는지를 확인하라.

결정분석
결정진술: ________________________________
____

2. 결정에 의하여 이루어지는 모든 목적들을 기록하고 두 개의 범주로 나누어라: **의무**와 **필요**. 의무는 성공적인 해결책을 성취하기 위해 반드시 해야 하는 것이다; 그것은 측정 가능하고 실질적이어야 한다. 필요는 바라는 것이지만 반드시 해야 하는 것은 아니다.

의무
1.
2.
3.
필요
1.
2.
3.

3. 대안 목록이나 선택할 것으로부터 선택(A, B, C)을 개발하라.

대안적 해결책	A	B	C

4. 각각의 의무 사항에 대하여 각각의 대안적 해결책을 검증하라. 대안적 해결책이 모든 의무 사항들을 만족시킨다면, 그것은 "go" 이고 그 대안을 계속해서 검증해야 한다; 만약 의무 사항들 중 어느 하나라도 만족시키지 못한다면, 그것은 "no go" 이고 더 이상 고려하지 말아야 한다. 다음 예에서, 대안 B는 의무 2를 만족시키지 못한다. 결과적으로, 이 대안을 더 이상 고려할 필요가 없고 대안 B를 위한 필요성을 검증할 이유가 없다.

결정분석

결정진술: ______________________________

____

대안적 해결책		A		B		C	
의무	1. 2.	Go Go		Go No Go		Go Go	
필요	가중치	분류	점수	분류	점수	분류	점수
1. 2.					~~No Go~~		
		합 A =		합 B =		합 C =	

5. 당신이 만족하길 원하는 목적의 목록을 조사하라. 필요 항목은 바라는 것이지만 꼭 해야 하는 것은 아니다; 그들은 대안들이 어떻게 서로에게 상대적으로 수행되는지의 비교해 준다. 이상적인 해결책이 가져야 하는 모든 특성들의 목록을 작성하고 그것들의 순서를 정하며 가장 중요한 것을 처음에 두고 가장 덜 중요한 것을 마지막에 두라. 다음, 특성들이 얼마나 중요한지를 표시하기

위하여 가중치(범위 1~10)을 할당하라. 가중치를 할당하는 것은 부수적인 일이다. 만약 한 가지의 필요성이 매우 중요하다면, 당신은 매우 높은 가중치인 9 또는 10을 주어야 한다. 보통의 중요도라면, 좀 낮은 가중치인 6이나 7을 할당하라.

결정분석

결정진술: ______________________________

____

대안적 해결책		A		C	
의무	1. 2.	Go Go		Go Go	
필요	가중치	분류	점수	분류	점수
1. 2.	8 7				
		합 A =		합 C =	

6. 필요성에 대하여 각각의 대안을 검증하고 필요성에 얼마나 만족시키는지를 분류(범위 0~10)하라. 만약 대안이 필요성의 모든 가능한 점을 만족시킨다면, 10점을 받을 것이다. 만약 부분적으로 만족시킨다면, 아마도 4나 5의 점수를 받을 것이다.
7. 필요성에 대하여 가중치의 값을 곱하여 대안의 필요성 점수를 얻는다. 앞의 표에서 필요 1에 대하여, 가중치는 8이고 대안 A는 이 필요성에 크게 합당하지 않다. 그래서 3점을 얻었다. 대안 A의 필요 1에 대한 점수는 8×3=24이다. 모든 필요에 대하여 유사한 검증을 수행하고 각각의 대안에 대하여 점수를 합산하라. 최고의 종합점수를 얻은 대안이 당신의 잠정적인 첫 번째 선택이다.

처음엔 다소 주관적으로 보이는 가중치를 확인하고 점수를 계산하는 동안, 그것은 개인적 편견으로부터 자신을 분리하고 각 대안의 논리적 검증에 도달하기 위한 매우 효과적인 기법이다. 만약 당신이 적절한 선택이어야 한다고 생각했던 대안이 당신의 잠정적인 첫 번째 선택보다 낮은 점수를 얻었다면 각각의 필요에 할당했던 가중치를 재검토해야 한다. 당신에게 정말로 중요한 필요성들이 무엇인지를 더 잘 이해하기 위해서 당신의 본능을 분석하라. 선택 사항들을 다시 점수화한 후 마음에 드는 대안이 여전히 낮은 점수에 있다면, 아마도 당신의 감각이 틀렸을 것이다.

결정분석

결정진술: ____________________

____

<table>
<tr><td colspan="2">대안적 해결책</td><td colspan="2">A</td><td colspan="2">C</td></tr>
<tr><td>의무</td><td>1.
2.</td><td colspan="2">Go
Go</td><td colspan="2">Go
Go</td></tr>
<tr><td>필요</td><td>가중치</td><td>분류</td><td>점수</td><td>분류</td><td>점수</td></tr>
<tr><td>1.
2.</td><td>8
5</td><td>3
7</td><td>24
35</td><td>5
5</td><td>40
25</td></tr>
<tr><td></td><td></td><td colspan="2">합 A = 59</td><td colspan="2">합 C = 65</td></tr>
</table>

미지의 문제에 대한 우리의 잠정적 해결책은 대안 C이다. 그러나 이 해결책을 최종 선택으로 만들기 전에 역결과 분석을 수행해야 한다.

대안적 해결책의 역결과

결정 과정의 마지막 단계는 각각의 대안적 해결책에 따르는 위험요소들을 찾는 것이다. 이 단계에서, 우리는 최고점을 받은 잠재적 해결책을 취하고 각각의 대안을 선택한다면 잘못될 수 있는 모든 확률의 목록을 만든다. 그러고 나서 역결과가 발생할 *확률*(0~10)과 그러한 것이 발생할 경우 결과의 *심각성*(0~10)을 검증하도록 한다. 이 두 수의 곱은 임무의 성공에 대한 **위협**으로 고려될 수 있다.

결정분석 표에서 숫자에 의한 점수가 역결과의 심각성을 가리도록 허락하지 않는 것이 중요하다. 어떤 경우, 최고점을 받은 대안의 잠재적 역결과가 너무 심각하기 때문에 두 번째로 높은 점수의 대안이 그저 선택될 수도 있다. 대신에, 위협 수준에 대한 수치적 점수를 계산하기보다는 상황분석에 사용하였던 것과 같은 검증 시스템을 이용할 수 있다: 낮은 중요도(L), 중급 중요도(M), 또는 높은 중요도(H).

역결과

역결과	A. 발생확률	B. 발생의 심각성	C. 위협
대안 A 1. 2. 3.	(0~10) 또는 (L,M,H)	(0~10) 또는 (L,M,H)	A x B
대안 C 1. 2. 3.			

결정분석: 완벽한 휴가

Lara와 Tom Anderson은 몹시 바쁜 일상에서 탈출하여 여름휴가를 가고 싶은 23세의 커플이다. Anderson은 시카고 외곽에 살고 시카고 시내로 편도 45분 거리에서 출퇴근한다. 그들은 부산하고 혼잡한 곳으로부터 떠나길 갈망하고 새로운 경치를 구경하고자 한다. 그들은 최대로 휴가에서 사용할 경비로 2000달러를 저축했다. 두 사람은 새로운 일을 배우고, 흥미로운 곳을 보고, 좋은 음식을 먹는 것을 좋아하지만 Tom은 현재 다이어트 중이다. Tom은 야외 스포츠를 좋아하지만, Lara는 미술관에 가는 것과 야외에 앉아서 책 읽는 것을 좋아한다. 두 사람의 주 목적은 새로운 기분으로 돌아오는 것이다. 그들은 브레인스토밍을 하고 세 가지 휴가 확률을 확인하였다.

Lara는 뉴욕에서 가보고 싶은 세 개의 박물관을 Tom에게 말했다. 비행기 표는 저렴하지만 뉴욕의 호텔은 비싸다; 따라서 커플은 시 외곽에 호텔을 잡아야 하고 예산 내에서 머물도록 왕복해야 한다.

Tom은 그 계획에 동의할 만하다. 그는 연극을 좋아하고 뉴욕에는 확실히 우수한 식당들이 있다. 하지만 또한 두 번째 대안을 제안했다. 만약 커플이 미시간 북부를 방문하면, Tom은 골프와 항해를 하고 다양하고 풍부한 역사, 흥미로운 식당, 등산코스가 있는 Mackinac 섬을 방문할 수 있다. 미시간 위쪽 지방은 Traverse 시에 있는 세계적 수준의 골프코스인 Mackinac Bridge의 고향이고 Anderson이 등산하고 모래언덕을 통과하여 여행할 수 있는 Sleeping Bear Sand Dune이 있다.

이제 Lara는 Tom에게 바닷가에 눕고 태양 아래 항해하면서 시간을 보낼 수 있는 멕시코의 Cancun에 대한 광고전단을 보여준다－한 사람당 비용은 895달러(항공료, 숙박비, 식대가 포함됨). Cancun은 음식이 알려지지 않았고 Tom은 매운 음식을 좋아하지 않는다. Lara는 마야문명에 대한 가이드 여행이 단지 두 시간 떨어진 곳에 있다고 지적했다.

Lara와 Tom은 선택사항에 대하여 K.T. 결정분석을 수행하기로 하였다. 그들의 의무 사항은 예산 내에서 새로운 관광지를 즐기고, 스트레스가 없어야 한다는 것이다. 모든 휴가 대안들은 2000달러 미만이 소요될 것이고 따라서 결과적으로 모든 것은 이 기준에 의하여 “go” 이다. Tom과 Lara는 이곳들 중 어디에도 가보지 못했고 따라서 모든 의무 사항들 역시 “go” 이다.

세 번째 의무(no stress)의 관점에서, Anderson은 그들이 현재 시카고에서처럼 매일 왕복의 스트레스를 가질 것이고 재충전되어 돌아올 수 없으니 “no go” 이다.

Tom과 Lara는 필요성을 세 개로 압축하였다: 좋은 전망과 경치, 좋은 음식, 그리고 새로운 것을 배우기. 멕시코 만의 깨끗한 조망과 Cancun의 모래사장은 훌륭하다(등급=10). 미시간 호와 휴론 호와 같은 대호수와 Mackinac Bridge가 만나는 곳은 훌륭한 장소(Mackinac 섬)이다. 이 섬은 차를 허용하지 않으며, 도보, 자전거, 말이 유일한 교통수단이다(등급=10).

Zagat Guide(등급=8)에 올라와 있는 Tapawingo와 같이 미시간 북부에 우수한 식당들이 있다. Tom은 매운 음식을 좋아하지 않고, Cancun에 있는 식당들은 비록 좋지만 북부 미시간에서 발견된 것(등급=3)과 같은 수준이 아니다.

배우는 것은 커플의 가장 중요한 필요성이다. Cancun에서, 마야문명에 대해서 배우는 것은 매우 가치 있을 것이다(등급=8). 미시간 북부에서, 커플은 혁명전쟁으로 거슬러 올라가는 Mackinac 요새와 1715년 프랑스-인디안 전쟁으로 거슬러 올라가는 Michilimackinac 요새를 방문할 수 있다; 두 곳 모두 역사적으로 가치가 높다(등급=7).

결정진술

새로운 것을 배우고, 새로운 경관을 보고, 좋은 음식을 먹고, 스트레스로부터 벗어나기 위하여 어디로 휴가를 갈 것인가?

K.T. 결정분석 표

	A. Cancun	B. 뉴욕	C. 미시간 북부
의무 사항			
가격제한	Go	Go	Go
새로운 경관	Go	Go	Go
스트레스 없음	Go	No Go	Go
필요 사항		X	
배우기 10	×8 = 80		×7 = 70
음식 8	×3 = 24		×8 = 64
경관 5	×10 = 50		×7 = 35
	154		169

잠정적 최선의 결정은 미시간 북부에서의 휴가이다. 그러나 Lara와 Tom이 그들의 최종 선택을 결정하기 전에, 그들은 "go"라고 판단되는 각 해결책의 역결과를 고려해야 한다.

역결과

Lara와 Tom은 지금 이 해결안들 중에서 선택한다면 잘못될 수 있는 주요 사항, 잘못될 수 있는 확률(P:1~10)을 평가하고, 그러한 것이 발생할 경우 결과의 심각성(S:1-10)을 브레인스토밍한다. 각 대안의 해결책을 선택함에 따른 위협(T)은 이 두 수의 곱으로 나타낸다: T = P×S.

나쁜 날씨가 커플의 최종 선택에서 하나의 요인이 될 수 있다. 연중 이 시기의 미시간 북부의 날씨가 좋지 않을 확률(P=20%)은 낮다. 그들의 휴가는 걸프 만의 허리케인 시즌일 확률이 크지만 폭풍이 Cancun을 지나지 않을 수 있으며 그래서 그들은 허리케인이 Cancun에 올 확률(P=40%)은 낮다고 평가한다. 물론, 허리케인이 Cancun을 친다면 매우 심각한 결과(S=90%)를 가져올 것이다. 미시간 북부의 번잡함은 그들이 식당이나 박물관에 들어가는 것을 어렵게 만들 수 있다; 이러한 문제가 발생할 확률(P=40%)이 있고 그것의 심각성은 S=50%이다. Cancun의 안내원 파업은 마야유적지 방문을 방해할 것이나 그러한 것이 발생할 확률은 P=10%이다. 그러한 것이 발생한다면 안내원 파업은 매우 심각하다(S=80%).

대안	가능성 (P)	심각성 (S)	위협 (P×S)
미시간 북부			
나쁜 날씨	2	5	10
번잡함	4	5	20
합			30
멕시코 Cancun			
나쁜 날씨	4	9	36
번잡함	1	8	8
합			44

Anderson 커플의 초기 선택을 바꿀 역결과가 충분하지 않다. 그들의 최선의 선택은 여전히 미시간 북부로 가는 것이다.

다음 예는 산업체에서 결정분석을 이용하는 것에 대한 예이다.

페인트 분무기 선정

새로운 자동화 제조공장이 건설될 계획이고 조립공정에 사용될 전자식 페인트 분무기를 선정하라는 지시가 내려졌다. 산업현장에서 가장 기본적으로 사용되는 분무기는 Paint Right이다. 실험에 따르면 Paint Right의 사용이 가장 적절한 것으로 알려져 있기는 하지만 제조공장이 유럽에 위치하여 분무기의 수리가 느리고 어렵다. 분무기는 높은 흐름속도에 따른 과다한 폐기물과 낮은 흐름속도에 따른 긴 적용시간을 피하고 정확한 흐름속도를 제공할 필요가 있다. 분무된 물방울 크기가 균일하게 공급되어야 하고 따라서 균일한 도색과 멋진 외관을 만들어야 한다.

분무기의 바람직한 특성으로는 내구성, 고장 시 손쉬운 서비스, 낮은 가격, 그리고 작업자에게의 친숙함 등이 있다. 비록 현재 가장 큰 시장점유율을 가진 유럽 회사 제품은 Paint Right이지만, 페인트 분무기의 가격이 심하게 부풀려져 있다. 두 개의 미국 회사가 그들의 제품을 가지고 이 시장으로 들어가고자 한다: New Spray와 Gun Ho.

결정진술

전자식 페인트 분무기를 선택하라. 사용 가능한 분무기는 Paint Right, New Spray, Gun Ho가 제조한다.

행동방침

첫 번째 단계는 페인트 분무기의 중요한 품질을 나누는 것이고, 당신이 반드시 가져야 하는 것과 당신이 갖길 원하는 것을 결정해야 한다. 당신의 경험과 다른 페인트 직원들과의 토론으로부터 당신은 두 가지의 의무를 결정하라: (1) 페인트 흐름속도의 충분한 조절, (2) 허용할 만한 페인트 외관. 당신은 또한 네 가지의 필요성을 확인해야 한다: (1) 손쉬운 서비스, (2) 낮은 가격, (3) 긴 내구성, (4) 페인트 직원에게 친숙함.

첫째, 당신은 각각의 대안들이 두 가지의 의무 사항을 만족시키는지를 결정할 필요가 있다. 공장 기록은 Paint Right가 두 가지의 조건을 만족시킨다고 보여준다. 다음, New Spray와 Gun Ho의 제품이 두 가지의 의무 사항을 만족시키는지를 결정하기 위하여 실험되었다. 결과는 New Spray는 기준을 만족하지만 Gun Ho는 요구되는 수준의 페인트 흐름속도를 조절할 수 없는 것으로 나타내었다. 결과적으로, Gun Ho은 고려되지 못하고 제거되었다.

네 가지 필요 항목에게 가중치를 주고 최대한 주의 깊게 의무 사항을 만족시키는 각 분무기에 등급을 준다. 첫 번째 필요성(서비스의 용이성)은 중요한 것이고 가중치 7을 받았다. Paint Right사는 유럽에 위치하고 있기 때문에 빠른 서비스를 받는 데 어려움이 있고 따라서 가중치는 2를 받았다. 따라서 Paint Right사의 분무기는 이 항의 필요성에서 7×2=14의 점수를 받았다. 내구성은 중간정도의 중요성을 가지고 가중치는 6이다. Paint Right의 분무기는 매우 내구성이 좋고 등급이 8이어서 이 항의 필요성에서 48이다. 친숙함과 낮은 가격의 필요성 항목은 덜 중요하고 따라서 각각 가중치는 4이다. 공장 직원들이 현재 Paint Right 분무기를 잘 사용하고 있기 때문에, 등급은 9이므로 점수는 4×9=36이다.

우리는 이러한 방법을 전체 결정분석 표가 완성될 때까지 계속한다.

해결책

의무 사항		페인트 조절		New Spray		Gun Ho	
충분한 흐름 조절		Go		Go		No Go	
허용할 만한 외관		Go		Go		Go	
필요	가중치	등급	점수	등급	점수	등급	점수
쉬운 서비스	7	2	14	9	63	No Go	
내구성	6	8	48	6	36		
낮은 가격	4	3	12	7	28		
친밀함	4	9	36	2	8		
합		110		135			

역결과 분석을 적용한 후, New Spray사의 전자 페인트 분무기가 여전히 Paint Right사의 모델을 제치고 새로운 설비로 선정되었다.

결정분석 예: 첫 번째 직장 선택

몇 년 전, 미시간 대학을 졸업하는 어느 4학년 학생이 어느 직장에 가야 할 것인가를 결정하는 데 K.T. 결정분석을 사용하였다. John은 해결되어야 하는 여러 가지 제약사항들을 가지고 있었다. 특히, 그의 약혼녀(현재 그의 아내)도 역시 같은 시기에 화학공학 전공으로 졸업을 앞두고 있었으며 이들 모두는 자신들의 고향인 미시간 근처에 살기를 원했다. 게다가, 맞벌이 부부로서 회사가 자신을 다른 곳으로 파견 보내지 않는다는 보장이 있어야 했다. 여러 회사에 면접을 본 결과 그는 선택의 폭을 Dow Corning, ChemaCo, 그리고 TrueOil의 세 회사로 좁힐 수 있었다.

John이 가장 먼저 한 것은 각각의 일자리 제안에서 만족해야만 하는 의무 사항들을 확인하는 것이었다; 이 기준들은 K.T. 결정분석 표에 보인다. 모든 의무 사항들을 만족시킬 수 있는지 여부를 가지고 각각의 회사를 검토해본 결과 TrueOil사는 파견 보내지 않는다는 항목을 만족시키지 못한다는 것을 알아냈다. 따라서 이 회사는 고려대상에서 제외되었다. 남은 두 회사는 각각의 필요성에 관하여 평가되었고 각 회사에 대한 총점을 얻을 수 있었다. Dow Corning사는 696점이고 ChemaCo사는 632점이었다; 분명한 최선의 선택은 Dow Corning사였다.

K.T. 결정분석: 직장 선택

목표		Dow Corning			ChemaCo			TrueOil	
의무 사항									
중서부		미들랜드, 미시간	Go		톨레도 오하이오	Go		디트로이트 미시간	Go
배우자와 40마일 이내에 위치		미들랜드에 있는 큰 회사	Go		산업화된 오하이오 북부	Go		시내근교 주요도시	Go
파견정책 없음		미들랜드에 있는 큰 공장	Go		톨레도의 큰 공장	Go		파견 가야 함	No Go
필요	가중치		등급	점수		등급	점수	No Go	
공장안전성	10	좋음 (실리콘)	7	70	주로 화학제품	5	50		
교육지원 프로그램	10	등록금 지원	8	80	등록금 지원	8	80		
사기진작 정도	10	매우 긍정적	9	90	긍정적	8	80		
직책	10	공정 기술자	9	90	공정설계 조업	10	100		
급여와 복지	9	좋음	6	54	매우 양호	8	72		
고향 근처	8	150마일	10	80	400마일	5	40		
승진정책	7	내부승진	10	70	내부승진	10	70		
대기업	6	중견기업	6	36	소기업	3	18		
면접관의 자세	5	지적, 긍정적	8	40	지적, 긍정적	8	40		
기업이미지	4	알려짐	5	20	모름	3	12		
산업의 안정성	4	실리콘 (매우 양호)	9	36	기름 (최상)	10	40		
주주배당금	3	최상 (전국 2위)	10	30	최상 (전국 4위)	10	30		
합		696			632				

마지막 결정을 하기 전에, John은 첫 번째와 두 번째 선택의 역결과를 검증할 필요가 있다. 역결과 분석의 결과가 다음 표에 있다. 역결과 분석에서는 전과 같이 두 가지 선택 모두 분류되었다; 이 분석의 결과로서, 명백하게 첫 번째 선택이 최종 선택으로 확정되었다.

역결과 분석: 직장 선택

대안	확률(P)	심각성(S)	위협(P×S)
Dow Corning			
미들랜드는 좋지 않음	6	3	18
비싼 집세	4	6	24
합			**42**
ChemaCo			
톨레도는 좋지 않음	6	8	48
비싼 집세	5	6	30
합			**78**

John과 아내는 미시간의 미들랜드에서 일하고 있다. (회사들의 이름이 이 실생활 예제에서 바뀌었다.)

주의사항

가중치와 점수를 정하는 것은 매우 주관적이다. 우리는 쉽게 지레짐작으로 좋아하는 과제에 대하여 높은 가중치와 높은 점수를 부여하여 결정을 형성하는 과정을 남용할 수 있다. 이러한 성향의 등급 매김은 수치를 빗나가게 하고 결론을 내리는 과정을 망치게 되는 것이다. 당신은 Kepner-Tregoe의 책을 참고할 필요가 있는데, 이 책은 어떤 하나의 대안의 허락을 보장하고 모든 다른 선택을 부인하는 위험성을 강조한다. 이러한 경향은 당위성 항목이 너무 많고 분석을 흐리는 중요하지 않은 많은 세부사항이 거론되었거나, 혹은 어떤 항목이 성공을 보장할 수 있는지 지각할 수 없을 때 일어날 수 있다. 결론적으로, 평가과정에 있을 때 항상 열린 마음을 유지하는 것이 매우 중요하다는 것이다.

누락된 정보

결정을 내리는 데 기본이 되는 모든 정보를 가지고 있지 못할 때 결정을 내리는 것이 가장 어렵다. 이러한 상황에서 K.T. 결정분석 표를 작성한 후 정보가 누락되어 있을지도 모르는 극단적인 상활을 생각해 보거나, "혹시 ~라면?"의 방법을 실행해 보는 것도 도움이 될 수 있다.

예를 들어, 직장 선택의 예를 다시 들여다 보자. Dow Corning사가 John이 맡을 직책을 아직 선정하지 못했다고 가정하자. John은 9점을 줄 수 있는 최선의 경우(즉, 그가 원하는 공정 엔지니어 직책)와 1점으로 평가할 수 있는 최악의 경우(즉, 종일 거리에서 여행 상품을 판매하는 일)를 예상할 수 있을 것이다. 이런 가정대로라면 Dow Corning 사에 대한 최종점수는 ChemaCo사보다 낮은 616점으로 떨어질 수도 있다. 여기에서 알 수 있듯이 필요성은 아주 중요한 요소의 정보를 요하게 되고 John은 그들의 제안을 받아들이기 전에 Dow Corning사로부터 더 많은 정보를 얻어내야만 한다. 만약 Dow Corning사가 어떤 종류의 일을 하게 될 것인지 Jonh에게 언급하지 못한다면, 적어도 어떤 일(예, 여행상품 판매원)은 맡지 않게 될 것이라는 말은 해줄 수 있어야 한다. 만약 그렇지 않다면, John은 ChemaCo사를 선택하는 방향으로 영향을 받게 될 것이다. 물론, 다른 모든 사항들이 긍정적인 경우라면, 입사 직후 혹은 조금 지난 후에 원하는 직책을 얻을 수 있을 것이라는 기대를 가지고 Dow Corning사를 선택하는 위험부담을 감수할 수도 있다.

결정이 윤리적인가?

이것은 매우 중요한 문제이기 때문에, 이러한 문제에 대답하기 위해 도움을 줄 수 있는 몇 가지 개념이 제시되어 있는 9장으로 이에 대한 논의를 미루고자 한다.

K.T. 잠재적 문제분석

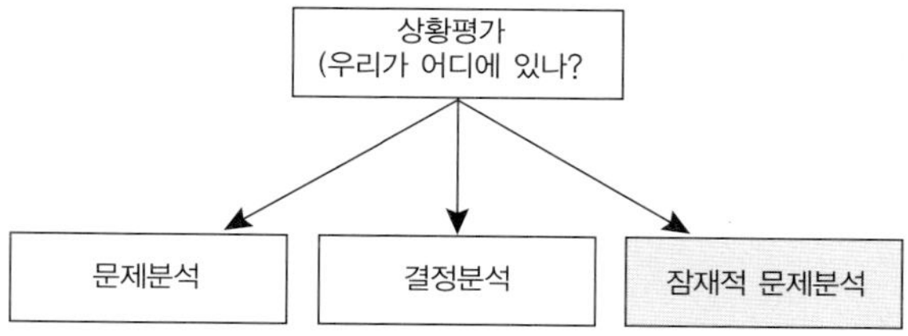

결정을 내릴 때, 매우 당연하게 우리는 그것의 성공을 확증할 계획을 원한다. 우리는 무엇이 잘못될 수 있는지 조사하고 그러한 실수를 피하기 위하여 계획을 만들어야 한다. 계획을 세우는 데 도움을 주기 위해, Kepner-Tregoe는 이미 내린 결정의 성공을 확증할 수 있을 뿐만 아니라 안전성을 고려하여 문제를 분석하는 데 적용되는 하나의 순서도를 제시하였다. **K.T. 잠재적 문제분석**(PPA) 접근은 위험한 결과가 도출될 가능성을 줄여줄 수 있다. 다른 K.T. PPA 표는 잠재적 문제들의 윤곽을 그리고 가능한 원인, 예방책, 차선책을 제안한다.

K.T. 잠재적 문제분석

잠재적 문제	가능한 원인	예방책	차선책
A.	1. 2.		
B.	1. 2.		

잠재적 문제를 분석할 때, 그 문제들이 발생한다면 각각의 문제가 얼마나 심각할지, 그리고 일어날 가능성은 얼마나 될지를 확인해야 한다. 그 문제가 내린 결정의 성공 여부에 치명적일까(의무)? 결정의 성공을 해칠까(필요성)? 아니면 단순히 골칫거리일까? 우선, 잠재적 문제들을 확인하기 위하여 브레인스토밍(6장 참조)을 하고, K.T. 표에 결과를 기록하라. (1) 기한이 짧을 경우; (2) 새롭고, 복잡하고, 친숙하지 않은 것을 시도할 때; (3) 책임을 할당할 때; (4) 비판적 결과를 따라할 때는 잠재적 문제에 대하여 특별한 경계를 해야 한다. 다음으로, 각 문제에 대하여 발생할 수 있는 모든 원인들을 브레인스토밍하고 기록하라. 이제, 각 원인에 대한 예방책을 개발하라. 마지막으로 당신의 예방책이 실패할 경우 마지막으로 사용할 수 있는 차선책을 개발하라. 차선의 계획을 발효할 조기 경보 신호를 확인하라. 그러나 차선책을 가지고 진행하기보다는 예방책에 집중하라.

잠재적 문제분석의 예로, 우리가 한 번 이상 경험했을 상황을 이용할 것이다:

중고차 구입. 첫째, 우리는 중고차에 있을 법한 잠재적 문제들을 브레인스토밍한다.

숨겨진 손상
바퀴의 잘못된 정렬
스프링 문제
작동유체 누출
속도계 부정확

다음으로, 각 잠재적 문제의 가능한 원인들을 기록한다. 숨겨진 손상에 대한 가능한 원인들을 조사해 보자.

자동차는 홍수를 당한 것이다.
자동차는 사고를 당한 것이다.

이제, 우리가 취할 예방책을 기록하여 자동차가 홍수의 피해를 입었는지를 결정하자.

자동차 내부와 트렁크 깊이 냄새를 맡아라. 곰팡이 냄새가 있나?
스페어타이어의 녹을 조사하라.

마지막으로, 자동차가 홍수의 피해를 입었다면 우리가 취할 차선책을 기록하라.

자동차를 사지 마라.

다음 표는 중고차를 사기 위해 완성한 K.T. PPA 표이다.

K.T. 잠재적 문제분석: 중고차 구입(불량품이 아님)

잠재적 문제	가능한 원인	예방책	차선책
1. 숨겨진 손상; 차체의 상태가 이상함	자동차는 홍수에 있었음; 문/트렁크 누수	자동차 내부와 트렁크 냄새를 맡아라. 곰팡이 냄새가 나는가? 스페어타이어의 녹을 조사하라.	자동차를 사지 마라.
	자동차는 사고 난 차임; 녹슬어 있음	자석이 붙지 않는 플라스틱 페인트를 조사하기 위하여 차체, 바퀴, 문을 자석으로 조사하라. 문짝과 트렁크 채색의 차이를 조사하라.	훨씬 싼 가격을 제시하라.
2. 앞/뒤 바퀴 정렬 잘못	자동차는 사고 난 차임	도로에 물을 붓고 운전하여 자동차 앞/뒤 바퀴가 일치하여 돌아가는지 조사하라.	자동차를 사지 마라.
3. 스프링 문제	심하게 사용; 취약한 유지 보수	자동차 바퀴의 궤적을 조사하라.	자동차를 사기 전에 스프링을 고치라고 요구하라.
4. 작동유체 누출	취약한 유지 보수	보닛 내부와 바닥의 작동유체 누수를 조사하라.	자동차를 사기 전에 봉합재 교체를 요구하라.
5. 속도계 부정확	함부로 조작; 고장	운행정도를 알려주는 제거된 전사지나 신호를 위하여 창문과 범퍼를 조사하라. 가속/브레이크 페달의 과도한 마모를 조사하라. 권리서를 조사하라.	훨씬 싼 가격을 제시하라.
6. 고장 직전인 자동차	전 소유자가 유지 보수를 안 함	작동유체(오일, 냉각수, 변속기, 브레이크)의 정도를 조사하라. 베터리의 침적물을 조사하라. 오일필터, 배터리, 다른 부품들이 저가 부속품으로 교체되었는지 조사하라.	자동차를 사지 마라.

출처: Chicago Tribune, April 1993.

K.T. 잠재적 문제분석:
새로운 Cajun Chicken 샌드위치 판매하기

Wes Thompson은 패스트푸드 햄버거 전문인 Burgermeister 식당의 지배인이다. 그는 매콤한 Cajun Chicken이라 불리는 새로운 닭고기 샌드위치가 2주 안에 Burgermeister에 선보일 예정이라는 소식을 조합으로부터 전달받았다. Wes는 회사나 광고로부터 새로운 샌드위치에 대하여 들은 바가 없었으므로 이 정보에 매우 놀랐다. 메모에 따르면 전국적인 광고 행사는 불행하게도 샌드위치가 선보인 이후로 연기되었다.

메모에 따르면, 다음주에 Wes의 식당은 500개의 매콤한 Cajun Chicken 샌드위치를 받을 것이다. 이 샌드위치는 냉동된 상태로 배달되며 냉동실에서 3개월 동안 보관이 가능하다. 또한 지시사항은 생닭을 적절하게 다루는 것의 중요성을 강조한다. 일부 닭의 생고기에 존재하는 살모넬라라는 박테리아에 감염되는 것을 막기 위해 특별한 표시가 있는 집게를 사용하여 다루게 될 것이다.

닭고기와 더불어 Wes의 식당에는 이 새로운 샌드위치용 조리기가 배달될 것이다. 5분의 조리시간 동안 고기를 충분히 익힐 수 있도록 적어도 380°F(193℃) 이상에서 조리기를 사용하는 것이 매우 중요하다.

Wes는 매콤한 Cajun Chicken을 2주 후에 메뉴에 올릴 때 메뉴의 전환이 자연스럽게 이루어지는 것이 중요하다고 생각했다. 문제를 방지하기 위하여, 그는 6장에 논의된 기법들을 이용하여 브레인스토밍 단계를 실시하여, 네 개의 잠재적 문제(예, 음식에 있는 박테리아)를 확인하였고 그러한 문제에 가장 논리적인 결과로 생각되는 대응 결과(예, 질병)를 확인하였다. 다음으로, Wes와 그의 동료는 각 잠재적 문제를 만들 수 있는 모든 원인들(예, 직원들이 생닭을 적적히 다루지 못함)을 브레인스토밍하였다. 불행하게도, 다수의 원인들은 각 잠재적 문제(예, 닭이 너무 오래 보관됨)를 만들 수 있었다. 각각의 경우를 위해, Wes의 직원들은 예방책(예, 직원들의 적절한 음식 다루기 훈련)을 찾았다. 마지막으로, 집단은 직원들의 훈련이 실패할 경우 차선책을 확인하였다. 이 경우, 차선책은 닭과 닭을 다루는 단계의 주기적인 검사였다.

완성된 PPA 표가 제시된다.

새로운 Cajun Chicken 샌드위치 판매하기

잠재적 문제	결과	가능한 원인	예방책	차선책
소비자가 샌드위치를 사지 않음	식당의 손실	소비자들은 샌드위치를 모른다	샌드위치 고유의 사인을 만들자	계산원이 닭을 손님에게 소개하도록 제안하자
		너무 비싸다	경쟁사와 가격을 비교하자	특별행사를 실시하자
		너무 맵다	소비자에게 순한 맛을 소개하자	특별행사를 실시하자
음식에 있는 박테리아	질병, 소송	직원들이 생닭을 다루지 못한다	직원들을 훈련시키자	주기적 조사를 실시하자
		그릴의 부적절한 사용	직원들을 훈련시키자	주기적 조사를 실시하자
		닭이 너무 오랫동안 보관된다	날짜 추적 시스템을 구축하자	필요하면 조사하고 제거하자
		냉동기가 차갑지 않다	온도조사를 실시하자	필요하면 조사하고 제거하자
낮은 품질의 샌드위치	고객 불평; 대응 없음	샌드위치가 잘못된 제품이다	점원들이 이중으로 확인하게 하자	피해를 입은 소비자에게 샌드위치를 무료로 제공하자
		샌드위치가 뜨거운 불빛 아래 너무 오래 보관된다	처분시간을 샌드위치에 기록하자	판매 전에 샌드위치를 확인하자
수준 이하의 서비스	고객 불평; 대응 없음	샌드위치 준비시간이 너무 길다	닭을 항상 미리 요리해 두자	샌드위치를 미리 만들어 두자

위의 표에 제시된 잠재적 문제의 10가지 가능한 원인 중, 실질적으로 네 가지가 발생했다. Wes는 다음과 같은 문제들을 주목했다.

- 대부분의 손님들이 이 새 상품을 알고 있지 못했다. Wes는 새 샌드위치 광고판을 설치하고 점원들에게 이 닭고기 샌드위치를 권하도록 하였다. (즉, "오늘 저희 회사의 새 매콤한 Cajun Chicken을 한번 드셔 보시죠?") 이렇게 해서 이

샌드위치의 판매량은 급증하게 되었다.

- Wes는 직원들에게 닭고기를 적적히 다루는 것과 조리하는 것이 얼마나 중요한 일인가를 설명하는 교육시간을 가졌다. 그 후, Wes는 정기점검을 실시하여 직원들이 이러한 사항(특정 집게를 사용하고 생닭을 만진 후에는 손을 씻는다)을 잘 지키고 있는지를 확인하였다. 일주일간 조사 후, 새로운 운영체계를 모든 직원들에게 실시하였다. 다행히도, 음식물 오염은 발생하지 않았다.
- 교육시간에 Wes는 조리기의 조작과정을 설명하였다. 일단 매콤한 Cajun Chicken이 메뉴에 올라간 후, Wes는 직원들이 이 조리기를 어떻게 조작하는가를 관찰하였다. 그의 관찰 따라 잘못 가열했을 때 발생할 지도 모르는 폭발을 필할 수 있었다.
- 초기에 잘못 만들어진 샌드위치에 대한 항의가 몇 차례 있었다. 이 문제는 점원들이 샌드위치를 제공하기 이전에 이중으로 확인하게 함으로써 해결되었다. 이중으로 확인함으로써 점원과 요리사와의 의사소통을 원활하게 하는데 도움이 되었으며 모든 샌드위치 조리의 정확도가 더 높아진 것으로 나타났다.

Wes가 이러한 안건을 다루는 전략을 시의적절하게 취했기 때문에 가능한 재앙을 피했다.

요약 *Summary*

일단 실제 문제가 정의되고 잠재적 문제들이 도출되었다면, 다음 사항을 해야 한다.

- 어떤 문제를 처음에 해결할 것이고, 이 문제를 해결하기 위하여 어떤 행동방침을 취할 필요가 있는지 결정하라.
- 가능한 대안들로부터 최선의 해결책을 선택하라.
- 선택된 해결책을 실행함에 따라 추가적인 문제를 어떻게 피할지 결정하라.

이러한 결정을 하기 위해 짜여진 공정은 Kepner-Tregoe(K.T.) 접근이다. K.T. 전략의 고유한 특징 중 하나는 자료를 전시할 수 있는 방법이다. 각각의 경우(상황평가, 문제분석, 결정분석, 잠재적 문제분석)에, 당신은 표를 채우고 하나의 결정에 도달하기 위해 그 표의 자료를 분석하라.

상황분석

문제	타이밍 (H, M, L)	경향 (H, M, L)	영향 (H, M, L)	다음 과정 (PA, DA, PPA)
1. 2. 3.				

문제분석

	있다	없다	차이점	가능한 원인
무엇				
어디서				
언제				
어느 정도				

결정분석

대안적 해법		A		B		C	
의무 사항	1. 2.	Go Go		Go No Go		Go Go	
필요 사항	가중치	등급	점수	등급	점수	등급	점수
1. 2.					~~No Go~~		
		합 A =		합 B =		합 C =	

잠재적 문제분석

잠재적 문제	가능한 원인	예방책	차선책
A.	1. 2.		
B.	1. 2.		

CD-ROM 자료 *CD-ROM Material*

- **배움 자료**

  요약 노트

- **전문 참고서적**

  Pareto 분석과 도표

참고문헌 *References*

1. Kepner, C. H., and B. B. Tregoe, *The Rational Manager,* Kepner–Tregoe, Princeton, NJ, 1976.
2. Kepner, C. H., and B. B. Tregoe, *The New Rational Manager,* 2nd ed., Princeton Research Press, Princeton, NJ, 1981.

연습문제 *Exercises*

상황평가

7.1. 1989년 3월 24일 오전 12시 45분, *Exxon Valdez* 유조선이 Bligh 암초에 좌초하여 엄청난 속도로 기름이 방출되고 있다는 소식이 알려졌다. 현장에 도착했을 때는 6백만 갤런의 기름이 방출된 상태였으며 사방 1마일에 걸쳐 유막이 펼쳐져 있었다.

긴급대책 팀 회의가 소집되었다. 회의에서 *Exxon Valdez*호에 남아 있는 기름을 빼내기 위하여 다른 유조선을 보내는 방안이 제시되었다. 불행하게도, 손상을 입어 기름이 유출되고 있는 배의 칸막이 방이 얼마나 되는지 알려지지 않았으며 유조선이 암초에서 미끄러질 수도 있다고 생각되었다. 손상을 입은 칸막이 방에서만 기름이 유출된다면 유조선은 침몰할 수도 있다.

누군가는 기름을 잘게 분산시켜서 가라앉게 하는 화학 분해제(즉, 비누 같은 첨가제)를 사용하는 방안을 제시하였다. 하지만, 이렇게 방대한 양의 유출에 충분한 양의 제품이 있는지는 알 수 없었다. 회의에 참석한 해양생물학자는 이 분해제의 사용을 반대했는데, 이런 화학물질이 수중에 한번 뿌려지면 물고기들이 영향을 받아 결국에는 어업에 엄청난 타격을 입히게 된다고 말했다.

물에 뜨는 활대로 기름을 둘러싸는 방법도 이 열띤 토론에 거론되었다. 방출된 엄청난 물량 때문에, 초기 작업을 시작하는 데 필요한 활대 물량조차 충분하지 못했다. 알래스카 정부는 이 활대가 인근 섬에 있는 작은 마을의 해변을 막는 데 사용되어야 한다고 주장했다. 해안경비대는 유막은 그 방향으로 움직이지 않으며 활대는 피오르드 안으로 진행하는 유막을 막는 데 쓰여야 한다고 주장했다. 야생동물협회는 그 활대로 네 종류의 어류를 최우선적으로 보호하지 않으면 수년 혹은 수세대 동안 어업이 위기를 맞을 것이라고 반론했다. 수백만 마리의 물고기가 어장에서 기름으로 오염된 피오르드 안으로 지금부터 2주 안에 이동한다는 사실도 역시 관계되어 있다. 이 활대가 또 다른 지역으로 보내져야 한다는 의견들이 이 회의에서 토론되었다.

Exxon Valdez 호 유출사건에 대하여 K.T. 상황평가를 수행하라.

7.2. 중산층이며 네 명으로 구성된 Adams 가족은 로스앤젤레스 동부에 살고 있다. Tom Adams의 통근거리는 L.A. 시내까지 편도 45마일이며 자가용을 이용하지 않는다. 그는 직장을 집 근처로 옮길까 생각했었지만, 일이 성공적으로 끝나면 높은 승진을 할지도 모르는 한 제품에 1년이 넘게 매달려 왔다. 불행하게도, 그 제품에는 원인이 무엇인지, 어디에서 발생하는지도 모르는 문제가 있었다. 고객에게 약속한 배달기한이 한 달 남았기 때문에 Tom은 이 문제를 빠른 시일 내에 해결해야만 했다.

집세가 오르고 있기 때문에 Tom의 경제 상태는 전적으로 이 승진에 달려있다. 두 아이들은 치아를 교정해야 하고 그에게는 새 차가 필요하며(차가 지난 가을 고속도로에서 두 번이나 고장으로 멈춰 섰다) 집도 새로 칠해야 하고 지하실에는 물이 새고 있는데 그는 고칠 줄 모른다.

기계공학자인 Tom의 아내 Sarah는 부업을 가지려고 했었지만 그 도시에는 공학자의 일자리가 없었다. L.A. 북쪽에는 정식직원 자리가 있었지만 통근과 아이들 양육에 큰 어려움이 있었다. 그 도시에 몇몇 보육원이 있기는 하지만 그 곳은 수준이 좋지 않다는 소문이 있었다. 게다가, 지난해 아들인 Alex는 저명한 어느 피아노 선생님의 제자로 받아들여졌지만 집에서 선생님의 교습소까지 가는 대중교통수단이 없다. Tom의 딸인 Melissa는 방과 후에 가는 YMCA 수영교실과 걸스카웃을 포기해야 한다는 생각에 매우 섭섭해하고 있다.

Adams 가족의 곤경에 대하여 K.T. 상황평가를 수행하라.

7.3. 연습문제 1과 2에 제시된 상황과 비슷한 상황을 만들어서 6장의 기법들을 사용하고 K.T. 상황평가를 수행하라.

결정분석

7.4. 당신은 새 자동차를 구입하기 위하여 16,000달러까지 사용하기로 결정하였다. 어떤 자동차를 살 것인지 결정하기 위해 K.T. 결정분석 표를 작성하라. 다양한 모델, 가격, 옵션에 관한 정보는 지역신문을 통하여 수집하고 의무 사항(예, 에어백)과 필요사항(예, 4채널스테레오, CD 플레이어)을 결정하라. 만약 10,000달러밖에 사용하지 못한다면 당신의 결정이 어떻게 영향을 받을 것인가? 25,000달러의 경우는 어떠한가?

7.5. 당신은 학위 요구사항을 만족시키기 위하여 3학점의 비기술 과목을 하나 더 수강해야 한다. 강의 개설 과목을 검토한 결과 당신이 가능한 시간에 다음의 선택 가능한 과목이 있다.

음악 101: 음악 감상 (2학점)
예술 101: 예술 감상 (3학점)
역사 201: U.S. 역사—남북전쟁에서 현재까지 (3학점)
예술 203: 사진술 (3학점)
지질학 101: 지질학 개론 (3학점)
음악 205: 피아노 연주 (2학점)

음악 101은 학생들이 고전 음악을 듣기 위하여 수업시간 외에 엄청나게 많은 시간을 사용할 것을 요구한다. 수업시간에 대한 학생들의 반응은 다양하다: 일부 학생들은 교향곡에서 무엇을 들어야 할 것인가를 배운다; 다른 학생들은 그렇지 않다. 이 반의 선생님은 지식이 많지만 따분하다.

예술 101은 학생들이 위대한 예술가들의 이름을 암기하도록 하고 어떻게 그들의 작품을 인식할지 배우도록 한다. 강사는 매우 따분하고 당신은 위대한 예술작품의 슬라이드를 보러 수업시간에 가야 한다. 과목에 대한 평가는 좋지만 진정한 예술을 발전시키는 데 관한 사항은 빠져 있다. 그러나 상대적으로 좋은 점수를 받기는 아주 쉽다.

역사 201은 역사가 살아있는 것처럼 만드는 뛰어난 강사가 특징이다. 그러나 좋은 학점을 받는 것이 매우 힘들며 C는 중간 정도 될 것이다. 게다가 수업 외의 참고문헌과 과제가 엄청나다. 몇몇 학생들은 이 과목 공부는 5시간짜리 수업에 맞먹는다고 말하기도 한지만 대부분의 학생들은 이 과목에서 아주 중요한 것을 배웠으며 이 수업을 통해서 배운 역사에 계속해서 관심을 가질 계획이라고 말한다.

예술 203은 사진술에 관한 기본을 가르친다. 그러나 이 수업에 필요한 장비와 필름은 매우 고가이다. 이 과목에서는 대부분의 시간이 야외에서 예술적 촬영을 하는 데 쓰인다. 강사는 매우 많은 것을 요구하며 자신의 예술적 능력에 기초를 두고 있다. 일부 학생들은 아무리 열심히 한다고 해도 "사진을 보는 눈"을 개발하지 못하면 이 과목을 통과하지 못할 것이라고 말한다.

지질학 101은 적당히 흥미로운 강사와 보통 수준의 숙제를 가지고 있다. 이 수업에는 두 번의 도시 외곽 여행이 있는데 학기 동안 총 1주일이 걸린다. 보통 학점은 B이며 이 수업에는 개념적으로 어렵거나 암기하는 것이 아무것도 없다.

음악 205는 이 수강을 위해서 자격시험을 통과할 것을 요구한다. 교수와는 한 주에 30분 정도 보내지만 연습을 아주 많이 해야 한다. C나 그 이상의 학점을 받기 위해서는 아주 훌륭한 재능이 있어야만 한다.

어떤 수업을 등록할 것인지 결정하기 위해 K.T. 결정분석 표를 준비하라.

7.6. 펜실베이니아의 애팔래치아 산맥 지역에 위치한 작은 도시인 Centralia는 한때 아주 번창했던 광산촌이었다. 1962년 전몰장병 기념일 행사를 위한 퍼레이드를 준비하면서 악취, 파지더미, 쥐 등을 없애기 위해 매립지를 소각하였다. 불행히도, 도시 아래쪽에 있는 폐광의 통로로 불길이 번졌다. 불길을 잡으려고 매우 노력했지만 화재는 진압되지 않았다. 화재가 시작된 지 18년이 지난 1980년까지 끊임없이 거의 200에이커에 달하는 지역을 불태웠다.

광산화재는 지면에서 멀리 떨어져 있기 때문에 소방수들에게 특히 어렵고 온도도 매우 높으며(400~1000°F) 열기가 수맥 근처에 도착할 때에 많은 양의 수증기뿐만 아니라 유독성, 폭발성 가스도 같이 발생하였다. 무연탄

지대에는 다공성 암석이 많이 있기 때문에 결과적으로 엄청난 연소가스가 바로 지면을 통해 가정 집으로 확산되었다. 이 화재로 인해 발생할 수 있는 또 다른 위험은 바로 지반의 함몰이나 융기였다. 광산의 통로를 지탱하고 있는 기둥이 탄다면 넓은 지역이 갑자기 지면에서 6~9m 정도가 함몰할 수 있다.

명백하게, Centralia 광산의 화재는 매우 심각한 표면의 변화를 야기했으며 효과적으로 다루어져야 했다. 이 광산 화재에 대한 몇 가지 해결방안이 다음에 제시되어 있다. 이 화재를 진압하는 데 어떤 것이 가장 효과적인 대안인지를 결정하기 위해 K.T. 결정분석을 수행하라. 비용, Centralia의 이전, 그리고 불 끄기의 잠재적 성공과 같은 요소를 고려하라.

해결책

A. *화재 지역을 완전히 파헤쳐라.* 노천광산 전 지역의 땅을 131미터 깊이로 화재 영향 영역까지 완전히 파라. 이 방법으로는 Centralia에서 근처에 있는 Byrnesville이 향후 10년 이상 동안 파괴되지만 이 기간이 지나고 나면 활용 가능한 개척기술로 다시 건축할 수 있을 것이다. 이 방법으로는 완전히 진화하는 데 2억 달러가 소요될 것이다. 이 비용에는 재건축뿐만 아니라 주민들의 이주 자금까지 포함된다.

B. *차단용 굴을 만들어라.* 131미터 깊이까지 굴을 파서 불연성 물질과 혼합된 진흙을 채운다. 굴 이전까지는 진화 없이 소각되지만 이 장애물로 인해 불은 멈추게 된다. 굴 300미터당 1,500만 달러의 시공비가 들고 완전히 진화하는 데 2100미터 정도 굴착해야 한다. 게다가 3년 동안 Centralia의 부분적 이전이 필요한데 약 500만 달러가 소요된다.

C. *광산에 홍수를 내라.* 불을 끄기 위하여 연간 2억 갤런의 물을 광산에 주입하여 20년간 해마다 200만 달러가 소요된다. 주민이 이주할 필요는 없지만 환경의 영향이나 이 방법으로 인한 방대한 양의 산성 물이 방출되는 것뿐만 아니라 함몰이나 연기가 나오는 것도 고려해야 한다.

D. *공기를 차단하기 위해 광산 입구를 막아라.* 광산의 모든 입구를 콘크리트로 봉쇄하여 전 구역을 막아버리면 불은 공기 부족으로 자연히 꺼지게 된다. 이 기술의 사용을 위해 연기가 발생하는 것과 일시적인 주민 대피가 필요하다. 그리고 갱도 안과 땅 속에 있는 많은 양의 공기 때문에 진화하는 데 분명히 수년이 걸린다. 이 방법은 이전에 한 번도 사용된 적

이 없지만 비용은 약 1억 달러 정도로 예측된다.

E. *화재진화용 약품을 사용하라.* 진화를 위해 할론(기체 fluorobromocarbons)을 광산으로 주입한다. 이 기술의 비용은 약 1억 달러 정도 될 것이다. 이주가 필요할 수 있다.

F. *그대로 두어라.* 연방기금으로 전 지역의 주민을 이주시키고 불은 자연 연소되도록 그대로 둔다. 이주하는 데 약 5,000만 달러가 소요된다.

(이 문제는 미시간 대학교의 Greg Bennethum, A. Craig Bushman, Stephen Geroge와 Pablo Hendler에 의하여 만들어졌다.)

7.7. 새로운 자동차를 칠할 때, 칠하기 전에 외부 표면이 깨끗해야 하는 것은 필수적이다. 페인트칠을 할 때, 어떠한 불순물이라도 존재하면 페인트 마무리의 품질을 심각하게 저하시킬 것이다. 결과적으로, 공정기사들은 자동차가 페인트 부스로 들어가기 전에 용매에 적셔진 수건으로 자동차의 표면을 깨끗이 닦는다.

미국의 대형 자동차 회사 3사 중 한 회사에서 현재 수건으로 닦는 공정은 다음과 같이 요약될 수 있다: 기사는 마른 새 수건(30센티미터 정사각형 합성섬유)을 용매에 담근다. 과량의 용매를 짜낸 후, 기사는 차체의 외곽을 닦는다. 그러고 나서 기사는 통에 수건을 버리고 새 수건을 다음 자동차를 위하여 적신다. 통에 있는 수건들은 엄청난 양의 용매(위험하고 해로울 수 있는 물질)를 포함하기 때문에 통은 가득 차면 봉하고 폐기하기 위해 위험물 폐기 매립지로 보내진다.

닦는 공정은 조립공정에서 페인트 부스로 컨베이어 벨트에 의해 이동함에 따라 각각의 자동차 차체에 적용되어야 한다. 수요에 따라, 생산속도는 많게는 한 시간에 80대의 페인팅이 요구되기도 한다. 페인트 업무에서 결함이 발견되면, 차체는 공정 밖으로 꺼내지고 부분 채색이나 전체 채색을 실시한다. 만약 차체의 많은 부분에 결함이 있다면, 전체 공장의 생산성은 재채색 업무에 의하여 줄어들게 될 것이다.

상급 경영진은 자체 수건공정을 요하는 다른 공장을 열기로 결정하였다. 새로운 공장의 엄격해진 환경규제로 인하여 페인팅 공정에서 용매 배출은 줄어야 한다. 가능하다면, 경영진은 현재의 닦는 방법을 향상시키는 다른 공정을 만들고자 한다.

새로운 공장에 채택할 수 있는 차채를 닦는 최상의 방법은 무엇인가? 공학은 네 가지의 대안적 방법들을 제시하였다.

A. *각 수건으로 한 대 이상의 자동차를 닦아라.* 이 대안은 기사들이 수건을 적시 회수를 줄여주기 때문에 기사들의 노력을 줄일 것이다. 차 한 대당 더 적은 양의 용매가 사용될 것이다. 단지 이 대안에 따른 운전비용 감소뿐만 아니라 재료비, 폐 용매, 폐 수건들이 크게 줄어들 것이다. 수건의 재사용이 차체에 불순물을 남길 가능성은 적고 따라서 페인트가 결함을 덮을 것이다.

B. *재활용하라.* 이 선택은 수건을 세탁하고 용매를 회수하기 위한 추가적인 큰 비용을 요한다. 각 자동차에 사용되는 용매의 양은 같을 것이나 새로운 용매의 사용과 전체적인 용매의 배출은 다소 감소할 것이다. 사용한 수건과 용매의 폐기 역시 다소 감소할 것이다. 불행하게도, 재활용 수건은 품질이 떨어질 것이고 자체에 천 찌꺼기를 남길 것이므로 페인트 결함을 유발할 것이다.

C. *사용한 수건을 소각하라.* 이 선택에서, 사용된 수건의 에너지는 회수가 가능하다. 게다가, 위험 사용물 처리의 필요성이 완전히 제거될 것이다. 타고 남은 재는 위험하지 않은 폐기물로 매립지로 보내질 것이다. 소각에서 실질적인 닦는 공정의 변화는 없다; 완전히 "최후의 선택"이다. 그러므로 용매 배출은 영향을 받지 않을 것이다. 소각은 다소 비쌀 것이다.

D. *용매 통의 상단을 이용하라.* 용매 통은 작업자가 수건을 적실 때 매번 열어야 하는 뚜껑으로 덮여 있다. 이 접근은 비록 각 자동차에 사용되는 용매의 양은 같더라도 증발 손실과 누출을 줄일 수 있다. 따라서 사용하는 수건과 용매의 양은 줄지 않을 것이다.

방법을 결정할 때 경영진은 만족되어야 하는 세 가지 기준을 정하였다:

1. 용매 매출이 줄어야 한다.
2. 새로운 공정이 생산성을 줄여서는 안 된다.
3. 위험한 폐기물 처리가 줄어야 한다.

이 세 가지 기준을 적용한 후 남아 있는 선택을 비교할 때, 경영진은 위험한 폐기물에 약간의 가중치를 두었다. 또한, 경영진은 원료 물질의 사용을 줄이고 작업자의 노력을 최소화하기를 강력히 원했다. 작업장의 안전성(매우 중요한 고려사항) 정도는 작업장에 보관된 용매의 양에 영향을 적게 받는다. 새로운 방법의 추가적인 운전 비용 역시 주요 고려사항이다. 마지막으로 경영진은 제품의 품질에 미칠 부정적 영향을 고려하여 각각의 선택의 역결과를 평가하길 원했다–매우 심각한 문제.

회사를 위한 행동방침을 결정하기 위하여 K.T. 결정분석을 실행하라.

7.8. 당신은 다가오는 운동경기를 위해 에너지가 필요하다. 다음의 캔디바(Snikers, Milky Way, Mars Bar, Granola Bar) 중에서 어떤 것을 선택할 것인가? K.T. 결정분석 표를 준비하라.

7.9. 다음해에 이사할 아파트를 결정하기 위해 K.T. 결정분석 표를 작성하라. 가능한 대안들을 찾기 위하여 지역 신문을 활용하라.

잠재적 문제분석

7.10. 소규모 기름 유출 사건이 작은 휴양지 모래사장에서 발생했다. 해변을 기름으로 얼룩지게 한 회사의 CEO가 말했다: "자금을 아끼지 마시오; 모래로부터 기름을 제거하기 위하여 가장 비싼 방법–증기 청소–을 사용하시오." CEO에 의하여 주어진 방법에서 K.T. 잠재적 문제분석을 수행하라. (*Chemtech*, August 1991, p. 481.)

7.11. 화학실험에서 한 가지 절차로 학생들은 NaOH 30g의 수용액 1리터를 준비해야 한다. 실수로 한 학생이 30g의 NaH 분산을 사용하였다. 이 화합물은 물과 격렬히 반응하여 열과 수소기체를 발생시키며 발화하였다. NaH는 이후의 실험에 사용할 것이었으며 상업적 판매품이었다. 용기는 물과 접촉 시 위험할 수 있다는 경고가 있었으나 화합물의 이름을 보여주는 면에는 나타나지 않았다. 이 사고를 방지할 수 있었던 K.T. 잠재적 문제분석을 실행하라. (*ICE Prevention Bulletin*, December 1991, p. 7.)

7.12. 고장 난 분사구를 고치기 위하여 암모니아 공장의 지름이 약 1.8미터, 높이가 약 6미터인 반응기를 중지해야 한다. 분사구를 수리하기 위해 반응기 안쪽에서 용접기를 사용해야 한다. 용접하는 동안 산소의 농도는 정기적으로 확인된다. 용접이 시작되고 4시간 후 용접상태를 사진 찍기 위해 기술자가 반응기 내부로 들어갔다. 다음날 이 기술자는 반응기 내에서 사망한 채로 발견되었다. 이 사고를 방지할 수 있었던 K.T. 잠재적 문제분석을 준비하

라. (*ICE Prevention Bulletin*, December 1991, p. 27.)

7.13. Burgermeister는 햄버거 패스트푸드를 20년 이상 판매해 왔다. Burgermeister는 시대와 입맛의 변화에 맞추어 잠재적인 소비자들을 끌어들이기 위해 항상 새로운 상품을 연구했다. 최근 제품개발팀은 매콤한 Cajun Chicken이라는 새로운 닭고기 샌드위치를 만들었다(본문의 예제 참조). 이 신상품을 개발한 사람들은 조리법에 완벽을 기하기 위해 거의 9개월을 투자하였다.

개발자들 중 한 사람이 New Oreleans에서 열린 지난해 사육제에서 새 상품의 아이디어를 생각해 냈다. 신제품 연구팀은 올해 사육제의 시작에 맞추어 Burgermeister의 메뉴에 이 샌드위치를 추가해야 한다고 제안하였다. 이 매콤한 Cajun Chicken 샌드위치의 개발기간의 대부분은 적합한 소스를 만드는 데 소비되었다. 연구원들은 모든 조리법을 연구하였는데 이들이 전에 개발한 소스는 너무 매웠다. 결국, 78번째 처방(포뮬러78)이 최상이라는 데 동의하였다.

소스를 개발한 후, 연구팀은 샌드위치에 대해 초점을 맞추었다. 몇 차례의 시험을 거친 결과, 현재 Burgermeister 식당에 있는 조리기로는 이 매콤한 Cajun Chicken 샌드위치를 만들 수 없다는 사실이 밝혀졌다. 대신에, 한 대당 3,000달러 이상의 새 조리기가 11,000개의 Burgermeister 식당에 각각 설치되었다. 이 조리기는 요리하는 동안 닭고기를 부드럽게 유지할 뿐 아니라 닭고기 안에 있는 모든 살모넬라(닭에 널리 퍼진, 위험한) 박테리아를 제거한다.

새 조리기를 시험하던 중, 한 연구원이 심한 통증을 느꼈다. 병원에 가서 진찰해 본 결과 이 연구원은 살모넬라균에 의한 식중독에 걸렸다는 것이 밝혀졌다. 또한 이 연구원은 날고기와 요리한 닭고기 모두를 하나의 집게를 사용하여 다루었다.

다음, 개발팀은 샌드위치를 어떻게 만들 것인지를 결정했다. 매콤한 Cajun Chicken 샌드위치를 다른 Burgermeister 샌드위치에 사용되는 롤빵을 이용하여 만들었을 때, 샌드위치의 맛이 떨어졌다. 수많은 실험 후, 연구원들은 Kaiser 롤빵이 새로운 샌드위치에 가장 적합하다고 결정했다. 초기 가격산출은 Kaiser 롤빵을 사용했을 때가 다른 햄버거에 쓰이는 빵을 사용했을 때보다 두 배 비쌌으며 신선도 유지기간이 반으로 줄었다.

당신은 Burgermeister의 제품 개발의 책임을 지고 있는 고위 간부이다. 이 새로운 샌드위치를 선보이는 데 무엇이 잘못될 수 있는지를 고려하여 위의 정보를 바탕으로 잠재적 문제분석을 수행하라. (Mike Szachta와 협동으로 개발됨, University of Michigan, 1992.)

7.14. 다음의 각 상황들에 대하여 잠재적 문제분석을 수행하라.

A. 깜짝 생일파티
B. 산에서 캠핑 여행
C. Detroit 동물원에서 L.A. 동물원까지 기린 운송
D. 다가올 실험실에서의 실험
E. 반응기에서 폐기물 처리 장소로 핵 폐기물 운반

7.15. 오렌지 제조사는 최근에 중요한 안전성 변화가 남아프리카에 있는 공장의 조업절차에 적용되어야 한다는 것을 알았다. 이러한 변화는 가능한 한 빨리 이루어져야 한다. 이러한 변화를 돕기 위하여, 직원들이 어떻게 변화를 만들지를 파워포인트 발표 자료로 준비했다. 문제를 인식하고 해결책을 개발했던 L.A. 사무실의 공학자인 John Thomas는 변화에 대한 발표와 올바로 되었는지 관찰하기 위해 요하네스버그로 비행기를 타고 갔다. 어떤 변화들은 논란의 여지가 있었고, 따라서 John은 발표하고 질문에 답하는 데 정신적, 육체적으로 방심할 수 없었다.

John은 국제적 여행을 한 적이 없었고 여행과 발표에 대하여 걱정하였다. 그는 다리에 쥐가 나고, 때때로 멀미하고, 정신적으로 혼란스러워 기억장애를 약간 가지고 있다. 지난달 그는 위가 뒤집히고 탈수되고 기능을 제대로 할 수 없었다.

남아프리카의 다른 공장으로부터 경영진이 John의 발표를 듣기 위하여 요하네스버그로 날아올 것이다. John은 현재 발표 하루 전에 도착하기로 예정되어 있다. John의 집에서 요하네스버그 사무실까지 여행시간은 24시간이고 캘리포니아와 남아프리카와의 시간차는 9시간이다. John이 어떻게 성공적인 발표를 할 것인지에 대하여 잠재적 문제분석을 실행하라.

7.16. 당신은 외국을 방문할 계획을 수립중이고 자신과 나라에 대해 좋은 인상을 남기길 원한다. 하나 혹은 그 이상의 나라들의 방문을 위하여 잠재적 문제분석을 수행하라: 요르단, 노르웨이, 이탈리아, 브라질, 다른 나라. PPA를

준비할 때 WorldCitizenGuide.org 웹사이트를 활용할 수 있다.

7.17. 하나 혹은 그 이상을 위한 당신의 K.T. 문제/상황을 해결하기 위하여 6장에 논의된 기법들을 사용하라.

A. 상황평가

B. 문제분석

C. 결정분석

D. 잠재적 문제분석

심화자료 *Further Reading*

Keith, Lawrence A. "Report Results Right!," Parts 1 and 2. *Chemtech,* p. 351, June 1991; p. 486, August 1991. Guidelines to help you avoid drawing the wrong conclusions from your data.

Kepner, C. H., and B. B. Tregoe. *The New Rational Manager.* Princeton Research Press, Princeton, NJ, 1981. Contains many worked examples using the K.T. approach. Much more information on the K.T. approach is available from Kepner–Tregoe, Inc., Research Road, P.O. Box 704, Princeton, NJ 08542, 609-921-2806.

08 해결책 실행

많은 사람들은 일이 고사되었고 활동적일 수 없다고 분석되었기 때문에 문제해결 공정에서 정체된다. 이 장에서, 우리는 **실행공정**을 촉진할 다수의 기법들을 제시한다. 아래의 그림은 실행공정의 단계를 확인해 준다.

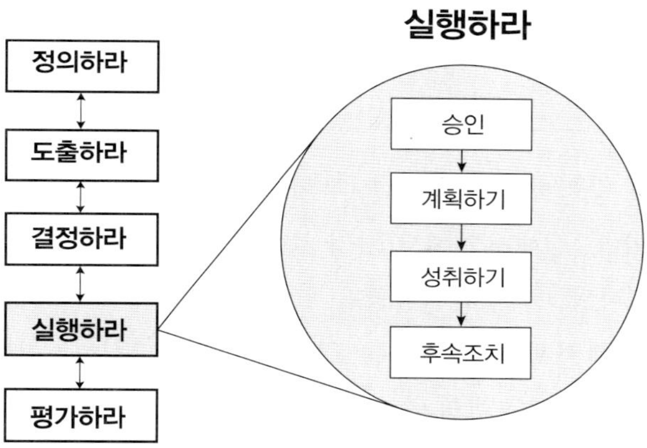

해결책 실행하기

이들 단계의 각각은 이 장에서 논의될 것이다. 게다가, 우리는 실험적 과제들에 관한 주제를 탐험할 것이다. 이러한 주제들이, 당신이 실행과정 동안 문제를 해결하기 위해 필요한 정보가 존재하지 않고 실험에 의해 얻어야 한다면, 필요할 것이다.

승인

어떤 상황에서, 실행의 첫 번째 단계는 선택한 방안을 실행하기 위하여 조직으로부터 승인을 얻는 것이다. 많은 경우 조직이 당신이 과제를 성공적으로 완수하는 데 필요한 자원을 공급하도록 당신의 아이디어를 팔 필요가 있다. 이 과정은 자료의 준비 또는 다음과 같은 것을 묘사하는 발표를 포함한다: (1) 당신이 하고자 하는 것, (2) 당신이 그것을 하려는 이유, (3) 당신이 그것을 어떻게 할 것인지, (4) 어떻게 당신의 과제가 조직과 다른 사람에게 이익을 줄 것인지. 아이디어를 팔 때 도움이 되는 다음의 점검표를 사용하라.

- 의미 없는 용어를 피하라; 발표를 명료하게 요점만 말하라.
- 논리 정연한 방법으로 발표하라.
- 간결하게 하라; 불필요하고 심한 세부사항은 피하라.
- 질문을 예상하고 대답을 준비하라.
- 아이디어에 대하여 열정적이어라; 당신이 열정적이지 않다면 어느 누구도 열정을 보이지 있을 것이다.

계획하기

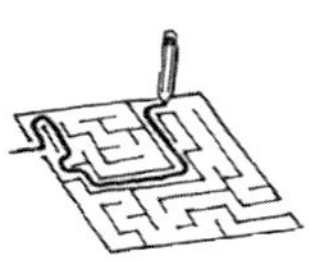

이제 과제를 위한 승인이 떨어졌으니, 무엇을 할지, 어떠한 순서로 할지, 언제 할지를 계획할 때이다. 실행하기에서 가장 중요한 면은 **계획 단계**이다. 이 단계에서, 우리는 시간, 사람, 돈의 자원할당을 살펴보고; 장애물을 예상하고; 과제의 이정표를 확인하고; 해결책의 끝까지 통로를 확인하고 도식화해 본다. 수정된 K.T. 상황평가(7장 참고)는 해결책의 중요한 요소들을 확인하고 그것들의 우선순위를 정하여 의미 있는 계획을 세우도록 도와줄 것이다. Gantt 도표, 배치 도표, 예산, 주요 경로 관리[1] 등 모든 것이 시간과 자원을 효과적으로 할당하기 위하여 사용될 수 있다. 마지막으로, 잘못될 만한 소지가 있는 것들을 계속해서 밝혀내고 이런 장애 요인들이 발생되지 못하도록 방지하는 방법을 고안한다. 즉, 우리는 K.T. 잠재적 문제분석(PPA; 7장에 논의됨)을 사용한다. 많은 기업은, 예를 들어, 제품이나 공정의 성공과 실패를 예측하기 위한 시장조사에서 K.T. PPA의 일부를 사용한다.

계획하기 단계에서, 7장에 논의된 K.T. 상황평가와 K.T. 잠재적 문제분석에 따라 자원을 배분하고, 이를 다음 그림에 나타내었다.

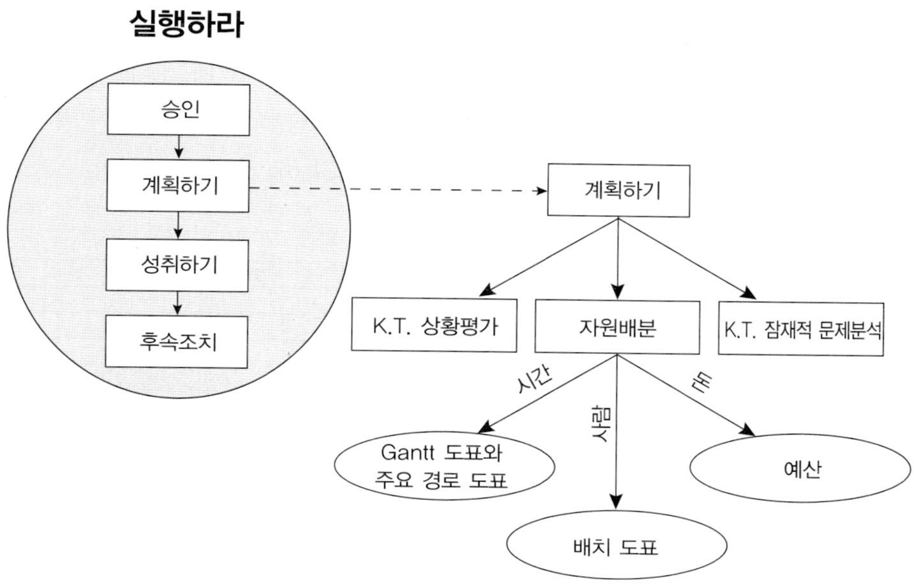

계획하기 공정의 요소들

자원배분

문제, 상황, 또는 기회가 제시되면, 성공적인 해결책을 도출하기 위하여 시간과 자원을 다양한 단계에 현명하게 배분할 필요가 있다. 다양한 기법들—Gantt 도표와 배치 도표, 주요 경로 관리, 사람과 돈의 예산 전략—을 효과적이고 효율적으로 배분하기 위하여 사용할 수 있다. 매일의 활동을 계획하기 위해 많이 쓰이는 도구는 중요한 약속이나 책임 등을 기록하기 위해 기업체 중역들과 학생들이 사용하는 개인적 알선자(예, Franklin Day Planner, 소프트웨어 플래너와 달력)이다.

Gantt 도표

과제의 수많은 업무에 특별한 시간을 배분하는 가장 보편적인 방법들 중 하나가 Gantt 도표이다. **Gantt 도표**는 특정 업무가 어제 시작하고 그 업무를 완성할 때까지 얼마나 오래 걸리는지를 나타내는 막대그래프이다.

한 예로, 만약 우리가 문제를 해결하기 위해 일 년의 시간적 제약이 있다고 하면 우리는 문제해결 공정에 다섯 개 블록으로 시간을 배분할 필요가 있다. 1월, 2

당신이 어디로 가고 있는지 모른다면, 당신은 아마도 모르는 곳 어디에 있을 것이다.

—Yogi Berra

월, 3월은 문제정의에 쓰일 것이다; 4월과 5월은 해결책을 도출하는 데 쓰일 것이다. 우리는 모든 기준이 만족되었는지 확인하는 방법에 따라 네 개의 지점에서 진행도를 검증하기 위하여 시간을 배분할 것을 제안한다: (1) 문제정의가 끝난 후, (2) 행동방침을 결정한 후, (3) 실행하는 동안, 그리고 (4) 과제의 마지막.

	달											
업무	J	F	M	A	M	J	J	A	S	O	N	D
문제정의	■	■	■									
해결책 도출				■	■							
행동방침 결정						■	■					
실행								■	■	■	■	
검증				■			■		■			■

Gantt 도표

Gantt 도표에서, 적어도 시간의 25%는 3장에 논의된 정보수집의 네 단계를 포함하는 문제정의 과정에 사용된다는 것을 주목하라. 만약 해결책을 서둘러 실행하기보다 문제정의에 더 많은 시간을 사용한다면, 1장에서 논의된 부정확하게 정의된 문제의 불행한 결과의 대부분은 발생하지 않을 것이다. 대부분의 전문가들은, 실제 문제가 정의되고, 써지고, 소통된다면, 과제는 반은 완성한 것이라는 데 동의한다.

소기업용 웹사이트 개발을 위한 Gantt 도표의 사용 예가 다음에 보인다.

웹사이트 개발하기

Jason과 Melinda는 소기업을 위한 웹사이트를 개발하기 위하여 협력하고자 한다. 한 지역 무술학교는 그들에게 학교의 사업을 확장하기 위하여 웹사이트를 개발할 것을 요청하였다. Jason과 Melinda는 제안된 웹사이트에 대하여 논의하기 위해 소유주와 만났다. 만나는 동안, 과제의 기본을 형성하는 다음 업무의 윤곽을 그렸다.

사이트 요구사항과 학교의 요구를 결정하라.
웹사이트 이름을 선정하고 웹주소를 등록하라.
잠정적 배치를 개발하라.
내용을 개발하고 알맞는 그래프를 만들어라.
서버에 웹사이트를 올리기 위하여 인터넷 공급자와 계약하라.

사이트가 활성화될 것을 확증하라.
주기적 갱신을 지속하고 준비하라.
개발하는 동안 소비자와 계획을 재검토하라.

모임 후, Melinda는 무술 웹사이트 과제를 위한 다음의 Gantt 도표를 개발한다.

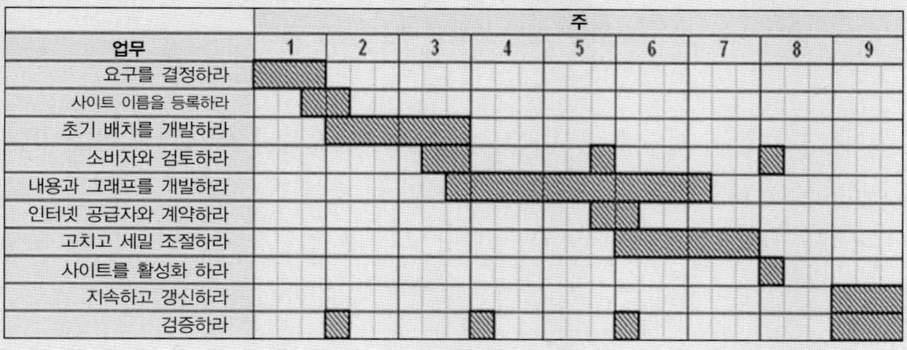

Gantt 도표는 과제를 완성하기 위하여 요구되는 일의 진행도를 도식으로 보여준다.

초기에 평가하라.

주요 경로 관리

주요 경로 관리는 우리에게 과정에서 주요한 요점들을 확인하도록 해준다. 계획이 만족되지 않는다면, 해결책의 실행에서 상당한 지연을 유발할 업무를 결정하여 주요 요점들을 확인할 수 있다.

Jason과 Melinda가 앞선 예제에서 기술된 웹사이트 개발을 위해 주요 경로 관리를 사용하기로 결정하였다고 가정하자. 다음 그림에서, 실선과 박스는 주요 경로를 의미한다. 이것은 완성하기 위하여 상당한 시간을 요하는 항목들을 확인한다. 만약 계획이 "빗나가면," 웹사이트의 "활성화" 날짜는 지연될 것이다. 이 경우, 소비자와 내용과 그림의 개발은 가장 긴 시간이 걸리고 사이트는 이 업무가 완성될 때까지 마무리되지 못할 것이다; 그래서 이 업무가 계획대로 완성되는 것이 매우 중요하고 그렇지 않으면 웹사이트 업무는 지연될 것이다. 인터넷 서비스 공급자와 계약하는 것과 같은 주요 경로 항목이 아닌 것은 주요 항목들이 완료된 후 시간이 허락하면 수행될 수 있다.

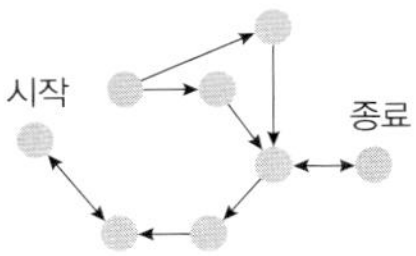

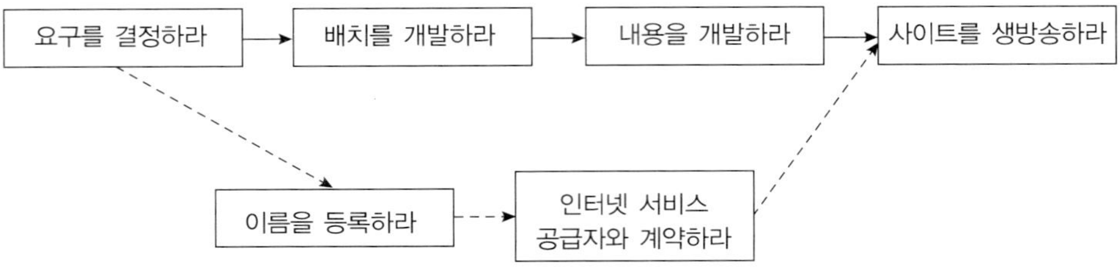

웹사이트 개발 과제의 주요 경로 관리

주의할 단어들이 여기에 순서대로 있다: 만약 중요하지 않은 경로 항목이 너무 느리게 완성된다면, 그것은 주요 경로 항목이 될 수 있다. 따라서 주요 경로 그림을 이용하는 것은 매우 역동적인 과정이다. 그림은 업무가 완성됨에 따라 지속적으로 갱신되어야 하며, 전체로서 과제의 전반적인 진행을 볼 수 있다.

조화와 배치

대부분의 상황에서, 개인의 집단이 문제를 해결하기 위해 팀으로 함께 일한다. 이런 조건하에서, 다양한 팀 구성원 사이의 조화는 배정된 시간 내에 효과적인 해결책을 얻기 위해 필수 불가결하다. **배치 도표**의 사용은 다른 팀 구성원들에게 각각의 업무와 관련된 크고 작은 책임감을 할당하여 해결책에 이르도록 도와줄 수 있다. 웹사이트 개발 과제를 위한 배치 도표가 다음에 있다.

업무	팀 구성원		
	Melinda	John	웹 프로그래머
요구를 결정하라			
사이트 이름을 등록하라			
초기 배치를 개발하라			
소비자와 검토하라			
내용과 그래프를 개발하라			
인터넷 공급자와 계약하라			
고치고 세밀 조절하라			
사이트를 활성화하라			
지속하고 갱신하라			
평가하라			

웹사이트 개발 과제를 위한 배치 도표

필요 자원

우리는 또한 과제를 완성하기 위해 필요한 자원을 평가해야 한다. 이러한 자원은 보통 다섯 개의 범주로 나누어진다: 사용 가능한 인원, 장비, 여행, 공급품, 간접비. 임시비용은 예상치 못한 지출을 메우기 위한 것이다(예, 웹사이트에서 사용되는 아이콘 사용료). 과제 초기에는 일반적으로 아래와 비슷한 예산을 준비하여 전반적으로 비용을 예측하는 것이 중요하다.

웹사이트 과제를 위해 제안된 첫 해 예산

	시간/요금	비용
사람		
Melinda, 과제 책임자	40시간/시간당 $25	$1,000
Jason, 창의적 설계사	60시간/시간당 $25	$1,500
웹 프로그래머	60시간/시간당 $15	$900
소계 - 급료		$3,400
월 유지보수/ 갱신		
연간비용	매달 $25	$300
웹사이트 이름 등록		
연간비용		$25
인터넷 서비스 공급자의 웹사이트 유지		
연간비용	매달 $20	$240
공급품		
파일지원을 위한 CD		$25
총 예산		**$3,990**

대기업으로부터 떠맡은 큰 과제의 예산은 후생복지(즉, 과제에 소속된 사람들의 건강과 퇴직 후 프로그램을 위한 비용)를 포함한다. 때때로 간접비가 과제에 부과된다; 그것은 조직 관리, 건물 유지, 그 밖의 다른 일반적 지출과 관련된 비용을 부담하는 것이다.

일단 예산이 제출되고 승인되면, 문제해결에서 수행하기 단계에 접어든다.

수행하기

수행하기 단계는 성공적인 문제해결 과정에 필수적인 단계이다. 이 단계에서, 문제해결 과정에 소속된 많은 사람들은 공식화된 계획에 따라 행동한다. 그들은 설계, 제품 제조, 실험 수행, 계산, 보고서 작성, 저녁 요리, 활동하기 등을 수행할 것이다. 어떤 상황에서, 실행하기 공정과 행동방침 결정 공정은 서로 얽혀 있다. 예를 들어, 올바른 결정이 이루어지기 전에 실험 또는 다른 자료(계획실행)를 모을 필요가 있을 수 있다. 이 단계에서는 계획으로 선정된 해결책을 제대로 수행하지 못한다면 의미가 없기 때문에 특별한 주의가 필요하다. 수행하기 단계에서 감독할 사항들이 여기 있다.

수행하기 점검표

- ✔ 해결책이 완성되었을 때 어떻게 보일지를 현명하게 추측하라.
- ✔ 업무와 인적 자원의 분배를 확실히 하라.
- ✔ 계획대로 진행하는지 확실히 하기 위해 Gantt 도표를 지속적으로 감독하라.
- ✔ 진행 중에 완성된 각 업무를 검증하라.
- ✔ 당신이 선정한 해결책에 대하여 당신이 할 수 있는 한 많은 것을 지속적으로 배워라. 문헌을 읽고 동료에게 말하라.
- ✔ 선정된 해결책의 가정을 지속적으로 증명하고 도전하라. 물리적 법칙이 위반되지 않는지 확인하라.
- ✔ 해결책을 (1) 과대평가하고 (2) 과소평가할 수 있는 간단한 모델이나 가정을 만들어서 해결책의 한계를 찾아내라.
- ✔ 당신이 선택한 해결책이 가장 간단한 조건하에서 작용하는 것을 알아보기 위하여 간단한 시험이나 실험을 수행하라.
- ✔ 연구실에서 당신이 실험을 계획하는 것처럼, 가능한 한 주의 깊게 컴퓨터 실험(예, 전산모사)을 계획하라.

유연성은 과제 중에 필연적인 변화를 다루어야 한다면 문제해결자들에게 없어서는 안 될 특성이다.

시간에 따라 변하는 문제진술

때때로 과제의 진행에서 희망 목표가 변함에 따라, 당신은 움직이는 과녁에 활을 쏘는 것처럼 느낄 수 있다. 문제진술은 여러 가지 이유로 변할 수 있다 – 예, 시장 상황 변화, 경쟁 상품이나 서비스의 출현, 줄어든 투자, 기타 요소들. 만약 수행 단계에서 과제의 몇몇 혹은 많은 부분이 달성될 수 없다면, 문제진술은 수정되어야 한다. 물론, 이러한 형태의 정보는 해결책을 시행한 후에만 알 수 있다. 예를 들어, 제품을 개발하고 있는 동안 당신의 경쟁업체가 그보다 더 우수한 신제품을 유사 가격으로 시장에 내놓았다. 결국, 경쟁업체의 신상품보다 훨씬 싸게 팔기 위해 가격을 낮추거나 경쟁상품보다 뛰어난 제품을 만들기 위해 디자인을 향상시키는 것과 같이, 회사는 몇 가지 새로운 문제에 직면하게 된다.

목표가 계속 변할 때 어떤 일이 발생하는가?

1870년대, 북부 평야지대의 작은 마을 서쪽에 군 막사가 지어졌다. 첫 겨울이 다가옴에 따라, 그 부대의 지휘관은 병사들을 보내 숲에서 땔감을 구해오게 했다. 초기 목표는 나무더미 여덟 층을 쌓아 올릴 만큼 충분한 나무를 해오는 것이었다. 그 후 지휘관은 상병에게 이 정도의 나무라면 남은 겨울을 충분히 보낼 수 있는지 인근 마을에 오래 거주한 주민에게 알아보도록 하였다.

상병이 마을에 도착해서 한 노인에게 물어보았고, 노인장은 자기 이마에 손을 얹고 부대 막사 쪽을 보며 "추운 겨울!"이라고 말했다. 상병은 이 말을 지휘관에게 전했고 결국 나무더미 여덟 층을 더 잘라 쌓아올렸다.

그러고 나서 지휘관은 상병에게 이 겨울이 얼마나 추울지를 그 사람에게 다시 물어보도록 하였다. 그 노인장은 막사가 있는 쪽 하늘을 보며 "춥고 추운 겨울!"이라고 말했다. 상병이 이 말을 전했고 지휘관은 나무더미 여덟 층을 더 만들라고 명

> 령했다; 그러고 나서 다시 지휘관은 상병을 그 사람에게 또 보냈다. 노인장은 막사 쪽을 보며 "몹시 춥고, 추운 겨울!" 이라고 말했다.
>
> 상병이 말했다, "잠깐만요, 처음엔 '추운 겨울' 이라고 했고, 두 번째는 '춥고 추운 겨울' 이라고 했고, 이번엔 '몹시 춥고, 추운 겨울' 이라고 말했는데, 왜 자꾸 더 추운 겨울이 될 거라고 말을 바꾸는 거죠?"
>
> 그러자 노인장은 "왜냐하면 군인들이 추운 겨울을 위해 자꾸 땔감을 베어가고 있기 때문이야!" 라고 했다.

만약 목표가 계속 변한다면 다음 두 가지를 명심하라.

- 목표는 어디로부터 왔고 그 이유는 무엇인가?
- 목표가 처음에 정의된 문제에 여전히 적합한가?

유연히 대처하고 필요하면 조정하라.

후속조치

당신이 기대하는 것을 조사하라.

후속조치 단계에서, 우리는 시간적 제약을 맞추는 것과 해결책이 문제를 바로 해결하는지에 대하여 확실하게 진행사항을 확인한다. 이 단계에서, 우리는 주기적으로 다음의 기준들을 만족하는지 확신하기 위하여 수행 단계의 진행사항을 확인해야 한다.

- 해결책의 계획을 따른다(즉, 해결책의 목표와 기준을 만족한다).
- 계획대로 진행한다.
- 예산 내에 있다.
- 받아들일 만한 수준을 유지한다.
- 초기의 문제를 해결하는 것과 여전히 관련이 있다.

해결책이 궤도에 있는지 확인하기 위하여 이러한 요점들을 관찰하는 것과 모든 필요 목표를 만족하는 것이 중요하다. 또한, 실행과정 동안 문제가 여전히 정확하게 정의되었는지 주기적으로 확인하라. 때때로 조건의 변화는 실행과정이 해결책을 만족시키지 못할 경우 발생할 수 있다.

실험과제

직접 문제를 다루어 최선의 해결책을 선택하기 위해 이용 가능한 것보다 더 많은 정보가 필요할 때마다 실험과제의 사용이 고려되어야 한다. 사실, 당신이 필요로 하는 특별한 정보가 존재하지 않을 수도 있다(또는 아마도 시의적절하게 그것을 찾지 못할 수도 있다). 그러한 상황에서, 당신은 필요한 자료나 정보를 도출하기 위한 실험 프로그램을 시작할 필요가 있다. 어떻게 효과적인 방법으로 이것을 실행할 수 있을까?

다음 그림은 실험 프로그램을 위한 하나의 효과적인 경로를 준비한다.

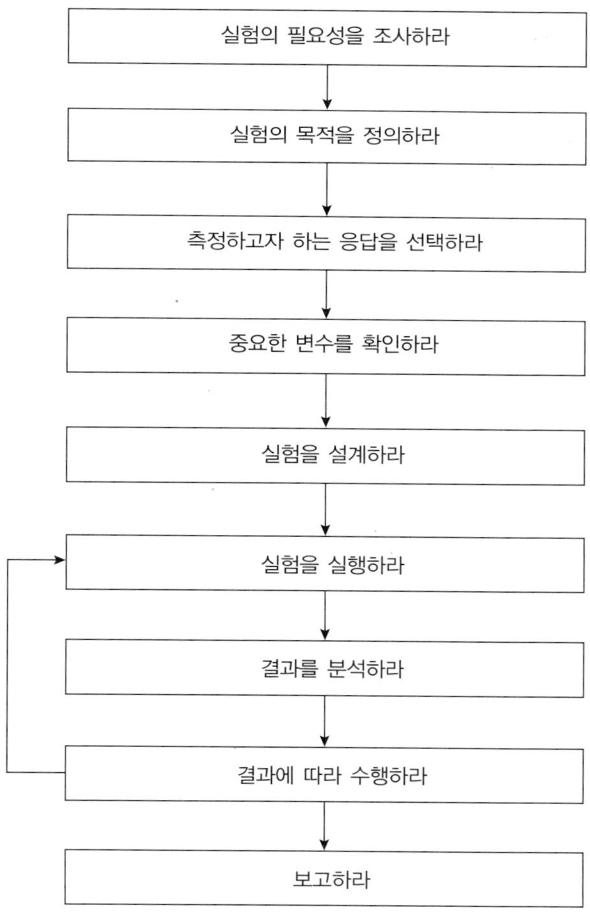

실험과제를 위한 흐름도표

실험이 정말 필요한가?

당신이 실험 프로그램을 시작하기 위해 준비할 때, 진행 안내를 도와줄 다른 사람과 자신에게 질문하도록 하라. 다음 질문들은 더 깊이 있게 과제를 탐구하는 것을 도와줄 것이다.

- 왜 실험을 수행하는가?
- 당신이 찾고 있는 정보를 다른 곳(문헌, 책, 화사 보고서)에서 찾을 수 있는가?
- 실험 대신 다른 계산을 해볼 수 있는가?
- 프로그램에 충분한 돈과 시간이 책정되어 있는가?
- 특정한 물질이나 장치에 제약을 받는가?
- 프로그램을 수행하지 말아야 할 정도로 연구자의 안전이 위협받는가?

실험실에서의 5~6주는 도서관의 한 시간을 대신 할 수 있다.

— G. Quarderer

실험을 위해 필요한 것이 확실하게 확립되도록 실험 프로그램을 시작하기 전에 이 질문들과 그 밖의 다른 질문들에 대한 답을 얻어야 한다.

실험의 목적을 정의하라

당신이 이루고자 하는 모든 것의 목록을 준비하라. 그리고 목록의 우선순위를 정하기 위해 다음 사항들을 명심하라.

- 문제와 관련된 어떤 질문에 가장 먼저 답할 것인가?
- 전반적인 목적과 가능한 다른 대안적 해결책에 대한 시야를 잃지 않았다고 확신하는가? (나무는 보고 숲은 보지 못하는 것)
- 프로그램이 얼마나 포괄적이어야 하는가? 좁은 관점에서 이루어진 엉터리 조사나 소모적인 연구를 보고 있지 않은가?

이 질문에 대한 특정 대답은 과제의 나머지를 안내할 것이다.

측정하고자 하는 응답을 선택하라

실험 프로그램에서 고려하는 변수는 일반적으로 다른 두 가지 형태를 가지고 있다: 독립변수와 종속변수. **독립변수**는 어떠한 일이 일어나게 한다. 즉, 이러한 변수의 변화는 시스템이 응답하게 한다. 응답은 **종속변수**이다. 예를 들어, 필름속도, 플래시, 초점은 모두 카메라와 관련된 독립변수이다. 이것들 중 어느 하나를 변화시키면 시스템의 응답—즉 사진의 질(종속변수)—이 달라진다. 당신이 실험 프로그램을 설계할 때, 측정되어야 하는 중요한 종속변수를 확인하는 것이 필수적이다.

- 제어(독립)변수는 무엇인가?
- 종속변수는 무엇인가?
- 장비나 기법들을 사용 가능한 측정치를 얻는 데 사용할 수 있는가?
- 장비의 보정이 필요한가? 그렇다면 보정을 하였는가?
- 예상되는 결과의 정밀도와 정확도가 다른 이론이나 가능한 결과와 구별하기에 충분한가?

중요 변수를 확인하라

어떠한 실험 프로그램에서든 측정 가능한 것들이 항상 많이 있다. 그럼에도 불구하고 어떤 독립변수가 종속변수에 가장 큰 영향을 주는지를 결정해야 한다.

- 측정해야 하는 것 중에서 정말로 중요한 것이 무엇인가?
- 측정해야 하는 변수들의 범위나 수준은 무엇인가?
- 각각의 독립변수를 분리해서 바꾸는 대신, 더 적은 측정치로 같은 결과를 얻는 무차원 비율이나, 무차원 군으로 바꿀 수 있는가? (부록 A2 참조)

심야 영화 보기

영화관에서는 팝콘이 잘 팔린다. James Wilson은 팝콘을 포장, 판매하는 중소기업을 운영하는 기업인이다. James는 자사 팝콘이 영화관에서 팔리는 팝콘 중에서 최고라고 믿고 거대 체인점에 그들의 상호명과 경쟁력 있는 가격으로 팝콘을 팔 수 있게 되길 바란다. James는 팝콘의 맛을 좋게 유지시키는 반면(그리고 영화의 종류(공포, 뮤지컬)에 따라 맛의 변화를 줄 예정이다), 많은 옥수수 낟알이 팝콘으로 튀겨진다는 것을 판매 시 강조했다. 그는 거대 영화관 체인점 경영진들에게 자사 팝콘을 사도록 확신을 줄 수 있는 자료를 얻기 위해 일련의 실험을 실행하기로

결정했다.

실험의 필요성을 확립하라
James는 자신의 팝콘이 다른 팝콘보다 우수하다고 믿었지만 현재 극장에서 팔리는 다른 제품과 그의 팝콘의 튀기는 효율을 비교할 수 있는 자료가 없었다.

실험의 목적을 정의하라
목적은 James의 팝콘이 다양한 옥수수를 튀기는 조건에서 튀기는 효율이 더 우수하다는 것을 보이는 것이다.

측정할 응답을 선택하라
튀겨지는 옥수수 낟알 수(혹은 비율)를 측정하라.

중요한 변수를 확인하라
주요 변수는 (1) 튀겨지지 않은 옥수수의 생산 연도 (2) 옥수수를 튀길 때 사용되는 매질(기름 또는 공기)이다.

※ 이 문제는 실험설계에 관한 심화 토론 후에 다시 논의될 것이다.

실험을 설계하라

일련의 실험을 통해 최대 효과를 얻기 위해서 우리는 실험이 적합하게 설계되었는지를 확인해야 한다. 최소의 측정치로 가장 간단하게 그리고 가장 저렴하게 실험 목적에 도달하기 위해 실험 프로그램을 어떻게 설계해야 하는가? *성공적으로 설계된 실험*은 최소의 노력으로 최고의 실험 결과를 얻게 해주는 일련의 *체계화된* 실험이다. 당신은 실험을 설계할 때 세 가지 중요한 질문을 고려해야 한다.

- 피해야 하는 오차의 형태는 무엇인가?
- 실행해야 하는 실험의 최소 회수는 무엇인가?
- 반복 실험을 고려할 때는 언제인가?

오차의 형태
오차의 두 가지 형태는 어떤 실험 설계에서든 피해야 한다. 첫 번째 형태의 오차(**Type I Error**)는 어떤 변수가 실험에 영향을 줄 것이라고 여기는데, 실제로는 영향을 주지 않을 때 발생한다. 두 번째 형태의 오차(**Type II Error**)는 실제 영

향을 발견하지 못할 때 발생한다. 두 번째 형태의 오차는 정보를 잃어버리는 결과를 낸다: 어떤 변수가 과정에 중요하지 않은 것으로 부정확하게 분류되거나 무시되어, 결과적으로 더 이상 조사를 안 하게 된다. 우리는 실험과 관계된 기본적인 원리를 찾고, 충분한 정보를 수집하고, 사려 깊게 계획하여 두 번째 형태의 오차를 피할 수 있다.

실험 실행하기: 몇 번이나?
만약 실험 결과를 측정하는 데 약간의 오차가 동반된다면, 정확한 정보를 얻었는지 확인하기 위해 몇 번의 실험을 다시 하는 것을 고려해 봐야 한다. 그러나 얼마나 많은 자료이면 충분한가? 이에 대한 해답은 실험이 얼마나 정교한지(반복해서 실험해도 같은 결과를 얻을 수 있는지)와 구하고자 하는 실험 결과가 얼마나 적게 변하는지에 달려 있다. 분명하게, 측정치가 덜 정확해지고(즉, 오차가 더 많아지고), 얻고자 하는 변화가 적을수록 결과를 신뢰하기 위해 수집하고 평균 내야 하는 자료가 분명히 많아진다.

이것이 어떻게 작용하는지 보기 위해, 팝콘 예제로 돌아가자. 옥수수 낟알은 본래 균일하지 않고, 제한된 수의 결과에서 잘못된 결론을 내리기가 쉬울 것이다. 같은 조건하에서 실행한 몇 차례의 실험을 평균 내는 것이 신뢰할 만한 결과를 보장하는 가장 좋은 방법이다. 평균을 내기 전에 반복해야 하는 실험의 횟수는 Hendrix에 의하여 논의된 통계적 절차를 사용하여 쉽게 계산될 수 있다.[2]

결과를 분석하라

측정치가 얼마나 좋은가? 현재 있는 장치에서 측정의 정확도를 향상시키거나 전반적인 실험 목적을 더 많이 성취하기 위하여 필요한 변화에 무엇이 있겠는가? 팝콘 실험에서, 우리는 노화 결과가 확정적이 아니라는 것과 노화과정을 촉진시키는 동안 오븐 안의 습도를 정확하게 조절해야 할 필요가 있다는 것을 발견할 수 있었다. 따라서 추가적인 실험이 필요할 것이다.

최소 자승법(부록 2 참조), 신뢰구간 지정, 다른 통계분석을 실행할 소프트웨어가 있는가? 자료를 그리거나 연관시키는 것을 제안하는 이용 가능한 수학적 모델이나 이론이 있는가? 자료로부터 무엇을 일반화할 수 있는가? 자료를 다른 영역으로까지 확장하기 위하여 다른 실험을 수행해야 하는가? 우리는 오차를 분석하고, 오차의 원인을 기록하고, 그 오차가 최종 결과에 어떠한 영향을 미치는지에 관한 토론을 하였는가?(즉, 어떤 방향으로, 얼마만큼 영향을 미칠 것인가?) 마지막으로, 모든 실험의 목적들을 만족시켰는가?

결과를 보고하라

자연적으로, 당신은 결과를 팀의 다른 구성원과 교환해야 한다. 이런 정보의 공유는 보통 기술적 보고서를 통하여 이루어진다. 그런 보고서를 작성하는 지침은 많은 책에서 찾을 수 있다. 그 중 하나는 *Handbook of Technical Writing* 으로 Charles T. Brusaw, Gerald Alred, 그리고 Walter E. Oliv(St. Martins Press, 1997)에 의하여 쓰여진 책으로, 여기에는 특별히 유용한 예제들이 있다. 전형적으로 보고서는 다음의 부분들을 포함할 것이다.

만약 당신이 결과를 효과적으로 소통하지 않는다면, 당신은 또한 실험을 수행하지 못할 것이다.

1. *요약.* 보통 한 페이지 분량의 요약이 마지막에 쓰인다. 이것은 문제를 정의하고, 문제에 어떻게 접근했는지 설명하고, 발견된 중요한 결과를 강조한다.
2. *서론.* 이 부분은 문제를 정의하고, 왜 그 문제가 연구할 가치가 있는 중요한 문제인가를 설명하고, 기초 정보를 주고, 기본적인 쟁점을 기술하고, 그러한 쟁점들이 이미 발표된 일들과 어떠한 관계가 있는지 토론하고 분석한다.
3. *재료와 방법.* 이 부분에는 자료를 분석할 때 사용한 기기뿐만 아니라 실험을 실행하는 데 사용한 모든 장치를 기술한다. 각 장비의 브랜드명과 함께 원재료의 순도를 명시한다. 각 측정치의 정밀도에 대하여 토론한다. 실험이 어떻게 실행되었는지에 관해서 순차적인 절차와 오차의 원인이 토론되어야 한다(만약 새로운 모델이나 이론을 개발했다면, 세 번째 부분 다음에 이론 부분이 와야 한다. 이론 부분에서는 현상을 수학적으로 설명할 수 있는 적용 식을 전개할 것이고, 전개 과정 중에 사용한 모든 가정들을 검증할 것이다).
4. *결과.* 이 부분에는 당신이 발견한 것을 기술한다. 모든 그림과 표의 제목을 확인하고 모든 변수들의 단위가 표시되어야 한다. 모든 오차의 원인을 토론하고 그러한 것들이 결과에 잠재적으로 어떻게 영향을 주었는지 기술한다. 적절한 곳의 자료에 오차범위를 표시한다.
5. *결과의 고찰.* 이 부분에는 결과가 왜 그렇게 보이는지 설명한다. 그 결과가 당신이 개발한 이론이나 다른 사람의 이론과 일치하는지 여부를 토론한다. 또한 이론이 잘 맞지 않는 조건뿐만 아니라 이론과 실험이 서로 일치하는 부분에 대해서도 기술해야 한다.

6. *결론.* 이 부분에는 이 일에서 당신이 배운 모든 중요한 정보를 순번대로 기록한다. 예를 들어:
   a. 죽은 물고기가 공장으로부터 화학물질 방출이 허락되지 않는 주변의 호수에서 발견되었다.
   b. 화합물 공장으로부터 강으로 화학물질의 방출은 물고기가 죽은 원인이 아니다.
   c. 곰팡이가 물고기 죽음의 원인이었다.
7. *참고문헌.* 이 작업에서 인용한 모든 자료를 적당한 문헌 형식으로 기록한다.

여기에 기술된 기술적 보고서의 일곱 부분에 더하여, 다수의 기업에서는 대개 기술적 보고서에 결론과 권고사항을 포함하는 확장된 형태의 **실행 요약문** 작성을 요구한다.

보고서를 작성함에 있어서 무엇보다도 중요한 것은 보고서의 *스타일*과 *명료함*이다. 여기에 효과적인 보고서 작성을 위한 사항을 제시하였다.

효과적인 보고서 작성을 위한 10가지 주요 항목

1. 논리적으로 조직될 것(서론, ..., 결론)
2. 각 부분 내에서 아이디어의 논리적인 진행
3. 간결한 문장
4. 다양한 어휘를 사용한 흥미로운 문장
5. 예제, 자료, 증거에 의하여 뒷받침되는 아이디어
6. 그림과 표의 적절한 사용과 위치
7. 수동태로 쓰기
8. 명확한 목적
9. 완벽한 문법[3]
10. 깨끗한 바인더에 보고서 넣기

당신은 보고서를 문서로 작성할 뿐만 아니라, 구두로 발표하게 될 것이다. 당신은 발표를 준비하기 위하여 장의 마지막에 참고자료를 언급해야 한다. 다음 항목들은 당신이 발표할 때 고려해야 하는 몇 가지 주요 항목들을 확인해 준다.

효과적인 발표를 위한 10가지 주요 항목

1. 잘 조직할 것(개요, 본문, 마무리).

2. 아이디어의 논리적 흐름을 만들어라.
3. 아이디어를 간결하고 명확하게 발표하라.
4. 예제, 자료, 증거로 뒷받침하라.
5. 명확한 설명을 제시하라.
6. 우수한 시각 자료를 사용하라.
7. 명확하게 그리고 적당한 속도로 말하라.
8. 잘 준비하고 완벽하게 연습하라.
9. 어울리게 옷을 입어라.
10. 당신의 결론이 증거에 의하여 뒷받침될 것을 명심하라.
11. 발표를 청중과 조화시켜라.
12. 자신감 있는 표정을 지어라.
13. 우수한 말과 문법을 사용하라—속어를 피하라.
14. 이상의 13가지 중 3개를 제거하여 10가지 주요 항목을 만들어라.

요약 *Summary*

다수의 사람들은 계획 과정에 사로잡히기 때문에 문제해결 공정이 지연되고 가장 중요한 단계(실행하기)를 잊는다. 이 장에서는 실행 공정을 용이하게 하기 위하여 여러 가지 기법을 제시하였다.

- **승인**
  —과제를 위해 당신의 아이디어를 팔아라.
- **계획하기**
  — 해결책에 도달하는 경로를 개략적으로 그려라.
  — 적절한 자원 배분을 계획하라.
  — K.T. 상황평가와 잠재적 문제분석을 수행하라.
  — Gantt 도표와 배치 도표를 준비하라.
  — 주요 업무를 확인하고 주요 경로 도표를 준비하라.
  — 과제를 위한 예산을 마련하라.
- **성취하기**
  — 주요 업무의 진척을 가까이서 감시하라.
  — 성취하기 검토 항목을 사용하라.
  — 초기의 문제진술과 선택된 해결책의 가능한 변화에 주의하라.

- **후속조치**
  - 해결책이 명시된 목적과 기준을 만족하는지 확인하라.
- **실험과제**
  - 당신의 노력을 최대화하기 위해 실험계획을 주의 깊게 수립하라.
  - 발생할 수 있는 다양한 형태의 오차를 의식하라.
  - 당신이 수행할 필요가 있는 최소의 실험 회수를 예측하라.

CD-ROM 자료 *CD-ROM Material*

- **배움 자료**

요약 노트

컴퓨터 모듈

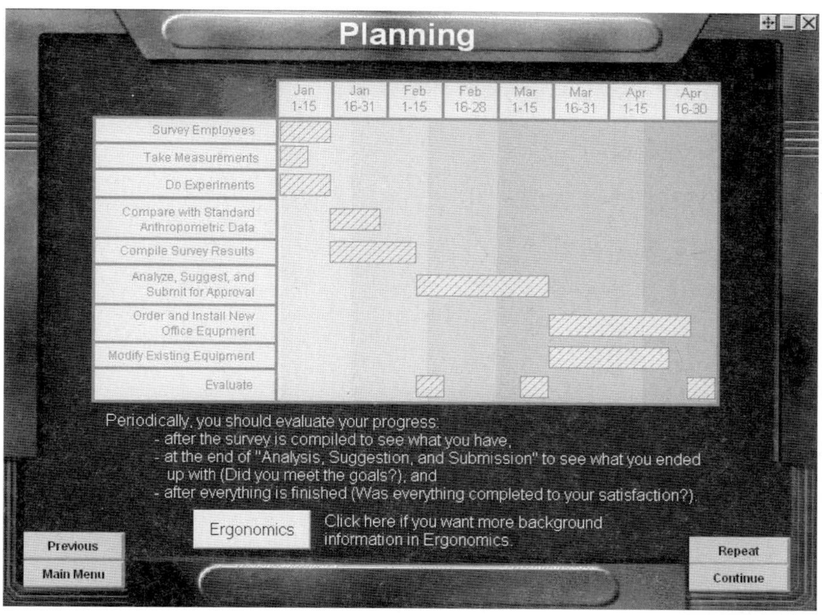

- **전문 참고서적**

Gantt 도표와 주요 경로 관리 예: 추수감사절 저녁 요리하기

과제 제안서를 위한 예산

해결책을 풀기 위하여 Bloom의 분류학을 이용하기

오차의 형태
성취하기 위한 최소 수의 실험을 예측하기

참고문헌 References

1. Peters, M. S., K. D. Timmerhaus, and R. E. West, *Plant Design and Economics for Chemical Engineers*, 5th ed., McGraw-Hill, New York, 2002.
2. Hendrix, Charles D., "What Every Technologist Should Know about Experimental Design," *Chemtech*, p. 167, March 1979.
3. Strunk, W., and E. B. White, *The Elements of Style*, 4th ed., Macmillan, New York, 1999.

연습문제 Exercises

8.1. 연습문제 8.2에서 8.7까지를 위해, 다음의 상황 중에서 하나를 선택하고 요구되는 행동을 수행하라. 이 장에서 배운 가장 중요한 것 다섯 가지를 열거하라. 또한 가장 흥미로운 것 다섯 가지를 열거하라.

A. 깜짝 생일파티 계획하기
B. 결혼식 계획하기
C. 콜로라도로 캠핑 계획하기
D. 시장으로 선출되기
E. 자서전 출판하기
F. US 대법원장 되기

8.2. 행동을 위한 Gantt 도표를 준비하라.

8.3. 행동을 위한 배치 도표를 준비하라.

8.4. 행동을 위한 주요 경로 계획 도표를 준비하라.

8.5. Bloom의 분류학을 이용하여 어떻게 행동을 실천해야 하는지 윤곽을 잡아라.

8.6. 행동을 위한 예산을 준비하라.

8.7. 다른 행동을 위해 Gantt 도표, 배치 도표, 주요 경로 계획 도표, 예산을 준비하라.

8.8. 다음의 제안을 위해 경영진에게 보고서 또는 발표를 준비하라.

A. 당신은 유럽에 있는 전문 학회나 단기 과정에 참석하길 원한다.
B. 당신은 회사가 새로운 연장을 판매하길 원한다.

8.9. 당신은 8명으로 구성된 식도락가 저녁식사를 위해 세 종류의 저녁식사를 준비하고자 한다.

종류	항목	준비 시간	먹는 시간
전채	베이컨으로 감은 마름	오븐에서 10분간 요리	10분
스프	양파 스프	스토브에서 30분간 요리	15분
	막대 빵	오븐에서 10분간 데움	
주 요리	찜 구이	오븐에서 2시간 요리	40분
	으깬 감자	준비된 요리 10분간 혼합	
	신선한 야채 혼합	20분간 끓임	
	육즙 소스	스토브에서 10분간 가열	
후식	사과 파이	오븐에서 30분간 요리	15분
	아이스크림	뜨기 전에 5분간 기다림	

Gantt 도표, 스토브 배치 도표, 그리고 당신의 저녁 파티를 위한 주요 경로 그림을 준비하라.

8.10. 적어도 다른 세 가지 기름(땅콩기름, 옥수수기름, 올리브기름)에서 옥수수를 튀기는 것을 포함하여 팝콘을 튀기는 예제를 수정하여 실험계획을 준비하라.

8.11. 제시된 중요 변수를 이용하여 다음 문제들을 연구할 실험을 설계하라.

A. 커피 만들기
- 갈기(거친 가루, 고운 가루)
- 원두 종류(표준, 고급)
- 퍼콜레이터(여과장치가 있는 커피 끓이기), 자동 물방울 떨어뜨리기

B. 종이비행기 만들기
- 날개 길이
- 무게 분산

- 초기 속도
- 이륙 각도

C. 식물 성장

- 일조시간
- 물 주는 양/주기
- 비료 사용

D. 종이 생산

- 제품의 품질(강도, 밝기)
- 백색도(표백제 사용)
- 재생 섬유 사용량
- 사용된 섬유의 형태(신섬유, 재생섬유)

E. 효모를 이용한 설탕의 알코올 발효

- 온도
- pH
- 영양물
- 희망 최종 알콜 농도

심화자료 *Further Reading*

Blanchard, Kenneth, and Robert Lorber. *Putting the One Minute Manager to Work: How to Turn the Three Secrets into Skills.* Berkeley Books, Berkeley, CA, 1984. Increase your productivity using three easy-to-follow techniques.

Hendrix, Charles D. "What Every Technologist Should Know about Experimental Design." *Chemtech*, p. 167, March 1979. Some useful background material on designing experiments to gain the maximum amount of information with the least amount of effort.

Massinall, John L. "The Joys of Excellence." *Chemtech*, 20, p. 393, July 1990. Timely tips for managing a project and keeping work on schedule.

McCluskey, R. J., and S. L. Harris. "The Coffee Pot Experiment: A Better Cup of Coffee via Factorial Design." *Chemical Engineering Education,* p.151, Summer 1989. More interesting background on designing experiments.

Murphy, Thomas D. "Design and Analysis of Industrial Experiments." *Chemical Engineering*, 84, p. 168, June 6, 1977. Excellent overview of factorial design of experiments.

Starfield, Anthony M., Karl A. Smith, and Andrew L. Bleloch. *How to Model It: Problem-Solving for the Computer Age.* McGraw-Hill, New York, 1990. Chapter 6 of this book contains a nice description and additional examples of critical path planning.

평가 09

문제에 대한 해결책 평가하기는 우리들의 문제해결 교수법의 마지막 업무이다. 이 장에서는 해결책이 완벽하게 지정된 문제를 풀고, 윤리적이고, 사람과 환경에 안전하다는 것을 확신할 해결책을 평가하기 위한 지침을 제시한다.

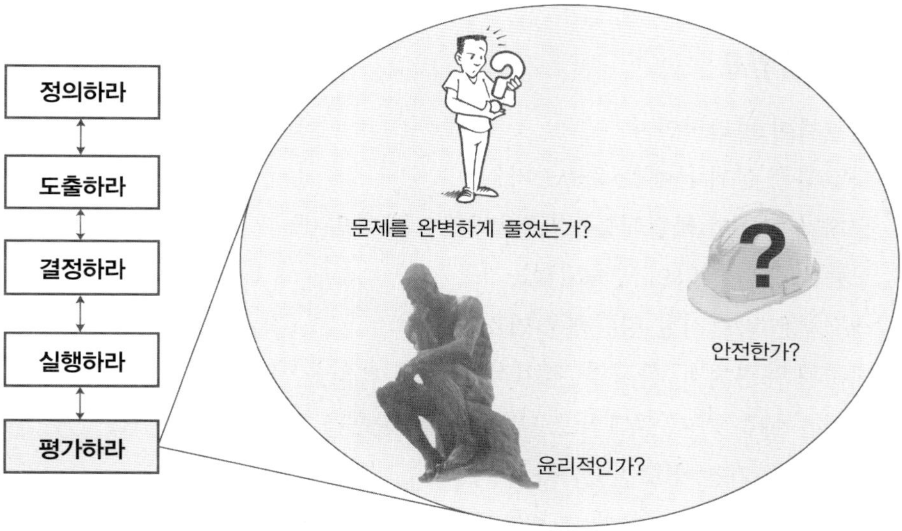

일반적 지침

평가는 반드시 문제해결의 전반적인 부분에 걸쳐 진행되어야 한다. 문제해결의 각 단계가 끝날 때마다 다음 단계로 진행하기 전에 그 단계의 목표하는 바와 결과가 만족스러운지 반드시 검토하여야 한다. 우리는 각 단계의 결과에 비추어 미래의 방향을 평가하고 이제껏 진행해 온 방향이 여전히 옳은 방향이라는 것을 증명해야 한다. 과제 동안 발생했을 수 있는 특히 중요한 결정 단계에서 일어날 수 있는 논리적 오류를 빠짐 없이 찾아내도록 한다. 게다가 우리는 만들어진 다양한 가정들에 도전해야 한다. 진술되지 않은 모든 가정들이 확인되었는가? 예를 들어, 초기의 예에서 강물 수위가 아무리 낮더라고 폐수 방류에 대하여 더 이상 걱정할 필요가 없다고 한 것은, 물고기들이 곰팡이로 죽었기 때문이라고 한 지배인의 가정을 공학자는 정당화할 수 있는가?

평가하기 점검표

이러한 형식의 질문에 대응하기 위하여, 해결책을 개발한 집단 밖에 있는 누군가가 가정과 해결책의 논리 등을 검토해야 한다. 평가 과정 동안 당신은 재료와 방법이 내외적인 기준을 만족하는 정도에 대한 정성적-정량적 평가를 반드시 해야 한다. 다음에 주어진 평가 시 점검표의 질문을 던져라.

평가하기 점검표

- ✔ 해결책이 논리적인가?
- ✔ 해결책은 실제 문제를 풀었는가?
- ✔ 문제가 영구히 해결되었는가? 아니면 미봉책인가?
- ✔ 모든 기준과 제약이 만족되었는가?
- ✔ 해결책은 바람직한 영향력을 가졌는가?
- ✔ 해결책은 경제적, 환경적, 정치적, 윤리적 책임을 가졌으며 안전한가?
- ✔ 당신은 아홉 가지 형태의 소크라테스적 질문을 사용했는가. 예를 들면, 제공된 정보와 가정에 도전했는가?
- ✔ 해결책의 모든 결과들이 조사하였는가. 예를 들면 그것은 다른 더 심각한 문제를 발생시키는가?
- ✔ 긍정적-부정적인 면 모두를 논의하였는가?
- ✔ 해결책이 그것이 할 수 있는 모든 것을 달성하였는가?
- ✔ 해결책은 실수가 없는가?
- ✔ 논쟁의 절차와 논리를 확인하였는가?

당신은 모든 발견사항을 확인할 필요가 있다. 해결책에 맞지 않고 결과적으로 전체의 해결책을 해할 수 있는 사소한 골칫거리라도 확인하라.

남극 탐사 차량[1~4]

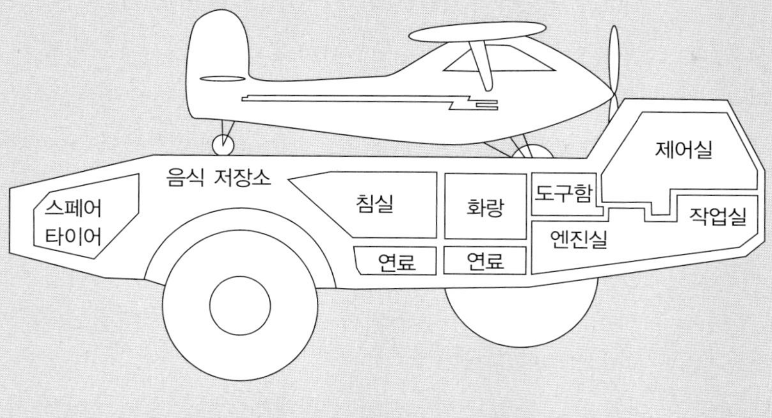

1934년 Richard Byrd 함장의 두 번째 남극 탐사 후, US에는 극지방 탐험에 대한 흥미가 증가하고 있었다. Byrd의 부함장이었던 Thomas Poulter는 극지방 탐사에 연관된 어려움을 직접 겪었고 영하의 날씨에서 일하고, 생활하고, 운송하는 문제를 어떻게 해결해야 하는지에 대한 아이디어가 있었다. 이러한 아이디어를 구체화한 것이 남극 탐사 차량이다. 1939년, US의 세 번째 남극 탐사 6개월 전에 Poulter는 70여 개 기업들의 도움을 받아 남극 탐사 차량을 설계하고 만드는 일에 착수하였다. 이 차는 지구상의 어떤 가혹한 환경상태에서도 견딜 수 있도록 각별히 설계되었다. 설계상의 특징 중 몇 가지를 보면 다음과 같다.

- 8,000킬로미터 거리
- 5인의 승무원을 위한 방과 일년 동안 사용하기에 충분한 물품
- 사진 촬영 임무를 위해 지붕에 장착한 비행기
- 빙하의 갈라진 틈을 건널 수 있는 신축자재의 타이어 등 뛰어난 지형 적응성

이 탐사 차량은 3~4개월 동안(8월부터 10월) 시카고에서 제작되었다. 탐험 일정상 여름에는 남극에 도착해야 했기 때문에 설계와 조립기간이 매우 서둘러졌다: 탐사 차량은 11월에 보스턴을 떠나 남극으로 향했다. 완성된 차의 규격은 매우 인상적이었다.

- 길이 17미터, 넓이 6미터, 높이 4.8미터였다.
- 총 무게(가득 실었을 경우)는 34톤이었다.

완성된 후, 탐사 차량은 시카고에서 보스턴까지 대륙을 횡단하여야 했다. 이 여행은 매우 큰 사건이었고 많은 사람들이 거대한 차량의 통과를 관람하기 위해

모여들었다. 다른 교통수단을 위한 길은 탐사 차량의 넓은 폭으로 인하여 차단되어야 했다. 보스턴에서, 이 차량은 남극으로의 탐험을 위해 북극성이라는 배에 실렸다.

1940년 1월, 북극성호는 남극의 Ross 얼음선반에 도착했다. 큰 기대를 가지고, 탐사 차량은 Thomas Poulter에 의하여 배에서 내려졌다. 차량이 눈의 지형에 도착하자 심각한 문제점이 드러났다. 탐사 차량은 전혀 움직이지 못했다! 이 커다란 차량은 마치 해변에 끌어 올려진 고래 같았다. 차량의 거대한 타이어는 공회전만 했고 견인하기도 힘들었다. 타이어가 공회전하자 열이 발생하여 눈 속으로 90센티미터나 가라앉았다. 설계에 있어 무언가 심각하게 잘못된 듯했다. 게다가 이 기계는 동력 또한 아주 약했다. 어쩌다가 견인되어 움직여도 몇 백미터를 움직이지 못해 또 가열되고 움직이지 못하게 되었다.

몇 달 동안 이 차량의 이동성을 향상시키기 위해 노력하였으나 성공하지 못했으며 탐험 팀은 남극의 겨울이 시작되자 탐험에 탐사 차량을 사용하리라는 희망을 버렸다. 그들은 탐사 차량을 목재와 눈으로 덮고 오두막으로 사용했다. 그것은 터무니없는 거대한 실패작이었다.

무엇이 잘못되었나? 탐사 차량의 실패를 보고 앞에서 논의된 평가 점검표이 어떻게 이러한 실패를 방지할 수 있는지 알아보자.

탐사 차량의 개발자들은 제공된 정보와 가정에 도전했는가?

남극의 환경에 대한 어떤 정보가 이용 가능했었는가? 지형이 얼마나 험했는가? 차량이 화창한 날씨에 건조한 도로에서 잘 달린다고 해서 왜 이것이 눈과 얼음이 많은 지형에서도 적용될 것이라고 생각했을까? 지금까지 극지방을 이동하는 차량은 대부분 타이어보다는 무한궤도식 페달을 사용했다. 왜 개발자들은 새롭게 타이어 모양으로 설계했을까? 왜 다른 차량은 페달을 쓸까? 이러한 몇 가지 질문들에 확실하게 대답했다면 실패한 설계를 피할 수 있었을 것이다.

해결책이 실제 문제를 해결하였는가? 이 경우 실제 문제는 무엇이었는가?

문제는 확실히 두 가지 요소로 볼 수 있다. 첫째는 작업자들과 탐험가들을 험한 극지방 환경으로부터 보호하는 문제이다. 앞의 문제만큼 중요한 두 번째 요소는 이 차가 탐험(탐험이 주목적)이 가능하도록 극지방의 지형에서 이동성이 뛰어나야 한다는 것이다. 설계는 탐험가들을 보호하고 생활하게 하는 숙박의 관점에서는 매우 성공적이었다. 탐사 차량의 내부는 이차대전 집들보다 나았다. 불행히도, 이동성 문제에 관해서는 단지 부분적으로 고려되었을 뿐이었다. 눈 속에 직면하게 될 빙하의 갈라진 틈까지도 건널 수 있도록 정교하게 설계되었지만 그것이 오히려 보통의 눈이나 얼음에서의 이동성을 떨어뜨리는 불충분한 고려였던 것이다.

확실히, 몇 개의 부정확한 가정들이 남극의 혹독한 상태에서 이 거대한 차가 움직이기 위해 필요한 동력과 타이어를 단순하게 고려했다. 설계한 모델에서 일어날 수 있는 모든 가정들을 생각하고 실제 문제(모든 면을 포함)를 해결하도록 하는 것이 목적에 알맞은 해결책을 결정하는 단서였다.

문제가 영구히 해결되었는가?

만약 탐사 차량이 설계되었던 대로 작동되었다면 이것은 극지방 탐험문제의 영구적인 해결책이 되었을 것이다.

해결책이 바람직한 영향력을 가졌는가?

이 경우는 그렇다. 탐사 차량은 극지방 탐사를 이끌어 갈 혁명적인 방안이 될 수도 있었다.

해결책의 모든 결과가 조사되었는가?

이 질문은 그 당시 어떻게 될지 몰랐기 때문에 답하기 어렵지만 탐사 차량이 설계대로 작동했다면 현실과 반대의 결과가 많이 나타났을 것으로 예상된다. 물품과 연료는 아주 장기간 사용 가능했고 탐사 범위는 8,000킬로미터였다. 겉으로 보기에는 이동성에 관한 치명적인 결함을 제외하고 우발적인 사고까지도 모두 대비한 듯했다.

모든 기준과 제약사항들이 만족되었는가?

해결책의 기준 목록이 조사되고 각각의 기준에 따라 해결책이 평가되었는가? 이 질문은 문제가 처음에 정확하게 정의되었다면, 설계문제들을 해결하게 해줄 것이다.

만약 평가 점검표이 적절히 주의 깊게 사용된다면, 해결책에 숨겨진 결점들을 지적할 수 있을 것이며 해결책이 실행되기 전에 비싼 실수를 잡을 수 있을 것이다.

윤리적 고려사항

해결책은 윤리성에 있어서 항상 흑백이라기보다는 회색의 그림자다.

평가 단계에서는 윤리적 해결책인지 확인하기 위해 해결책의 모든 면을 검토할 것을 포함한다. 많은 경우 상황의 윤리적인 관점은 완벽히 명확하지는 않고 대신 우리가 실제 문제를 정의하거나 결점이 트러블슈팅 과정을 통하여 발견되는 것과 같이 찾아내야 한다. 어떤 문제에 대하여 갈등이나 중재를 논할 때, “제기랄, 나는 그런 관점에서 그것에 대하여 생각하지 못했다”라고 누군가가 말하는 것을 몇 번이나 들었는가? 윤리성의 관점에서 생각할 때, 두 가지 질문이 생긴다: "윤리적인 것이 무엇인가?" 그리고 "우리가 윤리적 사각지대에 있지 않다는 것을 어떻게 확신하는가?" 이다. 첫 번째 질문에 대해서, 다수의 우수한 책들이 윤리성에 대하여 출판되었고 다양한 강좌가 제공된다. 우리는 여기서 그것들을 다시 말하거나 요약을 시작할 수 없으나, 두 권의 책을 고른다면, Edmund G. Seebauer와 Robert L. Barry가 쓴 *Fundamentals of Ethics*[5]와 Kenneth Blanchard와 Norman Vincent Peale가 쓴 *The Power of Ethical Management*[6]를 추천한다.

네 가지 고전적 덕목

Seebauer와 Barry는 도덕적 행동의 시작을 위해 간단한 모델을 제공하는데, 여기서 *감정*과 *마음*을 *의지, 결정, 행동*에 넣는다. 그들은 또한 이러한 요소들이 네 가지 고전적 덕목에 어떻게 의존하는지 논한다.

- **신중:** 도덕적 문제를 명확하고 완벽하게 사고하라.
- **절제:** 서두르거나 감정을 억압하는 것을 피하라.
- **불굴의 정신:** 좋아하지 않는 무엇으로부터 맹목적으로 이동하지 마라.
- **정의:** 사건이 있는 곳에 진실로 행동하고 모든 것에 공정함을 가지고 행동할 의지를 가져라.

네 가지 덕목을 자세히 논의한 후, 저자들은 하나의 중요한 원칙을 제시한다: "사람들은 가능한 한 이러한 덕목들에 따라 행동하고 결정해야 한다." 따라서 Seebauer와 Barry는 윤리적 결정하기 과정, 즉 "네 가지 요소 모델"을 바라보는 다른 방법을 기술한다.

- 도덕적 안건(나는 ~에 대하여 생각하지 않았다)이 있음을 감지하기
- 도덕적 안건(네 가지 덕목과 다섯 가지 P)을 통한 유추하기
- 결정하기
- 결정을 바탕으로 수행하기

우리는 또한 결정을 내리는 것을 도와주는 K.T. 결정분석 기법과 해결책을 실행하도록 도와주는 (8장에서 논의된) 실행절차를 사용할 수 있다.

윤리성 검토항목

저서 *The Power of Ethical Management*에서, Blanchard와 Peale는 우리가 직접 안건들을 빨리 정리하고 윤리적 해결책에 도달하도록 도와주는 지침들을 제안한다. 이러한 지침들은 또한 결정이 다섯 가지 P와 질문의 검토항목을 제공함을 수반하는 도덕적 안건들을 찾아내도록 우리를 도와준다.

윤리성 검토항목[6]

- 합법적인가? 나는 사회법이나 회사 정책을 위반하고 있는가?
- 균형이 잡혀 있는가? 장단기 관점에서 공정하게 고려되었는가? 쌍생 승리의 관계를 증진하는가?
- 나는 나 자신을 어떻게 느끼게 만들 것인가? 나를 자랑스럽게 하는가? 나의 결정이 신문에 출판된다면 나는 기분이 좋을까? 가족이 그것을 알게 된다면 나는 기분이 좋을까?

"투명한 양심처럼 부드러운 베개는 없다."

— John Wooden, UCLA 직원

만약 첫 번째 질문에 대한 대답이 어떠한 관점에서든지 또는 피상적으로 "아니, 그것은 불법이다"라면, 두 번째 그리고 세 번째 질문으로 진행할 필요가 없다. 그러나 만약 해결책이 합법적이고 회사의 정책을 위반하지 않고, 한 결정이 한사람 또는 회사에 이익을 주지만 불공평하게 다른 사람의 이익을 빼앗는다면 두 번째 질문을 고려해야 한다. 즉, 그것은 결국 개인이나 회사를 괴롭히게 될 것이다(예, 신용카드의 한계를 넘어선 과도한 이자율). Blanchard와 Peale의 마지막 질문은 정당함의 감각을 활성화하고 비윤리적 결정을 통하여 자신의 자존감을 파괴하지 않도록 하라는 것을 의미한다. 이러한 윤리성 검토항목은 사업에서 가장 복잡한 질문들 중 하나를 해결하도록 도와준다: *어떻게 우리는 받아들일 수 있는 최저의 결과를 얻을 수 있고 경쟁적으로 남을 수 있으며 동시에 우리가 윤리적인 것을 확신할 수 있을까?*

다섯 가지 P

Blanchard와 Peale는 직접 문제의 해결책에 이르는 것을 분석할 때 고려해야 하는 **다섯 가지 P**를 확인하였다: 목적(Purpose), 긍지(Pride), 인내(Patience), 끈기(Persistence), 그리고 시각(Perspective). 다섯 가지 P의 표가 우리의 해결책을 평가하는 것을 도와줄 대답의 질문 목록을 제시한다.

윤리적 평가 과정을 촉진하기 위하여, 다섯 가지 P를 위한 각 질문에 대한 당신의 대답을 누군가에게 비평하도록 요청하라. 조언자라고 불리는 이 사람은 단지 당신의 설명을 듣는 수동적인 역할을 하거나 당신의 모든 요점에 능동적으로 질문하는 적극적인 역할을 할 것이다. 심지어 조언자가 수동적 자세로 들을 때에라도, 다섯 가지 P를 상황에 적용하는 것을 말로 표현한다는 단순한 사실이 평가 과정을 향상시킬 것이다.

다섯 번째 P인 시각은 다른 P들이 돌아가는 바퀴의 축이다. 시각 P의 일부는

다섯 가지 P[6]

Purpose:	당신은 무슨 목적을 위해 노력하는가? 당신은 목적에 만족하는가? 거울 속 자신을 보았을 때 목적한 바가 보이는가? (여기서 P는 "prudence(신중함)"의 덕목을 포함한다.)
Pride:	당신이 개발한 해결책에 긍지를 가질 수 있는가? 조금이라도 잘못된 긍지나 자기불신이 있는가? (여기서 P는 "justice(정당함)"의 덕목과 관련지을 수 있다.)
Patience:	당신은 해결책의 모든 부분을 생각해볼 시간을 가졌는가? (여기서 P는 "temperance(극기)" 덕목의 역할을 한다.)
Persistence:	당신은 결론에 집착하고 다른 요구들에 설득되지 않는가? 당신은 정당하고 모든 사람에게 균형 잡힌 해결책을 찾는 것을 쉽게 포기하는가? (여기서 P는 "temperance(극기)"와 "fortitude(인내)"의 덕목으로부터 온다.)
Perspective:	당신은 모든 것을 당신의 이상과 믿음에 맞도록 확신하기 위해 자신의 내면을 들여다볼 시간을 가졌는가? 해결책이 어떻게 "큰 그림"에 맞는가? (여기서 P는 "prudence(신중함)와 justice(정당함)"의 덕목과 관계될 수 있다.)

다른 P들로부터 지각되는 내부 길잡이로서 우리가 사물을 좀더 명확하게 볼 수 있도록 해준다.

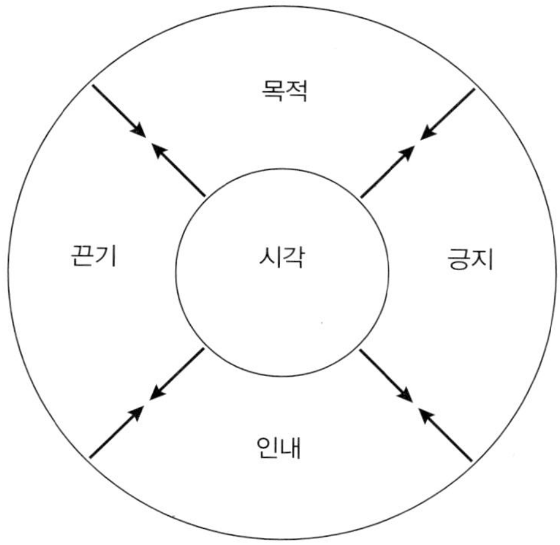

다섯 가지 P의 상관관계

사례연구 예

앞서 논의된 것처럼, 우리는 각각의 중요한 결정 때마다 평가를 수행해야 하고 자신이 선택한 해결 경로가 비도덕적인 데도 이를 모르고 끝까지 기다려선 안 된다. 이런 과정이 어떻게 작용하는지 보기 위해 몇 가지 예제를 고려해 보자.

삶의 가장 위대한 전투는 영혼의 조용한 방에서 싸우는 것이다.

— David Mckay

휴일 선물[7]

Henry는 매년 회사에서 구입해야 하는 엄청난 양의 장비를 어떤 공급자에게 구입할지, 그 선택에 영향을 주는 위치에 있다. 그는 휴가철에 보통 몇 명의 판매사원으로부터 저렴한 볼펜이나 술 한 병 정도의 작은 선물들을 받곤 했다. 그러나 올해 한 판매사원이 Henry의 이름이 새겨진 비싼 서류가방을 보내왔다. 이 선물은 보통 가격 이상으로 비싼 것이다.

Henry는 어떻게 해야 하는가?

1. 어쨌든 현장에서 그의 판단에 영향을 미치지 않으므로 선물을 받는다?
2. 선물을 돌려준다면 모두 당황하기 때문에 그냥 받는다?
3. 선물을 돌려준다?
4. 다른 선택은 ? (구체적으로 명시하라.)

다섯 가지 P

Purpose: 마약 당신이 Henry의 입장이라면 회사에 가장 알맞은 공급업체를 편견 없이 선택하기 위하여 어떻게 하겠는지 자문하라.

Pride: 선물을 받는 것이 자랑스러운가? 아니면 돌려주는 것이 자랑스러운가?

Patience: 선물을 받아야 하는지 생각해볼 시간을 갖자. 믿을 만한 판단을 해주는 사람과 이야기 해보자.

Persistence: 선물을 받을 것인가 돌려줄 것인가의 문제를 해결하기 위해 모든 수단을 찾을 것인가?

Perspective: 비록 선물을 받는 것이 당신의 결정에 영향을 주지 않더라도, 다른 동료들에게 어떻게 보일 것인가? 좋은 선례가 있는가?

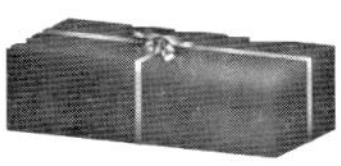

다음은 잡지 *Chemical Engineering*에서 수행한 독자 설문 결과이다(p. 132, September 1980). 응답자의 64.9%는 선물을 돌려줘야 한다고 생각했다. 그러나 26세 이하인 응답자의 27.7%는 선물을 받아도 무관하다고 생각했다.

		US	US (연령별, %)			Non-US (%)	
선택	전체	전체	< 26	26~50	> 50	영국/캐나다	다른 나라
1	20.1	19.7	27.7	17.9	15.4	14.6	39.0
2	3.4	3.3	4.9	2.8	3.1	4.9	4.8
3	64.9	65.8	56.9	68.1	67.6	61.0	43.8
4	9.8	9.5	9.0	9.8	12.1	18.3	11.0

독자 설문에 대한 응답자들의 의견

- "선물을 받고 정말로 그것에 영향을 받지 마라. 그러면 다음해 휴일에 당신은 볼펜을 받게 될 것이다."
- "한정된 정부조달 업자로서, 나는 포르쉐를 받는다는 동료의 이야기를 들은 적이 있다. 만약 당신이 처음에 선물을 받는다면 그것은 점점 더 커질 것이다. 결국, 그것은 당신의 결정에 영향을 줄 것이다."
- "나는 주는 사람이 그것으로부터 어떤 것을 바라는지 알면서 선물을 받는 것이 때때로 죄라고 느낀다. 나는 뇌물을 받지 않을 것이다."
- "내 가치는 선물보다 매우 높다. 사실 너무 높아서 그것을 충족시킬 수 없을 것이다."
- "Henry는 80달러짜리 가치 없는 선물에 해고의 위험을 무릅쓴다. 그것은 결코 하와이행 왕복표가 될 수 없고 싸구려 쓰레기일 뿐이다."

입찰 조작[7]

Steve는 큰 화학회사의 설계 공학자이다. 그가 일을 하기 위해 구입해야 하는 장비가 있는데 이에는 두 종류의 경쟁적인 제품이 있다. ABC사의 장비는 광범위하게 광고되었고 팔렸지만 Steve가 경쟁사 공장에서 들은 소문에 의하면 ABC 장비는 예상치 못하게 종종 고장이 난다고 한다. 그러나 그는 이러한 정보를 문서화할 방법이 없었다. XYZ사는 같은 일을 하는 장비를 만들지만 훨씬 더 비싸다. Steve는 경험상 XYZ의 장비는 꽤 믿을 만하다는 것을 안다. 이러한 상황에서 자유경쟁에 의한 입찰을 하고 구입하는 것이 회사의 방침이지만, 그렇게 되면 ABC사가 승리하는 것은 당연하다. Steve는 고의로 XYZ사의 장비만 갖출 수 있는 불필요한 규격서를 첨부하여 명세사항을 조작했다.

1. 비록 Steve가 회사의 최고의 이익을 위해 했다고 믿지만 회사의 방침을 피해 잘못된 규격서를 첨부한 것이 도덕적으로 올바른 것인가?
2. 만약 당신이 Steve와 같은 처지라면 똑같이 행동했을까?

다섯 가지 P

Purpose: 회사를 위해 최선의 장비를 선택하기 위해

Pride: 최고의 결정에 도달하고 당신이 그 결정에 도달한 방법이 자랑스러운가?

Patience: 시간을 가지고 어떤 식으로 일을 처리할지 회사 내 사람들의 자문을 구해 보았는가?

Persistence: 장비가 믿을 만하지 못하다는 것이 단지 입소문인지 사실인지 확인해 보았는가?

Perspective: 당신은 향후에 한 회사를 위한 규격서를 쓸 선례를 만들고 있는가?

출처: Chemical Engineering지의 독자 설문(p. 132, September 1980).

		US	US (연령별, %)			Non-US (%)	
질문 1	전체	전체	< 26	26~50	> 50	영국/캐나다	다른 나라
예	36.8	36.8	40.8	17.9	32.8	32.9	41.8
아니오	55.7	55.7	53.5	57.0	54.9	56.7	54.1

		US	US (연령별, %)			Non-US (%)	
질문 2	전체	전체	< 26	26~50	> 50	영국/캐나다	다른 나라
예	30.6	30.5	35.9	30.1	24.4	28.0	37.0
아니오	61.1	61.2	56.9	62.6	61.5	56.8	56.8

응답자들의 의견

- "입소문에 근거하여 전문적 판단이 가능할까?"
- "입소문을 증명하거나 포기해라. 사실을 취해라."
- "일화적 보고서는 의심을 문서화하는 하나의 방법이다. 불만을 품은 소수의 사용자들에 의존하지 않도록 주의해야 한다; 확실히, 좀더 철저히 연구할 이유가 있다."
- "큰 회사 내에서 관료주의를 없애고 최고의 장비를 구하기 위해 누군가는 종종 규칙을 바꿔야 한다."
- "ABC 장비가 고장 날 때 새벽 2시에 전화를 받는 사람은 나이기 때문에, 나는 아마도 XYZ를 선택하도록 할 것이다."
- "단지 가격과 규격에 기초하여 결정하는 설계 공학자가 있다는 것을 듣지 못했다. 판단은 공학자에게 매우 높이 추구되어야 하는 본질이다. 때때로, 직감도 중요하다."

안전성 고려

평가 과정에서 가장 중요한 부분 중 하나는 제안된 해결책이 사람과 환경 모두에게 안전하다는 것을 확인하는 것이다. 잠재적 문제분석(7장 참고), 사고결과 예상계통도(CD-ROM에서 전문 참고서적의 등유가열기 문제 참고), 또는 위험물 조작분석(HAZOP)의 수행은 안전성에 영향을 주는 모든 요소들을 고려하는 것을 명확히 하도록 도와줄 것이다.

요약 *Summary*

문제에 제안된 해결책의 평가는 문제해결 교수법의 마지막 업무이다. 평가는 과제의 전 과정을 통하여 진행되어야 한다. 평가의 검토항목을 확인하기 위해 다음 사항들을 사용하라.

- 정보와 가정에 대하여 도전했는가
- 실제 문제를 해결했는가
- 해결책의 모든 결과를 조사했는가

- 논리적이고, 윤리적이고, 안전하고, 환경적인 해결책을 찾았는가

Seebauer와 Barry는 도덕적 행동의 근원을 위해, 감정과 마음이 들어간 의지, 결정, 행동의 간단한 모델을 제공한다. 그들의 네 가지 요소 모델은 다음 행동들을 포함한다.

- 도덕적 안건의 존재를 감지하기
- 도덕적 안건을 통하여 유추하기
- 결정하기
- 결정 위에서 실천하기

이러한 요소들은 네 가지 고전적 덕목에 의존한다: 신중, 끈기, 인내, 정의.

당신은 윤리성 검토항목과 당신의 결정과 해결책이 윤리적인지를 확인하기 위해 다섯 가지 P를 사용할 수 있다. 다섯 가지 P는 목적(Purpose), 긍지(Pride), 인내(Patience), 끈기(Persistence), 시각(Perspective)이다.

CD-ROM 자료 *CD-ROM Material*

- **배움 자료**

  요약 노트

- **전문 참고서적**

  Pareto 분석과 도표

  안전성: 중유가열기의 잠재적 문제분석

  안전성: 등유가열기의 사고결과 예상 계통도

- **추가적 윤리성 문제**

  Buffalo Nation의 다른 버전

  모든 일 하기

  당신의 일을 위한 신용 얻기

  전시에서 부정을 저지르기

  피아노 독주회 인사

  뇌물?

참고문헌 References

1. Muller, Peter, "The Antarctic Snow Cruiser," *Invention and Technology*, p. 63, Winter 1993.
2. "The Snow Cruiser: A Mobile Base for Antarctica," *Scientific American*, 162, p. 25, January 1940.
3. "Snow Cruiser to Explore Antarctica," *Popular Mechanics*, 72, p. 494, October 1939.
4. "Dreadnaught Ditched," *Time*, November 6, 1939, p. 40.
5. Seebauer, Edmund G., and Robert L. Barry, *Fundamentals of Ethics for Scientists and Engineers*, Oxford University Press, New York, 2007.
6. Blanchard, Kenneth, and Norman Vincent Peale, *The Power of Ethical Management*, Ballantine Books, Fawcett Crest, New York, copyright ©1988 by Blanchard Family Partnership and Norman Vincent Peale.
7. *Chemical Engineering*, p. 132, September 1980.

연습문제 Exercises

9.1. Nick은 비료를 생산해 내면서 일년에 백만 톤이 넘는 석고를 생산하고 이 석고는 근처의 더미에 쌓여지는 인산비료 공장의 수석 공학자이다. 몇 년에 걸쳐, 그 더미는 무려 4천만 톤이나 되는 산으로 변했다. 현재 더 이상 폐물을 위한 공간이 없었으며, 새로운 석고더미가 계획되었다.

현재의 환경법규는 산성수의 적출과 인산염이나 플로르화합물에 의해 지하수가 오염되는 것을 막기 위해 많은 규정을 요구하고 있다. Nick의 새로운 더미를 위한 승인된 설계는 최근의 기술을 적용했고 US 환경청(EPA)과 주 법규에도 합법화되어 있다. 그러나 Nick은 옛날의 더미—비록 현재의 법규에서 제외된—가 사회에 커다란 위험을 줄 것이라는 것을 안다. 비가 오면 인산염을 포함한 산성수가 그 더미로부터 새어 나와 지하수로 스며들 것이다.

경영진에게 올려진 기밀 보고서에서, Nick은 이러한 일을 막기 위한 조치를 추천했다. 회사는 현재 그런 치료를 위한 법적 요구가 없다며 제안을 거부했다. 네 가지 덕목, 네 요소 모델, 평가 검토항목, 윤리성 검토항목, 다섯 가지 P를 이용하여 이 상황을 분석하라. (*Chemical Engineering*, p. 40, March 2, 1987.)

9.2. 회로 판을 식각하고 도금하는 공장 내의 환경안전부서가 최근 지역의 건강과 환경 책임기구에 의해 제시된 더 엄격해진 규정에 맞추어 대기의 독성

물질 누출 측정을 향상시키는 프로그램을 완성했다. 처음에는 John과 집단의 책임자의 제안으로 구입되고 설치된 새로운 기구에 의해 적은 양의 중독성 물질이 조사되었다. 정부기관에 의해 지정된 조사 방법으로는 어떤 화학물질의 흔적도 나타나지 않았다.

정부기관은 제시된 자료로부터 추정하여 이러한 물질들이 위험하다고 주장했지만 책과 잡지들을 찾아보면 이러한 물질들이 낮은 밀도로 발견되면 위험하지 않다고 한다. 이 상황을 이해하기 위해 네 가지 덕목, 네 요소 모델, 평가 검토항목, 윤리성 검토항목, 다섯 가지 P를 이용하라. (*Chemical Engineering*, p. 40, March 2, 1987.)

9.3. 매주, 공장에서 작업자들은 규칙적으로, 몇 시간 동안 수분을 공급하는 큰 저장 탱크로 100드럼의 건조하고 더러운 효소(isomerase, dextrose를 fructose로 변환 시 사용하는)를 넣는다. 당장은 해롭지 않지만 먼지는 장기적인 관점에서 알레르기와 폐에 문제를 야기할 것으로 의심된다. 그러나 이러한 징후들은 효소에 노출된 사람의 10% 미만으로 나타난다.

공장의 안전 수칙은 작업자들이 효소를 다룰 때 마스크, 안경, 장갑을 착용할 것을 요구한다. 그러나 작업하는 곳의 온도가 약 43℃ 정도이기 때문에 작업자들은 그런 요구를 수용할 수 없다.

이것은 최근 이곳의 관리자로 온 Phil에 의해 밝혀진 상황이다. 이 상황을 해결하기 위해 평가 검토항목, 윤리성 검토항목, 다섯 가지 P를 이용하라. (*Chemical Engineering*, p. 40, March 2, 1987.)

9.4. 당신은 화학물질 X를 생산하는 공장을 건설하려 하는 작은 회사에 고용되었다. 낮은 간접비와 다른 요소의 결과로, 회사는 같은 화학물질의 경쟁사 가격보다 훨씬 낮은 가격을 책정해야 한다. 당신은 반응 매개변수도 모르고 그것을 측정할 실험도구가 없기 때문에 반응기의 크기를 모른다. 시간 문제로, 상사는 경쟁사의 공장 바깥에 있는 반응기의 사진을 찍어서 당신의 반응기에 적용하라고 제안한다. 그는 당신에게 비행기를 타고 공중에서 사진을 찍거나 전화선을 고치는 데 이용하는 것과 유사한 트럭 같은 것을 이용해 담장 너머로 보고 크기를 알아내라고 제안한다. 상사는 또한 당신이 경쟁사 공장으로부터 생산품을 나르는 트럭의 크기와 수량을 분석하여 생산량을 측정할 것을 제안한다.

당신은 어떻게 크기를 측정하는 것이 이성적으로 정확하다고 확신하는가? 당신은 이런 식으로 반응기 크기를 측정하고 생산량을 알아내는 것이 윤리적이라고 생각하는가? 상사가 당신이 이렇게 하도록 요구하는 것을 윤리적이라고 느낄 것이라고 생각하는 이유에 대해 목록을 작성하고 설명하라. 만약 윤리적이라고 느끼지 않는다면, 왜 그러한 것이 행해지면 안 되는지에 대해 목록을 작성하고 설명하라. 바라는 정보를 얻을 수 있는 대안의 방법을 제안해 보라. 당신은 Seebauer와 Barry가 쓴 책 *Fundamentals of Ethics*와 Blanchard와 Peale가 쓴 책 *The Power of Ethical Management*를 참고하여 윤리적 안건들을 평가하고 확인하라.

만약 여기에 묘사된 상황이 명확하게 윤리적이거나 윤리적이 아니라고 믿는다면, 그것이 중간영역에 있도록 시나리오를 다시 작성하라. 예를 들어, 만약 반응기가 거리에서 보인다면 이런 방법으로 정보를 얻는 것이 윤리적인가? 지금부터 3주 후에 있을 경쟁사의 연례행사에 보이스카웃 무리와 함께 공장을 견학하여 알아보고 사진을 찍고 또 다른 정보를 얻으라고 상사가 당신에게 요구한다면 어떻게 하겠는가? 이 상황을 중간영역으로부터 윤리적 혹은 비윤리적으로 만들기 위해 네 가지 덕목, 네 요소 모델, 평가 검토항목, 윤리성 검토항목을 이용하라.

9.5. Jay의 상사는 자료 분석 분야에서 저명한 전문가다. Jay는 새로운 촉매시스템 개발에 대한 연구를 맡고 있는 그룹의 리더이며, 연구는 촉매 A와 촉매 B 두 가지의 가능성으로 좁혀졌다.

Jay의 상사는 A가 가장 적합할 것이라고 확신하고 선택하였지만 "단지 기록을 위해" 둘 다 실험하도록 지시했다. 경험이 없었던 이유로 실험은 예상보다 오래 걸렸고 결과는 B가 더 적합한 것으로 나타났다. 실험에 대한 기술자들의 타당성 의문에도 불구하고 연구 일정 때문에 그 일련의 실험을 반복할 시간이 없었다. 상사는 Jay에게 수학 계산을 고치고 촉매 A가 적합하다는 것을 입증하는 가짜 자료를 작성하라고 지시했다. Jay를 포함한 그룹의 모든 기술자들이 지시에 동의하였고 Jay는 보고서를 작성하였다.

당신이라면 어떻게 하겠는가?

A. 상사가 지시한 것처럼 보고서를 작성하겠는가?

B. 비윤리적 행위이므로 보고서 작성을 거절하겠는가?

C. 보고서를 작성하나 비윤리적인 것이라고 메모를 쓴다—진상이 밝혀졌을 때 당신을 보호하기 위해?

D. 보고서를 지시한 대로 작성하지만 저자로서 보고서 위에 이름을 남기는 것은 거절한다?

E. 상사의 선을 넘어서 당신이 거짓으로 기록을 보고하도록 요청받은 것을 알린다?

F. 그 밖의 다른 것을 한다? (그렇다면 무엇을?)

각각의 선택을 분석하기 위하여 네 가지 덕목, 네 요소 모델, 평가 검토항목, 윤리성 검토항목, 다섯 가지 P를 이용하라. (*Chemical Engineering*, p. 132, September, 1980.)

9.6. 연습문제 9.5에서 Jay는 상사를 따라서 보고서를 작성하기로 결정했고 회사는 이를 토대로 촉매 A를 상업화할 대단위 계획을 추진하였다. Jay는 그 과제를 연구개발할 시험 공장의 관리자가 되었다. Jay는 자신의 의심을 가라앉히기 위해 두 가지 촉매에 대해 비밀리에 개인적으로 시험을 수행했다. 놀랍게도, 촉매 A가 대부분의 조건에서 (모든 사람이 기대한 것처럼) 효과적이었으나 회사의 공정이 설계된 운전조건에서는 촉매 B가 훨씬 우수하였다.

당신이 Jay라면, 어떻게 하겠는가?

A. 누구도 당신이 실험해 보았다는 것을 모르기 때문에, 비록 촉매 B와 운전하는 것이 같지는 않지만 공정이 촉매 A와 허용할 만하게 운전될 것이기 때문에, 비밀로 할 것인가?

B. 비밀 실험에 대하여 촉매 전문가인 당신의 선대 상사에게 말하고 그에게 다음에 무엇을 할 것인지 결정하게 할 것인가?

C. 자신뿐만 아니라 많은 동료들이 해고되거나 적어도 전문가로서의 신용이 손상될 것을 알면서도 더 높은 직책에 있는 경영자에게 모든 사실을 털어놓을 것인가?

D. 다른 행동을 할 것인가? (그렇다면 무엇을?)

각각의 선택을 분석하기 위하여 네 가지 덕목, 네 요소 모델, 평가 검토항목, 윤리성 검토항목, 다섯 가지 P를 이용하라. (*Chemical Engineering*, p. 132, September, 1980.)

9.7. Ruth는 팔기 전에 열로 가공되는 주요 음식물의 상당량을 판매하는 한 회사의 그룹 리더로 일한다. 식품개발 팀은 식품 내 자연적으로 생성되는 향의 구성성분을 분석해 왔고, Ruth는 향을 내는 여러 가지 요소들(실제로 열분해 물질, 매우 소량으로 존재)이 동물들에게 대량으로 주사될 경우 암을 유발한다고 밝혀진 화학물질이라는 것을 발견했다. 그러나 몇 세기동안 세계적으로 사용된 제품은 암의 원인물질로 밝혀져 있지는 않다.

비록 US에서 순수 음식과 약에 대한 Delaney 수정안은 암을 유발하는 물질을 금하고 있지만 자연적으로 생성되는 물질에 대한 정부의 규정은 없다.

Ruth는 어떻게 해야 하는가?

A. 보고서를 폐기해야 하는가?

B. 상사들에게 비밀보고서를 제출하고 그들에게 결정하도록 하는가?

C. 저명한 저널에 발견된 구성성분에 대한 기사를 내지만 암에 대한 언급을 빼야 하는가?

D. 소비자 보호 기관에 알려야 하는가?

각각의 선택을 분석하기 위하여 네 가지 덕목, 네 요소 모델, 평가 검토항목, 윤리성 검토항목, 다섯 가지 P를 이용하라. (*Chemical Engineering*, p. 132, September, 1980.)

9.8. Reginald를 고용한 회사는 파업 중인 노동자를 대체하기 위하여 급여 노동자를 고용하고 주당 40시간을 초과하는 어떤 일을 위해 두 배의 돈을 지불하고 파업보너스를 하루에 100달러 추가하기로 했다(보통의 상황이라면 시간외 수당은 공학자를 포함하는 급여노동자에게는 어림없다). 조합에 들지 않은 Reginald와 그의 동료 공학자들은 인플레이션으로 타격을 입었고 많은 사람들이 추가로 돈을 벌 수 있는 기회를 좋아했다.

공장은 현재 조합원들이 위험한 작업 환경 때문에 파업 중이며 Reginald도 개인적으로 작업 환경이 안전하지 못하다고 생각하지만 특별히 정부의 안전 규정에 명시되지 않았다고 생각한다. 회사는 조합과 안전성에 대한 논쟁을 벌였다. 파업은 길어질 것처럼 보였다.

Reginald는 어떻게 해야 하는가?

A. 조합의 주장이 의미가 있다고 생각하고 일하는 것을 거절한다?

B. 파업을 깨는 것은 비윤리적이므로 일하기를 거절한다?

C. 파업 노동자를 채우는 것은 모든 경영자들의 의무라고 믿기 때문에 일해야 한다?
D. 여분의 봉급은 여러 가지 청구서를 계산하거나 차의 할부금을 벌기 위한 훌륭한 방법이므로 일한다?
E. 만약 그가 일하지 않는다면 해고될 수 있다고 믿기 때문에 일한다?
F. 다른 행동을 할 것인가? (그렇다면 무엇을?)

각각의 선택을 분석하기 위하여 네 가지 덕목, 네 요소 모델, 평가 검토항목, 윤리성 검토항목, 다섯 가지 P를 이용하라. (*Chemical Engineering*, p. 132, September, 1980.)

9.9. Larry의 회사는 제품 중 하나에 향료를 사용해 왔으나 향의 안정성에 문제가 있었다. Larry의 한 화학자가 주석과 납의 혼합물을 조금 사용하여 향을 안정화할 수 있는 것을 우연히 발견했다. 비록 주석과 납이 독성물질로 알려져 있지만, 화학자는 첨가된 양이 다양한 음식 제품을 위해 사용되는 주석 캔의 용접 부위로부터 나오는 양보다 적다고 주장했다. 새로운 제품은 유리에 포장될 것이고 추가되는 중금속은 없을 것이다.

Larry는 어떻게 해야 하는가?

A. 함량이 얼마가 되든지 독성물질을 추가하는 것은 비윤리적이기 때문에 첨가물을 사용하지 않도록 추천한다?
B. 발견을 은폐하여 더 이상의 문제를 방지한다?
C. 이러한 중금속 안정화 첨가제의 사용을 활성화하도록 추천한다?
D. 주석과 납 첨가제 사용을 추천하되, 중금속의 신중한 첨가는 불필요한 걱정을 만들기 때문에 상업 비밀로 간주하고 대중에게 새어나가는 것을 막는다?

각각의 선택을 분석하기 위하여 네 가지 덕목, 네 요소 모델, 평가 검토항목, 윤리성 검토항목, 다섯 가지 P를 이용하라. (*Chemical Engineering*, p. 132, September, 1980.)

9.10. Maria는 Stardust 화학회사의 공정 공학자이고, 회사가 소유권을 주장하는 정보를 폭로하는 것을 막기 위해 회사와 비밀협약에 서명했다. Stardust는 고점도 플라스틱 슬러리를 식히는 데 매우 효과적인 표준 장비를 개발했다 (Stardust는 아이디어를 특허출원하지 않고 비밀로 유지하기로 결정했다).

결국, Maria는 Stardust를 떠났고 Stardust와 경쟁관계가 없는 캔디가공 회사에서 일하게 되었다. 그녀는 곧 Stardust의 영업비밀과 유사한 변형이 퍼지를 식히는 다른 기계에 적용될 수 있다는 것을 깨달았고 즉시 수정을 가했다.

A. Maria는 비윤리적으로 행동했는가? (그녀는 Stardust가 개발한 소유권의 변형을 폭로했기 때문에)
B. 그녀는 윤리적으로 행동했는가? (그녀는 단지 변형 이외의 아이디어를 사용했지 Stardust가 사용한 특정 변화를 사용하지 않았기 때문에)
C. 만약 기계가 퍼지를 식히기 위해 사용되었고 그것이 Stardust의 것과 동일하다면 Maria는 비윤리적으로 행동한 것인가?

이러한 질문들에 답하기 위하여 네 가지 덕목, 네 요소 모델, 평가 검토항목, 윤리성 검토항목, 다섯 가지 P를 이용하라. (*Chemical Engineering*, p. 132, September, 1980.)

9.11. 당신은 "과학의 날" 이벤트로 부력 전시를 준비한다. 전시는 수조에 물을 채우고 어떤 소다수 캔이 뜨는지 알아보는 것이다. 이 실험은 설탕이 첨가되지 않은 다이어트 소다는 뜨고 다이어트 소다가 아닌 소다수 캔은 가라앉는 원리를 이용한 것이다. 전시회 전날 밤, 실험을 준비하는 과정에서 다이어트 소다 중 하나만 뜨고 나머지는 서서히 가라앉는 것을 발견했다. 당신은 물에 소금을 타면 물의 비중이 증가하여 모든 다이어트 소다 캔이 뜰 수 있다는 것을 알고 있다.

당신이라면 어떻게 하겠는가?

A. 물에 소금을 첨가하고 누구에게도 말하지 않는다?
B. 물에 소금을 첨가하고 이것을 미래 과학 박람회 실험이라고 여기는 부모님들에게만 말한다?
C. 물에 소금을 첨가하고 이것을 알리는 표시판을 앞에 놓는다?
D. 물에 소금을 첨가하지 않는다?
E. 다른 행동을 할 것인가? (그렇다면 무엇을?)

각각의 선택을 분석하기 위하여 네 가지 덕목, 네 요소 모델, 평가 검토항목, 윤리성 검토항목, 다섯 가지 P를 이용하라. (Dr. Susan Montgomery, University of Michigan, 1992.)

9.12. 당신은 친구의 피아노 연주회에 참석하였고 친구가 피아니스트를 전문직으로서 진지하게 고려하고 있는 것을 알고 있다. 친구의 연주는 엉망이었다. 친구는 공연 후 당신에게 와서 "어떻게 생각하냐?" 라고 물었다.

당신이라면 어떻게 하겠는가?

A. 친구에게 일을 계속하라고 말한다?

B. 친구에게 연주가 듣기에 지독했다고 말한다?

C. Victor Borge도 더 나은 연주를 할 수 없었다고 말하며 자리를 피한다?

D. 나중에 그녀에게 전문적 피아니스트가 되는 것을 만류할 생각을 하며, 지금은 꽤 괜찮았다고 말한다?

E. 다른 행동을 할 것인가? (그렇다면 무엇을?)

각각의 선택을 분석하기 위하여 네 가지 덕목, 네 요소 모델, 평가 검토항목, 윤리성 검토항목, 다섯 가지 P를 이용하라. (Dr. Susan Montgomery, University of Michigan, 1992.)

9.13. 당신 회사는 대규모 건설 과제 입찰에 참여하기 위해 당신을 해외로 파견했다. 그곳에 도착하자, 그 나라에 있는 당신 동료들이 입찰을 관리하는 관료에게 뇌물을 줄 것을 말한다.

당신이라면 어떻게 하겠는가?

A. 당신은 확실히 과제를 못 딸 것을 알기 때문에 관료에게 뇌물을 주는 것을 거절한다?

B. 당신이 과제를 확실히 딸 수 있도록 관료에게 통상적인 것보다 두 배의 뇌물을 준다?

C. 뇌물이 당신의 과제가 고려될 수 있는 유일한 것임을 알기 때문에 관례에 따라 뇌물을 준다?

D. 다른 행동을 할 것인가? (그렇다면 무엇을?)

각각의 선택을 분석하기 위하여 네 가지 덕목, 네 요소 모델, 평가 검토항목, 윤리성 검토항목, 다섯 가지 P를 이용하라. (Dr. Susan Montgomery, University of Michigan, 1992.)

9.14. 여름 인턴과정의 첫 번째 주에 상사가 당신을 시내의 저녁식사에 데리고 갔는데, 그는 당신이 아직 미성년자라는 것을 모른다. 식당에서, 식탁의 모든

사람들은 술을 주문했다.

당신이라면 어떻게 하겠는가?

A. 맥주를 주문하고, 분위기를 맞추고, 종업원이 신분증 검사를 하지 않기를 바란다?

B. 맥주를 주문하고, 분위기를 맞추고, 종업원이 신분증을 검사할 경우를 대비하여 가짜 신분증을 준비한다?

C. 다른 행동을 할 것인가? (그렇다면 무엇을?)

각각의 선택을 분석하기 위하여 네 가지 덕목, 네 요소 모델, 평가 검토항목, 윤리성 검토항목, 다섯 가지 P를 이용하라. (Dr. Susan Montgomery, University of Michigan, 1992.)

9.15. Buffalo Nation은 콜로라도 남서쪽에 거주하고 있는 소규모의 아메리칸 인디언이다. 거주지에는 세 개의 부족 공동체가 있다. Buffalo Nation은 5년 이상 Buffalo Nation 가스저장소의 천연가스 생산 실현 가능성을 두고 다투어 왔다. 그러나 부족 의회는 이 안건에 대하여 분리되었다. 신생 부족의 연장자는 그것을 부족을 소생시키는 최고의 방법으로 보았는데, 왜냐하면 벤처기업들이 엄청난 연중소득을 창조하여 학교, 공중위생 설비, 매우 쇠약해진 도로 등을 개선할 것이고 필요한 일자리와 수입을 제공할 것이기 때문이다. 전통적 부족의 연장자는 가스저장소가 신성한 Buffalo 호수와 매우 근접해 있기 때문에 어떤 형태의 개발도 반대했다. 그들은 개발을 그들의 전통적인 생활방식에 대한 공격과 부족의 결집을 위협하는 것으로 보았다. 지난 2년 동안, 부족 의회는 여러 명의 매우 진보적인 연장자를 영입하였는데, 그들은 화학공학의 학위를 가진 사람과 이전의 연장자들이 병이 들거나 사망하여 교체한 의원들을 포함한다.(더 많은 정보−사이트 제안서와 평가기준 포함−는 9장의 전문 참고서적에서 참고할 수 있다.)

천연가스 제안서에 대한 중재 결정에 도달하기 위해 위원회가 설립되었다. 위원회는 다음 사람들로 구성되어 있다.

– 화학공학 학사이며 지역 B를 개발하고자 하는 TexaChev 사의 변호사
– 지역 A를 개발하고자 하는 Exxochem의 경영자로 화학공학 학사
– 다음번 부족 의회 의장으로 고려되는 북부지방의 매우 존경받는 전통적 구성원이며 부족이 변화되는 것을 꺼리는 부족의 한 변호사

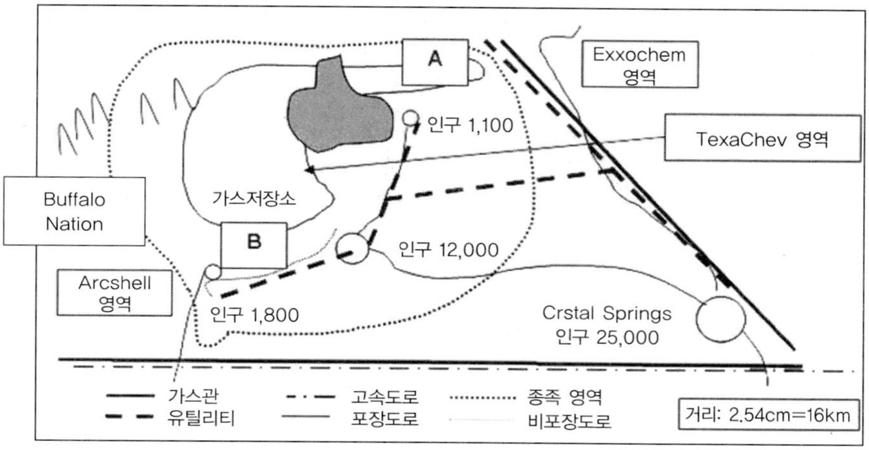

– 도시 중부의 교육받은 겸손한 부족 연장자
– 도시 남부의 젊고 화학공학 학사인 부족 연장자

위원회 구성원의 역할 중 하나를 가정하고, 다음의 안건들에 대해 논하라: 평가 기준, 유틸리티와 도로 개발의 영향, 경제적 영향, 새로운 가스관 개발의 영향, 환경적 영향, 문화적 영향, 영역의 잠재적 성장의 영향, 교육적 영향, 기타 염려사항들. *당신은 당신이 가정한 특성의 관점에서 각 안건을 논의해야 한다.* 예를 들어, 회사 대표들은 한 특정 회사의 이점 때문에 영역들 중 하나를 좋아할 것이다. 전체 Buffalo Nation 부족 의회에 앞서 결론을 도출하기 위해 어떤 결정이 내려질지 정하라.

(University of Colorado의 교수이자 직원인 Beverly Louie[공과대학/화학공학 & 생명공학과의 여성], David Aragon[공학 협동과정], 그리고 Oberlin 대학의 Thomas Abeyta가 이 자료를 학생들의 리더십 개발 활동에서 사용할 자료로 개발하였다.)

9.16. (a) 휴일 선물의 예, (b) 입찰 조작의 예에서 Seebauer와 Barry의 네 요소 모델과 네 가지 덕목을 적용하여 분석을 추가하라.

9.17. 회사 업무에 대하여 이 장에서 논의된 윤리성 원칙을 적용할 때 직면할 수 있는 어려움을 기술하는 문단을 작성하라.

심화자료 *Further Reading*

Dresner, M. R. "Risk Assessment: How Do We (Irrational Humans) Really Do It?" *Chemtech*, 21, p. 340, 1991. Provides an introduction to the subject.

Matley, Jay, and Richard Greene. "Ethics of Health, Safety, and Environment: 'What's Right?'" *Chemical Engineering*, p. 40, March 1987, and p. 119, September 28, 1987. More scenarios with a health/safety/environmental flavor to further challenge your ethical judgment.

Rosenzweig, Mark, and Charles Butcher. "Should You Use That Knowledge?" *Chemical Engineering Progress*, April 1992 and October 1992. Interesting ethical scenarios that further test your "ethical judgment."

트러블슈팅 10

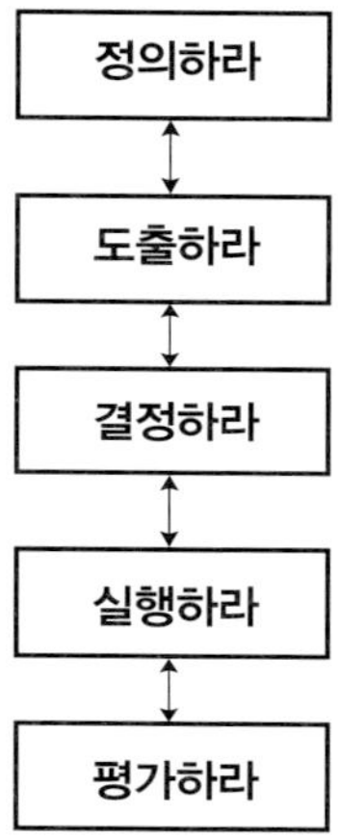

이전의 장들에서는 문제해결 교수법의 다섯 영역을 다루었다. 이 장에서는 트러블슈팅을 제시하기 위하여 4장에서 소개한 문제정의 기법을 확장한다. 트러블슈팅은 문제의 근원을 찾기 위해 기업에서 일반적으로 사용되는 접근법이다. 트러블슈팅은 종종 기술적인 상황에 적용되기 때문에, 여기에 제시된 예제들은 이전의 여러 예제들보다 더 기술적인 맛이 가미될 것이다.

트러블슈팅은 왜 새롭고, 방금 만들어지고, 최근에 실행된 것이 잘 작동되지 않는지를 결정하는 데 사용된다. 트러블슈팅은 또한 존재하고 있는 계획이나 잘 작동되고는 있으나 더 이상 기준에 맞지 않아 급격히 변하는 공정에 적용할 수 있다. 이런 각각의 상황에, 우리는 문제를 발견하고 수정하기 위해 방법적인 분석을 수행할 필요가 있다. 트러블슈팅은 실수가 어디에 있는지 다양한 가정을 만들고 그러한 가정을 시험하기 위한 절차를 수행하는 상호 작용 공정이다. 그리고 우리는 제안한 절차들의 시험 결과를 얻음으로써 우리의 가정을 체계적으로 제거하거나 확증한다. 트러블슈팅은 정확한 과학과는 거리가 멀지만, 우리가 본 글(예, 비평적 사고, Duncker 도표, K.T. 문제분석)에서 지금까지 공부한 지침서와 교수법은 공정에서 매우 유용하다는 것을 증명할 것이다.

몇 가지 일반적 지침

성공적인 트러블슈팅은 공학적 기초, 공정, 특정 단위 질문들의 견고한 이해로부터 출발한다. 그것은 또한 세부사항, 우수한 청취 기술 개발, 문제를 직접 관찰, 문제의 징후 이해 등에 대한 주의를 요구한다. 이런 많은 트러블슈팅 지침들은 Laird 등에 의하여 요약되었으며, 다음에 나타내었다.

트러블슈팅 지침[1]

1. 정보를 수집하라.
2. 견고한 공학적 기초를 적용하라.
3. 관찰을 가정, 추측과 구별하라.
4. 가능하면 현장에서 측정과 관찰의 자료를 독립적으로 증명하라.
5. 만족스러운 운전의 대략적인 비교를 하고 보통 운전하에서 얻은 자료와 잘못된 운전 하에서 얻은 자료를 비교하라.
6. 직접적인 관찰을 하는 단위에서 시간을 사용하라—비록 당신이 기대하는 것이 확실하지 않을 지라도.
7. 문제와 연관된 전반적인 시스템을 고려하라.
8. 우수한 청취 기술을 훈련하라.
9. 우연히 발견한 결과들을 제쳐두지 마라.
10. 잘못된 것을 설명할 수 있는 모든 것을 브레인스토밍하라.
11. K.T. 분석(수정된 형식의 문제분석이나 잠재적 문제분석)과 잘못된 운전에 의하여 발생하는 것을 유추하기 위한 다른 트러블슈팅 전략들을 이용하라. 표와 도표의 형식으로 분석을 발표하라.
12. 가장 그럴듯한 원인이나 자료를 제공한 조건들을 선택하고 가정을 증명하기 위한 자료를 다시 만들기 위해 같은 조건하에서 장비를 운전하라. 가정에 집착하지 마라—수용하는 것뿐만 아니라 거절하는 것도 추구하라.
13. 새로운 트러블슈팅 시나리오를 제안하라. 상관의 승인 후, 자료를 수집하고 문제에 어떻게 접근해야 하는지 기술하라.

첫 번째 단계—관련된 정보수집—는 어떠한 트러블슈팅 공정에서나 주요한 요소이다. 중요한 질문들을 어떻게 할지 배워라. 당신이 개략적인 계산에 필요한 정보를 가지고 있는지 봐라. 공장 주위를 돌며, 작업자와 대화하고, 정상 작동 시 자료와 고장 난 단위로부터 얻은 자료를 비교하라. 이러한 비교를 위해 Kepner-Tregoe(K.T.) 알고리듬을 이용하라.

- 무엇이 있는가? 무엇이 없는가? 차이점이 무엇인가?
- 어디 있는가? 어디에 없는가? 차이점이 무엇인가?

K.T. 알고리듬과 Don Woods의 저서 *Successful Troubleshooting for*

Process Engineers[2]로부터 트러블슈팅 지침은 가능할 때마다 사용되어야 한다. 트러블슈팅을 위한 훌륭한 경험법칙은 비평적 사고와 사람과 사람 사이의 기술을 발전시키고 종합하는 자료를 위한 지침들과 함께 이 책에서 찾을 수 있다. 비평적 사고와 트러블슈팅의 초점은 연구실 실험, 현장 장비에 적용할 수 있는데, 이는 Woods에 의하여 개발된 다음의 트러블슈팅 작업표로 설명된다.

트러블슈팅 작업표[3]

문제는 무엇인가? ____________________

____

징후는 무엇인가? ____________________

1. ____________________
2. ____________________
3. ____________________

당신이 대화할 사람은 누구인가? 그리고 왜 당신은 그들과 대화하고자 하는가?

____

____

어떠한 자료를 정확성을 위해 이중으로 확인해야 하는가? ____________________

____

기초

기본적인 원리와 수식은 무엇인가? ____________________

____

____

문제에 대한 유용한 가정을 적어도 다섯 가지 열거하라:

1. ____________________
2. ____________________
3. ____________________
4. ____________________
5. ____________________

감독하기

만약 내가 이것을 측정하거나 이런 행동을 취한다면, 그것은 나에게 무엇을 가르쳐 줄까?

측정/행동 ______________ 이유/가능한 원인 ______________

측정/행동 ______________ 이유/가능한 원인 ______________

측정/행동 ______________ 이유/가능한 원인 ______________

측정/행동 ______________ 이유/가능한 원인 ______________

측정/행동 ______________ 이유/가능한 원인 ______________

그것은 관찰과 일치하는가?

문제의 원인	원인의 결과	관찰과 일치?	원인 확인을 위해 필요한 단계	실현가능성
1.______ 2.______ 3.______	1.______ 2.______ 3.______	1.______ 2.______ 3.______	1.______ 2.______ 3.______	1.______ 2.______ 3.______

Kepner-Tregoe 문제분석

무엇이 있는가?	무엇이 없는가?	차이점은 무엇인가?
1. ______	1. ______	1. ______
2. ______	2. ______	2. ______
어디에 있는가?	어디에 없는가?	
1. ______	1. ______	1. ______
2. ______	2. ______	2. ______
언제 발생했는가?	언제 모든 것이 좋은가?	
1. ______	1. ______	1. ______
2. ______	2. ______	2. ______
어느 정도인가?	어느 정도가 아닌가?	
1. ______	1. ______	1. ______
2. ______	2. ______	2. ______

어떤 가정들이 모든 징후들과 일치하는가? ______, ______, ______, ______

트러블슈팅을 하는 사람은 작업표가 완성되어 감에 따라 문제점을 야기하는 것을 찾기 위하여 네 개 또는 다섯 개의 실무적 가정을 명심하도록 해야 한다. Woods는 다수의 잠재적 해설을 도출해 내는 하나의 기법으로 브레인스토밍의 중요성을 강조했다.[1] 브레인스토밍(예, Osborn의 수직적 사고, de Bono의 수평적 사고)을 위한 기법은 5장에서 논의되었다.

문제의 잠재적 원인을 검사하는 유용한 또 하나의 표는 "그것이 관찰과 일치하는가?" 표이며, 이는 Woods에 의하여 개발되었다.

문제의 원인	원인의 결과	관찰과 일치?	원인 확인을 위해 필요한 단계	실현 가능성

이 표는 문제의 참 원인이 아닌 가정을 제거하여 사고를 체계화할 수 있게 도와줄 것이다.

우리는 이제 Woods의 트러블슈팅 작업표에 제시된 절차를 두 개의 예제에 적용할 것이다: 하나는 비기술적이고, 하나는 공학 강의에서 보통 논의되는 열전달 원리의 이해를 요구하는 것이다.

이른 아침 추위로 몸서리침: 트러블슈팅의 한 예

배우자가 늦은 1월 아침 5시에 당신을 깨운다. 집은 춥고 밖에는 눈이 온다. 당신은 보통 밤에 실내 온도를 약간 낮추기는 하는데, 현재 집안의 온도는 약 11℃이다(당신은 이것을 책상에 있는 온도계로 알았다). 무엇인가 잘못되었다. 배우자는 실내 온도가 18살 된 딸에게 너무 낮으니 온도를 올리기 위해 무언가를 하라고 한다. 잠정적 조치로, 배우자는 딸을 당신의 침대로 데려와서 온도를 유지하도록 했다(잠정적으로 실제 문제를 해결하고 있음). 당신은 정신적으로 트러블슈팅 작업표를 채우면서 문제를 해결하기 시작했다.

트러블슈팅 작업표

문제는 무엇인가?
집이 너무 춥고 열 손실이 크다.

징후는 무엇인가?
실내 온도가 현재 약 11℃이고 점점 떨어지고 있다.

당신이 이야기 할 사람은 누구이며 왜 당신은 그들과 이야기 하고자 하는가?

1. 배우자: 배우자는 지난 몇 일 동안 난로에서 어떤 특이한 문제를 주목한 적이 있는가?
2. 지금 누군가에게 전화하기에는 너무 이른 시각이다.

어떤 자료를 정확성을 위해 이중으로 확인해야 하는가?
난로가 확실히 꺼졌는지, 문을 열어두어서 발생한 것이 아닌지를 확인하라(누군가가 밤 동안 고장 냈는가?). 확인 결과, 집은 안전했던 것으로 보인다.
어떤 창문도 열려 있거나 부서지지 않았고, 모든 외부 문들도 잠겨 있다.

기초

기본적인 원리와 수식은 무엇인가?
거실에 있는 온도조절장치는 난로를 조절하고 그것은 난로 안의 천연가스를 연소하여 집을 따뜻하게 한다. 불은 열교환기를 가열하고 공기는 가열된 열교환기를 통과하여 집을 순환한다. 집안의 온도가 설정치보다 낮게 떨어졌을 때, 온도조절장치는 난로가 가동하도록 신호를 준다. 집안이 희망 온도까지 따뜻해졌을 때, 온도조절장치는 난로를 끈다. 난로는 여러 가지의 안전 장비를 가지고 있다.

- 난로 안의 온도가 너무 높아지면 천연가스의 흐름을 차단하는 고온 센서
- 불이 켜졌는지 감지하는 불꽃 센서. 이처럼 매우 작은 불꽃이 지속적으로 타고 주요 가스의 흐름을 점화한다. 만약 장치가 꺼지면, 가스밸브를 여는 것은 안전하지 않다. 왜냐하면 불연소 가스가 난로와 집으로 새나가서 폭발의 위험이 생긴다. (몇몇 신형 난로는 가스를 점화하기 위한 예열 플러그를 가지고 있으나 원리는 같다: 만약 예열 플러그가 가열에 실패하면, 안전장치는 주 가스밸브가 열리는 것을 막는다.)

문제에 대한 유용한 가정을 적어도 다섯 가지 열거하라:
1. 온도조절장치가 고장 나서 난로는 온도가 떨어진 것을 감지하지 못한다.
2. 집의 전기가 꺼졌거나 난로의 회로 차단기가 고장 났다.
3. 집에 천연가스 공급이 차단되었다.
4. 난로의 공기 필터가 막혔다.
5. 장치 불이 꺼졌다.
6. 장치 불을 위한 센서가 더럽혀져 있고 장치 불이 켜진 것을 감지하지 못한다.

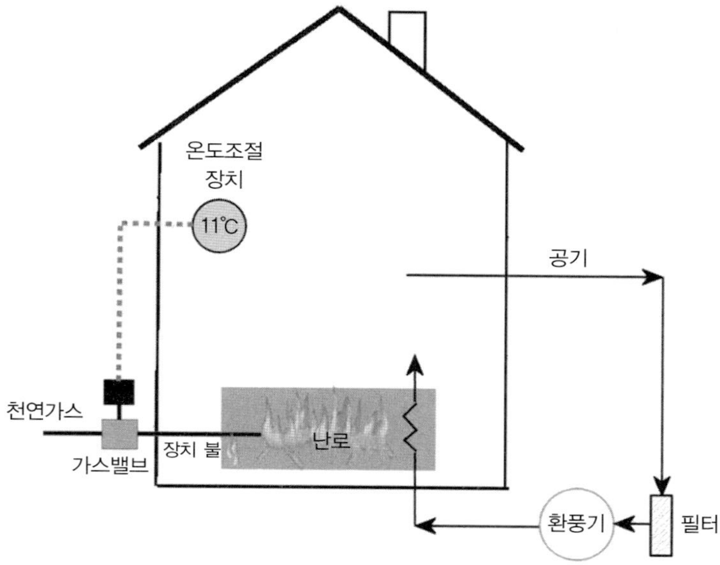

감독하기

만약 내가 이 측정을 하거나 이러한 행동을 취한다면, 그것은 나에게 무엇을 가르쳐 줄까?

측정: 온도조절장치의 배터리를 확인하라.	이유: 고장 난 배터리가 오작동을 야기할 수 있다.
측정: 욕실의 온수 온도를 확인하라.	이유: 만약 물이 뜨거우면, 집에 천연가스 공급은 문제가 없다. 왜냐하면 물을 데우는 데도 천연가스를 사용하기 때문이다.
행동: 욕실의 불을 켜라.	이유: 집의 전기정전이 없다는 것을 말해주고 이는 난로에도 마찬가지다.
행동: 회로 차단기 통을 확인하고 난로 차단기를 재설정하라.	이유: 만약 난로 차단기가 고장이라면, 난로는 작동하지 않을 것이다.
행동: 난로 필터를 제거하고 난로가 작동하는지 보아라.	이유: 막히거나 더러운 필터는 난로가 적절히 운전하지 못하도록 할 수 있다.

이제 우리는 K.T. 문제분석 표를 채워서 트러블슈팅 분석을 계속한다.

추운 집에 대한 K.T. 문제분석

	있다	없다	차이점	가능한 원인
무엇	집이 춥다	보통 또는 너무 덥다	열이 집을 희망 온도까지 가열하기에 불충분	난로가 꺼졌다
언제	어젯밤 취침 후	취침 전	밤은 춥고, 아마도 난로가 더 자주 운전하도록 했다	밖의 온도가 낮다
어디서	집 전체가 춥다	한 방에 한해서	문과 창문이 아닌 어떤 시스템	온도조절장치 문제, 천연가스정지, 막힌 천연가스 필터
어느 정도	오직 난로	물 난로 또는 다른 유틸리티	전기와 천연가스는 문제 없다	온도조절장치 문제, 막힌 천연가스 필터, 다른, 더 복잡한 기계적/전기적 문제

관찰과 일치하는가?

원인	결과	관찰 또는 측정과 일치하는가?	원인 확인을 위해 필요한 단계	실현 가능성
온도조절장치의 배터리 고장	조절장치가 난로의 운전을 지시하지 못한다	일치한다	배터리를 교체한다	만약 여분의 배터리가 있다면 쉽다
난로 필터가 전체 또는 부분적으로 막힘	난로로 흐르는 공기의 낮거나 높은 흐름이 난로의 과열을 가져와서 꺼지게 한다	일치한다	필터를 제거하고 필터 없이 잠정적으로 운전하게 한다	쉽다

난로의 전기가 고장	난로가 작동하지 않는다	일치한다	회로 차단기를 다시 설정한다	쉽다
집을 가열하기 위한 천연가스가 차단	난로와 뜨거운 물 가열기가 고장이다	일치한다	뜨거운 물 가열기를 확인한다	확인하기 쉽다-가스 회사에 전화한다
회로 또는 난로의 연결이 부식되거나 고장	난로가 고장이다	일치한다	변경한다-난로를 열어볼 필요가 있다	훈련된 전문가가 필요하다

이 예에서 문제는 약한 온도조절장치의 배터리로 판명되었다. 배터리의 교체가 문제를 해결하였다.

이 트러블슈팅 예에서, 우리는 문제를 해결하기 위해 트러블슈팅 절차를 이용하였다. 이어지는 예에서는 트러블슈팅 공정을 공학 문제에 적용한다.

기술적 트러블슈팅 연습문제

다음 예에서, 우리는 약간의 열전달 원리를 상기할 것이고 그것을 실제 문제에 적용한다. 이 예제는 공학에 등록했거나 등록을 생각 중인 학생들을 위한 것이다.

트러블슈팅: 보일러 공급수 가열기

에틸아세테이트 공장으로부터 사용된 폐 스팀은 대기압보다 약간 높은 압력에서 포화된다. 이것은 보일러로 보내기 위해 70℃까지 보일러 공급수의 온도를 예열하기 위하여 열교환기 튜브의 외관으로 보내진다. 보일러 공급수 가열기는 그림과 같다.

응축된 물은 외관의 바닥에서 열역학적 스팀 보관기를 통하여 꺼내진다. 물은 약 1.9센티미터 크기의 관을 통하여 흐르고 1000개의 관들이 있다. "장치가 세 시간 전에 운전을 시작하였을 때, 모든 것이 정상적으로 작동한다"라고 관리자가 말하였다. "그러나 지금 보일러 공급수의 온도가 설계된 값 대신에 42℃이다. 어떻게 해야 하는가? 이 문제는 우리가 보일러에서 물을 증발시키기 위해 추가적인 연료비를 요구한다." 이 문제를 해결하라.

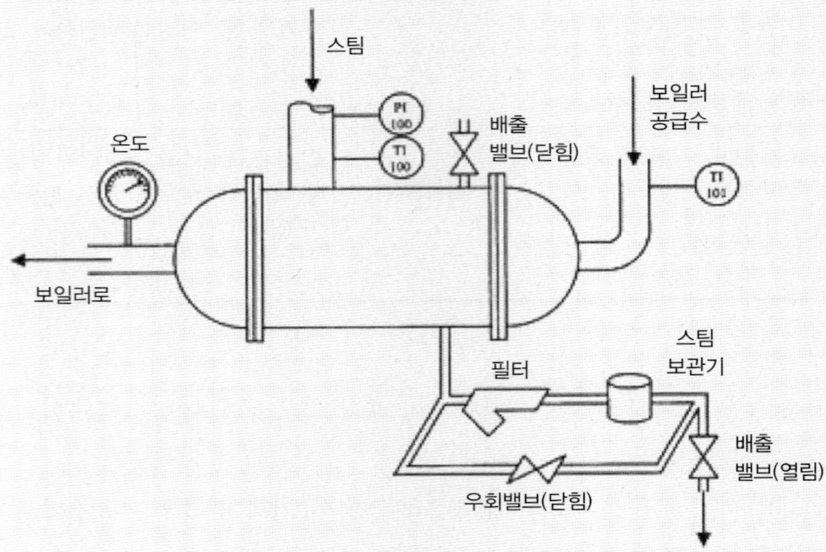

트러블슈팅 작업표를 채우면서 상황분석을 시작하자.

트러블슈팅 작업표

문제는 무엇인가?
열교환기 고장

징후는 무엇인가?
열교환기 출구에서 물의 온도가 70℃가 아니고 42℃이며, 따라서 보일러 공급수가 적절한 온도까지 가열되지 않았음.

당신이 대화할 사람은 누구인가? 그리고 왜 당신은 그들과 대화하고자 하는가?
공장 공학자는 이것이 에틸아세테이트 공장에서 폐 스팀을 사용하는 것은 처음이라고 말한다.

어떤 자료를 정확성을 위해 이중으로 확인해야 하는가?
열교환기로부터의 물의 온도는 이중으로 확인되었고 42℃였다.

기초

기본적인 원리와 수식은 무엇인가?

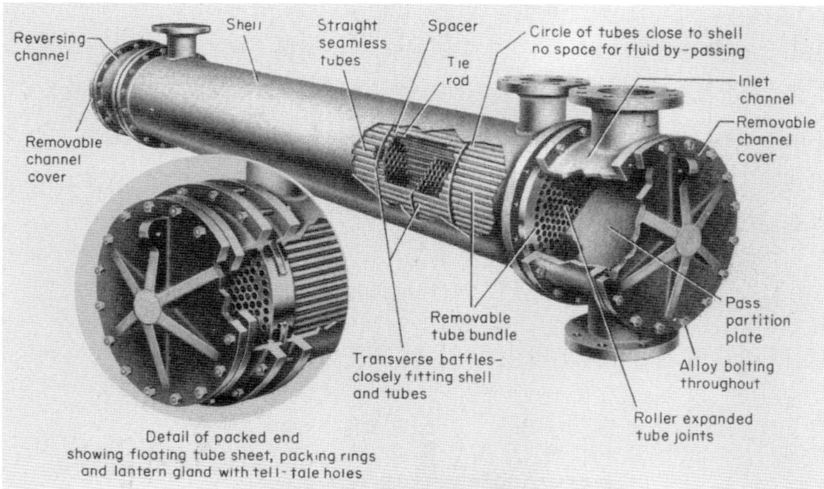

이중관 열교환기의 세부 모습

출처: Courtesy of Ross Heat exchanger Division of American Standard. Form Max S. Peters, Elementary Chemical Engineering, 2nd ed. McGraw-Hill, New York, 1984)[4]

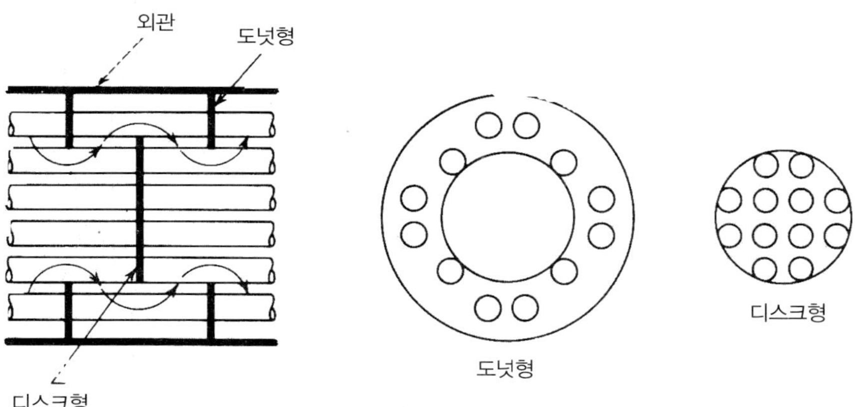

디스크형과 도넛형 장애물

출처: From Max S. Peters, Elementary Chemical Engineering, 2nd ed. McGraw-Hill, New York, 1984)[4]

가열된 물은 관의 내부에서 흐르고, 사용된 스팀은 관의 외부에서 응축된다. 열교환기의 어느 지점에서 열의 흐름 Q는 스팀 온도 T_{steam}에서 물의 온도 T_{water}로 응축되면서 발생하는데, 식으로 표현하면 다음과 같다.

$$Q = U(T_{steam} - T_{water})$$

어느 지점에서 열 흐름은 $Q = U(T_{steam} - T_{water})$, 여기서 T_{water}는 국부적 온도이다. 에너지 수지는 $Q = UA\Delta T_{lm}$. 대수 평균 구동력을 사용한 식 Q는 T_{out}으로 다시 표현될 수 있고, 여기서 A는 열전달 면적, U는 바깥쪽 유체(스팀)와 내부 유체(물) 사이의 열전달 속도 측정치인 총체적 열전달 계수이다.

U의 값이 작으면 작을수록 열전달 속도가 낮은 것을 의미한다. 관 벽의 저항을 무시하고 관의 내, 외부 표면적이 같다고 가정하면, 총체적 열전달 계수 U는 각각의 관에서 내부(h_i)와 외부(h_o)의 열전달 계수들과 관계가 있으며, 이는 다음 식으로 표현된다.

$$1/U = 1/h_o + 1/h_i$$

h의 값이 작으면 작을수록 U의 값이 작아진다.

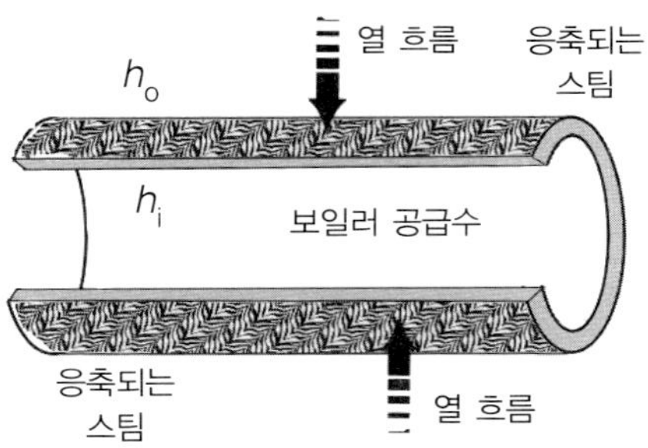

응축되는 스팀을 위해, 외곽의 열전달 계수—20,000W/m²/℃—는 물이 흐르는 내부의 열전달 계수(1500W/m²/℃)와 비교해 볼 때 크다. 관 내부에 정체된 물의 열전달 계수는 약 100W/m²/℃이다. 만약 공기가 스팀을 대신하여 존재한다면, 외곽의 열전달 계수는 약 10W/m²/℃이 될 것이다.

우리는 에너지 수지식을 재정리하여 다음 식으로 출구의 온도를 찾을 수 있다는 것을 안다

$$T_{out} = T_{steam} - (T_{steam} - T_{in})\exp(-UA/mC_p)$$

여기서 m과 C_p는 물질 흐름 유속과 물의 열용량이다.

결과적으로, 우리는 보일러의 열교환기로부터 출구의 온도(T_{out})는 만약 입구와 스팀의 온도가 예상치보다 낮다면 낮아질 것이라는 것을 알 수 있다; 물질 흐름 유속(m)은 예상치보다 높아지고; 총체적 열전달 계수(U)는 예상치보다 낮아지고; 유효 열전달 면적(A)은 예상치보다 작아진다. 총체적 열전달 계수는 만약 각각의 내부(h_i)와 외부(h_o)의 열전달 계수가 예상치보다 작아지면 낮아질 것이다.

문제에 대한 유용한 가정을 적어도 다섯 가지 열거하라:

1. 스팀 보관기가 막히고, 열교환기에 응축수가 차 열교환기에서 스팀이 관과의 접촉을 방해한다.
2. 유입되는 물의 온도가 너무 낮다.
3. 스팀의 온도와 압력이 낮아졌다.
4. 열교환기가 오염되었다.
5. 스팀이 오염되었다. 즉, 응축할 수 없는 가스를 포함한다.

감독하기

만약 내가 이 측정을 하거나 이러한 행동을 취한다면, 그것은 나에게 무엇을 가르쳐 줄까?

측정: 입구 온도	이유: 입구 온도가 너무 낮다.
측정: 물의 흐름 유속	이유: 보통 유속보다 높아서 유체가 70℃에 도달하지 못한다.
행동: 스팀 보관기가 닫혀있고 잘 작동하지 않는지 확인하라. 만약 잘 작동된다면, 외곽에 응축물이 형성되므로 주기적으로 열고 닫아야 한다.	이유: 물이 열교환기의 외곽을 채워서 응축된 스팀이 열전달 계수를 줄인다.
행동: 필터가 막혔는지 확인하라.	이유: 이 문제는 닫힌 스팀 보관기와 같은 징후를 만든다.
행동: 가스 배출구를 조심해서 열어라.	이유: 만약 비응축 가스가 외곽에 쌓인다면, 스팀 쪽의 열전달 계수가 감소하고 U를 줄인다.
행동: 배출밸브가 열려 있는지 확인하라.	이유: 만약 누군가가 배출밸브를 잠갔다면, 물이 열교환기의 외곽을 채우고 응축된 스팀은 열전달 계수를 줄인다.
행동: 입구의 스팀 압력과 온도를 확인하라.	이유: 만약 이러한 측정치들이 감소했다면, 들어가는 스팀의 엔탈피는 기대치보다 낮을 것이며, 출구의 온도를 감소시킬 것이다.

이제 우리는 K.T. 문제분석 표를 채워서 트러블슈팅 분석을 계속한다.

보일러 가열기 문제의 K.T. 문제분석

	있다	없다	차이점	가능한 원인
무엇	낮은 출구 온도	정상이거나 너무 높은 출구 온도	온도를 70℃까지 올리기에 불충분한 열 공급	유속이 너무 높다. 입구 물 온도가 너무 낮고 가열이 약하다
	정확한 물과 스팀의 온도 측정	잘못된 온도 측정	응축된 스팀은 높은 열전달 계수를 가지기 때문에 현재 온도 구동력은 70℃까지 물의 온도를 올리기에 충분해야 한다	부정확한 측정 외의 어떤 것
	정상적 물 공급 유속	고온의 물 유속	현재 온도 구동력은 정상적인 물의 흐름에서 70℃까지 가열하는 데 충분해야 한다	열교환 저항 증가
	필터와 스팀 보관기 열기	막힌 필터 또는 스팀 보관기	관은 액체 응축물로 둘러싸이지 않았다	저항을 증가시키는 액체 외의 어떤 것
언제	운전 후 세 시간	운전 후 즉시	열교환 감소	폐 스팀으로부터 불응축 가스 증가 또는 외곽의 물 증가
어디서	열교환기 내부	열교환기 외부	유입 온도는 정상	관과 외곽 간의 비효율적 열교환
	유입 스팀과 물의 온도는 정상	유입 물과 스팀의 온도가 비정상	온도 구동력은 영향을 받지 않는다	열교환 저항 증가
어느 정도	장치의 일부가 영향을 받는다; 어떤 관은 영향을 받지 않는다	모든 장치가 영향을 받는다; 어떤 관은 영향을 받지 않는다	열교환은 관과 외곽 사이에서 일어난다	관과 외곽 간의 비효율적 열교환

관찰과 일치하는가?

원인	결과	관찰 또는 측정과 일치하는가?	원인 확인을 위해 필요한 단계	실현 가능성
물이나 스팀에 의한 축적물	열전달 계수 감소	단기간에 온도 감소를 설명하지 못한다	열전달 계수를 계산할 장치나 측정; 관의 조사	관의 조사는 시간낭비이고 장비가 없다면 돈이 많이 든다
스팀 보관기의 고장; 막힌 응축수 밸브	수위 증가와 열전달 면적 감소	수위 증가는 온도 감소를 설명할 수 있다	응축부 외곽의 수위 관찰	쉽다-응축기를 끄고 배출물 제거
스팀에 과량의 불활성 성분; 배출 밸브의 막힘	열전달 계수 감소	정지, 불활성 성분 배출, 시스템 재가동; 배출 가스 분석 실시	응축부 외곽의 수위 관찰	숙련된 기술자와 장비의 유용성
부정확한 온도 측정	보일러에서 실질적인 고장 없음	단기간에 온도 감소를 설명하지 못한다	–	–
과열된 스팀; 너무 높은 물 유속	고장 없음	단기간 또는 큰 온도 감소를 설명하지 못한다	–	–
스팀의 누출에 의한 압력 저하	응축물 온도 변화	스팀 누출을 보거나 들을 수 없다	–	–

출처: Example of In-Class Exercise form Marlin/Woods Case History. Case 28 form D. R. Woods, *Successful Troubleshooting for Process Engineers*. Wiley-VCH Verlag, Darmstadt, Germany, 2006.

이 예에서 문제는 비응축 기체를 포함하는 오염된 스팀이 열교환기 외곽의 열교환기 관을 막은 것으로 판명되었다. 결과적으로, 높은 열교환 계수를 가지는 응축되는 스팀은 물이 통과하는 관에 효과적으로 도달할 수 없었다.

트러블슈팅에 사용되는 컴퓨터 모듈

당신은 이 책에 포함된 CD-ROM의 트러블슈팅에 관한 컴퓨터 모듈을 사용하여 트러블슈팅 기술을 연마할 수 있다. 다양한 컴퓨터 모듈은 화학 반응공학(CRE)[5]을 위하여 개발되었고 CACHE 협회로부터 사용할 수 있다. 이러한 모듈은 과거에 많은 학생들로부터 열광적으로 제공되었다.[6, 7]

CD-ROM에 있는 트러블슈팅에 관한 컴퓨터 모듈에서, 당신은 에틸벤젠으로부터 스티렌을 제조하는 소형 공장이 잘 작동하지 않는 것에 대하여 트러블슈팅하도록 요청받는다.

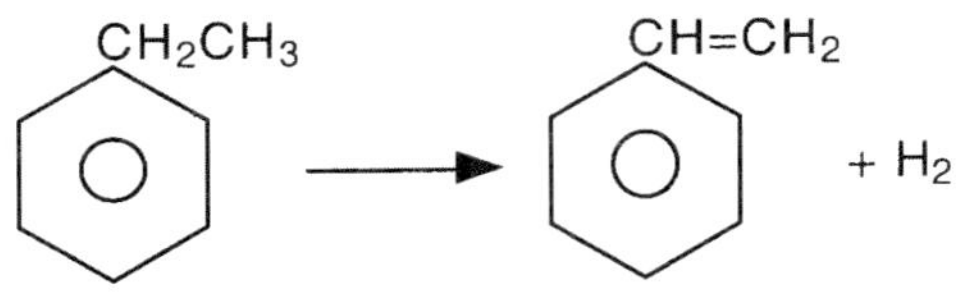

그림에 보이는 것처럼, 공장은 반응기로 가는 두 개의 예열기, 반응기, 응축기, 액체-기체 분리기, 액체-액체 분리기, 흡수 시스템, 증류탑 등으로 구성되어 있다.

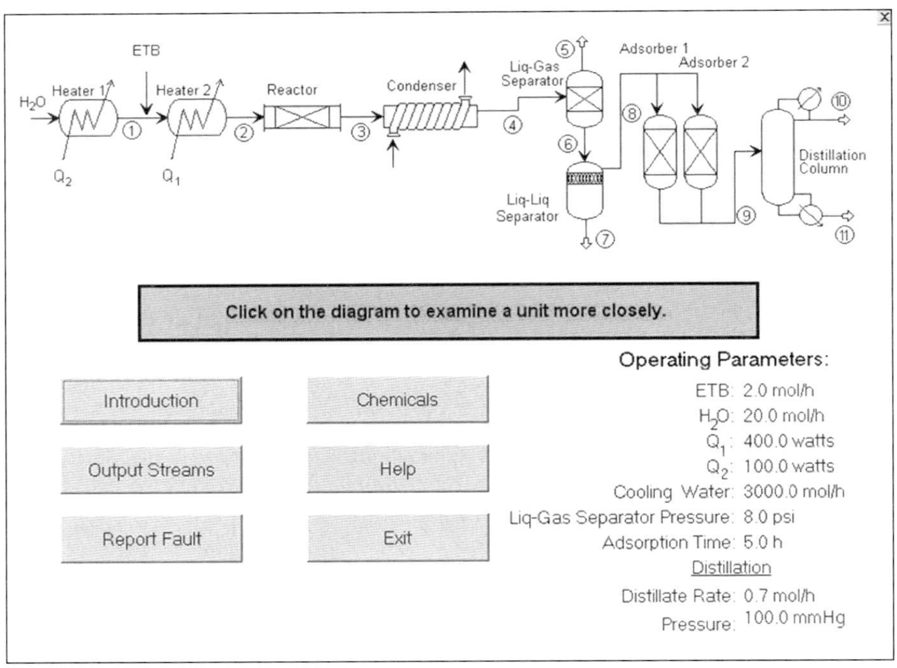

소형 공장의 화면 사진

각 단위에 다양한 잠재적 결함들이 있으며 이들 중 어느 하나가 문제를 야기할 수 있다. 매 번 두 개의 결함들을 선택하여 컴퓨터 모듈로 들어가라. 컴퓨터 모듈로 들어간 후, 모사된 자료의 두 세트에 접근하라. 한 세트는 정상 작동을 위한 여러 종류의 흐름을 위한 온도, 압력, 유속과 같은 측정치를 줄 것이다. 다른 세트는 결함 조작에 같은 값을 줄 것이다.

Values for Stream 5

	Flowrate (gmol/hr)	Temp (deg C)	H2O	ETB	STYR	BENZ	TOLN	METH	ETHL	H2
			Component Mole Fractions							
Expected	0.506	63.016	0.000	0.006	0.945	0.023	0.001	0.013	0.000	0.011
Actual	0.164	63.016	0.000	0.005	0.967	0.015	0.000	0.004	0.000	0.008

Done

흐름 5를 위한 기대치와 실측치의 비교

당신은 컴퓨터를 이용하여 각 장비의 조작 조건을 얻고 측정을 실행하여 두 개의 결함을 발견해야 한다. 매 번, 당신은 컴퓨터에 요구하고, 실제 상황처럼 요청한 것의 복잡성에 따라 일정한 돈을 내야 한다. 당신은 하나 혹은 그 이상 측정할 장치를 선택하고 결과를 얻을 수 있다. 선택된 장치의 사용 여부에 따라 장치 독해와 측정의 목록은 당신이 결정할 수 있도록 돕는다. 다음 그림은 반응기를 예제로 하여 수행될 수 있는 측정의 형식과 비용을 보여준다.

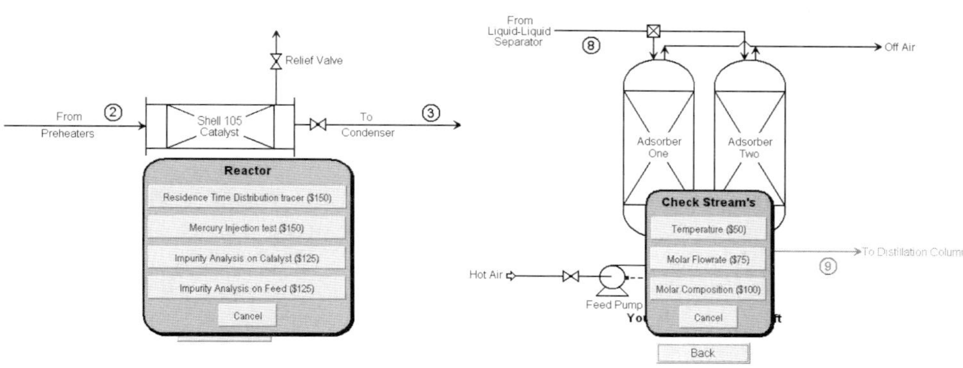

반응기와 흡수탑에서 할 수 있는 측정

당신은 사용할 돈이 제한되어 있으므로 수행하고자 하는 측정치들을 선택할 때 신중해야 한다. 결과적으로, 측정을 효과적으로 하기 위해 앞서 논의된 것과 같은 트러블슈팅 절차들을 사용할 것을 권한다.

트러블슈팅에 사용되는 실험실 장치

이 책의 저자 중 한 사람인 Scott Fogler가 미시간 공대에서 고학년 과목인 단위조작을 강의할 때, 3주 동안의 실습시간에 학생들이 새로 습득한 트러블슈팅 기술을 적용하도록 전념했다. 이 기간에, 학생들은 4개 중의 한 장치에 3인의 조로 활동하였다: 충전 증류탑, 이중 효과 증발기, 진보된 반응기 안전 확보 장치(ARSST), 연속 혼합 반응기(CSTR)/관형 반응기(PFR). 학생들이 이런 장치들의 실험을 수행하기 전에, 대학원생 조교들이 이러한 장치들에서 특정한 결함을 유도하여 자료를 수집한다. 그러고 나서 학생들에게 두 세트의 자료를 제공한다. 한 세트는 장치가 정상적으로 작동할 때 얻은 것이다. 다른 세트의 자료는 같은 장치를 이용하여 같은 측정을 했으나 대학원생 조교들이 계획한 운전 결함하에서 얻은 것이다.

학생들이 그들에게 할당된 특정 장치에 익숙해진 후, 그들은 앞서 제시한 트러블슈팅 작업표를 수행할 것을 요청받는다. 트러블슈팅 연습 동안, 그들은 제공된 자료에 대하여 교수/대학원생 조교에게 세 가지 질문을 글로 제출할 수 있다. 이러한 실제 장치에 대한 트러블슈팅 훈련은 학생들에게 그들이 산업에서 실제 공학자가 되었을 때 매우 잘 활용할 수 있는 매우 유용한 경험을 제공한다.

요약 *Summary*

트러블슈팅은 새롭고, 방금 만들어지거나 최근에 실행된 어떤 것이 왜 작용하지 않는지를 판단하는 데 사용된다. 그것은 또한 이미 존재하는 계획이나 잘 작용하던 공정이 갑자기 변하여 더 이상 규격에 맞지 않을 경우에도 적용할 수 있다. 각각의 이런 상황에서, 우리는 문제를 찾거나 수정하기 위한 방법적 분석을 수행할 필요가 있다. 트러블슈팅은 상호 교환적 과정—Woods의 트러블슈팅 작업표에 의하여 예시된—이며, 우리는 결함이 어디에 있는지 다양한 가정을 세우고 그 가정을 시험할 절차를 수행한다. 우리는 제안한 절차를 시험한 결과를 얻음으로써 가정을 체계적으로 제거하거나 확인할 수 있으며, 문제의 근원을 확인하게 된다.

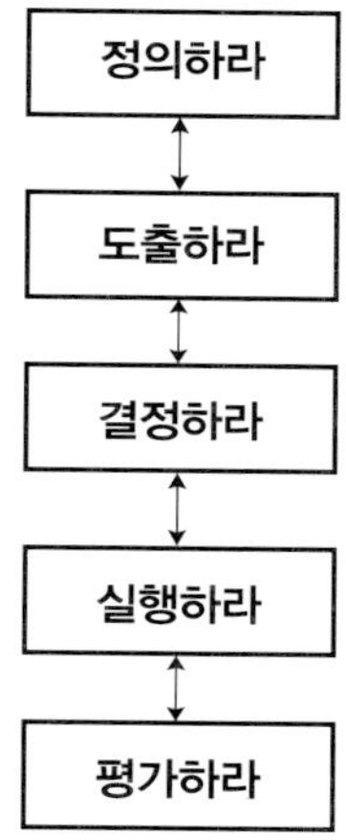

CD-ROM 자료 *CD-ROM Material*

- **배움 자료**

  요약 노트

- **상호 교환적 컴퓨터 모듈**

  트러블슈팅 연습

- **전문 참고서적**

  등유 가열기의 잠재적 문제분석

  등유 가열기의 결함-나무 분석

참고문헌 *References*

1. Adapted from Laird, D., B. Albert, C. Steiner, and D. Little, "Take a Hands-on Approach to Refining Troubleshooting," *Chemical Engineering Progress*, p. 68, June 2002.
2. Slightly modified from Worksheet 2-1 from D. R. Woods, *Successful Troubleshooting for Process Engineers*, Wiley-VCH Verlag, Darmstadt, Germany, 2006.
3. After Donald Woods, McMaster University, Hamilton, Ontario, Canada.
4. Peters, Max S., *Elementary Chemical Engineering,* 2nd ed., McGraw-Hill, New York, 1984.
5. Fogler, H. S., *The Elements of Chemical Reaction Engineering*, 4th ed., Prentice Hall, Upper Saddle River, NJ, 2006.
6. Fogler, H.S., S. E. LeBlanc, and S. M. Montgomery, "Interactive Creative Problem Solving," *Computer Applications in Engineering Education*, 4, 1, pp. 35–39, 1996.
7. Fogler, H. S., and N. Varde, "Asynchronous Learning of Chemical Reaction Engineering," *Chemical Engineering Education*, 35, p. 290, 2001.

연습문제 *Exercises*

10.1. CD-ROM에서 소형 공장 모사를 실시하라. 공장에서 두 개의 결함을 배우기 위해 분석을 실시하라. (주의: 결함들은 무작위로 선정되었으며 매번 당신은 두 개의 다른 결함을 확인한다.) 강사에게 당신의 분석과 실행수를 제출하라.

실행수: ____________

10.2. 나이지리아에 인접한 카메룬 서부의 Nyos 호수는, 서아프리카의 튀어나온 부위에 있는 옛날 분화구 입구에 물이 채워져 있다. 깊고 깔때기처럼 기울어진 호수는 Oku 화산지대 내에, 카메룬의 화산지대의 북쪽 경계지역에 있다. 카메룬 화산선은 지각이 약하고 카메룬의 성층화산을 통하여 남서쪽으로 확장하는 화산활동 영역이다. Oku 화산활동 지역은 다양한 현무암 분출물과 작은 화구를 포함한다. Nyos 호수 자체는 400년 전의 화산 폭발로부터 형성된 작은 화구를 점유한다. 비록 화산이 더 이상 폭발하지 않을지라도 가스가 매우 천천히 호수의 가장 깊은 물 속으로 배출되고 있다. 이 가스는 실질적으로 모두 이산화탄소이고, 수소시아나이드(HCN)나 수소설파이드(H_2S)를 거의 포함하지 않는다. 이 지역에 약 30개의 비슷한 호수가 있다.

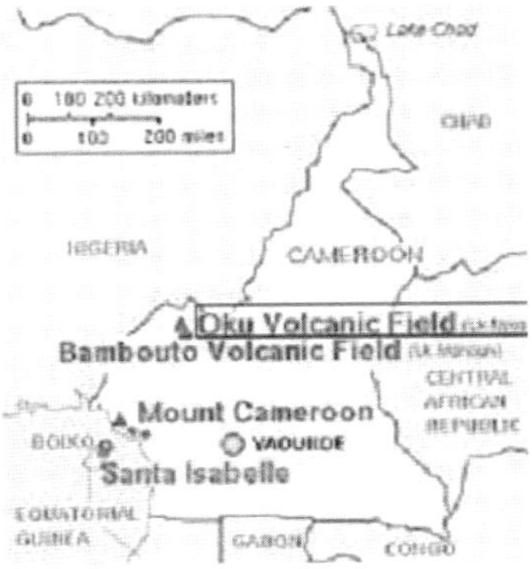

Nyos 호수는 1.5km^{2}의 면적을 점유하고 200m 이상의 깊이이다. 호수가 위치한 카메룬 서부지역은 매년 약 2.5m의 강수량을 기록한다. 우기에, 넘치는 호숫물은 낮은 방수로를 넘어 북쪽 작은 분화구 언저리로 넘어와 Nyos 마을의 계곡으로 흘러간다.

1986년 8월 13일 아침, Nyos, Kam Cha, Subum 마을사람 약 1,700명과 더불어 Nyos 호수의 해변과 계곡을 따라 살던 모든 소, 새, 그리고 다른 동물들이 죽은 채로 발견되었다. 재앙을 목격했던 사람들은 어떤 사람들은 여전히 침대에 있고, 어떤 사람은 그들의 집 마루에서 죽고, 어떤 사람은 물가에서 죽은 것을 발견했다.

호수 위의 언덕에 살았던 사람들—생존자 모두—는 지난밤 9시 30분에 폭발음을 들었다. 그것은 화산 폭발이나 지진이 아니었고, 집, 나무, 나뭇잎의 파괴의 어떠한 징후도 없었다. 그러나 8월 12일 이전의 며칠 동안, 이상하게 춥고 비 오는 날이 잦았다. 마침내, 차가운 물이 화산 쪽에서 고온인 호수로 흘러들었다. Nyos 호숫물은 정상적으로 아름답고, 진파란 색이다. 그러나 지금 호수는 캄캄하고 붉은 갈색 물로 보이며, 이것은 호수 밑바닥에 있는 풍부한 철을 포함하는 물이 1986년 사건 동안 호수 표면으로 올라와 산화된 것처럼 보였다.

100 또는 200년 훨씬 전에 Nyos 호수 주변의 거주자들에게 비슷한 비극이 일어났다는 소문이 있다.

이러한 비극의 원인을 찾기 위하여 하나 혹은 그 이상의 트러블슈팅 기법을 사용하라. 원인을 발견한 후, 이러한 재앙이 다시 발생하는 것을 방지하기 위한 방법을 제안하는 잠재적 문제분석을 수행하라.

상호 협력적 방법으로 이러한 트러블슈팅 연습문제를 사용하는 방법 중 하나는 강사에게 질문할 질문 목록을 작성하는 것이다. 해결책을 가지고 있는 강사는 질문하는 각 문제에 대하여 규정된 점수를 부과할 것이다; 주어진 점수(5~25점)는 질문의 수준과 답을 찾기 위해 필요한 노력에 따라 정해질 것이다. 당신은 사용할 100점을 가지고 있고, 한번에 당신의 모든 것을 질문하길 원하지 않으며 다음 질문을 가지기 전에 답을 받을 때까지 기다릴 것이다. 당신은 가능한 한 적은 점수를 사용하려 한다. 다음의 각 사이트는 당신이 적절한 질문을 하도록 도와줄 수 있다.

http://www-personal.umich.edu/~gwk
http://www-personal.umich.edu/~gwk/research/nyos.html

10.3. 포토리소그래피는 휴대폰, MP3 플레이어, 디지털카메라, 노트북 컴퓨터와 같은 많은 전자 기기에서 볼 수 있는 컴퓨터 칩을 만들 때 사용되는 하나의 공정이다. 이것은 마스크로부터 실리콘 표면에 모양을 전달하기 위하여 빛을 이용한다. 이러한 모양은 궁극적으로 칩의 전기적 요소(트랜지스터, 레지스터, 전선 등)가 된다. 빛의 모양은 마스크를 통과한 빛에 의하여 만들어지고, 마스크는 선택적으로 광학투영기와 같은 원리로 빛을 막는다. 빛의 모양은 포토레지스터라고 불리는 얇은 고분자 박막으로 덮인 기제 위에 조사된다. 빛에 노출된 박막 영역에서 산(acid)이 만들어진다. 산은 화학반응을 촉매화하여, 빛에 노출된 보호막을 녹인다. 녹은 영역은 현상제(developer) 유체를 사용하여 씻기고 노출되지 않은 영역은 원래대로 기제에 남는다. 노출된 영역은 금속 입히기, 깎기, 도핑하기, 그리고 다른 방법 등으로 더 가공된다.

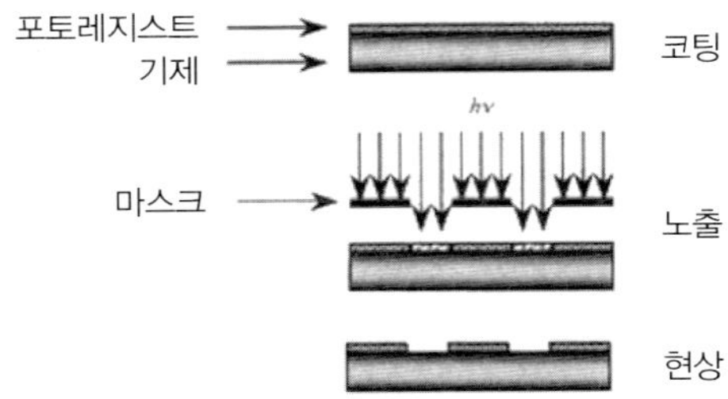

포토레지스트는 전형적으로 고분자와 빛을 받아서 산을 생산하는(photo-acid generator, PAG) 것을 포함한다. 빛을 받아서 산을 생산하는 것의 한 예가 아래에 있다. 빛이 있으면 분자가 깨져서 하나의 산(H^+)을 생산한다.

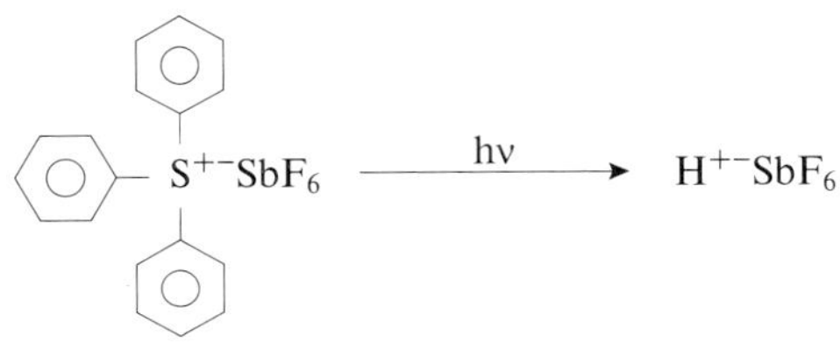

이상적으로, 빛에 의하여 생산된 산은 레지스터의 용해도를 변화시키는 고분자 레지스터 물질과 반응한다. 이러한 용해도의 변화는 중요한 단계이고, 레지스터의 노출된 영역이 현상제에 놓일 때 녹아 나가는 것이다. 비보호 반응은 고분자 코팅 부분을 변화시키고, 그 영역이 씻겨 나가게 한다. 비보호 반응은 다음 그림에 나타내었다.

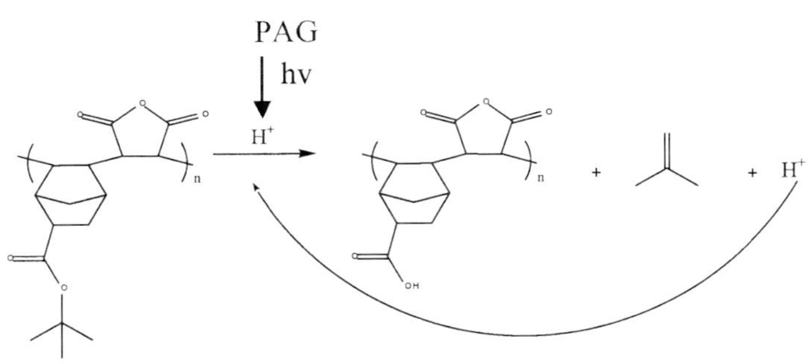

PAG, 보호막, 비보호막(녹을 수 있다)

산은 촉매로 작용한다—그것은 반응 중에 다시 생산된다. 하나의 산은 많은 녹이는 반응을 촉매화할 수 있다. 모양을 만들기 위한 이 접근법은 "화학적으로 확대된 레지스터"라고 불리는데 왜냐하면 하나의 포톤이 하나의 산 분자를 생산하여 고분자 위에 다수의 사이트를 녹이기 때문이다. 궁극적 효과는 레지스터(보호막)를 빛에 더 민감하게 만들고 생산량을 향상시키는 것이다.

X사는 앞서 기술된 포토리소그래피 공정을 일 년 이상 성공적으로 이용해 왔다. 불행하게도, 2월의 끝자락에, 공장의 동쪽 윙에서 결함이 있는 칩을 생산하기 시작했다. 칩의 결함을 포함한 생산은 3월 1~2주까지 계속되었다. 이 문제의 원인은 동쪽 윙에서 생산된 칩의 노출된 영역이 기대처럼 모두 녹이지 못했고, 결과적으로 칩의 오작동을 유발한 것이다. 서쪽 윙의 운전은 영향을 받지 않았다. 비록 이 문제가 지난 몇 주 동안 금요일 오후에 발생했지만, 이것은 해결되어야 했다.

상황에 대한 추가적인 정보에서 다음을 발견했다: 단 한 명의 작업자가 공장의 각 윙에서 칩을 다룬다. 동쪽 윙에서 칩을 다루는 Mary는 연초에 고용된 사람이고, 서쪽 윙에서 작업하는 John은 이 일을 수년간 해오고 있다. 당신은 금요일에 작업자들을 관찰하기로 결정했다. 아침에는 정상적인 것처럼 보였고 공정에 문제가 없었다. 당신은 John과 Mary와 점심식사를 함께하기로 했다. 회사 식당은 연초에 요리 조달자를 교체했고 음식은 매우 좋았으며, 공장의 다양한 작업자를 만족시킬 다양한 메뉴를 가지고 있다: 참치 생선 캐서롤, 아시안 캐슈 치킨, 채식 위주의 음식, 쇠고기, 감자요리. John은 어떻게 그가 정말로 새로운 스테이크 샌드위치를 즐길지를 주목했고 당신에게 한번 시도해 보라고 제안했다. 당신은 시도했고 품질로부터 인상을 받았다. 점심식사 동안, 다양한 주제에 대해 대화를 하였는데, 회사정책, 스포츠[대학농구(March Madness), Mary는 대학농구의 엄청난 팬], 가족과 함께 부활절을 축하하기 위한 Mary의 뉴욕여행 등이었다. 점심이 지나고, 오후 업무가 시작되었다—칩의 문제도 역시 발생했다. 당신은 무엇을 결론지을 수 있는가?

상호 협력적 방법으로 이러한 트러블슈팅 연습문제를 사용하는 방법 중 하나는 강사에게 질문할 질문 목록을 작성하는 것이다. 해결책을 가지고 있는 강사는 당신이 질문하는 각 문제에 대하여 규정된 점수를 부과할 것이다. 주어진 점수(5~25점)는 질문의 수준과 답을 찾기 위해 필요한 노력에 따라 정해질 것이다. 당신은 사용할 100점을 가지고 있고, 한 번에 당신의 모든 것을 질문하길 원하지 않으며 다음 질문을 가지기 전에 답을 받을 때까지 기다릴 것이다. 당신은 가능한 한 적은 점수를 사용하려 한다.

(출처: Professor Michael Dickey, Department of Chemical Engineering, North Carolina State University.)

종합 11

이전 장들에서는 각각의 단계에 더 쉽게 집중할 수 있도록 창의적 문제해결의 각 단계를 개별적으로 소개하였다. 물론, 실제 생활에서 문제에 직면할 때, 우리는 이러한 많은 원리들을 동시에 떠올린다. 우리는 여기에 진행순서표의 형태로 문제해결의 발견적 학습법을 보인다. 진행순서표는 보통 작업장에서 전시되거나 개개인에 의하여 이전에 배웠던 개념들을 직업에 적용할 수 있도록 돕기 위하여 수반된다.

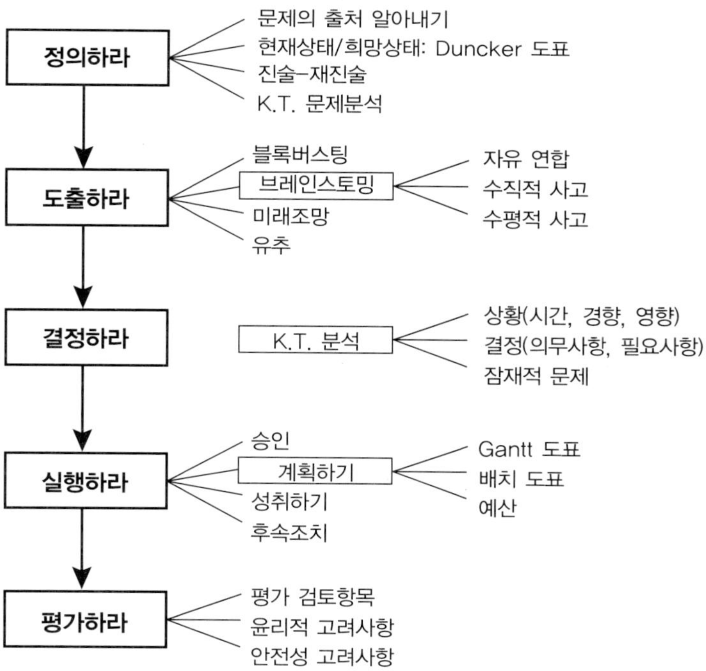

진행순서표: 발견적 학습법

우리는 우리가 공부해온 원리들이 어떻게 두 가지 사례의 연구에 적용될 수 있는지 보여줄 것이다.

사례연구 1: 인디아에서 농작물 가공 시설을 유지할 전력 생산

이 사례연구는 일리노이 대학교 화공생명공학과 박사인 Marina Miletic에 의하여 제공되었다.

인도의 EWB 팀

배경

경계 없는 공학자들(EWB)은 지속할 수 있는 공학과 기술을 소개하여 개발도상국의 공동체를 돕는 조직체이다. 일리노이 대학교의 EWB 학생 지회는 인도, Bhadakamandara의 외딴 마을에 지속할 수 있는 에너지 원을 만들기 위해 도움을 요청받았다. 마을 수입원 중 하나는 향신료와 다른 농산품을 재배하고 생산하는 것이다. 이러한 물질들은 그것을 말리고, 갈고, 부수는 공정을 수행하는 매수자에게 팔린다. 공동체의 조직원은 그것들을 직접 가공하여 더 많은 이익을 원했으나, 전기, 기술, 또는 그렇게 하기에 필요한 기술 등을 가지고 있지 않았다. EWB 학생들은 이 전력 생산 과제 업무를 수락했다.

들어가기

이 과제에 있는 팀의 모든 구성원이 하나의 목적에 전념하고 한 마음으로 문제를 해결하고 해결책을 실행하고자 하였다. 이 과제는 자발적이었기 때문에 다수의 참가자들이 늦도록 일했다. 과제를 우선으로 하는 소수의 참가자는 계획하고, 인도를 방문하고, 공정이 실행될 때까지 일하고, 과제가 완성된 후에도 공정을 향상시키기 위해 더 열심히 노력했다. 모든 학생들은 목적을 향하여 동등하게 일했고, 모든 사람들은 역할과 과제 전체의 목적을 잘 정의하고 있었다. 학생들은 마지막 목표를 위하여 매우 집중되어 있어서 마찰을 일으키는 사람은 거의 없었다. 그룹 사이의 교류는 2장에서, 타인의 아이디어를 듣는 것과 다른 사람의 노력을 존경하는 것처럼, 논의된 팀 기술의 예가 되었다.

매우 중요한 문제를 해결할 다양한 기회가 있었는데, 그 지역의 더러운 물을 정화하고 모든 사람의 가정에 전기를 공급하는 것과 같은 문제이다. 그러나 시간과 자원의 제약으로 인하여, 문제는 농업 공정에 에너지를 공급하는 것으로 제한되었다.

문제정의

정보 모으기

자료를 수집하라. 문제를 정의하기 위하여, 필요한 자료가 수집될 것이다. 특별히, 다음과 같이 필요한 질문들에 답해야 할 것이다.

1. 우리는 어떤 종류의 발전기를 사용할 것인가?
2. 어떤 종류의 연료를 사용할 것인가? (자연적으로 존재하는? 그 지역에서 사용할 수 있는?)
3. 발전기와 다른 장치를 어디에 설치할 것인가?
4. 우리는 발전기와 다른 공정 장치를 둘 건물을 어떻게 지을 것인가?
5. 우리가 인도에서 필요한 공급품을 어떻게 얻을 것인가?
6. 우리는 지역 주민들과 어떻게 소통할 것인가? 우리는 통역자를 어디서 구할 것인가?

문제와 친숙한 사람과 대화하라. EWB는 인도와 전 세계에서 다수의 과제를 맡았다. EWB의 일리노이 대학교 지회는 EWB-USA의 본부(콜로라도에 있음)에 국제적인 과제로 일하기 위한 제안서를 제출했다. 본부 사무소는 대학 팀과 인도 개발협회(Association for Indian' s Development, AID-Orissa), Orissa University of

Agriculture and Technology(OUAT), 그리고 나중에는 Jagannath Institute of Technology and Management(JITM)와 결연을 맺었다. 이런 조직들은 모두 문제를 확인하는 데 도움이 되는 고유 정보를 가지고 있었다.

문제를 직접 보라. 학생 집단은 지역 주민들에게 활용 가능한 자원에 대해 물어보기 위해 현장 검증을 실시했다. 팀은 인도에서 발전기 판매상을 찾았고 관련된 공급품을 살 수 있는 지역을 확인하였다. 팀은 마을 사람들과 이야기 한 후 발전기와 다른 장치들이 설치될 건물 영역을 결정했다. 이 정보는 공정의 다음 단계에서 종합되었다.

문제정의 기법

4장의 문제해결 기법 1에서 논의되었던, 비평적 사고 방침은 문제를 정의하는 학생들에게 도움을 준다.

예측하기. 우리는 계획과 그것의 결과를 마음에 그린다. 팀은 이 과제에 포함된 기술적, 사회적 주요 도전을 기대한다. 이러한 기대는 집단이 시간을 계획하고 업무를 할당하도록 도와주어 문제가 계획에 따라 해결되도록 한다.

분석하기. 우리는 전체를 각각의 특성, 역할, 관계를 발견하기 위한 부분으로 나누거나 쪼갠다. EWB 팀은 우선 문제를 좁히고, 그러고 나서 문제를 여러 부분으로 나누며, 각 문제의 주요 장애물을 확인할 수 있었다. 이것은 과제를 완성하기 위하여 어떤 자원(사람, 시간, 돈)이 필요한지를 확인하도록 도와준다.

정보 찾기. 우리는 증거, 사실 또는 관련된 원인을 확인하고 이러한 원인으로부터 목적, 주제, 역사, 현재의 자료를 모으는 지식을 찾는다. EWB 본부, AID-Orissa, OUAT, JITM, 그리고 지역 주민 등과 대화함으로써 팀은 어떤 종류의 발전기와 농업 장치들이 필요한지, 어디에 조립되어야 할지를 잘 결정할 수 있었다. 그들은 또한 겪을 수 있는 잠재적 건강과 문화적 문제들을 배웠다.

표준 적용하기. 우리는 확립된 개인, 직업, 또는 사회적 규칙이나 기준을 기초로 하여 판단한다. 팀은 마을사람들에게 이익을 주는 한 과제를 계속하자고 동의했다. 안정성은 최우선시된다. 이러한 기준들은 과정 동안 유지되었고 모든 결정에 반영되었다.

문제진술

궁극적으로, 학생들은 문제를 다음과 같이 정의했다: "농업공정 장치를 위하여 지속 가능한 에너지를 생산하라."

해결책 도출

이 문제의 해결책을 도출하고 제시된 질문들에 답하기 위해, 팀은 엄청난 브레인스토밍과 연구를 했다. 많은 기술적 난관들이 공정에 에너지를 공급하는 목적을 달성하기 위한 해결책을 실행하기 전에 제거되어야 한다.

발전기와 연료의 여러 가지 가능성이 파악되었다. 팀은 주어진 크기와 향료 가공 장치의 규모로서 바이오연료—식물유—로 운전하는 발전기를 재빠르게 파악하였다. 건물의 건설 자재에 대한 아이디어들이 도출되었다. 건물이 논에 건설될 것이기 때문에 학생들은 건물 자체와 기초공사 자재에 대하여 생각해야 했다. 다양한 형태의 건축 자재들(벽돌과 콘크리트 포함)이 활용 가능성에 따라 고려되었다

행동방침 결정

학생들은 우선 어떤 문제가 즉시 해결되어야 하고 어떤 문제가 시간적으로 여유가 있는지 구분했다. 더군다나, 문제의 어떤 면은 무엇보다도 우선순위가 있었다. 발전기 형태를 선정하고 그것의 설계를 개발하는 것이 가장 높은 중요도와 우선순위를 가졌다. 가는 기계 설치와 같은 문제의 다른 면들은 나중에 다룰 수 있다. 다음의 K.T. 상황평가표는 학생들의 과제 우선순위를 파악하게 해준다.

상황평가표

과제	시간	경향	중요도
1. 발전기와 연료 형태를 결정하라	H	H	H
2. 특정 공정을 위해 발전기와 연료계를 설계하라	H	H	H
3. 갈거나 부수는 기계를 설치하라	L	M	H
4. 보조 공급품을 구입하라	L	M	M

멀리 떨어진 장소이기 때문에, 학생들은 전력 생산을 위해 검증된 기술을 사용하기로 결정했다—구체적으로, 내부 연소 엔진. 내부 연소 엔진을 위하여 두 가지 선택이 확인되었다: 연료로 바이오디젤과 식물유. 시스템이 만족해야 하는 여러 가지 중요한 기준이 있었고 해결책은 이들의 요구사항들에 기초하여 확인되었다. 비록 보통의 문제분석, 결정분석, 잠재적 문제분석 공정들이 명백하게 사용되진 않지만, 체계적인 접근이 최선의 해결책을 얻기 위하여 사용되었다. 다음의 K.T. 결정분석은 선택된 해결책으로 수렴하는 과정의 대표적인 것이다.

결정분석

	식물유로 운전	바이오디젤로 운전
의무 사항		
발전기는 인도에서 구입이 가능해야 한다	Go	Go
발전기는 에너지원으로 재생 가능 연료를 사용해야 한다	Go	Go
발전기는 지역적으로 이용 가능한 연료를 사용해야 한다	Go	No Go
발전기는 안전한 연료를 사용해야 한다	Go	No Go

필요 사항	가중치	등급	점수	등급	점수
시스템은 유지보수가 쉬워야 한다	9	6	54	x	x
시스템은 저렴한 가격이어야 한다	7	5	35	x	x
시스템은 오랫동안 지속되어야 한다	6	5	30	x	x
시스템은 너무 복잡하지 않아야 한다	5	6	30	x	x
총합			149		

바이오디젤은 연료 생산에 메탄올과 수산화나트륨을 사용하기 때문에 제외되었다. 이 성분들은 그 지역에서 쉽게 이용할 수 없고 잠재적으로 위험을 포함하고 있다. 식물유는 자연적으로 자란 식물의 씨를 눌러 짜낼 수 있는 압축기가 이용 가능하다면 사용될 수 있다. 식물유를 사용하는 불편함은 엔진에 연료 선 가열기와 분리 통을 추가하도록 개조하는 것이다.

식물유 사용을 위해 개조된 발전기

팀의 주된 염려는 인도에서 한두 달 머무는 동안 아플 가능성이었다. 뱀에 물리거나 다른 병과 같은 잠재적 문제분석은 아플 때 병원으로 운반할 수 있도록 항상 운전사가 필요하다는 결정을 하도록 도왔다. 다음의 잠재적 문제분석은 이런 상황을 위한 방지책과 차선책을 기술한다.

잠재적 문제분석

잠재적 문제	원인	예방책	차선책	방아쇠
인도에서 아프게 된다	더러운 물을 마신다	많은 양의 정수 필터를 가져간다	문제의 심각성을 결정하고 의학적 주의를 구하라. 필요하면 운전사를 고용하라	설사, 구토, 복통과 같은 징후
	뱀에 물리다	어떤 종류의 뱀이 그 지역에 있고 물리게 되면 무엇을 해야 하는지 연구하라	의학적 관심을 가져라. 해독제를 가져가거나 가능하면 즉시 독을 제거하라. 필요하면 운전사를 고용하라	뱀과 접촉, 피부를 통과

해결책 실행하기

해결책 실행하기의 첫 번째 단계는 승인 과정이다. 승인은 팀이 일하는 비정부적인 여러 조직으로부터뿐만 아니고 EWB-USA으로부터도 필요하다. 가장 중요하게, 마을 사람들이 제안된 해결책과 완성을 위해 필요한 시간과 공간을 필요로 하는 건설 공정에 동의해야 한다. 이 승인 공정은 모든 조직 간에 상당한 의사소통을 요한다. 승인 공정 후에 실행하기가 시작될 수 있다.

해결책을 알아내고 승인을 얻은 후에, 팀은 우선순위를 정하고, 다양한 업무를 파악하고, 팀의 각 개인에게 역할을 할당했다. 허가서 작성, 지역 주민들과 의사소통, 엔진 설계, 공정 장치 설계와 같은 책무가 다양한 팀원들에게 나누어지고, 마감시간이 정해졌다. 시간 계획(Gantt 도표)이 개발되었고 팀이 작성했던 제안서에 포함되었다. 다음은 팀의 책무를 표시하는 배치 도표의 예이다.

배치 도표

업무	Sean Poust	Ben Barnes	Stephanie Bogle	Patrick Walsh
1. 엔진 설계				X
2. 허가서 작성	X			
3. 과제 책임자			X	
4. 공정 조합	모두			
5. 태양 건조기 설계		X		

팀은 해결책을 실행하는 동안 여러 가지 장애물과 만난다. 그들이 생각했던 지역은 초기에 계획했던 것과 다른 발전기 건물을 소유하고 있었다. 팀 구성원들은 논 지역에 구조물을 건설해야 했다. 그들은 발전기와 다른 장치를 설치할 구조물을 지을 벽돌을 구입했는데, 벽돌이 건물에서 여전히 효과적일 것이라고 말했지만 벽돌은 잘못 만들었거나 깨져 있었다. 건물을 조립하려고 노력한 후, 팀은 구조물이 불안전하다는 것을 깨달았다. 그들은 전문가의 조언을 구했고, 토목 공학자인 비정부 조직의 한 사람이 건물을 조사하러 그 지역에 6시간 동안 운전하여 와야 한다고 주장했다. 팀은 전체 건물을 철근망으로 싸고 안전성을 확보하기 위하여 콘크리트로 해야 한다고 결론지었다. 팀은 더 많은 도움이 필요하고 도움을 구해야 한다는 것을 깨달았다.

건물 내부

완성된 건물

발전기가 완성되고 건물 바닥에 놓여진 후, 팀은 다른 문제에 봉착했다: 발전기가 과하게 진동했다. 이 문제는 진동 수준이 받아들여질 만하지 않았고 기계의 고장을 유발할 수 있었기 때문에 트러블슈팅을 요구했다. 다음의 K.T. 문제분석은 무엇, 어디, 언제, 정도를 예시하고 있다.

문제 트러블슈팅: 발전기가 과하게 진동함

		있다	없다	차이점	가능한 원인
무엇	확인하라	발전기는 과하게 진동한다	건물 내의 다른 장치의 진동	발전기에게 무엇인가 특별함	발전기 안의 구동기가 중심에 있지 않음
어디	위치하라	발전기와 발전기가 놓여있는 받침대	건물 안의 다른 어떤 것	발전기 자체 또는 받침대	받침대가 진동을 흡수하지 못함
언제	타이밍	발전기가 작동할 때 그리고 발전기가 처음 켜졌을 때	발전기가 꺼지면 문제 없다	발전기 동작이 진동을 유발한다	받침대가 발전기에 적절하지 못하다
정도	크기	허용할 수 없는 큰 진동	조금이거나 없다	발전기와 받침대는 양립할 수 없다	아마도 다른 받침대가 필요하다

팀은 충격을 흡수하는 다른 받침대 위에 발전기를 올려 놓으려고 노력했다. 그러한 이러한 변화는 많은 도움이 되는 것처럼 보이지 않았다. 발전기는 받침대에 매우 밀접하게 조립되었고, 결국 팀은 발전기가 운전될 때 매우 큰 깨지는 듯한 소리를 들었다: 발전기와 받침대를 연결한 볼트가 휘어져 깨졌다. 이런 깨짐은 발전기를 더 자유롭게 움직였고 이것이 진동을 급격히 줄였다. 따라서 문제는 발전기에 있었던 것이 아니고 받침대에 결합시키는 방법에 있었다. 일단 발전기가 받침대에 느슨하게 조립되면, 진동은 상당히 줄어들었다. 결과적으로, 지속할 수 있는 에너지를 어떻게 생산할 것인가로 정의된 문제는 해결되었다.

팀이 만났던 하나의 문화적 문제는 해결하기 힘들어 보였고, 특별히 학생들과 지역 주민들 사이의 언어 장벽 때문이었다. 비록 그들이 과제를 시작할 때 아이디어였지만 여성은 공정 훈련에 소속되는 것이 허락되지 않았다. EWB 팀의 여성은 오직 마을의 여성과 접촉이 적절했고, 그래서 그들은 이 과정을 통하여 문제를 계속할 수 있었다. 그것의 해결책은 여전히 진행 중이다.

평가

어떤 과제이든 가장 중요한 국면의 하나는 평가하기이다. 팀은 그들의 결정을 평가하고 과정 중 모든 지점에서 수정했다. 과제의 끝에서, 마지막 평가는 학생들이 해야 할 일이 더 있는지 그리고 어떤 업무가 가장 우선순위에 있는지를 결정하는 지점에서 완성되었다.

실행공정의 평가는 평가하기 검토항목의 질문에 답하는 것으로 수행될 수 있다.

해결책은 실제 문제를 풀었는가?
해결책은 처음에 정의된 문제를 풀었다—농업의 공정 장치를 운전하기 위한 지속 가능한 에너지 부족. 비록 더 밝은 빛과 깨끗한 물과 같은 다른 문제가 남아있지만, 이 해결책은 주민들의 삶의 기준을 높일 수 있도록 마을에 발전기를 공급했다.

문제가 영구적으로 해결되었는가, 아니면 미봉책의 해결책인가?
대부분의 해결책처럼, 이것은 유지와 주의를 요구할 것이다. 가장 어려운 부분은 장치를 설치하는 것이었고 지역 주민들에게 사용법을 훈련하는 것이었다.

공정이 지속적으로 운전될지를 보장하려면 오랫동안 장치에 대한 유지보수, 교체, 그리고 기사 훈련 등의 노력이 필요하다.

모든 해결책(부정적, 긍정적)의 결과들이 조사되었는가?
여러 가지 이점에도 불구하고, 이 해결책에서 약간의 부정적인 면은 헌신적인 사람들이 지속적으로 공정을 운전하고 제품을 파는 것이다. 마을은 공정을 운전하고, 그것의 사용에 대하여 결정하고, 얻어지는 이익을 관리하는 책임을 맡은 사람의 팀을 유지해야 한다.

해결책은 그것이 할 수 있는 모든 것을 이룩했는가?
해결책은 마을 전체에 전기를 공급하는 것을 할 수 있었다—비록 이것은 과제의 시간 계획과 초기 자원 분배의 범위를 넘어서지만. 팀은 따라오는 과제로서 이러한 가정들에 전기를 공급하는 수단을 찾고 있었다.

해결책은 경제적, 환경적, 정치적으로 책임 있고 안전한가?
공정이 식물유—식물로부터 지역적으로 이용이 가능한 재생성 자원—를 사용하기 때문에, 환경 친화적이다. 공정은 사용된 화학물질이 생분해성이고 인체 건강에 해롭지 않게 설계되었다. 더군다나, 그것이 제공하는 추가적인 수입은 마을 사람들을 위해 더 나은 기반 시설을 만드는 데 사용되고, 따라서 돈이 적절하게 관리된다면 그들은 수질을 향상시키게 된다.

결국, 팀은 건물을 조립하고, 공정을 설계하고, 장치를 사용하도록 지역 주민을 훈련하고, 과제의 진행을 지속적으로 감독하였다. 비록 멀리 떨어진 이 마을과 의사소통하기가 매우 어려웠지만, 팀은 현재 공정을 운전하는 사람과 연락을 유지하도록 노력하고 여전히 운전이 잘 되고 있고 문제를 트러블슈팅하도록 시도하고 있다. 팀은 마을에서 직면한 다른 문제들을 작업하는 것도 계속한다. 특별히, 팀 구성원들은 실내에서 사용하는 등유 랜턴(질식을 유발하고 다른 건강 문제를 일으킬 수 있는)을 작은 크기의 태양에너지, 배터리 사용 LED 랜턴으로 교체하고자 하는 아이디어를 추구하고 있다. 이 과제는 이러한 공학도들에게 매우 도전적이고, 잘 할 수 있도록 격려하며, 다른 사람의 삶에 큰 영향을 줄 수 있도록 지속되어야 한다.

EWB에 대하여 더 알고자 하면, http://www.ewb-usa.org를 방문하라.

사례연구 2: 베이커리-카페의 문제

과제 할당

이 사례연구는 미시간 대학교의 4학년 과목—문제해결, 트러블슈팅, 직업으로의 전환: 화학공학 496, 강의 계획서는 CD-ROM 참고—의 기말 과제 결과이다. 여기에 공헌한 사람들은 Carly Ehrenberger, James Herbin, Paul Niezguski, Sara Schulze, Ana Butka, Jessica Moreno, Jason Rhode-McGauley이다.

학생들에게 다음 지시사항이 주어졌다: "직원들이 가지고 있는 문제를 파악하기 위하여 Truman Parkway에 있는 베이커리-카페의 종업원들을 면담하라. 그리고 발견한 문제들을 분석하고 각각의 문제에 대하여 해결책을 도출하고 평가하라. 마지막으로, 확인된 각 문제를 위한 최선의 해결책을 선택하라."

배경

베이커리-카페는 편안한 환경에서 고객에게 배달되는 음료수와 신선한 음식을 특징으로 한다. 손님들은 카운터에서 다양한 메뉴를 보고 주문하고 종업원들이 음식을 주문을 준비하는 동안 잠깐 기다린다. 베이커리-카페는 손님들에게 안락의자, 무선 인터넷, 음식 서비스 등의 편의 시설을 제공한다. 베이커리-카페에는 30명 이상의 종업원이 있다. 전형적인 업무는 등록업무, 샌드위치와 샐러드 만드는 것, 설거지, 음식 만들기 보조, 훈련자 또는 감독자 등이다. 종업원들의 나이는 15~55세이다. 그들은 일주일에 평균 30시간 일을 하고, 평균 15개월 정도 일해왔다.

들어가기: 방법론

문제해결 공정의 다섯 가지 단계로 다음 단계들이 취해진다.

1. 문제를 정의하라.
   - 베이커리-카페에 대하여 정보를 수집했고, 발전시켰고, 분배했고, 종업원 설문을 모았다. 경영자를 면담했다.
   - Duncker 도표와 Kepner-Tregoe 잠재적 문제분석 같은 다양한 문제해결

기법들을 사용했다.

2. 해결책을 도출하라.
   – 각각의 문제에 대하여 다양한 해결책을 개발하기 위하여 6장에서 논의된 아이디어 도출 기법들을 사용했다.
3. 행동방침을 결정하라.
   – 확인되고 분석된 각각의 문제를 위하여 최선의 대안을 선택했다.
4. 해결책을 실행하라.
   – 향후에 취할 행동을 위하여 Ann Arbor 가게의 경영자에게 추천했다.
5. 해결책을 평가하라.
   – 추천된 해결책의 유용성을 평가했다.

문제정의

정보 수집하기

자료를 수집하라

- 베이커리-카페 온라인을 이용하여 기초적인 회사정보를 연구했다.

문제와 친숙한 사람과 대화하라

- *경영자를 면담했다:* 베이커리-카페에서 현재의 상황에 대한 정보를 얻기 위하여. 우리는 직접적인 상황을 이해하고 관심 영역을 결정하기 위하여 비평적 사고 질문을 던졌다: “당신은 우리가 어떤 형태의 문제를 발견할 것이라고 기대하는가?”
- *종업원 설문(22명):* 근본적 염려 또는 그곳에서 확실히 향상시킬 필요가 있는 영역을 이해하기 위한 것뿐만 아니라 밝혀지지 않은 문제들을 찾아내기 위해.

문제를 직접 보아라

- 저녁식사를 위해 베이커리-카페에 방문했고 종업원과 손님들을 관찰했다.

모든 발견점들을 확인하고 정보 모으기를 계속하라

- *설문 결과에서 편견을 조사했다:* 설문 결과는 모든 종업원의 나이에 따른 관점이나 잠재적 편견을 이해하기 위한 위치에서 분석되었다.

설문의 개발은 문제를 정의하기 위해 필요한 정보를 모으는 중요한 수단이다. 브레인스토밍 기법과 소크라테스적 질문은 설문을 개발하기 위해 사용되는 도구이다. 설문지 작성은 매우 중요하고 상당한 사고를 요한다. 설문 개발을 위한 지침은 웹사이트 http://www.statpac.com/surveys/index.htm, http://www.tele.sunyit.edu/TEL598sur.html, 이 장의 끝에 주어진 참고문헌의 다른 자료로부터 얻고 사용되었다.

설문 조사하기: 브레인스토밍 기법의 적용

말해지지 않은 문제 찾아내기

우리는 문제진술을 가지고 시작했다: "우리가 종업원들에게 말하지 않은 문제들을 알아내기 위해 질문해야 하는 가능한 주제들이 무엇인가?"

세 가지 기법(자유 연합, 무작위 자극을 통한 수평적 사고, 유추와 상호교류)의 적용은 설문 문제를 도출하도록 도와주었다. 다음 질문들이 개발되었다.

자유 연합

동료 종업원:

- 동료들은 일반적으로 친밀하고 기꺼이 필요할 때 당신을 돕는가?
- 베이커리-카페는 종업원 모두를 공정하게 대하는가?

경영자:

- 경영자는 종업원들의 기여를 공정하게 평가하는가?

교대:

- 매주 일하는 시간과 교대업무에 대하여 만족하는가?
- 교대하는 방법이 편리하게 계획되어 있는가?
- 교대하는 방법이 융통성 있게 계획되어 있는가?

업무:

- 당신은 자신이 무엇을 기대하고 있는지 알고 있는가?

스트레스 수준:

- 일하면서 너무 많은 스트레스를 받는가?
- 교대 근무 동안에 충분한 수의 작업자가 있는가?

급여:
- 급여는 당신의 수행업무에 부응하는가?

복지/보상:
- 베이커리-카페에서 일할 때 가장 좋은 것이 무엇인가?
- 당신은 일을 잘 했을 때 인정받는가?

무작위 자극을 사용한 수평적 사고
무작위 단어: **칼** → 빵 자르기 → 업무
- "당신의 가장 좋아하는 업무는?"
- "당신이 가장 싫어하는 업무는?"

무작위 단어: **목소리** → 말의 자유
- "당신은 경영자로부터 비평의 두려움 없이 의견을 말할 수 있는가?"

유추와 상호교류
베이커리-카페의 경영자는 초등학교 선생님으로부터 무엇을 배울 수 있을까?

초등학교 선생님은 학생들에게 배울 시간이 필요하고 그들이 실수할 때 참을성이 있어야 한다는 것을 이해한다.
- "경영자는 실수를 긍정적인 배움의 경험으로 사용하는가?"

초등학교 선생님은 학생들에게 성적을 주고 학생들에게 진척도를 보여주고 다음의 목표를 정한다.
- "당신은 수행능력을 향상시키기 위하여 정기적인 의견을 되돌려 받는가?"

4장에 논의된 소크라테스적 질문은 설문조사 질문을 개발할 때 사용되었다.

설문 개발을 위한 소크라테스적 질문의 적용
명료화하라: 당신은 왜 그것을 말하는가?
- 당신이 직장에서 가장 좋아하는 업무는 무엇인가?
- 당신은 왜 이 업무를 좋아하는가?
- 당신이 이 업무에 대하여 좋아하지 않는 것은 무엇인가?
- 당신이 가장 싫어하는 업무는 무엇인가?
- 당신이 이 업무에 대하여 좋아하는 것은 무엇인가?
- 당신이 이 업무에 대하여 좋아하지 않는 것은 무엇인가?

이유와 증거를 조사하라: 당신은 대답을 지지하기 위해 어떤 증거를 가지고 있는가?

- 당신은 왜 손님들이 효율적으로 대접받지 못한다고 느끼는가?
- 당신은 왜 교대 계획에 문제가 있다고 느끼는가?

관점과 전망을 조사하라: 그것을 보는 다른 방법은 무엇인가?

- 어떤 영역의 개선이 필요한가?
- 그것들을 개선하기 위해 당신이 제안하고자 하는 것은 무엇인가?

설문조사가 관리된 후, 응답들은 문제를 결정하기 위해 조사되었다. 종업원들로부터 22개의 설문이 분석되었다. 다음과 같이 주 관심거리가 확인되었다.

- 각 교대 조에는 충분한 작업자가 없기 때문에 어려움이 발생한다.
- 동료들은 업무에 대한 책임을 지려고 하지 않는다.
- 종업원들은 업무에 대한 충분한 훈련을 받지 않았다.

문제정의 기법

Kepner-Tregoe 상황평가는 이러한 인식된 문제들의 우선순위를 결정할 때 수행되며 그것에 대응하기 위해 다음 단계로 취해진다.

베이커리-카페에서 종업원 문제의 K.T. 상황평가

문제	타이밍	경향	영향	다음 공정
1. 동료들은 업무의 책임을 지지 않는다.	M	H	H	K.T. 잠재적 문제분석
2. 교대 조에 충분한 작업자가 없어서 어려움이 있다.	M	M	H	K.T. 결정분석
3. 종업원들은 업무에 대한 충분한 훈련을 받지 않았다.	M	M	H	문제진술 방아쇠 (문제분석, PA)

세 개의 평가 기준 각각의 등급은 조직으로서 베이커리-카페, 특별히 가게 위치, 복지제도에 기초한다.

문제 1, 2, 3은 타이밍 영역에서는 보통(moderate) 수준의 급박성이 있다. 그것들은 모두 손님들에게 직접적으로 영향을 주고 궁극적으로 가게의 성공에 영향을 준다.

경향 영역에서, 문제 1은 매우 높은 염려(H)로 분류되었다: 만약 동료들이 그들에게 할당된 업무의 책임을 지지 않는다면, 마무리되지 않은 업무가 쌓이고 종업원들 사이에 적대적 관계가 생길 것이다. 문제 2와 3에는 보통 수준의 등급이 주어졌다. 교대 조에 충분한 작업자가 없는 것은 지속적으로 종업원의 노동을 악화시키고 손님의 실망과 마무리되지 않은 업무를 남길 것이다. 마찬가지로, 훈련의 부족은 종업원의 실망을 증가시킬 것이다.

영향 영역에서, 문제 1, 2, 3은 모두 높은 염려(H)를 나타냈는데, 이는 종업원과 손님 모두에게 영향을 주기 때문이다. 이 문제들의 가능한 영향은 다음과 같다:

문제 1: 더러운 환경과 무질서
문제 2: 늑장 서비스
문제 3: 일관성 없는 서비스와 제품

만약 이러한 문제들이 해결된다면, 그 결과 잠재적으로 종업원들의 작업환경이 더 조화롭게 될 것이다. 또한 이것은 더 나은 종업원과 경영자의 관계와 고객의 만족을 이끌어낼 것이다.

K.T. 상황평가에 기초하여, 다음의 우선순위가 확인된 문제에 부여되었다.

문제 1: 동료들은 업무의 책임감이 없다.
문제 2: 교대 조에 많은 작업자가 없어서 어려움이 있다.
문제 3: 종업원들은 업무에 대해 충분한 훈련을 받지 않았다.

이러한 우선순위는 문제가 해결되어야 하는 순서를 결정한다.

해결책 도출과 행동방침 결정

K.T. 상황평가의 다음 단계는 행동방침을 결정하는 것이다. 문제 1을 위해, 잠재적 문제분석(PPA)이 선택되었는데, 이는 문제가 향후 영향을 가지고 있고 문제의 근본 원인이 확인되지 않았기 때문이다.

문제 1: 동료들은 업무에 대한 책임감이 없다.

잠재적 문제분석은 문제의 가능한 원인과 향후 함정을 방지하기 위한 계획을 찾아내는 데 도움을 준다.

업무 책임감을 위한 K.T. 잠재적 문제분석

잠재적 문제	가능한 원인	예방책	차선책
동료들은 업무의 책임감을 가지지 않고, 다음 교대 조의 작업자가 일을 수행하도록 남겨 둔다.	충분하지 않은 시간	재료를 미리 준비해 두는 것을 이용하라	종업원을 보강하라
	업무가 마무리되어야 한다는 인식 부족	교대 시간에 의무사항의 점검표를 게시하라	경영자가 업무를 완료하라
	교대 조의 뻔뻔스런 무시	다른 교대 조의 업무를 수행한 종업원에게 보상하라	업무를 무시한 교대 조의 작업자와 대면하라; 조기 교대 조를 위해 효율적인 작업자를 배치하라

문제 2: 교대 조에 많은 작업자가 없어서 어려움이 있다.

문제 2를 위해 결정분석이 분석적 기법으로 선택되었는데, 이는 문제의 원인이 이미 확인되었고 행동방침이 실행될 필요가 있기 때문이다. 문제 2는 특별히 아침과 늦은 저녁 교대 조에서 자명했다. 설문조사는 어떤 작업자들은 에스프레소 기계를 사용하려면 기다려야 했으나 다른 작업자들은 주문을 받고 빵을 갖다주며 빨리 움직였다는 것을 보여줬다. 손님들은 기다리는 줄이 길어지면 불평을 했다. 문제진술은 다음과 같이 만들어졌다: "문제점을 피하라." 브레인스토밍에 의하여 확인된 대안적 해결책은 작업자를 더 고용하기, 추가적 장치 구입하기, 교대 근무조를 바꾸기, 교대 근무를 일찍 준비하기 등이었다. 해결책을 위한 의무사항과 필요사항이 다음 표에 보인다.

베이커리-카페에서 각 교대시간 동안 불충분한 작업자에 대한 K.T. 결정분석

		작업자를 더 고용하라		추가적 장치를 구입하라		교대 근무조를 바꿔라		교대 근무를 일찍 준비하라	
의무 사항									
고객의 불평을 줄여라		Go		Go		Go		Go	
교대 조 사이와 근무시간에 준비성을 향상시켜라		Go		Go		Go		Go	
베이커리-카페의 철학인 신선도를 유지하라		Go		Go		Go		No Go	
필요 사항	가중치	등급	점수	등급	점수	등급	점수	등급	점수
업무 완성도를 높여라	6	5	30	7	42	7	42	X	X
교대 만족도를 높여라	9	8	72	5	45	4	36	X	X
고객의 대기 시간을 줄여라	6	5	30	7	42	5	30	X	X
작업자의 나태한 시간을 줄여라	7	4	28	6	42	6	42	X	X
	합		160		171		150		

결정분석의 결과가 매우 유사하기 때문에, 각각의 대안에 따른 가능한 역결과는 유사하게 조사되어야 했다.

K.T. 결정분석: 교대 조의 불충분한 작업자로 인한 역결과

대안	가능성	x	심각성	=	위협
종업원을 더 고용하라					
임금을 올려라	10	x	3		30
교대 조 계획의 어려움 심화	6	x	7		42
총합					72

(계속)

대안	가능성	x	심각성	=	위협
추가적 장치를 구입하라					
유지관리 비용	10	x	1		10
장치에 대한 작업자 훈련	7	x	2		14
총합					24
작업자 분배를 다시 할당하라					
감소된 교대 조 생산성	7	x	3		21
갈등요인 관리	6	x	2		12
감소된 종업원 만족도	5	x	6		30
총합					68

역결과와 K.T. 결정분석 결과의 분석으로부터, 베이커리-카페는 교대 조의 생산성을 향상시키기 위해 추가적인 장치를 구입해야 하는 것으로 보인다. 구체적으로, 설문조사는 다수의 손님들이 에스프레소를 주문했을 때 장애 요인이 발생하는 것으로 나타났다. 그러므로, 우리는 베이커리-카페에 사용 중인 것과 같은 에스프레소 기계를 추가로 구입할 것을 제안했다. 이 구매는 증가되는 훈련비용 없이 생산성을 향상시킬 것이다. 게다가, 바쁜 교대 조에 작업자를 더 많이 할당한다면 이 문제를 완화시킬 것이다.

문제 3: 종업원들은 업무에 대해 충분한 훈련을 받지 않았다.

설문조사 결과 종업원들은 훈련 부족을 느끼고 있는 것으로 나타났다. 이런 사항은 단지 종업원에 국한되지 않고 경영자들도 이것에 대한 지각을 표현했다.

이 문제를 분석하고 해결 방법을 찾기 전에, 우리는 종업원 경쟁의 근원적 문제는 종업원 훈련 프로그램이라는 것을 증명하고자 했다. 4장에서 논의된 문제진술-재진술 기법의 방아쇠는 문제를 다시 한 번 재정의하기 위하여 적용되었다. 이 기법을 위해, 조금 다른 초기의 문제진술이 사용되었다: "어떤 종업원들은 다른 종업원들이 항상 업무를 잘 수행하는 것은 아니라고 믿는다."

방아쇠 1. 여기에서는 초기 문제진술에서 다른 단어와 어구를 사용하는 것을 강조한다. 다음 문장들은 초기보다 문제를 더 정확하게 정의할 수 있도록 새로운 문제진술을 생각하게 만드는 문제정의의 다른 부분을 강조했다.

1. 어떤 **종업원들**은 다른 종업원들이 항상 업무를 잘 수행하는 것은 아니라고 믿는다.

   진술 1에서는 종업원들이 강조되었는데, 이는 단지 종업원들이 다른 종업원들의 업무 태만을 주목했는지 또는 손님들도 지적했는지의 질문으로 안내한다. 이 방아쇠는 또한 종업원들의 근무태만을 경영자도 주목했는지의 질문을 일으킨다. 만약 이런 경우라면, 경영자는 지금까지 종업원 모두가 업무를 잘 수행하기 위해 필요한 정보를 가지고 있는 것을 확인했는가?

2. 어떤 종업원들은 **다른 종업원들**이 항상 업무를 잘 수행하는 것은 아니라고 믿는다.

   진술 2에서는 "다른 종업원들"이 강조되었다. 이 진술은 종업원들 서로가 원만한 관계에 있는지를 자문한다. 진술로 더 깊이 파고들면 설문 응답은 칭찬을 하는 것이 적었고, 평균 이하의 종업원들이 인간성이나 같이 지내는 것을 칭찬했지만 업무 능력은 비판했다.

3. 어떤 종업원들은 다른 종업원들이 항상 **업무를 잘 수행**하는 것은 아니라고 믿는다.

   진술 3에서는 "업무를 잘 하는 것"이 강조되었는데, 여기에는 업무의 수행 기준의 문제가 있다. 이러한 기준은 어떻게 만들어지고 누가 만드는가? 이러한 질문들은 종업원 훈련 문제로 다시 이끈다: 만약 모든 종업원들이 특정 기준으로 훈련되었다면, 그들 중 누가 심각한 수행 결함을 보일까?

4. 어떤 종업원들은 다른 종업원들이 항상 **업무**를 잘 수행하는 것은 아니라고 믿는다.

   진술 4에서는 "업무"가 강조되었다. 이 부분은 종업원들이 작업환경 밖에서는 어떤가의 질문을 야기한다. 만약 종업원들이 삶의 다른 관점에서 신뢰할 수 있고 열심히 노력하는 사람들이라면, 그들은 아마도 베이커리-카페에서 일하는 동안에도 비슷한 특성을 보여줄 것이다. 새로운 종업원이 고용되기 전 한 면담에서 면담자는 베이커리-카페에서 일하기 위해 필요한 특성을 가졌는지 파악할 수 있다.

문장의 다른 부분에 강조를 두면 문제를 어떻게 다시 정의할 것인가에 대한 아이디어를 제공한다. 우리는 문제가 더 좁혀질 수 있는지 보기 위해 계속해서 문제진술 방아쇠를 사용한다.

방아쇠 2. 이것은 명확한 정의를 초기의 문제진술 대신 사용한다. 초기 문제진술은 다음과 같이 다시 쓰여졌다.

"베이커리-카페에서 일하는 어떤 사람은 설문조사에서 베이커리-카페에서 일하는 다른 사람이 일하는 동안 할당된 모든 업무를 완료하지 못했다고 지적했다."

이런 식으로 문제를 다시 진술하는 것은 종업원들이 "할당된 모든 업무"―즉, 그들에게 요구된 모든 일―를 알고 있는지에 대한 질문으로 이끈다. 이것은 종업원 훈련의 문제로 다시 이끈다. 다시 말하면, 모든 종업원들이 베이커리-카페에서 일하는 요건을 알고 있는가?

방아쇠 3. 이것은 훈련 프로그램이 실제 문제인가 또는 다른 문제가 실수인가를 알기 위해 적용되었다. 방아쇠 3은 문제를 반대 입장에서 말하여 초기 문제진술을 다시 만들었다. 다음의 반대 진술은 매우 도움이 될 것으로 나타났다.

"모든 종업원들이 다른 모든 종업원들은 결코 일을 잘 수행하지 않는다고 느낀다면 무엇을 할 수 있을까?"

이 반대 진술은 무엇이 종업원들로 하여금 일을 엉망으로 수행하도록 하는지의 문제를 야기한다. 만약 모든 종업원들이 잘 훈련되지 못했다면, 그들은 아마도 일을 엉망으로 수행할 것이다.

이처럼 세 개의 방아쇠를 이용하여, 초기 문제진술은 다음처럼 재정의되었다: "모든 종업원들이 잘 훈련되고 충분한 자격을 갖추도록 할 방법을 찾아라."

Duncker 도표

일단 이런 문제진술이 만들어졌으면, 다음의 Duncker 도표를 고안한다.

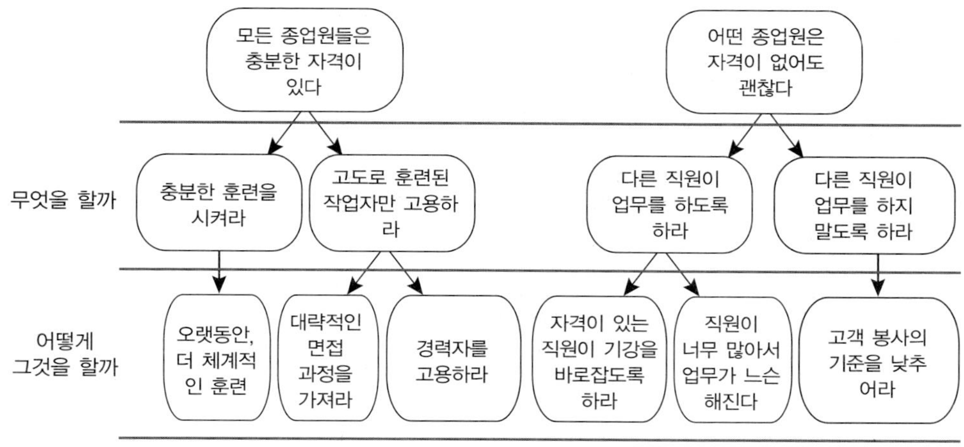

종업원 역량의 Duncker 도표

자유 연합에 의한 해결책 도출

우리는 자유 연합을 이용하여 종업원 훈련을 향상시킬 방법들을 브레인스토밍했다. 다음의 대안들이 확인되었다.

- *개시 전 훈련.* 새로운 고용자는 등록하는 일, 샌드위치 만드는 일과 같은 매일매일의 업무를 훈련하기 위하여 가게문을 열기 전에 도착해야 한다. 경영자나 검증된 훈련가는 이런 훈련을 감독하고 새로운 고용인은 손님에 대한 봉사 없이 다양한 업무에 익숙해질 수 있다.
- *고용인 시험.* 새로운 고용자는 훈련을 완수하기 전에 모든 일반 업무의 시험을 통과해야 한다. 이러한 시험은 경영자나 검증된 훈련가에 의하여 감시되어야 하는데, 이는 새로운 고용자가 훈련이 완료되기 전에 모든 영역에서 할 수 있는 것을 확증하기 위함이다.
- *규정된 날 동안 훈련.* 모든 새로운 고용자는 정해진 날짜만큼의 훈련 완료가 요구된다. 그들의 교대는 또한 일정한 수의 낮과 밤 근무를 포함하므로 훈련을 받는 사람들은 모든 시간에 가능함이 보장되어야 한다. 현재 종업원들의 개인적인 경험과 제안을 바탕으로, 이 업무 시작시간의 3개 조와 업무 마감시간의 3개 조는 가장 훈련을 잘 받은 새로운 고용인이 배치되어야 한다고 믿는다.
- *경영자와 훈련.* 경영자는 모든 훈련 교대를 감독할 필요가 있다. 책임 있는 경영자가 항상 있다는 것은 전반적으로 훈련의 일관성에 도움이 된다. 훈련을 받

는 사람은 경영자가 적절한 업무의 절차를 잘 알고 있기 때문에 좋지 않은 습관을 개발하지 않을 것이다.

- *종업원들이 모든 업무에 훈련되었는지 확인하기.* 종업원들은 모든 업무의 훈련에 시간을 사용해야 한다. 훈련에 책임을 진 사람은 모든 업무가 전달되었고 훈련을 받는 사람이 모든 영역을 감당할 수 있다고 보장하는 점검표를 개발할 수 있다.
- *종업원을 특별히 훈련가로 배정하기.* 특별히 한 명 혹은 그 이상의 종업원이 훈련가로 배정되는 것은 훈련의 일관성을 향상시킬 것이다. 훈련가들은 모든 업무를 위한 적절한 절차를 앎으로써 자격이 주어질 필요가 있다. 그들은 또한 모든 훈련 수업에 따라오는 표준 훈련 절차를 알 필요가 있다. 이런 절차는 자격이 있는 종업원이 새로운 고용인을 훈련하는 것을 확인하는 데 도움을 주기 위한 것뿐만 아니라 경영자에게 훈련 절차를 줄여주기 위함이다.
- *구성된 시험으로 전산 모사하기.* 전산 모사는 종업원이 만날 수 있는 매일의 업무와 도전을 나타내기 위해 만들어질 수 있다. 퀴즈 또는 다른 상호간 활동은 훈련받는 사람들이 배운 정보를 유지하고 있는지 확인하기 위하여 모사로 구성될 수 있다.
- *메뉴를 포함한 종업원 작업표와 교대 조의 표준 절차.* 새로운 고용인은 개점시간과 폐점시간을 포함하여 각 교대 조를 위한 표준 절차와 메뉴를 바탕으로 질문들을 작업표로 완료할 것이 요구된다.
- *각 작업대에서 볼 수 있는 작업 지침.* 적절한 작업 지침이 적힌 작은 카드는 식당 주변의 적절한 영역에 비치되어야 한다. 이러한 작업 지침들은 명확하고 간결하여 새로운 고용인이 쉽게 각 작업대에서 지침에 대하여 종업원과 손님 사이에 혼란 없이 수행되어야 할 업무를 쉽게 인식하게 된다.

행동방침 결정하기

다음으로, 이러한 대안들은 훈련 문제에서 최선의 해결책을 결정하기 위한 결정분석을 사용하여 조사된다. 중요도 순서로 문제들의 순위를 정하는 상황평가, 문제진술 방아쇠, Duncker 도표, K.T. 결정분석, K.T. 잠재적 문제분석과 같은 분석적 기법을 이용하여, 우리는 초기 문제에 대한 우선순위를 정하고 가장 실행 가능한 해결책을 제안할 수 있었다.

문제번호	우선순위	문제	실행 가능한 해결책
1	1	동료들은 업무의 책임을 지지 않는다	업무 검사표와 보상 제도
2	2	각 교대 조에 충분한 수의 작업자가 없기 때문에 어려움이 생긴다	더 많은 장치 구입
3	3	종업원들은 업무에 대해 충분한 훈련을 받지 못했다	자격이 있는 사람을 고용하고 더 효율적인 훈련 제공

해결책 실행하기

우리는 베이커리-카페의 경영자가 이러한 해결책을 확인된 문제에 실행하기를 추천했다. 상황평가는 업무의 책임감을 갖지 못하는 동료들의 문제가 가장 중요하고 즉각적인 행동이 요구된다는 것을 보여주었다. 우리는 적절한 지점에서 업무를 세분화한 업무 점검표를 확립하고 그것과 관련된 임무의 준비나 정리를 제안했다. 이 해결책을 실행하기 위하여, 다양한 업무를 구체화하는 점검표를 만들고 세분화할 필요가 있다. 만약 어떤 업무가 일정하게 수행되지 않고 다음 교대 조에게 남겨진다면, 업무가 완료되었을 때 초기화하는 점검표가 만들어져야 한다. 이 해결책은 저비용이고 실행하기 쉽다.

다른 아이디어는 "점검"하는 종업원으로 각 교대 조에 작업자 중 한사람을 지명하는 것이다. 다른 작업자들이 교대를 마무리하기 전, 그들은 이 종업원과 점검해야 하며, 이 종업원은 다음 교대 조가 시작하기 전 모든 청소와 준비가 완료되었는지 확인해야 한다. 이 사람은 교대시간 동안 여러 명의 종업원 중의 한 사람이어야 하나, 이 책임감을 여러 명이 져볼 수 있도록 매일매일 바뀌어야 한다. 이 해결책은 수행되어야 하는 업무의 일반적 지식을 향상시키는데, 이는 점검 종업원이 다양한 다른 영역을 위한 업무의 모든 것을 알아야 하기 때문이다.

우리는 충분하지 않은 작업자의 문제로 더 많은 장치를 구입하여 해결하고자 결정했다. 심한 문제는 하루 중 바쁜 시간에 발생하는데, 이는 에스프레소 기계의 사용이 많기 때문이다. 이 문제는 작업자의 부족보다는 장치의 부족으로부터 오는 결과처럼 보였다. 추가로 에스프레소 기계를 구입하는 것은 고객의 기다리는 시간을 줄이고 고객의 만족을 향상시킬 것이다. 그러나 에스프레소 기계의 추가

구입은 비용 면에서 용이하지 않다. 다른 기계의 비용은 증가된 고객과 작업자의 만족도에 의하여 차감될 것이지만 아마도 수입을 크게 증가시키지는 못할 것이다. 또한, 가게는 두 번째 기계를 위한 공간이 없을 수도 있고 기계의 추가는 다른 장치의 희생을 의미할 수도 있다.

대안적 해결책은 현재의 음료 주문 번호를 알려주는 신호를 만드는 것이다. 이 신호는 고객에게 기다리는 시간을 예측하게 하고 참을성 없는 고객의 스트레스를 줄이는 더 나은 아이디어를 제공할 것이다. 이 방법은 손님들을 더 여유 있게 하고 베이커리-카페의 분위기를 더 즐길 수 있도록 한다.

업무에 대해 충분한 훈련을 받지 못한 종업원의 문제는 더 복잡한데, 이는 대부분의 훈련 프로그램이 단체 수준에서 구성되었기 때문이다. 만약 우리가 프로그램 자체가 결함이 없다고 가정하면, 훈련은 더 효율적으로 실행될 필요가 있거나 좀더 긴 시간 동안 진행될 필요가 있다. 아마도 종업원이 효율적으로 수행하기 위해 충분히 상호 훈련되지 않았거나, 종업원이 너무 광범위하게 훈련되었다면 어떤 범위에서는 깊이 있게 들어가지 못할 것이다. 또한 종업원은 충분한 훈련을 받을 수도 있으나 그들에게 할당된 특정 업무에 대하여 특성화되어야 한다. 이 문제를 해결하기 위해, 종업원에게는 자주 일하지 않는 영역에 대하여 새로운 강좌가 주어질 것이다.

평가하기

우리는 설문조사를 따라하거나, 가급적 어떻게 종업원들이 변화에 대응하는지 보기 위하여 짧은 면접이 필요할 것이다. 이 변화는 작업자와 손님의 만족을 증가시킬 것이다. 평가하기는 매일매일 어떻게 일이 진행되는지 보게 하기 때문에 베이커리-카페에서 경영자의 주 업무이다.

요약 *Summary*

문제를 해결하는 것은 즐거울 수 있고 이미 존재하는 다른 방안에 양념을 추가하는 것일 수 있다. 이 책에서 실제 문제를 정의하고 해결하기 위하여 논의된 기술들이 시도되었으며, 그것들은 당신을 더 나은 문제해결자로 만들 것이다. 문제해결 걱정을 줄이기 위해 이 책에 있는 자료들을 사용하라.

- 문제해결뿐만이 아니고 당신의 인생에 미리 대책을 강구하는 접근을 취하라.
- 당신의 조직과 인생에서 성취하고자 하는 것의 비전을 가지고, 올바른 방향을 향하여 나아가는 모든 단계를 확인하라.
- 실패를 두려워하지 마라. 대부분 성공보다는 실패로부터 더 많이 배운다.
- 훌륭한 문제해결자를 관찰하라. 그들에게 질문을 던지고 그들과 브레인스토밍하라.
- 다른 사람의 아이디어를 버리지 말고 대신 그들을 이용하라—그들은 바른 해결책의 시초가 될 수 있다.
- 시간 계획을 만드는 습관을 들이고 달성해야 하는 업무의 우선순위를 만들어라.
- 이 책에 제시된 도구와 기법들을 사용하는 연습을 하라. 도구는 당신이 그것에 편안해지고 익숙해질 때 유용하게 된다. 어떤 기법들은 우습게 보일 수도 있다. 걱정하지 마라: 같은 기법이 모든 사람과 상황에 효과적이지는 않을 수 있다. 당신에게 가장 적합한 것을 선택하라.
- 당신이 이전에 사용했던 어떤 기법에 집착하지 마라. 만약 그것이 효과적이지 않다면, 다른 기법을 선택하고 이동하라.
- 당신이 업무를 완성했을 때, 곰곰이 생각하라. 그것을 평가하라. 당신이 했던 것이 최선인가? 그렇지 않다면, 그것을 더 향상시킬 수 있는가?

항상 우리가 제시한 문제해결 기법들을 훈련하면 당신은 훨씬 더 우수한 문제해결자가 될 것이다.

CD-ROM 자료 *CD-ROM Material*

- **배움 자료**

요약 노트

교육자 지침서 Instructor Manual

전자 저작권 침해로 인하여 다음 자료는 CD-ROM에 포함되지 않았고, 교육자 지침서에 포함되었다.

- Sears 카탈로그
- 쿠어스맥주

이 교재의 1판에 실렸던 사례연구는 교육자 지침서에서 찾을 수 있고, 두 개의 사례연구가 미시간 대학교 4학년 강좌에서 기말 과제로 제시되었다: "문제해결, 트러블슈팅, 직장으로 이동하기"

- 알람시계 설계
- 기숙사에서의 문제

참고문헌 References

1. Fink, Arlene, *How to Conduct Surveys: A Step by Step Guide,* 3rd ed., Sage Publications, Thousand Oaks, CA, 2005.
2. Oishi, Sabine Mertens, *How to Conduct In-Person Interviews for Surveys,* 2nd ed., Sage Publications, Thousand Oaks, CA, 2002.
3. Creswell, John W., *Research Design: Qualitative and Quantitative Approaches,* Sage Publications, Thousand Oaks, CA, 1994.
4. Frary, Robert B., "Hints for Designing Effective Questionnaires," *Practical Assessment, Research, and Evaluation,* 5, 3, 1996. Retrieved October 19, 2006, from http://PAREonline.net/getvn.asp?v=5&n=3.
5. Hill, Nick. "Tips for Developing an Effective Questionnaire," 2004, http://www.streetdirectory.com/travel_guide/2244/computers_and_the_internet/tips_for_developing_an_effective_questionnaire.html.
6. "Survey and Questionnaire Design," http://www.statpac.com/surveys/index.htm.
7. "Survey and Questionnaire Construction," http://www.tele.sunyit.edu/TEL598sur.html.

연습문제 Exercises

다음 항목 중에서 당신 그룹의 기말 과제를 선택하라.

웹사이트 과제

11.1. 지구 온난화를 연구하고, 사람들이 지구 온난화를 깨달을 수 있도록 홍보활동을 준비하고 실행하라. 지구 온난화의 결과, 염려, 과학적 사실을 알리는 웹사이트를 개발하라. 만약 지구 온난화를 늦추기 위해 아무것도 수행되지 않는다면, 결과는 무엇일까?

11.2. 지속 가능성을 연구하고, 사람들이 지속 가능성을 깨달을 수 있도록 홍보활동을 준비하고 실행하라. 만약 지속 가능성이 달성되지 못했을 경우, 과학적 사실, 염려, 결과를 알리는 웹사이트를 개발하라.

11.3. 물 부족/보호를 연구하고, 사람들이 물 부족/보호를 깨달을 수 있도록 홍보활동을 준비하고 실행하라. 홍보활동의 일부로 웹사이트를 개발하라.

사업 과제

11.4. 지역 식당의 종업원을 면담하라. 종업원들이 가지고 있는 문제를 결정하고 분석하고, 각 문제에 대한 해결책을 도출하고 평가하라. 마지막으로, 당신이 확인한 각 문제의 최선의 해결책을 선택하라.

11.5. 지역 수프 가게의 종업원을 면담하라. 종업원들이 가지고 있는 문제를 결정하고 분석하고, 각 문제에 대한 해결책을 도출하고 평가하라. 마지막으로, 당신이 확인한 각 문제의 최선의 해결책을 선택하라.

11.6. 지역의 델리 식당의 종업원을 면담하라. 종업원들이 가지고 있는 문제를 결정하고 분석하고, 각 문제에 대한 해결책을 도출하고 평가하라. 마지막으로, 당신이 확인한 각 문제의 최선의 해결책을 선택하라.

11.7. 아프리카 르완다의 기술적 요구를 연구하라(예, 고체 폐기물을 연료로 바꾸기). 문제를 정의하고, 정보를 수집하고, 해결책의 윤곽을 그려라. Gantt

도표와 잠재적 문제분석을 분석에 포함하라. 본문의 EWB와 마찬가지로 르완다에 가기 위한 제안서를 준비하라. EWB에 대한 정보를 웹에서 구하라. 당신은 웹사이트(http://www.thvf.com/)에서 르완다의 투자 기회에 대한 추가적 정보를 찾을 수 있다.

11.8. 학교 기숙사에 거주하는 50명의 학생을 면담하여 기숙사에서 살면서 생기는 문제를 결정하라. 문제를 분류하고 각각의 문제에 대하여 다양한 해결책을 개발하라. 마지막으로, 각 문제에 대한 최선의 해결책을 선택하라.

11.9. 자신의 사업을 선택하고(예, 목공소, 빵집, 사진관, 철물점), 종업원들이 직면한 문제를 결정하기 위하여 경영자/소유주로부터 승인을 얻어라. 문제를 분석하고, 각 문제에 대한 해결책을 도출하고 평가하라. 마지막으로, 각 문제를 위한 최선의 해결책을 선택하라.

기타 과제

11.10. 향상시킬 수 있다고 당신이 믿고 있는 현재 시장의 인기 있는 제품(예, 물비누 통, 거품이나 액체)을 선택하라. 25명을 면담하고 그들에게 제품에 대하여 좋아하지 않는 것을 질문하고, 각 문제에 대한 다양한 해결책을 도출하고 평가하라.

11.11. 학생, 기숙사, 사업에 영향을 주는 주요 문제는 조류 인플루엔자가 당신의 고향에 퍼지는 것이라고 결정하라.

11.12. 만약 조류 인플루엔자가 미국에 도달한다면 어떤 사업이 가장 고통받을 것인가?

부록 1. McMaster의 5단계 전략

1. 정의하라:

a. 알려지지 않았거나 진술된 목적을 확인하라.

b. 시스템을 분리하고 문제에 기술된 알려진 것과 알려지지 않은 것(입력, 법칙, 가정, 기준, 제약)을 확인하라.

c. 추정된 제약사항과 기준을 열거하라.

d. 진술된 기준을 확인하라.

2. 탐험하라:

a. 입력, 출력, 그리고 미지수와의 잠정적인 타당한 관계를 확인하라.

b. 과거의 관련 문제나 경험, 타당한 이론, 그리고 기초 지식을 상기하라.

c. 가정하고, 가시화하고, 이상화하고, 일반화하라.

d. 실제 문제와 실제 제약이 무엇인지 찾아라.

e. 단기와 장기 관계를 고려하라.

f. 의미 있는 기준을 확인하라.

g. 조건을 위한 기본이나 참고 자료를 선택하라.

h. 빠진 정보, 자원, 또는 자료를 수집하라.

i. 대답이나 결과를 추측하라.

j. 개략적인 결과를 얻기 위하여 문제를 간략화하라.

k. 만약 제안된 문제를 해결할 수 없다면, 우선 관련 있는 문제를 해결하거나 문제의 일부를 해결하라.

3. 계획하라:

a. 문제 형식을 확인하고 다양한 발견적 학습법 전술 중에서 선택하라.

b. 목적을 달성하기 위하여 대안적 방법을 도출하라.

c. 사용할 해결책 절차를 구상하라.

d. 필요한 자원을 조립하라.

4. 행동하라:

a. 계획 단계에서 개발된 절차를 따르고; 유용한 자원을 이용하라.

b. 대안들을 평가하고 비교하라.

c. 모든 목적들이나 제약사항들을 만족시키지 못하는 대안들을 제거하라.

d. 남아있는 대안들 중 최선을 선택하라.

5. 반영하라:

a. 해결책이 실수가 없다는 것을 확인하라.

b. 타당성이나 결과를 확인하라.

c. 주장의 절차나 논리를 확인하라.

d. 결과들을 소통하라.

부록 2.
그래프 그리기

이 부록에서는 자료를 그리고 여러 가지 형태의 그래프에서 기울기를 측정하는 기법을 검토한다. 유용한 다수의 컴퓨터 도구 덕분에, 자료를 그래프로 만들기는 매우 간단하다. 이 부록의 기초 자료는 다양한 형태의 그래프를 이해하고 각각으로부터 중요한 변인들을 결정할 수 있도록 도와줄 것이다. 추가적으로, 우리는 실험 자료를 분석하기 위해 유용한 통계기법들을 검토한다.

선형 그리기

첫째, 선형 그리기에서 그래프 작성의 기초와 기울기 측정을 간단히 검토해 보기로 한다. 식의 형태는

$$y = mx + b \tag{A2-1}$$

물론, 선형 축으로 그리면 직선을 생산한다. 은행에 5년 동안 단리로 100달러를 예치한 예를 고려하자. 매년 말, 은행계좌에 총액이 아래처럼 보인다.

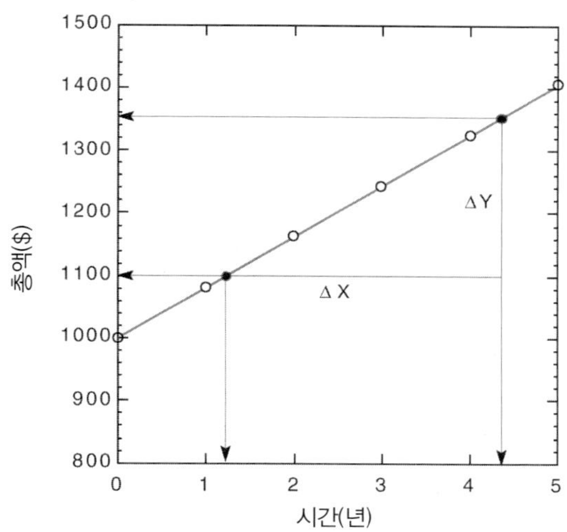

그래프에서 선의 기울기를 결정하기 위하여, 두 가지 방법을 진행한다.

방법 1: 직접 측정

물리적으로 자를 이용하여 Δx와 Δy를 측정하고 그래프의 선형 눈금을 이용하여 선의 기울기를 결정한다. 예를 들어, Δx=34mm 그리고 Δy=20mm라고 가정하자. 선형 눈금에서 y축은 $12.5/mm이고 x축은 1년/11mm이다. 그러므로,

$$\Delta 총액=(20mm)(\$12.50/mm)=\$250$$
$$시간=(34)(1년)/(11mm)=3.1년$$
$$기울기=\Delta 총액/\Delta 시간=\$250/3.1년=\$81/년$$

접점($1000)은 시간이 0일 때 그래프로부터 직접 읽을 수 있다. 이 방법을 사용할 수 있지만, 이것은 다소 미숙한 방법이고 이것의 정확도는 사용하는 장치의 정확도에 따라 제한된다.

방법 2: 선의 지점들로부터 직접 계산

선 위에 있는 두 점을 선택한다. 이 점들은 자료가 분산되어 있다면 반드시 측정된 값일 필요는 없다.

점 1: (1.23, 1100)
점 2: (4.32, 1350)

$$기울기=\Delta 총액/\Delta 시간=(1350-1100)/(4.32-1.23)=\$80.9/년$$

접점은 계산된 기울기를 사용하여 어떤 점으로부터라도 계산이 가능하다($y=mx+b$, $1100=(80.9)(1.23)+b$, $b=1000$).

살펴본 바와 같이, 두 가지 방법을 사용하여 계산한 기울기는 약간의 차이를 보인다. 이 차이는 숫자를 읽을 때의 정확도와 방법 1에서 측정의 정확도에 기인할 수 있다.

많은 컴퓨터 패키지가 자료들을 이용하여 최적의 직선 식을 결정하는 데 활용 가능하다. 이런 프로그램들은 회귀분석법이라 불리는 통계 기법을 적용한다. 위 자료의 회귀분석은 측정 자료로부터 다음의 최적 직선 식을 생산한다.

$$\text{총액}(\$) = [\$81/\text{년}][\text{시간}(\text{년})] + 1000$$
$$y \quad = \quad mx \quad + \quad b$$

이 방법에 의하여 결정된 값들이 앞서 결정된 값들과 매우 근접한다는 것을 주목하라.

로그-로그 그리기(대수 그래프)

축이 대수값일 때, 그래프는 로그-로그 그래프라고 불린다. 자료의 로그-로그 그래프는 함수값(u)이 변수(v)의 지수 승(m)으로 변화할 때 사용된다.

$$u = Bv^m \tag{A2-2}$$

다양한 공학의 응용에서, 실험적으로 측정한 u와 v의 자료에 대하여 m과 B를 결정할 필요가 있다. 이 업무를 수행하는 가장 쉬운 방법 중 하나는 식 A2-2를 대수적으로 사용하는 것이다. 만약 식의 양변에 대수를 취하면, 다음 식을 얻는다.

$$\log u = m \log v + \log B \tag{A2-3}$$

이제, 만약 우리가 다음과 같이 놓는다면

$$y = \log u$$
$$x = \log v$$
$$b = \log B$$

식 (A2-3)은

$$y = mx + b \tag{A2-4}$$

이 된다. 이제 우리는 식 A2-2가 $\log u$와 $\log v$의 직선으로 변형된 것을 알고 기울기가 m이고 접점이 $\log B$임을 안다.

화학 반응 속도식의 자료는 종종 로그-로그 관계를 따른다. 다음의 화학반응 속도 자료를 고려하라.

농도, C_A ($gmol/dm^3$)	1	2	3	4
반응속도 ($gmol/dm^3/h$)	3	12	27	48

명확하게, 직선이 아님

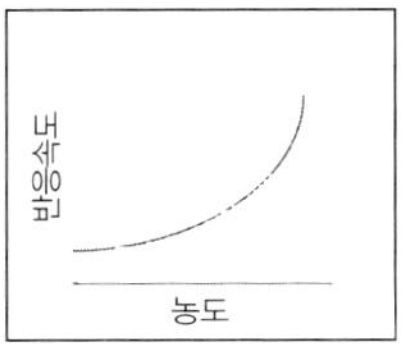

만약 우리가 여기서 로그-로그 그리기가 적합하다고 가정한다면, 이 자료를 가지고 m과 B를 결정할 수 있다. 우리가 진행할 수 있는 두 가지 방법이 있다: 수동으로 대수를 취하고 대수값을 그리거나 로그-로그 좌표를 이용하여 그래프가 표시되도록 한다. 다음에 두 가지 방법을 보여줄 것이다.

방법 1: 수동으로 대수값 취하기

이 예에서 대수 $\log = \log_{10}$임을 주목하라.

log(농도)	0	0.301	0.477	0.602
log(반응속도)	0.478	1.08	1.43	1.68

이제 이 점들을 선형 그래프로 그리자. 수동으로 대수값을 취하면 반드시 선형 좌표에 그려야 하는 것이 중요하다-로그 좌표에 그리게 되면 매우 혼돈스럽게 된다.

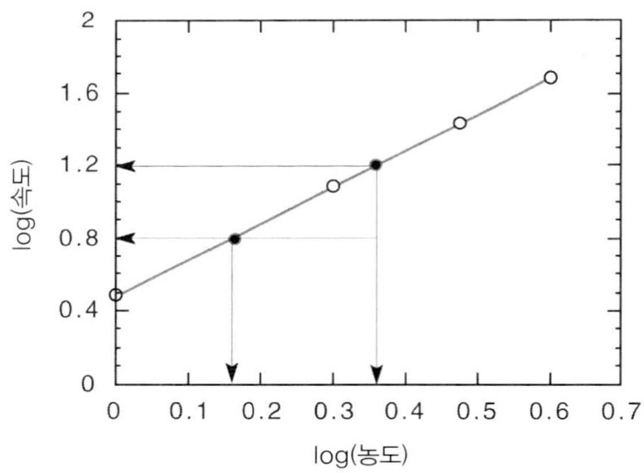

이제 우리는 간단하게 선형 그리기에서 했던 것처럼 기울기와 접점을 결정하는 것을 진행할 수 있다. 접점 b는 확실하게 0.478이다. 선 위의 두 점으로부터 기울기를 구하자.

점 1: (0.38, 1.2)

점 2: (0.18, 0.8)

$$기울기 = (1.2-0.8)/(0.38-0.18) = m$$

$b=0.478$이기 때문에

$$b=\log B=0.478$$
$$B=10b=100.478=3$$

따라서 선을 위한 식은

$$u=Bv^{m}=3v^{2}$$

농도와 속도로 다시 쓰면, 이 선은

$$속도=3C_{A}^{2}$$

방법 2: 로그-로그 좌표에 직접 그리기

직접 로그-로그 좌표에 그리는 것이 비교적 간단하다. 당신은 단순히 이 점들을 그리고 축은 간단히 대수 좌표를 취한다. 속도와 농도 자료들은 로그-로그 축으로 아래 그림처럼 그려진다.

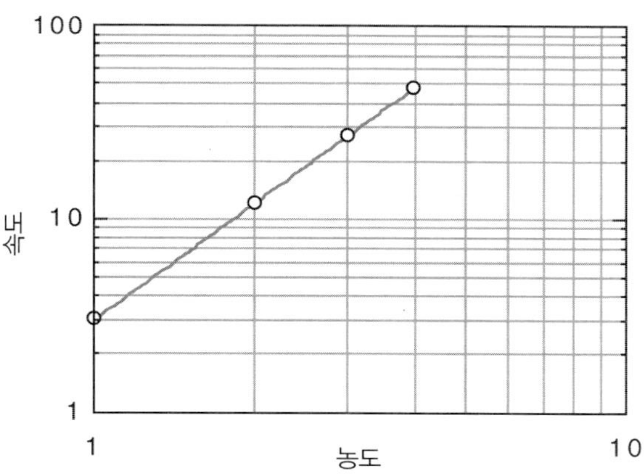

다시 직선을 얻은 것을 주목하라. 이런 그리기 형식은 독자에게 더 의미가 있다. 왜냐하면 찍혀진 점이 자료를 대수적으로 취한 값이라기보다는 실제 자료의 수치와 대응하기 때문이다. 그림으로부터, 두 번째 점의 농도가 2gmol/dm^3라는 것을 바로 알 수 있다. 이런 물리적 감각은 대수적으로 계산된 값이 선형 그래프에 표시되면 이용하기 어렵다(예, 농도의 대수값이 0.303인 것을 알지만 농도 자체를 알 수는 없다. 역대수값을 구하지 않는다면). 그러면 이런 형식의 그래프에서 어떻게 기울기와 접점을 구할 수 있을까? 만약 식 A2-3이 선형 그림에 유효한 식이라면, 선의 모든 영역에서 적용되어야 한다. 두 개의 임의의 지점에 대하여 이 식을 쓰면, 다음 두 점을 얻는다.

$$\log u_1 = \log B + m\log v_1 \quad \text{점 1} \qquad \text{(A2-5)}$$
$$\log u_2 = \log B + m\log v_2 \quad \text{점 2}$$

만약 식 점 1에서 점 2를 뺀다면, 로그-로그 축에서 기울기를 구하는 식을 얻을 수 있다.

$$\log u_1 - \log u_2 = m(\log v_1 - \log v_2)$$
$$\text{따라서 } m = \log(u_1/u_2)/\log(v_1/v_2)$$
$$\text{또는 } m = \log(\text{속도1}/\text{속도2})/\log(\text{농도1}/\text{농도2})$$

일단 m의 값이 결정되면, 어떤 점의 값을 식 A2-5에 대입하여 B를 결정할 수 있다. 예를 들어,

$$m = \log(48/3)/\log(4/1) = 1.204/0.604 = 2$$
$$\log B = \log 48 - 2\log 4 = 0.477$$
$$B = 3$$

이것은 앞서 얻은 결과와 같음을 주목하라.

앞서 선형 그리기에서 논의된 것처럼, 직접 측정 기법을 이용하여 로그-로그 축에서 선의 기울기를 결정할 수 있다. 컴퓨터 패키지의 이용이 가능하면 이 방법은 자주 사용되진 않지만 완벽성을 위해 여기에 포함되었다. 자를 사용하여 기울기를 직접 측정하기 위해서, 우리는 선 위의 두 점 Δx, Δy을 선택하여 주기적 길이를 측정하고 다음과 같이 진행한다.

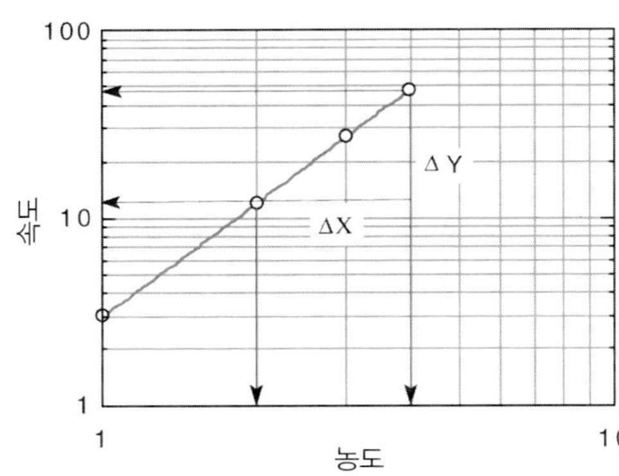

$\Delta y=2.55\text{cm}$

y 방향에서 주기적인 길이=3.6cm/주기

$\Delta x=1.55\text{cm}$

x 방향에서 주기적인 길이=4.35cm/주기

$\Delta y=2.55\text{cm}/(3.6\text{cm}/\text{주기})$

$\Delta x=1.55\text{cm}/(4.35\text{cm}/\text{주기})$

따라서 $\Delta y/\Delta x=(2.55\times 4.35)/(1.55\times 3.60)=2.0$

$y=bx^2$

점 ($x=1$, $y=3$)을 사용하여 이제 b값을 결정할 수 있다.

$$3=b(1)^2,\ b=3$$

$$y=3x^2$$

$$\text{속도}=3C_A^2$$

다시, 이것은 우리가 앞서 얻은 것과 같은 결과이다.

세미-로그 그리기

세미-로그 그리기는 기하급수 그래프에서 사용되어야 한다.

$$y=be^{mx} \text{ 또는 } y=b(10)^{mx} \tag{A2-6}$$

변수 b와 m을 결정하기 위해, 식 A2-6의 양변에 대수를 취한다. 자연로그(e)와 상용로그(10)를 사용할 수 있으며, 그 결과는 같다.

$$\ln(y)=\ln b+mx \tag{A2-7}$$

식 A2-7을 조사해 보면, $\ln(y)$와 x를 그리면 기울기가 m이고 접점이 b인 직선이어야 함을 알 수 있다. 만약 은행계좌에 $100를 복리로 예치하고 매년 말의 금액을 10년 동안 표시하면, 다음과 같은 그래프를 얻는다.

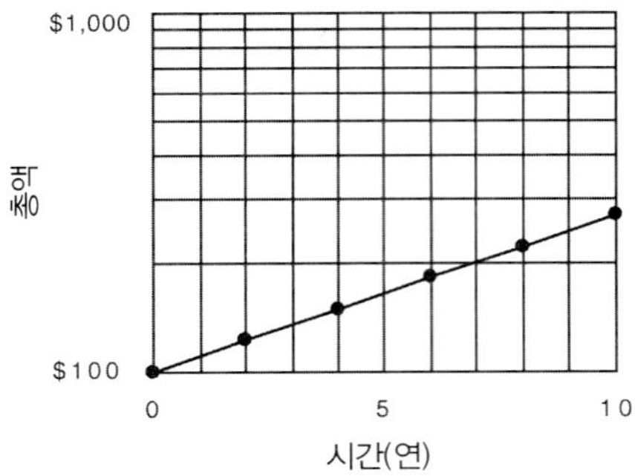

세미-로그 좌표에 직접 데이터를 그린 것을 주목하라. 수동으로 대수값을 취하고 앞서 논의한 것처럼 선형 좌표에 그릴 수 있지만 세미-로그 축을 이용하는 것이 더 쉽다. 다음에 세미-로그 그리기로부터 식 A2-6의 변수를 결정하는 두 가지 방법을 제시한다.

방법 1: 기하학적 방법

데이터 포인트로부터 최선의 직선을 그려라. 이 선으로부터 두 점을 선택하고 각 점의 *x*와 *y*값을 정하라.

점 1: (8년, \$223)　　　　점 2: (2년, \$122)

두 점을 이용하여 식 A2-7을 쓸 수 있고 기울기를 구할 수 있다.

$$\ln(y_1) = \ln b + mx_1$$
$$\ln(y_2) = \ln b + mx_2$$
$$\ln(y_2/y_1) = m(x_2 - x_1)$$
$$m = \ln(y_2/y_1)\ /(x_2 - x_1)$$

선택된 점들의 값을 이용하면, $m = \ln(223/122)/(8-2) = 0.1$을 얻고, *b*는 명확하게 시간이 0일 때 *y*값임을 알 수 있다; 즉, $be^{1.0(0)} = b$. 따라서 $b = 100$.

$$\text{총액}(\$) = \$100e^{0.1\text{시간(연)}}$$

방법 2: 그래프 기법

만약 그릴 수 있는 선의 y값을 연장하면 세미-로그 좌표 위에 기학학적 방법의 수정이 가능하다. 이 경우에, 비율 (y_2/y_1)는 10이고 선의 기울기 식은 다음과 같다.

$$m = \ln(10)/(x_2 - x_1) = 2.303/(x_2 - x_1)$$

접점은 전과 같이 결정될 수 있다. 이 기법은 *decade method*라 불린다.

주의 깊은 분석과 자료 그리기는 문제해결에서 중요한 도구들이다. 기울기와 접점을 계산할 수 있을 뿐만 아니라 자료의 분산을 다룰 수 있어야 한다. 다음 절에서 이 주제에 대해 논한다.

데이터의 신뢰도 한계 확립하기

일반적으로, 분석하고자 하는 데이터는 어떤 형식의 실험 결과들이다. 종종 “흩어진” —즉, 변하는— 데이터가 있을 수 있다. 만약 실험을 여러 번 수행한다면, 예를 들어, 실험 결과는 약간의 변화를 보일 것이다. 이런 변화는 실험 오차, 기계의 정확성, 재료의 변화, 또는 다른 요인들에 기인할 것이다. 이런 상황을 다루는 한 접근은 같은 조건에서 실험을 여러 번 수행하여 평균 결과를 얻는 것이다. 직관적으로, 우리는 실험을 더 많이 하면 할수록, 실험의 평균치는 실험 조건에서 실제 값에 더 근접하게 된다는 것을 안다. 사실, 만약 우리가 실험을 무한대로 수행한다면, 어려운 노력의 결과로 실제 평균값을 얻을 것이다. 물론, 우리는 실제 평균값을 얻기 위하여 무한대의 실험을 수행할 수는 없기 때문에 제한된 수의 실험으로부터 평가하는 방법을 구축해야 한다.

다음의 특성들을 정의하자.

μ= 만약 무한대 수만큼 수행한다면 구해질 실험의 진 평균
n= 실제로 수행되는 실험 회수
$\bar{x}$= n 표본의 평균값 $= \Sigma x/n$

표본의 표준편차는 평균에 대하여 값의 분산정도를 나타낸다. 표준편차가 크면 클수록, 각 값의 크기가 더 변한다는 것을 의미한다. 식 A2-8을 이용하여 전체 모집단의 표준편차를 계산할 수 있다.

$$S(x)=\sqrt{\frac{\Sigma x^2-n\bar{x}^2}{n-1}} \qquad \text{(A2-8)}$$

전체 모집단의 진 표준편차를 결정하기 위하여 μ를 알아야 한다. 따라서, 표준편차를 평가할 수 있다.

분포의 한 예로, 다음 시나리오를 고려하라. 학생들이 Frostbite Falls 대학교에서 학사학위 이후에 학생들이 박사학위를 취득할 때까지 걸리는 시간에 대한 자료를 모은다고 가정하자. 만약 우리가 자료를 그래프로 그린다면, 아마도 다음 그림처럼 보일 것이다.

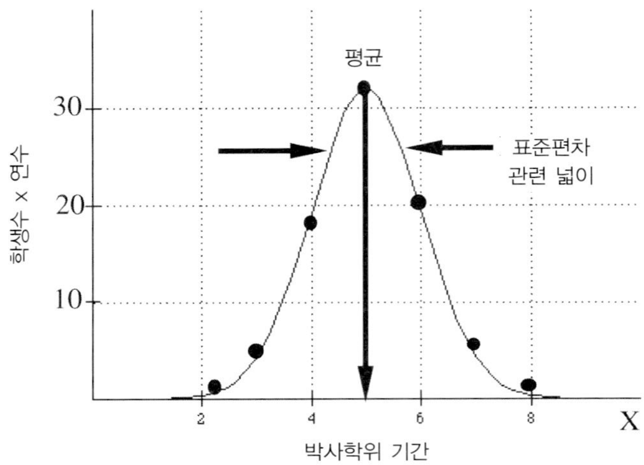

박사학위를 얻는 데 걸리는 평균 시간이 5년이고 예상했던 것처럼 평균에 대하여 분포되어 있다. 2년 이하나 8년 이상 걸리는 학생들은 거의 없다. 분포의 넓이는 표준편차와 관련되어 있다.

만약 우리가 전체 모집단에서 크기가 n인 여러 개의 다른 표본을 추출하고 각각의 평균값을 계산한다면 각 표본에 대해 다른 평균값 $\bar{x}$를 얻게 될 것이다. 추가적으로, 이 평균값들 중 어떤 것도 전체 모집단의 진 평균(μ)과 같은 값은 아마도 없을 것이다. 이러한 평균값의 변화는 전체 모집단의 변화와 관련이 있다.

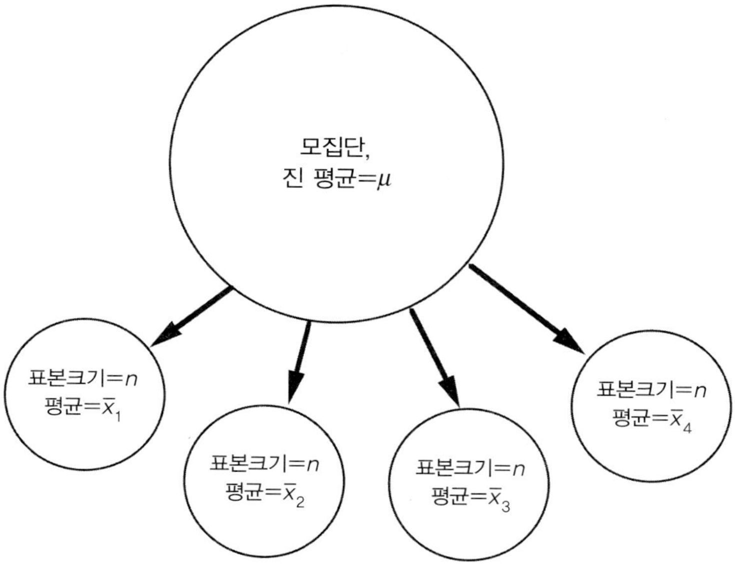

표준편차가 $S(x)$인 전체 모집단으로부터 추출된 크기 n인 표본의 평균 표준편차를 $S(\bar{x})$로 나타내자. 이 크기는 다음 식과 관련이 있다.

$$S(\bar{x})=S(x)/\sqrt{n} \tag{A2-9}$$

우리는 $\bar{x}$가 실험의 진 평균(μ)에 근사한 값이라는 것을 알 수 있다. 그러나 얼마나 가까운 값인가? 이러한 관계를 표현하는 방법은 다음과 같다.

$$\mu=\bar{x}\pm tS(\bar{x}) \tag{A2-10}$$

이 식은 진 평균값이 계산된 평균값($\bar{x}$)에서 범위 안에 위치하고 있다는 것을 보여준다. 기호 t 는 소위 말하는 t-분포로 계산되고, t는 두 매개변수의 함수이다: 신뢰수준과 자유도. n이 주어진 일련의 상황에서 수행한 실험의 총 횟수일 때, 자유도는 $(n-1)$이다. 일련의 실험에서, 데이터를 설계해야 하는 자유도의 총수는 실행하는 실험의 횟수(n)이다. 이러한 경우 평균을 계산하기 위해 하나의 자유도를 사용했다. 그러므로 $(n-1)$의 자유도가 남게 된다. 이것을 보는 다른 방법은 $(n-1)$개의 데이터 값을 개별적으로 지정할 수 있고, n 번째 값은 이미 데이터의 평균값($\bar{x}$)을 결정했으므로 고정되는 것이다. 신뢰수준은 t가 분포 표의 값보다 작을 확률로 정의한다.

다음 값들은 t 분포 표에서 발췌한 것이다.

자유도	95% 신뢰수준	99% 신뢰수준
1	12.706	63.657
2	4.303	9.925
3	3.182	5.841
4	2.776	4.604
5	2.571	4.032
6	2.447	3.707
7	2.365	3.499
8	2.306	3.355
9	2.262	3.250
10	2.228	3.169

본질적으로, 신뢰수준은 데이터의 평균값이 계산된 범위 내에 있을 확률을 보여주는 것이다. 예를 들어, 95% 신뢰수준에서는 평균값이 전체 경우의 95% 범위 안에 놓이고 5%가 범위 밖에 놓이게 될 것이다.

한 예가 이 점을 명확히 하는 데 도움이 될 것이다. 특정한 방법을 사용해서 팝콘을 튀기는 실험을 생각해보자. 동일한 조건하에서 다섯 차례의 실험을 실시하고 다음과 같은 데이터를 얻었다.

실험 횟수	팝콘에서 튀겨지지 않은 낟알의 백분율
1	22
2	18
3	19
4	26
5	25

모집단의 크기: $n=5$

계산된 평균값: $\bar{x}=\Sigma x/5=110/5=22$

계산된 평균값으로부터 각각의 실험값들의 표준편차 계산:

$$S(x)=\sqrt{\frac{\Sigma x^2-nx^2}{n-1}}=\sqrt{\frac{2470-(5)(22)^2}{5-1}}=3.5355$$

진 평균으로부터 표본평균의 표준편차 계산:

$$S(\bar{x}) = S(x)/\sqrt{n} = 3.5355/\sqrt{5} = 1.581$$

진 평균을 계산하기 위해, 식 A2-10을 사용할 것이다:

$$\mu = \bar{x} \pm tS(\bar{x}) = 22 \pm 1.581t$$

자유도 4($n-1=4$)에서, $t \leq 2.776$(t값의 표 참고)인 구간에서 95%를 신뢰할 수 있다. 유사하게, $t \leq 4.604$ 구간에서 99%를 신뢰할 수 있다. 따라서,

$$\mu = 22 \pm 1.581(2.571) = 22 \pm 4.39 \text{ (95\% 신뢰도)}$$

또는

$$\mu = 22 \pm 1.581(4.032) = 22 \pm 7.28 \text{ (99\% 신뢰도)}$$

평균값의 신뢰도가 높으면 높을수록, "오차범위(에러바)"가 점점 커지거나 같은 크기의 불확실성을 갖기 위해 n값이 더 커져야만 한다. 데이터 값들은 측정치의 불확실성을 나타내는 이러한 값들을 사용해서 그래프로 나타낼 수 있다.

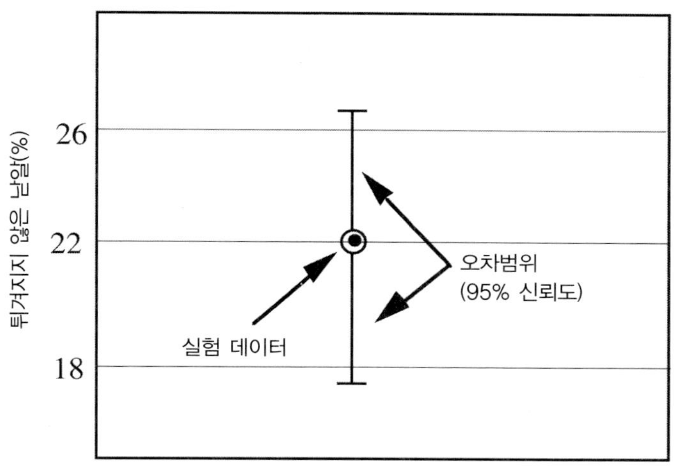

더 자세한 내용은 다수의 통계학 참고서를 참고할 수 있다.

데이터 발표

수집한 데이터를 적절히 체계화하고, 분석, 발표하면 차후에 의사결정을 하는 데 근거 자료로 도움이 될 것이다. 문제해결 목적에 최대로 활용하려면, 정보의 체계화와 발표가 매우 중요하다. 그림, 개략도, 데이터, 그래프 등을 적절히 이용할 때

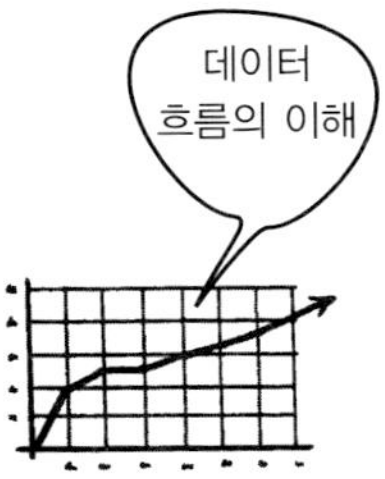

모두 효과적인 의사전달 도구가 될 수 있다. 의미 있는 정보를 알아내기 위해 이와 같은 방법으로 데이터를 나타내고 분석하도록 시도하라. 데이터를 표현할 때, 그 데이터가 한쪽으로 치우쳐 잘못된 방향으로 인도하고 있는지 확인하기 위해 그것을 분석하라.

표 형식보다는 그래프로 데이터를 나타내어라. 표는 이해하기 어렵고, 때로는 다음에 보이는 Anscombe의 Quartet[1, 2]에 의해 설명되는 것처럼 오해하기가 매우 쉽다. 반면, 그래프는 많은 수의 데이터를 정리하고 분석하는데 탁월한 방법이다.

통계적인 관점(표의 정보에 회귀적 분석법을 사용하는 것)에서 모든 데이터는 같은 선형 모델로 같이 그려질 수 있다. 그러나 데이터를 그래프로 나타내면 몇 가지 명백한 차이점을 발견할 수 있다. 그래프 표현(다음 페이지)은 데이터의 차이를 분명히 보여주라. 표 형식의 데이터를 활용하면 이런 차이를 발견할 수 없을 것이다.

Anscombe의 Quartet 표

Set A		Set B		Set C		Set D	
X	Y	X	Y	X	Y	X	Y
10.0	8.04	10.0	9.14	10.0	7.46	8.0	6.58
8.0	6.95	8.0	8.14	8.0	6.77	8.0	5.76
13.0	7.58	13.0	8.74	13.0	12.74	8.0	7.71
9.0	8.81	9.0	8.77	9.0	7.11	8.0	8.84
11.0	8.33	11.0	9.26	11.0	7.81	8.0	8.47
14.0	9.96	14.0	8.10	14.0	8.84	8.0	7.04
6.0	7.24	6.0	6.13	6.0	6.08	8.0	5.25
4.0	4.26	4.0	3.10	4.0	5.39	19.0	12.50
12.0	10.84	12.0	9.113	12.0	8.15	8.0	5.56
7.0	4.82	7.0	7.26	7.0	6.42	8.0	7.91
5.0	5.68	5.0	4.74	5.0	5.73	8.0	6.89

통계적으로 모든 것이 같아 보임!

네 개의 데이터 세트 A, B, C, D는 모두 아래와 같은 특성을 가지고 있다:

N=11　　X의 평균=9.0　　선형 회귀식: $Y=3+0.5X$

t=4.24　　Y의 평균=7.5　　기울기의 표준오차=0.118

r^2=0.67　　상관계수=0.82　　$\Sigma(X-\bar{X})^2=110.0$

$\Sigma(Y-\bar{Y})^2=27.50$　　$\Sigma(X-\bar{Y})^2=13.75$

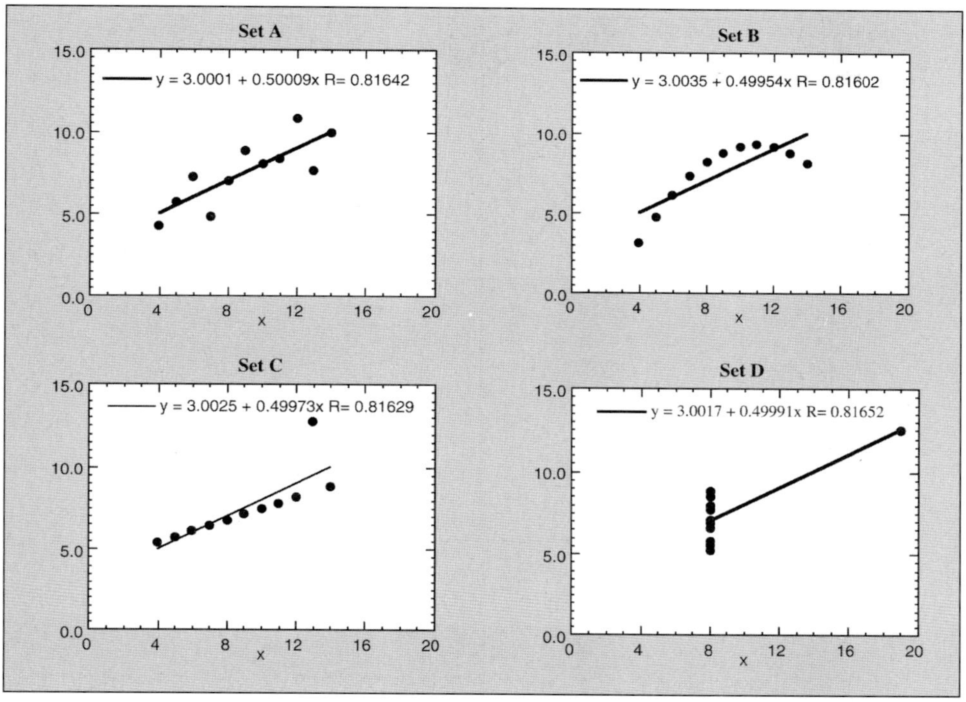

동일한 통계적 특성을 가진 데이터 세트의 그래프 그리기

모두가 다르게 보임!

데이터로부터 최대로 얻기: 변수 무리짓기

때때로, 우리가 관심 있는 어떤 변수를 측정하는 것은 많은 수의 다른 변수들에 좌우된다. 느린 속도로 관을 통과하는 유체의 흐름을 고려해 보자. 특별히 느린 흐름 조건하에서의 흐름을 층류라 한다. 많은 실험을 하고 관 내의 압력 강하가 다른 여러 변수들에 좌우된다는 사실을 조사한다: 관의 직경, 액체의 밀도, 액체의 속도, 액체의 점도(점도는 액체의 물리적 특성이다. 이것은 액체가 얼마나 "끈적거리는지"와 관련이 있다. 예를 들면, 단풍 시럽이 물보다 끈적거리고, 당밀이 단풍 시럽보다 끈적거린다. 즉 점도가 높다.) 각각의 그래프들을 통해 얻은 데이터를 그래프화할 수 있다. 즉, 다른 변수들을 고정시켜 놓고 압력 강하가 유속에 따라 어떻게 변하는지를 그래프로 나타낼 수 있다. 다른 것들을 고정시켜 놓고는, 이런 방법으로 각각 일련의 4개 그래프를 만들어 낸다.

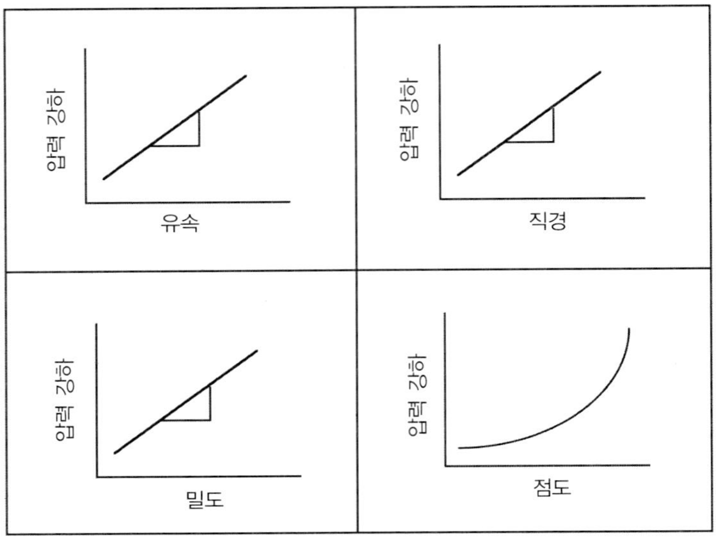

만약 상황의 물리적 특성을 주의 깊게 분석해 본다면, 단일 그래프에서 이용할 수 있는 모든 정보를 제공해 주는 변수의 무리를 결정할 수 있게 될 것이다. 관을 통과하는 유체의 흐름에 관한 이와 같은 함수에서 역할을 하는 변수는 Reynolds 수이며 이것은 다음과 같이 정의된다.

$$\text{Re(Reynolds 수)} = \frac{(\text{밀도})(\text{유속})(\text{직경})}{(\text{점도})}$$

이제, 실험적 데이터로부터 압력 강하와 Re를 계산하고, 결과를 그래프화한다면, 위의 네 개 그래프와 같은 정보가 들어있는 한 개의 그래프를 얻을 수 있다.

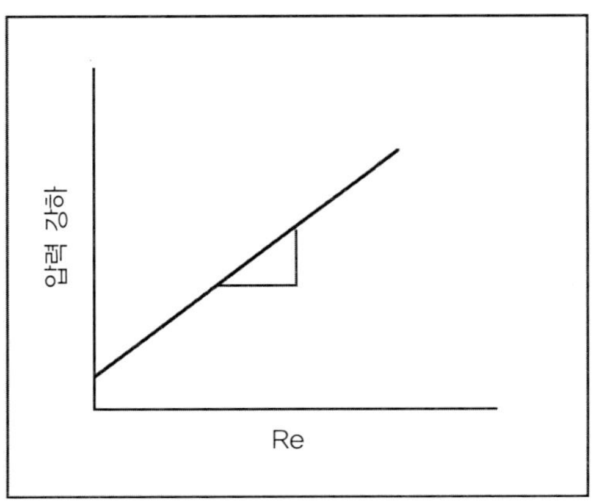

변수 무리의 적절한 선택이 시간에 앞서 알려질 필요는 없지만, 만약 당신이 이것의 가능성을 미리 안다면, 데이터를 좀더 쓰기 편리한 형식으로 요약할 수 있을 것이다.

참고문헌 References

1. Tufte, E., *Visual Display of Quantitative Information,* Graphics Press, Cheshire, CT, 1983.
2. Anscombe, F. J., "Graphics in Statistical Analysis," *American Statisticians,* 27, pp. 14–21, February 1973.

심화자료 Further Redding

Glantz, Stanton A. *Primer of Biostatistics,* 3rd ed. McGraw-Hill Health Professions Division, New York, 1992.

Volk, William. *Applied Statistics for Engineers,* 2nd ed. McGraw-Hill, New York, 1969.

찾아보기

감성적 장애물 100
개념적 블록버스팅 99
개념적 장애물 98
결정분석 171, 268
결정진술 162, 168, 170
결정하기 10
경계 없는 공학자들(EWB) 264
경향 156
계획하기 194
고정관념 99
가능적 해결책 61~63

네 가지 고전적 덕목 220

다섯 가지 P 221
대안적 해결책 76
도출 10

마인드매핑 135
명료화 70
모순 조합표 142, 143
무작위 자극 127, 277
문제정의 2, 51
문제진술 201
문제진술 방아쇠 64
문화적 장애물 102
미래조망 130

반대 진술 66, 67
발견적 학습법 9
발전기 271
배치 198
배치 도표 270
베이커리-카페 274
분쟁해결책 31
브레인라이팅 134
브레인스토밍 10, 121, 132, 276
블록버스팅 104
비전 23
비평적 사고 순서도 52~57

상호교류 135, 277
상황평가 10, 268
생선뼈 도표 132
수직적 사고 124
수평적 사고 127, 277
수행하기 200
승인 193
시간그래프 43
실험과제 203
실행 10, 193
실행 요약문 209
소크라테스적 질문 52, 278

아이디어 배양 139
안전성 226
역결과 165
영향 157
올바른 문제정의 6
위험 감수 108
위협 165
유추 135
윤리 219
윤리성 검토항목 221
인지적 장애물 99
일곱 가지 습관 20
일곱 가지 행동방침 22
일반적 해결책 62, 63

자원배분 195
자유 연합 122, 285
잠재적 문제분석 10, 269, 280
잠재적 요인 76
장애물 세분화 97
정보수집 39
정신적 장애물 98
조절그래프 43
조화 198
주요 경로 관리 197
주의사항 112, 173
지적 장애물 103
진술-재진술 64
집단 문제 10가지 29

타이밍 156
타인의 관점 129
트러블슈팅 239~243, 248, 271
특정 해결책 61~63
팀으로 일하기 26
팀의 결정 33

패러다임의 변화 24, 25
패러다임의 선구자 24
패러다임의 정체 24
평가 10, 215, 272, 288
표현적 장애물 103
필요 자원 199

학습 곡선 110
해법 도출 10, 280, 285
행동방침 결정 157, 267, 280, 287
환경적 장애물 103
회색곰 1
효과적 문제해결자 15
후속조치 202

Duncker 도표 58, 60~62, 285
Forming 26
Gantt 도표 195
K.T. 결정분석 162, 172, 281, 282
K.T. 문제분석 161, 178, 242, 252
K.T. 상황평가 156, 158, 160, 279
K.T. 잠재적 문제분석 68, 175
Norming 27
NGT 34
Performing 27
Storming 26
TRIZ 140, 144

김정현
포항공과대학교 화학공학과 학사
서울대학교 화학공학과 석사
U. Maryland at College Park, Ph. D.
현) 서울시립대학교 화학공학과 교수

창의적 문제해결 전략

Strategies for Creative Problem Solving, 2/e

초판 발행 | 2008년 9월 3일
저자 | H. Scott Fogler, Steven E. LeBlanc
역자 | 김정현
발행인 | 최봉조
발행처 | 진샘미디어
주소 | 122-900 서울시 은평구 역촌동 58-9
부호아파트 102동 상가 5호
전화 | (02)353-4421
팩스 | (02)353-4431
신고번호 | 제311-2005-000025호
ISBN | 978-89-92887-06-9

정가 17,000원
* 잘못된 책은 바꾸어 드립니다.